Augustinus (De doctr. Chr.) durch die Verwendung bei →Petrus Lombardus (Liber Sententiarum) Verschiebung in Richtung einer korrelativen Bedeutung der Wiedergabe der Zweck-Mittel-Beziehung. Der Gegenstand des Genusses wird zum letzten Ziel, Gegenstand des Gebrauchs ist alles, was zu diesem letzten Ziel hinführen kann. Moralisch gewendet erhält »frui« die Bedeutung »um seiner selbst willen erstreben«, »uti« die Bedeutung »als Mittel gebrauchen«. Gegenstand des Genusses wird aus dem theol. Kontext des Wortpaares Gott allein, Gegenstand des Gebrauchs alles Geschöpfliche.

Die Verwendung des Begriffspaares in der ersten Distinktion fast jeden Sentenzenkommentars dient als Hinführung zum Verständnis des Gottesbegriffs, wie das bei Augustinus intendiert war. Damit hängt die Betonung der Theol. als prakt. Wiss. in der →Franziskanerschule (v. a. →Johannes Duns Scotus) eng zusammen. In der Summa des →Thomas v. Aquin wird das Wortpaar im Rahmen der Handlungstheorie erörtert (S. th. 1–2, q. 11 und 16), nicht im Rahmen der Gottesfrage. Die Möglichkeit der Verbindung des Wortpaares mit Aristoteles, Nik. Eth., eröffnet eine Verbindung zw. Philos. und Theol., die der Ethik die Regelung der öffentl. Verhältnisse, der Theol. die Entfaltung der Persönlichkeit zuordnet (so etwa Wilhelm de la Mare, Scriptum in 1. Sent., Prol. q. 3, a. 1).

H. Kraml

Lit.: Ed. s. Einzelartikel – H. Kraml, Die Rede von Gott sprachkrit. rekonstruiert aus Sentenzenkommentaren, 1984.

'Uṯmān, 3. →Kalif (644–656), gest. 656 durch Mord, zunächst wohlhabender Kaufmann aus der Familie der →Omayyaden, schloß sich früh dem Propheten →Mohammed an, dessen Schwager er wurde. Obwohl die Bekehrung 'U.s als eines Angehörigen der Aristokratie v. →Mekka eine Aufwertung für die junge Religion des →Islam darstellte, blieb 'U.s polit. Bedeutung zu Mohammeds Lebzeiten und unter den beiden ersten Kalifen gering. Nach dem Tode des Kalifen →'Omar wurde 'U. – vermutl. als Kandidat des Ausgleichs – von einem Wahlgremium zum Kalifen erhoben. 'U. setzte die Eroberungspolitik seines Vorgängers fort. Vielleicht um die Regierung zu straffen und der Unabhängigkeit ihrer Provinzgouverneure zu begegnen, stützte sich 'U. stark auf seine Familienangehörigen, von denen einzelne wichtige Statthalterpositionen erhielten. Um eine willkürl. Überlieferung zu verhindern, erfolgte unter 'U. die offizielle, bis heute gültige Redaktion des →Koran. Die von den Zeitgenossen hieran geübte Kritik, der Vorwurf des Nepotismus und unpopuläre Sparmaßnahmen angesichts einer sich verschärfenden Wirtschaftskrise führten zu Aufständen und zur Ermordung 'U.s.

P. Thorau

Lit.: EI¹ III, 1088–1091 – F. M. Donner, The Early Islamic Conquests, 1981 [Q. und Lit.] – W. Madelung, The Succession to Muḥammad, 1997.

Utopie. [1] *Utopien im Mittelalter?* Der Begriff der U. ist mit der ersten lit. U.-Schrift, der 1516 veröffentlichten »Utopia« des Thomas →Morus verbunden, welche immer wieder aufs neue als ein genuines Zeugnis der Neuzeit interpretiert wird. Die Antwort auf die Frage, ob es im MA U.n gab, hängt also einerseits ab von der Definition des U.-Begriffs, andererseits von der Definition des MA und der Neuzeit und von der Auffassung über das Verhältnis beider Epochen. Für den Neuhistoriker Th. Nipperdey bedeutet die U.-Schrift des Morus einen epochalen Einschnitt, weil sie eine »neue Weise des polit. Denkens« und eine »neue Phase des wirklichkeitstranszendierenden Denkens« bezeichne. Mit dieser Erfindung der U. habe sich »der neuzeitl. Geist vom MA abgesetzt«.

[2] *Der Begriff des Utopi*... ne Identifikation des U... erstmals von Morus gesc... einen ausschließl. auf die ... U.begriff. Dieser Begriff ... formen des Utopischen in ... nicht zuläßt. Dem stehen universalistisch orientierte U.begriffe gegenüber. So hat der Soziologe K. Mannheim 1929 utop. Denken definiert als »alle jene seinstranszendenten Vorstellungen ..., die irgendwann transformierend auf das historisch-gesellschaftl. Sein wirkten«. In vergleichbarer, wiewohl pragmatischerer Weise hat neuerdings der MA-Historiker F. Seibt das Utopische als »Staats- und Gesellschaftsplanung« definiert. Utop. Denken werde konstituiert durch Planungsdenken, Rationalismus, Entwurfs-Optimismus, durch die Idee der »Perfektibilität des Menschen« und der »Konstruktibiliät der Welt«. Der Vorteil wie der Nachteil solcher universaler Begriffe des Utopischen ist, daß sie gewissermaßen immer richtig sind. Demgegenüber käme es aber darauf an, die Wahrnehmung und die Beurteilung des Utopischen in der Geschichte zu flexibilisieren und zu präzisieren. Einen Ansatz dazu bietet die Abhandlung des MA-Historikers A. Doren, »Wunschräume und Wunschzeiten« (1927). Er unterschied »zwei Hauptgestaltungsformen menschlicher Sehnsüchte«, nämlich »Zukunftshoffnungen« und »Fernphantasien«, und versuchte, diese als »Wunschzeiten« und »Wunschräume« in einen gedankl. und hist. Zusammenhang zu bringen, wie er an der Gegenüberstellung der U. des Th. Morus und der um 1500 verfaßten Schrift des sog. →Oberrhein. Revolutionärs verdeutlichte. Während Morus das als exemplarisch vorgestellte Zusammenleben einer Menschengruppe auf einer Insel, fern von allen anderen Menschen, zeigt, beschreibt das Buch des Oberrhein. Revolutionärs nicht den gegenwärtigen Zustand einer anderen Gesellschaft oder einer Gruppe von Menschen, sondern das künftige Schicksal aller Menschen, das von der apokalypt. Ankunft eines Ks.s Friedrich geprägt sein wird, der mit Feuer und Schwert alles Unrecht ausrotten und ein tausendjähriges Reich des Friedens und der Gerechtigkeit errichten werde (dazu auch →Chiliasmus, →Eschatologie, →Friedenskaiser). Beiden Autoren geht es also um ein Streben nach »Erlösung der leidenden Menschheit jenseits der realen Welt der sinnl. Erfahrung« (Doren), wobei Morus mit seiner utop. Insel die »Bildprojektion eines Wunschraums auf eine imaginäre geograph., als eben noch möglich erdachte Fläche« fixierte, der Oberrhein. Revolutionär hingegen die »ideale Verlängerung des zeitlich erkennbaren Geschehens im Sinne eines notwendigen Fortschreitens zu einem imaginären, irgendwo an den Grenzen der Zeit liegenden Wunschziels« propagierte.

[3] *Wunschräume und Wunschzeiten in einzelnen Kulturen:* Dorens Unterscheidung zweier Formen des 'wirklichkeitstranszendendierenden' Denkens ermöglicht es, Wunschräume und Wunschzeiten als gleichrangige Formen alternativen Denkens in einer polaren Spannung zu erörtern und dies ebensowohl in epochalen wie epochenübergreifenden und kulturvergleichenden Hinsichten. Hiermit ist noch nicht begonnen worden. Auch in den Gesellschaften der Antike wurden Wunschräume erdacht, ferne Inseln des Glücks, die ein paradiesähnl. Zusammenleben der Menschen in vollständiger Harmonie und ohne Klassenschranken zeigen. Auch gab es die Vorstellung vom 'Goldenen Zeitalter', mit Gleichheit aller Menschen und Gemeinbesitz, das zuweilen auch in eine ferne Zukunft hineinprojiziert wurde. Allerdings fehlt in der

griech.-röm. Antike die Vorstellung von notwendigen, eschatolog. Prozessen. Diese kam vielmehr aus dem Orient nach Westen, wurde v. a. im Judentum aufgegriffen und erreichte in der späten Republik auch Rom, wie →Vergils 4. Ekloge mit der Verkündigung der Geburt des Gotteskindes als Beginn einer paradies. Glückszeit und eines neuen Weltzyklus zeigt. So formten sich in der Spätantike jene gerade auch vom Christentum (v. a. in der →Apokalypse des NT) aufgegriffenen Inhalte künftiger Wunschzeiten, die dann im MA und seitdem immer wieder aufs neue verbreitet wurden.

[4] *Utopisches Denken im Mittelalter:* Mit dem von DOREN konzipierten Begriff des Wunschraums lassen sich Bereiche utop. Denkens auch im MA erschließen. Zu solchen Wunschräumen im MA gehört das irdische →Paradies, das man sich im Osten, in Asien dachte und das auf ma. Weltkarten (→Karte, Kartographie) eingezeichnet wurde. Im Westen vermutete man die schon in der Antike bekannten »Inseln des Glücks« ('insulae fortunatae'), zu denen auch die vom hl. →Brendan (→Navigatio s. Brendani) auf seiner Seereise nach Westen entdeckte Paradiesinsel zählt. Seit dem 12. Jh. faszinierte das in Indien vermutete Reich des Priesters und Kg.s →Johannes, in dem die Menschen in unermeßl. Reichtümern leben und in einer Gesellschaft, die Armut, Verbrechen u. Krieg nicht kennt. Im SpätMA traten dazu die Wunschräume der Intellektuellen. Der frz. Jurist Pierre →Dubois konzipierte um 1300 für die damals bereits verlorene, von ihm aber zur Wiedereroberung empfohlene 'terra sancta' Palästinas den Entwurf einer neuen Gesellschaft. Zur selben Zeit beginnt in der bukol. Dichtung (→Bukolik) die Entdeckung Arkadiens als Wunschraum. Die frz. Schriftstellerin →Christine de Pisan verfaßte 1404/05 eine fiktive »Stadt der Frauen«. Schließlich wird seit dem 15. Jh. die Konzipierung idealer Räume durch die Raum- und Stadtplanungen it. Humanisten wie L. B. →Alberti oder A. Averlino, gen. →Filarete, stimuliert. Filaretes Traktat über die Gründung der Idealstadt 'Sforzinda' (1460/64) stellt ein neues lit. Genre dar.

[5] *Die Utopie des Morus und das Mittelalter:* Th. Morus hat, ganz in einer ma. Tradition stehend, mit seiner Insel Utopia einen Wunschraum konzipiert, in dem Menschen, fern von allen anderen, in exemplar. Weise zusammenleben: in einer egalitären Gesellschaft, deren Struktur definiert ist durch die Pflicht aller zu körperl. Arbeit und v. a. durch Gemeinbesitz (»omnia sunt communia«) sowie durch die Verteilung der Güter nach den Bedürfnissen jedes einzelnen. Aber auch in dieser inhaltl. Gestaltung steht die utop. Gesellschaft des Th. Morus in einer älteren Tradition. Darauf weist Morus selbst am Ende seines Büchleins hin, wo er als die »wichtigste Grundlage« der »ganzen Verfassung« von Staat und Gesellschaft der Utopier das »gemeinsame Leben und die gemeinsame Beschaffung des Lebensunterhalts« (»vita scilicet victusque communis«) bezeichnet. Mit diesem Stichwort der 'Vita communis' bezog sich Morus auf einen Fundamentalbegriff schon der Spätantike, da seit →Augustinus' 'Vita communis' die Bezeichnung für jene Lebensweise ist, die in der Apostelgesch. des NT der ersten Christengemeinde in Jerusalem zugeschrieben wird (Apg 2, 44ff.; 4, 32ff.): Es ist das Prinzip der Gesinnungsgemeinschaft in Gleichheit und Brüderlichkeit, die gegründet ist auf Gütergemeinschaft und zugleich in Gütergemeinschaft sich ausdrückt. Th. Morus hat also 'Vita communis' als eine Maxime sozialen Handelns, deren Faszination auf viele Menschen sich schon in der Antike manifestiert hatte und die am Anfang der großen sozialen Bewegung des christl. Mönchtums stand, in ein neues Medium transponiert und ihr damit eine neue Wirkung gesichert.

O. G. Oexle

Lit.: zu [1]: TH. NIPPERDEY, Die U. des Thomas Morus und der Beginn der NZ (DERS., Reformation, Revolution, U., 1975), 113–146 – DERS., Die Funktion der U. im polit. Denken der NZ (DERS., Gesellschaft, Kultur, Theorie, 1976), 74–88 – *zu* [2]: A. DOREN, Wunschräume und Wunschzeiten (Vortr. der Bibl. Warburg, 1924/25, ersch. 1927), 158–205 – K. MANNHEIM, Ideologie und U., 1969[5] – F. SEIBT, Utopica. Modelle totaler Sozialplanung, 1972 – *zu* [3]: W. BAUER, China und die Hoffnung auf Glück. Paradiese, U.n, Idealvorstellungen in der Geistesgesch. Chinas, 1971 – U.forschung. Interdisziplinäre Stud. zur nz. U., hg. W. VOSSKAMP, 3 Bde, 1982 – A. DEMANDT, Der Idealstaat. Die polit. Theorien der Antike, 1993, 167ff. – *zu* [4]: R. R. GRIMM, Paradisus coelestis – Paradisus terrestris, 1977 – O. G. OEXLE, Utop. Denken im MA: Pierre Dubois, HZ 244, 1977, 293–339 – K. GARBER, Arkadien und Gesellschaft (U.forschung, hg. W. VOSSKAMP, 2, 1982), 37–81 – J.-G. ARENTZEN, Imago mundi cartographica, 1984 – Christine de Pizan, Das Buch von der Stadt der Frauen, übers. und komm. M. ZIMMERMANN, 1986 – U. KNEFELKAMP, Die Suche nach dem Reich des Priesterkg.s Johannes, 1986 – Alternative Welten in MA und Renaissance, hg. L. SCHRADER, 1988 – Rinascimento da Brunelleschi a Michelangelo. La rappresentazione dell'Architettura, hg. H. MILLON u. a., 1994 – *zu* [5]: H.-J. DERDA, Vita communis, 1992, 183ff. – O. G. OEXLE, Wunschräume und Wunschzeiten (Die Wahrheit des Nirgendwo. Zur Gesch. und Zukunft des utop. Denkens, hg. J. CALLIESS, 1994), 33–83.

Utraquisten, zunächst alle →Hussiten, nach dem Jahre 1436 die Bewohner der böhm. Länder, die aufgrund der →Basler Kompaktaten den legitimen Empfang des Altarsakramentes (→Eucharistie) unter der Gestalt von Brot und Wein, d. h. »sub utraque specie«, bevorzugten. Die Forderung, die Laien häufiger kommunizieren zu lassen, hatte bereits →Matthias v. Janov, der Sprecher der frühen böhm. Reformbewegung, aufgestellt. Aber erst 1414 gelangten →Jakobell v. Mies und →Nikolaus v. Dresden zu der Überzeugung von der Heilsnotwendigkeit der →Kelchkommunion und begannen unverzügl., in Prag die Laienkommunion zu spenden. Das Konzil v. →Konstanz verbot zwar mit Dekret vom 15. Juni 1415 die Wiedereinführung des Kelches für Laien, diese Art der Kommunion verbreitete sich aber trotzdem rasch in den böhm. Ländern und wurde durch die Deklaration der Prager Univ. vom 10. März 1417 als rechtgläubig gebilligt. Inzwischen hatte Jakobell die Kelchkommunion sogar für Kinder gefordert, was Anlaß zu einer heftigen Diskussion gab. Trotzdem entwickelte sich der Kelch zu einem Identifikationsmerkmal der ganzen Reformgemeinschaft und zu einem der vier →Prager Artikel vom Juli 1420. Eine Nichtachtung der Eucharistie seitens der sog. Pikarden führte zu einem erbitterten Fraktionskampf, in dessen Verlauf während des Jahres 1421 die gemäßigte Mehrheit der →Taboriten siegte. Die zugespitzte Diskussion über Subtilitäten der eucharist. Doktrin zw. den Prager und den taborit. Theologen erfuhr zeitweilig eine Mäßigung im gemeinsamen Interesse an der Durchsetzung des Laienkelches im Laufe der Verhandlungen beim Basler Konzil am Beginn des Jahres 1433. Den Artikel vom Kelch verteidigte Johannes →Rokycana, sein Gegner war →Johannes v. Ragusa (164. J.). Nach mehrjährigen Streitigkeiten zeigten die Repräsentanten des Konzils in der Angelegenheit des Kelches Kompromißbereitschaft und bewilligten i. J. 1436 die Kommunion unter beiderlei Gestalt, jedoch ledigl. in Böhmen und Mähren. Obwohl die Basler Kompaktaten dem Kelch seine Allgemeinverbindlichkeit und Heilsnotwendigkeit aberkannt hatten, setzte sich der Utraquismus als zweite Konfession neben dem Katholizismus in den böhm. Ländern durch. Während das kath., das sog. obere Konsistorium seinen Sitz auf der Prager Burg hatte, besaßen die U. ihr Konsistorium bei der Marienkirche auf dem Altstädter Ring. Der erste Versuch einer Rekatholisierung endete mit der Eroberung Prags durch →Georg v. Podiebrad im Sept. 1448. Inzwischen war es Rokycana geglückt, die zentrifugalen radikalen Tendenzen einzuschränken und den Utraquismus als legitime Landeskonfession durchzusetzen. Die Aufhebung der Kompaktaten durch Papst Pius II. im März 1462 leitete eine Etappe interner Konflikte ein. Die Gleichberechtigung beider Landeskonfessionen verankerte verfassungsrechtl. der Kuttenberger Religionsfriede v. 1485, in dem der kath. Adel ohne die Zustimmung Roms die Legitimität des Utraquismus anerkannte. Der Religionsfriede erlaubte auch den Untertanen die freie Wahl der Pfarrkirche ihrer Konfession. Obwohl die U. sich durch ihre selbständige Kirchenverwaltung von der röm. Kirche in beträchtl. Maße emanzipiert hatten, wahrten sie die apostol. Sukzession in jurid. Sinn. Für die Ordination ihrer Priester blieben sie so auf die röm. Bf.e angewiesen, was mit der Zeit eine innere Spannung hervorrufen mußte. Während sich die entschiedenen U. nach 1520 allmähl. dem Luthertum zuwandten, tendierte der romfreundl. Flügel zu einer Unifikation mit der kath. Kirche. Der Kontinuitätsbruch des Utraquismus verstärkte sich nach der Niederlage der radikalen Ständeopposition i. J. 1547. Polit. erlahmte der Utraquismus durch die Verfügung Ferdinands I. i. J. 1562, womit dieser den nichtkath. Ständen das Recht zur Lenkung des eigenen Konsistoriums entzog. Durch die Bewilligung des Kelches durch Pius IV. (1564) verlor der Utraquismus auch jede konfessionelle Bedeutung. F. Šmahel

Lit.: J. SEDLÁK, Počátkové kalicha, Časopis katolického duchovenstva 52–55, 1911–14 – F. HREJSA, Dějiny křesťanství v Československu, IV–V, 1948 – D. GIRGENSON, Peter v. Pulkau und die Wiedereinführung des Laienkelches, 1964 – F. G. HEYMANN, George of Bohemia, King of Heretics, 1965 – F. M. BARTOŠ, Husitská revoluce, I–II, 1965–66 – H. KAMINSKY, A Hist. of the Hussite Revolution, 1967 – J. JANÁČEK, České dějiny. Doba předbělohorská, I/1–2, 1971–84 – P. DE VOOGHT, Jacobellus de Stříbro, 1972 – R. CEGNA, Gli inizi dell' utraquismo in Boemia (Accademie e Biblioteche d'Italia 47, 1979), 267–280 – W. EBERHARD, Konfessionsbildung und Stände in Böhmen 1478 bis 1530, 1981 – D. R. HOLETON, The Communion of Infants and Hussitism, Communio viatorum 27, 1984, 207–225 – W. EBERHARD, Monarchie und Widerstand. Zur ständ. Oppositionsbildung im Herrschaftssystem Ferdinands I. in Böhmen, 1985 – F. ŠMAHEL, Husitská revoluce, II–IV, 1995–96.

Utrecht (Traiectum, Traiectum inferius zur Unterscheidung von Maastricht = Traiectum superius, Ultraiectum, fries. Wiltaburg, Trecht), Bm., Stadt in den Niederlanden, Prov. Utrecht, am Amsterdam-Rhein-Kanal.
A. Bistum – B. Stadt
A. Bistum
I. Missionszentrum – II. Bistum – III. Klöster und Stifte in Utrecht – IV. Territorium ('Stift').

I. MISSIONSZENTRUM: Keimzelle des Bm.s war eine im ehem. röm. Kastell in U. gelegene, wahrscheinl. bereits Ende 6./Anfang 7. Jh. bezeugte Kirche, die Kg. →Dagobert I. vor 634 (?) Bf. →Kunibert v. Köln mit dem Auftrag zur Friesenmission übertragen hatte. Die Christianisierung scheiterte jedoch zunächst an der heidn. Reaktion der →Friesen, die um 650 U. eroberten. Weitere Bekehrungsversuche durch Bf. →Wilfrid v. York (678/679) und Northumbrier →Wikbert (688/689) wurden von den fries. Fs.en Aldgisl (→Aldgild) und →Radbod zwar nicht behindert, blieben aber ohne größere Wirkung. Dauerhafter Erfolg war hingegen dem Angelsachsen →Willibrord beschieden, dem →Pippin II. 690 den eben rückeroberten südwestl. Teil Frieslands als Missionsfeld zuwies. Er holte um 692 in Rom den päpstlichen Segen für sein Wirken ein; als Stützpunkt diente viell. vorerst →Antwerpen. Da sich nach einem weiteren frk. Feldzug und der Einnahme U.s der Plan einer fries. Kirchenorganisation ergab, sandte Pippin ihn erneut zu Papst →Sergius I., der ihn 695 zum Ebf. »in gentem Frisonum« weihte mit dem Auftrag, einen direkt der röm. Kirche unterstellten Bf.ssitz einzurichten; vielleicht verlieh er ihm auch das →Pallium. Pippin wies ihn vor 703/704 in U. ein, doch mußte er sich angesichts des erneuten fries. Vordringens (715/716) in sein Kl. →Echternach zurückziehen und konnte die Missionstätigkeit erst 719/722 wiederaufnehmen. Zur Errichtung einer Kirchenprov. kam es nicht. Nach Willibrords Tod (739) wurde das Bm. der Aufsicht des →Bonifatius anvertraut, der als Bf.e Wera (?) (739 [?]–752/753) und Eoba (753–754) (nur Chorbf.?) einsetzte. Ansprüche Bf. Hildegars v. Köln auf U. konnte Bonifatius erfolgreich zurückweisen. Nach Eobas Tod trat eine Vakanz ein, während das Bm. von dem U.er Abt Gregor († 774 [?]) verwaltet wurde. Erst mit dessen Neffen Alberich (nach 777–ca. 784) beginnt die ununterbrochene Bf.sreihe.

II. BISTUM: Seit Wiederherstellung der Metropolitanverfassung durch Karl d. Gr. gehörte U. zur Kirchenprovinz →Köln. Die Diöz. umfaßte den größten Teil der heutigen Niederlande. Nordbrabant und Limburg gehörten zu →Lüttich, Nimwegen zu Köln, während Emmerich und Elten im Bm. U. lagen; einige Gebiete im O und NO unterstanden →Münster und →Osnabrück. Vor 1112/1114 gab es den Versuch, die seeländ. Inseln dem Bm. →Thérouanne zu unterstellen (→Tanchelm), 1264 mußte ein Schiedsgericht Grenzstreitigkeiten mit dem Bm. →Tournai in den →Vier Ambachten beilegen. Während der Normanneneinfälle (→Normannen) des 9. Jh. flüchteten die Bf.e zunächst auf den Sint-Odiliënberg (bei Roermond) und später nach →Deventer. Erst Bf. Balderich (917/918–975) konnte vor 929 den Bf.ssitz nach U. zurückverlegen und die zerstörte Stadt wiederaufbauen. Er gilt deshalb als zweiter Gründer seiner Diöz. Nach einem Jahrzehnt unter westfrk. Herrschaft (915/916–925) schloß er sich dem ostfrk. Kg. →Heinrich I. an, der ihm seinen Sohn →Brun, den späteren Ebf. v. Köln, zur Erziehung anvertraute.

War das Verhältnis zur Krone im 10. Jh. nicht von Spannungen frei (u. a. Kritik am Reichskirchensystem in der Vita Radbodi, Freilassung →Heinrichs d. Zänkers durch Bf. →Folkmar [976–990]), so traten die U.er Bf.e während des Investiturstreits zunächst als treue Anhänger des Ks.s hervor: Bf. Wilhelm I. (1054–76) verkündete 1076 auf der Synode v. U. die Exkommunikation Gregors VII., der ihn kurz zuvor abgesetzt hatte, Bf. →Konrad (1076–99) war der Erzieher →Heinrichs V., dessen Verlobung mit →Mathilde 1110 in U. gefeiert wurde; erst Bf. Godebold (1114–27) stand zeitweilig in Opposition zum Herrscher. Auch in der Folgezeit waren die Bf.e zumeist kaiserfreundlich gesinnt: Am U.er Dom richtete viell. Kg. →Konrad III. ein →Königskanonikat ein (1145?), und Bf. Gottfried (1156–78) unterstützte Ks. →Friedrich I. in dessen Auseinandersetzung mit Papst Alexander III.

Aber in zunehmendem Maße waren die Bf.e dem Einfluß der Gf.en v. →Geldern und →Holland ausgesetzt, und es kam zu ersten Konflikten mit der U.er Bürgerschaft und bfl. Ministerialen. Wohl seit Ende des 12. Jh. oblag die Bf.swahl dem Generalkapitel, das die Kanoniker des Doms u. der vier U.er Stifte umfaßte; um 1300 dürften auch die Pröpste bzw. Archidiakone v. →Tiel (später Arnheim), Deventer, Oldenzaal und →Emmerich dem Wahlgremium beigetreten sein. Unter Ks. Heinrich VI.

entglitt U. allmähl. dem Zugriff der Krone; bereits die strittige Bf.swahl von 1196 entschied nicht mehr der Hof, sondern die Kurie. Bf. Dietrich II. (1197/98–1212) nahm im dt. Thronstreit eine wechselnde Haltung ein und wurde 1204 von Papst Innozenz III. exkommuniziert. Zudem sah er sich einem erstarkenden Generalkapitel gegenüber, dessen selbständige Stellung ein Synodalbeschluß 1209 bestätigte. In der Folgezeit geriet U. ganz unter den Druck der Gf.en v. Geldern und Holland; überdies wuchs seit dem Ende des 13. Jh. der Einfluß →Brabants, →Flanderns und →Hennegaus. Im 14. Jh. benutzte die Kurie U. mehrmals als zweite Stufe bei Bf.stranslationen von Münster über U. nach Lüttich; bedeutendster U.er Bf. jener Zeit war Johann IV. v. Arkel (1342–64), der 1364 nach Lüttich versetzt wurde. Im →Abendländ. Schisma folgte U. der röm., später der Konzilsobedienz. Nach dem Tode Bf. Friedrichs v. Blankenheim (1393–1423) kam es zum U.er Schisma, das auch das Basler Konzil beschäftigen sollte und in dem sich schließlich der burg. Kandidat Rudolf v. Diepholz (1427–56) durchsetzte. Auf ihn folgte Bf. →David v. Burgund (1457–96), ein außerehel. Sohn Hzg. Philipps d. Guten; durch ihn und seinen Nachfolger, Bf. Friedrich v. Baden (1496–1517), einen Vetter Ks. Maximilians I., wurde U. endgültig in die burg., später habsburg. Machtsphäre einbezogen.

Um 1125 war die Einteilung des Bm.s in elf →Archidiakonate abgeschlossen. 1244 wurde zum erstenmal ein bfl. →Offizial erwähnt, etwas später dürfte das Amt des →Generalvikars entstanden sein, und mit Jakob van Denmarcken begann 1312 die ununterbrochene Reihe der U.er Weihbf.e. Klostergründungen der Benediktiner, Zisterzienser und Prämonstratenser sind im größeren Umfang für das 12. und die erste Hälfte des 13. Jh. belegt. Im 2. Viertel des 13. Jh. kam es zu ersten Niederlassungen der Bettelorden und der →Beginen. In der 2. Hälfte des 14. Jh. entstand im Bm. U., ausgehend von Gerhard →Gro(o)te, die →Devotio moderna mit ihrer klösterl. Reformbewegung der →Windesheimer Kongregation.

III. KLÖSTER UND STIFTE IN UTRECHT: Als Bf.skirche ließ Willibrord St. Salvator errichten und siedelte bei einer schon vorhandenen, von ihm wiederaufgebauten und dem hl. Martin geweihten Kirche einen klösterl. Verband an (Doppelkathedrale). Da im 8. Jh. die Bf.sreihe zeitweise unterbrochen wurde, erlangte das Martinskl. die führende Rolle, und sein Heiliger wurde zum Hauptpatron des Bm.s. Bf. Balderich setzte an beiden Kirchen getrennte kanonikale Gemeinschaften ein, und von nun an lag der Kathedralstatus endgültig bei St. Martin, während man St. Salvator als Vetus monasterium ('Oudmunster') bezeichnete. Drei weitere Kanonikerstifte entstanden im 11. Jh.: St. Peter (Weihe 1048), St. Johann (Weihe um 1050) und St. Marien (Weihe 1099); mit der Benediktinerabtei St. Paul (Mitte 11. Jh. von Hohorst nach U. verlegt) bildeten sie das von Bf. Bernold (1026/27–54) geplante Kirchenkreuz um den Dom, der die Eingeweide der in U. verstorbenen Ks. Konrad II. und Heinrich V. barg. Vor 1122 wurde in Oostbroek bei U. ein Benediktiner-Doppelkl. gestiftet; es folgte 1135 ein Benediktinerinnenkl. in der U.er Vorstadt Oudwijk. Im 13./14. Jh. ließen sich weitere Orden in oder bei U. nieder: Dominikaner (um 1232), Zisterzienserinnen (St. Servatius, 1233; Mariëndaal bei U., ca. 1245), Franziskaner (1240), Johanniter (vor 1241), Dt. Orden (1250), Sackbrüder (vor 1271), Weißfrauen (vor 1271), Karthäuser (1392), Karmeliter (1468), Birgittiner (vor 1487); ein erster Beginenhof ist 1282 belegt. Im 14./15. Jh. entstanden zahlreiche Niederlassungen der Brüder und Schwestern vom Gemeinsamen Leben, der Franziskanerterziaren sowie Kl. der Windesheimer Kongregation.

IV. TERRITORIUM ('STIFT'): Grundlage für die Ausbildung des weltl. Territoriums, das sich durch seine Zweiteilung in Nieder- und Oberstift auszeichnete, war die Kumulation zahlreicher Rechte, die die Bf.e v.a. im 10. und 11. Jh. erworben hatten; damals erhielten sie vom Herrscher die Gft.en →Drenthe (1024), Teisterbant (1026), Gft. am Ostufer der Zuiderzee (?) (1042), Grafschaft im →Hamaland (1046), Westfriesland (1064), →Staveren (1077), Oster- und Westergau (1086) und IJsselgau (1086). Am Ende des MA erstreckte sich das Niederstift ('Nederstricht') auf das U.er Umland zw. Lek und Zuiderzee, während das Oberstift ('Overstricht') im Nordosten jenseits der IJssel von Deventer bis Groningen reichte. Die Gft. (seit 1339 Hzm.) Geldern schob sich trennend zw. beide Gebiete. Die Aufspaltung des Territoriums wurde noch dadurch verschärft, daß das Niederstift immer wieder holländ., das Oberstift geldrischem Einfluß ausgesetzt war. Chron. Geldnot zwang die Bf.e v.a. im 14. Jh. dazu, Teile des Stifts zu verpfänden und so seine Existenz zu gefährden. Daß die Selbständigkeit dennoch gewahrt wurde, ist auch ein Verdienst der Stände, deren Mitspracherecht im 'Landbrief' von 1375 festgehalten wurde. Eine starke landesherrl. Gewalt, die sich über das gesamte Territorium erstreckte, konnte sich nicht ausbilden: Der Bf. residierte in U. und begab sich nur für wenige Wochen im Jahr ins Oberstift, wo Adelsfamilien wie die Coevorden mit den wichtigsten Städten →Deventer, →Kampen und →Zwolle um die Macht stritten. Auch die Hauptstadtfunktion U.s blieb vornehml. auf das Niederstift beschränkt. Die weltl. Herrschaft des Bf.s endete 1528/29, als Bf. Heinrich v. Bayern (1524–29) sie an Ks. Karl V. abtrat.   R. Große

Q.: Reg. van het archief der bisschoppen van U. (722–1528), I–IV, ed. S. MULLER Fz.–M. I. VAN SOEST, 1917–22 – Oorkondenboek van het Sticht U. tot 1301, I–IV, ed. S. MULLER Fz., A. C. BOUMAN, K. HEERINGA, F. KETNER, 1920–59 – Reg. van oorkonden betreffende de bisschoppen van U. uit de jaren 1301–1340, ed. J. W. BERKELBACH VAN DER SPRENKEL, 1937 – M. CARASSO-KOK, Rep. van verhalende historische bronnen uit de middeleeuwen, 1981 [Q., Lit.] – GP IX [im Dr.] – Lit.: LThK² X, 586–588 – RÖSSLER-FRANZ, 1318f. – R. R. POST, Eigenkerken en bisschoppelijk gezag in het diocees U. tot de XIIIe eeuw, 1928 – DERS., Geschiedenis der U.sche bisschopsverkiezingen tot 1535, 1933 – M. SCHOENGEN, Monasticon Batavum, I–III, 1941–42 – Algemene Geschiedenis der Nederlanden, I–IV, 1949–52; I–IV [neue Ausg.], 1980–82 – S. B. J. ZILVERBERG, David van Bourgondië, Bisschop van Terwaan en van U., 1951 – R. R. POST, Kerkgeschiedenis van Nederland in de middeleeuwen, I–II, 1957 – C. A. RUTGERS, Jan van Arkel, Bisschop van U., 1970 – W. H. FRITZE, Zur Entstehungsgesch. des Bm.s U. Franken und Friesen 690–734, RhVjbll 35, 1971, 107–151 – De U.se bisschop in de middeleeuwen, hg. C. A. RUTGERS, 1978 – GAMS V/1, 1982, 167–205 [Q. und Lit.] – R. GROSSE, Das Bm. U. und seine Bf.e im 10. und frühen 11. Jh., 1987 – B. VAN DEN HOVEN VAN GENDEREN, Het kapittel-generaal en de Staten van het Nederstricht in de 15e eeuw (Stichtse Hist. Reeks 13, 1987) – Middeleeuwse kerken in U., hg. F. DELEMARRE–A. VAN DEIJK–P. VAN TRAA, 1988 – A. D. A. MONNA, Zwerftocht met middeleeuwse heiligen, 1988 – U., kruisvaart van de middeleeuwse kerk, 1988 – M. VAN VLIERDEN, U., een hemel op aarde, 1988 – U. tussen kerk en staat, hg. R. E. V. STUIP–C. VELLEKOOP, 1991 – De oudste kerken van U. (Themanr. Bull. KNOB 93, 1994) – E. N. PALMBOOM, Het Kap. van St-Jan te U., 1995 – P. CORBET, Interdits de parenté, hagiographie et politique. La 'passio Friderici episcopi Traiectensis' (ca. 1024), Ius commune 23, 1996, 1–98.

B. Stadt
I. Spätantike und Frühmittelalter – II. Hochmittelalter – III. Spätmittelalter.

I. SPÄTANTIKE UND FRÜHMITTELALTER: Den ältesten Siedlungskern bildet das röm. Legionslager 'castellum Traiectum', errichtet kurz nach 47 n. Chr. als Teil des Rheinlimes

(→Limes) in Germania Inferior auf dem Uferwall entlang dem Alten →Rhein, etwas westl. der Abzweigung der Vecht zum Almere an einer Furt (traiectum). Ende des 2. Jh. wurde die Holz-Erde-Befestigung (1,3 ha) des auf ca. 500 Personen ausgelegten Kastells durch eine Ringmauer aus Tuffstein (1,9 ha) ersetzt. Östl. und westl. des Kastells sind Überreste von →vici gefunden worden. Unklar bleibt die Gesch. des Kastells in der Spätzeit der (im Rheindelta noch bis 406 aufrechterhaltenen) röm. Herrschaft; Grabfunde (1. Hälfte des 5. Jh.) weisen jedoch auf fortdauernde Besiedlung hin.

Um 600 stand Traiectum unter Herrschaft der Kg.e des frk. Regnums →Austrien; eine kleine Kirche im Kastell wird erwähnt. Ansatzpunkt für die Entwicklung zum Zentrum der Friesenmission und späteren Bm. (s. im einzelnen Abschn. A) war eine Schenkung des Kastells samt Kirche durch Kg. Dagobert an Bf. Kunibert v. Köln (um 630). Die Zeit der fries. Eroberungen des 7. und frühen 8. Jh. (→Friesen, B. I; →Radbod) dauerte bis 719, als →Karl Martell die frk. Macht bis an das Vlie erweiterte und die fries. Herrschaft über Traiectum beendete. Er förderte die Mission durch Schenkung des →Fiscus v. Traiectum sowie des benachbarten Fiscus v. Fehtna (Kastell Vechten) an Willibrord.

II. HOCHMITTELALTER: Hatten Bf. und Kanoniker ab 857 wegen wiederholter Normanneneinfälle nicht in U. residiert, so wurde nach ihrer Rückkehr die seit 925 unter ostfrk. Herrschaft stehende Bf.sstadt wiederaufgebaut (Kastell mit St. Salvator und St. Martin), das kirchl. Leben im 11. Jh. (Domneubau unter Bf. →Adalbold, Weihe 1023; Stiftsgründungen) reorganisiert.

U. wurde öfter von den →Saliern besucht. Sie residierten in der innerhalb der Mauern der bfl. Burg gelegenen Pfalz Lofen. →Konrad II. verstarb Pfingsten 1039 zu U. Sein Urenkel →Heinrich V. verlobte sich hier 1110 mit der engl. Kg.stochter →Mathilde und starb 1125 in U. Der U.er Dom fungierte für beide Ks., deren Leichname in der sal. Grablege des Doms v. →Speyer bestattet wurden, als Eingeweidegrablege. Nach Heinrich V. ging die Zahl der ksl. Besuche stark zurück.

Nach der Rückkehr des Bf.s im frühen 10. Jh. entwikkelte sich westl. des Kastells eine blühende Handelssiedlung, der 'vicus Stathe'. Q. des 11. und 12. Jh. erwähnen Handelsbeziehungen mit Rheinland (u. a. Koblenzer Zolltarif), Maasland, England, Friesland, Sachsen, Dänemark und Norwegen. Es ergab sich, daß das Verbreitungsgebiet der seit dem Anfang des 11. Jh. in U. geprägten Münzen (Münzrecht 936) bis weit nach Skandinavien und ins Baltikum reichte. Bis zum Jahre 1200 war U. die Drehscheibe im Fernhandel der Rheinmündung. 1127 sind nicht weniger als vier Jahrmärkte erwähnt. Die ältesten Marktplätze (Salz-, Fisch-, Weinmarkt) befanden sich beiderseits der Gracht zw. Stathe und dem Kastell.

Außer Stathe entstanden auch andere Siedlungen um das Kastell, die um 1122 nahezu alle, ebenso wie die Immunitäten der Stifte, in die städt. Ummauerung (131 ha) einbezogen wurden. Neben der zu Beginn des 11. Jh. gegr. Pfarrkirche in Stathe ('Buurkerk') wurden im Laufe des 12. Jh. noch drei andere Pfarrkirchen in der Stadt errichtet. Wichtig für den U.er Handel war der Bau des 'Novum Fossatum' und des 'Vaartse Rijn', eines 8 km langen Kanals, der U. mit 't Gein verband, damit auch nach der Abdämmung des Kromme Rijn (nahe Wijk bij Duurstede, 1122) die Schiffahrtsverbindung U.s mit Rhein und Lek aufrechterhalten und bis weit ins 13. Jh. von Kaufleuten aus →Hamburg und →Lübeck intensiv für den Handel mit →Brügge genutzt wurde. U. konnte seine Schlüsselstellung im Fernhandel noch bis nach 1300 bewahren. Danach hatte lediglich der Rheinhandel U.s mit Köln noch eine gewisse Bedeutung.

Nachdem die Einwohner U.s und seines Umlandes nach Pfingsten 1122 dem Ks. Heinrich V. im Kampf gegen Angriffe der Ministerialen des Bf.s und des U.er Gf.en Beistand geleistet hatten, bestätigte er den Ks. ihnen (sowie den Einwohnern v. Muiden) 1122 die durch Bf. Godebald verliehenen Privilegien. Außerdem befreite er sie von den Zollabgaben auf dem U.er Markt und setzte für ausländ. Kaufleute, welche die Stadt besuchten, Zolltarife fest. Bereits 1122 wird das Schöffengericht erwähnt. Außer dem →Schultheißen und den →Schöffen werden ab 1196 Ratsherren (consules) und ab 1266 auch →Bürgermeister (magistri) erwähnt. Es erwies sich, daß auch die Aldermänner der →Gilden (hansa) der U.er Kaufleute im 13. Jh. stark an der Stadtverwaltung beteiligt waren. 1233 erwarb diese Gilde das Monopol auf den Weinhandel.

III. SPÄTMITTELALTER: Im Zuge des im 13. Jh. einsetzenden und sich bes. in der 1. Hälfte des 14. Jh. verstärkenden lebhaften Bevölkerungswachstums erreichte die Stadt (einschl. der Stadtfreiheit) nach neuesten Schätzungen eine Einwohnerzahl von 5500–6000 (1300), 13 000 (1400), ca. 20000 (1500), 25–30000 (um 1575). Bis zur Mitte des 16. Jh. war U. die größte Stadt der nördl. Niederlande. Der Bevölkerungszuwachs beruhte v. a. auf der starken Zunahme des Handwerks, die sich im Aufstieg der Zünfte (seit etwa 1250) widerspiegelt. Dies führte zur rapiden Zunahme der Sondermärkte in der Stadt, v. a. entlang der Oude Gracht und in der Umgebung des Steenwegs und der Neude. Wichtigste Gewerbezweige waren die Lederverarbeitung sowie die großangelegte Tonwaren- und Ziegelherstellung, die sich v. a. am Bemuurde Weerd, einer Stadterweiterung des frühen 14. Jh. entlang der Vecht (nördl. der Stadt), konzentrierte.

Im SpätMA erhielt die topograph. Struktur der Stadt ihre endgültige Gestalt. Ende des 14. Jh. werden nahezu alle Brücken, Plätze, Straßen sowie öffentl. Gebäude (z. B. Fleischhalle, Waage, Gewandhaus) in den Q. erwähnt. An die Stelle der (teilw. aus Tuffstein errichteten) Befestigung von 1122 trat in der 2. Hälfte des 13. Jh. eine Ringmauer aus Backstein. Vier Tore schützten den Zugang. Die 21 Zünfte, in 11 'Wachen' eingeteilt, waren für die Verteidigung der Stadt verantwortlich.

Nach 1200 erfolgten zahlreiche Klostergründungen: Zisterzienserinnen (um 1225), Reuerinnen (albae dominae; vor 1229), Dominikaner (vor 1232), Franziskaner (1240), Beginen (vor 1251), Regularkanoniker (vor 1267). Im 14. und 15. Jh. nahm die Zahl der Kl., Kapellen und Spitäler noch zu. Um 1500 besetzten kirchl. Einrichtungen ein Drittel des Areals innerhalb der Mauer.

Die Wandlung der städt. Gesellschaft beeinflußte auch die polit. Verhältnisse. Von Anfang an waren die Gilden der ortsansässigen Handwerker Träger polit. Mitbestimmungsforderungen gegenüber der Stadtverwaltung, die noch vom alten →Patriziat der Dienstmannen und 'mercatores' dominiert wurde. Nachdem die erste 'Revolution' von 1274 vier Jahre später blutig niedergeschlagen worden war, suchten 1304 die U.er Zünfte, unter dem Eindruck des Sieges der fläm. Städte bei →Kortrijk ('Goldsporenschlacht' von 1302), erneut die Macht an sich zu reißen. Sie konnten eine Einigung mit dem Patriziat aushandeln, den sog. 'Gildenbrief'. Die Zahl der Schöffen wurde auf fünf auf zwölf erweitert. Neue Schöffen wurden nicht mehr auf Lebenszeit ernannt, sondern jährlich von den 24 Ratsherren gewählt, die ihrerseits von den Aldermännern der 21 Zünfte gewählt wurden. Beide Gremien, der Rat und das Schöffenkolleg, wählten danach einen der beiden Bürgermeister. Außerdem wurde bestimmt, daß alle Bürger Mitglied einer Zunft sein sollten. Das Wahlverfahren für den Rat wurde in einem zweiten Gildenbrief (1341) ausgearbeitet. Dieser sah auch eine Erweiterung der Zahl der Bürgermeister um zwei Aldermänner vor, gewählt aus der Mitte der 42 Gildemeister. Diese städt. Verfassung bestand bis zu ihrer Aufhebung 1528.

Die städt. Politik war von heftigem Faktionsstreit geprägt. Die Konflikte spitzten sich zu, als der Hzg. v. →Burgund, →Philipp der Gute, 1456 seinen außerehel. Sohn →David v. Burgund als Bf. v. U. durchsetzte. Der zunehmende Widerstand, der sich mit dem Bürgerkrieg in der Gft. →Holland (→Hoeken und Kabeljauwen) überlagerte, führte zur U.er Stiftsfehde ('Stichtse Bürgerkrieg') von 1481–83, die nur durch Eingreifen Ehzg. →Maximilians zugunsten des Bf.s entschieden werden konnte. 1528 trat der Bf. die weltl. Macht an Ks. Karl V. ab, womit die bfl. Stadtherrschaft ihr Ende fand. Der Ks. übertrug die Verwaltung des Hochstifts und der Stadt einem Statthalter und nahm ein Jahr später den U.er Gilden ihre polit. Macht. Um diesen einschneidenden Maßnahmen Nachdruck zu verleihen, errichtete er in der Stadt eine Zwingburg, die 'Vredenburg'. Die Autonomie der Stadt U. hatte aufgehört zu bestehen. K. van Vliet

Q.: S. Muller Fz., De middeleeuwse rechtsbronnen der stad U., 2 Bde, 1883 – Ders., Bijdragen voor een oorkondenboek van het Sticht U., II, Regesten van het archief der stad U., 1896 – Ders., Oorkondenboek van het Sticht U. tot 1301, 5 Bde, 1920–59 – Lit.: J. C. Overvoorde–J.-G. C. Joosting, De gilden van U. tot 1528, 2 Bde, 1896–97 – P. W. A. Immink, De stadsvrijheid van U. (Fschr. D. G. Rengers, 1942), 314–434 – De Nederlandse monumenten van geschiedenis en kunst, II: De prov. U., 2 Tle, 1956, 1989 [E. J. Haslinghuis, M. J. Dolfin] – J. E. A. L. Struick, U. door de eeuwen heen, 1968 [Lit.] – Ders., Het recht van Trecht, Jaarboek Oud-U., 1972, 9–37 – L. C. van der Vlerk, U. ommuurd. De stedelijke verdedigingswerken van U., 1983 – L. R. P. Ozinga, Het Romeinse Castellum te U., 1989 – M. W. J. de Bruijn, Husinghe ende hofstede... (Stichtse Hist. Reeks 18, 1994) – J. M. van Winter, Verfassung und Verwaltung im spätma. U. (Verwaltung und Politik in Städten Mitteleuropas, hg. W. Ehbrecht, 1994), 47–54 – B. van den Hoven van Genderen–R. Rommes, Rijk en talrijk. Beschouwingen over de omvang van de U.se bevolking..., Jaarboek Oud-U., 1995, 53–85 – K. van Vliet, Middeleeuws U.: een markt in ontwikkeling, Markten in U. (Historische reeks 19, 1995), 8–43 – Ders., U., Muiden en omgeving. Oude privileges opnieuw bezien, Jaarboek Oud-U., 1995, 5–52 – s.a. Q. und Lit. zu Abschn. A.

Utrecht, Friede v. (28. Febr. 1474). 1449 kaperten die mit Frankreich in den sog. →Hundertjährigen Krieg verwickelten Engländer eine Baienflotte (→Baienfahrt, -flotte), die fast zur Hälfte aus Schiffen hans. Kaufleute bestand. Die Bemühungen der →Hanse um Schadenersatz wurden seit 1455 durch die innerengl. →Rosenkriege erschwert, derentwegen Kg. →Eduard IV. schließlich 1468 die hansefeindl. Forderungen der ostengl. Handelsstädte erfüllte. →Danzig und →Hamburg traten in den seit längerem von →Lübeck geführten Kaperkrieg gegen England ein. Ihre Erfolge und der Wunsch, den Krieg gegen Frankreich zu erneuern, machten den Kg. nachgiebig, so daß in →Utrecht geführte Verhandlungen im Febr. 1474 zum Abschluß kamen. Der Friedensvertrag, der letzte große Erfolg der hans. Diplomatie, sicherte der Hanse noch einmal für lange Zeit die Handelsvormacht in England. E. Pitz

Ed: Hanserecesse, 2. Abt., 7. Bd., 1892, Nr. 142, 143 – Lit.: M. M. Postan, The Economic and Political Relations of England and the Hanse from 1400 to 1475 (Stud. in English Trade in the Fifteenth Cent., ed. E. Power–M. M. Postan, 1966) – H. Stoob, Die Hanse, 1995.

Utrecht-Psalter (Utrecht, Bibl. der Rijksuniversiteit Hs. 32); die Hs. (332/328×259/254 mm) enthält auf fol. 1–91 ein Psalterium Gallicanum mit den Cantica, Hymnen, dem Vater Unser, dem apostol. und dem sog. athanasian. Glaubensbekenntnis (Quicumque vult) und den apokryphen Ps 151. Der Text ist dreispaltig in →Capitalis rustica geschrieben; nur zu Beginn von Ps 1 findet sich eine einfache →Initiale. Die Bedeutung des Psalters beruht auf den den einzelnen Texten als ungerahmte Federzeichnungen in brauner Tinte vorangestellten Illustrationen; sie nehmen die ganze Textbreite ein, ihre Höhe schwankt (nur zu Ps 1 ganzseitig, sonst streifenförmig). Abgesehen von einigen atl. und ntl. Szenen, werden die Psalmverse direkt ins Bild umgesetzt; der U.-P. ist das beste Beispiel für solche Wort-Illustrationen. Zum Teil ergeben sich ikonograph. Parallelen zu dem zweiten durchgehend ill. Psalter des FrühMA, dem Stuttgarter Bilderpsalter (Stuttgart, Württ. Landesbibl., Bibl. Fol. 23). Die Zeichnungen geben neben Landschaftsdarstellungen und Architekturkulissen bewegte Figuren und Szenen mit expressiver Ausdruckskraft wieder. Sicher waren mehrere Künstler beteiligt, wahrscheinl. acht. Ohne Zweifel wurden im U.-P. spätantike Vorlagen verarbeitet (Gestaltung und Alter umstritten). Stilist. ist der U.-P. vorwiegend das Werk karol. Künstler; eine enge Verwandtschaft besteht zu dem etwa gleichzeitig, um 825, entstandenen →Ebo-Evangeliar; beide Hss. sind die Hauptwerke der Reimser Schule unter Ebf. →Ebo. Der U.-P. kam später nach England; um 1000 lag er in Canterbury, Christ Church, wo er kopiert wurde (London, British Libr., Harley 603); zwei weitere engl. Kopien stammen aus der Zeit um 1150 bzw. um 1200 (Cambridge, Trinity College Libr., Ms. R 17. 1; Paris, Bibl. Nat., lat. 8846). Die Hs. befand sich im Besitz Sir Robert Cottons (1571–1637); sie wurde an Lord Thomas Howard Arundel (1585–1646) ausgeliehen, der sie vermutl. nach Holland brachte; Willem de Ridder gab sie 1716 nach Utrecht. K. Bierbrauer

Lit.: E. T. De Wald, The Illustrations of the U. P., 1932 – U.-P. Vollständige Faks.-Ausg. im Originalformat der Hs. 32 aus dem Besitz der Bibl. der Rijksuniversiteit te Utrecht. Komm. K. van der Horst–J. H. Engelbregt, 1982/84 – W. Koehler–F. Mütherich, Die karol. Miniaturen, VI/1, 1994, 85–135, passim.

Üxküll (Ikeskülle), Burg, Bm. und Vasallengeschlecht in →Livland. Von der 'Universitas' Gotland besuchender Kaufleute (→Gotlandfahrer) unterstützt, begann →Meinhard, Augustinerchorherr aus Segeberg, mit der friedl. Mission der Liven an der →Düna und erbaute 1184 beim Dorf Ü. die erste Kirche. Zum Schutz gegen Litauer und Semgaller errichtete er 1185 mit gotländ. Steinmetzen eine steinerne Burg, in der auch Liven Zuflucht fanden. Die Kirche wurde nach Erhebung Meinhards zum Bf. v. Ü. Kathedralkirche des Bm.s. Der Abfall vieler getaufter Liven gefährdete den Bestand des Bm.s und der Mission, die nach Meinhards Tod (1196) von seinen Nachfolgern Bertold und Albert nur unter dem Schutz von Kreuzzügen in Dtl. angeworbener Pilger fortgesetzt werden konnte. Bf. →Albert (7. A.) gründete 1201 die Stadt →Riga und verlegte dorthin den Bf.ssitz. Die Burg wurde 1201/05 dem Pilger und Ritter Conradus de Meyiendorpe (→Meyendorf), der den Namen Ü. annahm. verlehnt. Nach dem letzten Meyiendorpe/Ü. erhielt Johannes de Bardewisch, Ministeriale aus dem Stedinger Land, das Lehen und nahm den Namen Ü. an. Seine Nachkommen erwarben umfangreichen Lehnsbesitz im Erzstift Riga und in den Stiften →Dorpat und →Ösel-Wiek. Mit anderen Großvasallen (→Tiesenhausen) bildeten sie einen Machtfaktor in den inneren Kämpfen Livlands. H. von zur Mühlen

Lit.: A. v. Gernet, Forsch. zur Gesch. des balt. Adels, II, 1895 – G. O. Hansen, Gesch. des Geschlechts derer v. Ü., 1900 – Stud. über die Anfänge der Mission in Livland, hg. M. Hellmann, 1989.

Uzen (Uz von türk.: oġuz 'Clan, Stamm, Stammesliga'; arab.: Ġuzz; griech.: Οὖζοι; lat.: Uzi; hebr.-chazar.: ṭwrqy; aruss.: Torki), reiternomad. Turkvolk. In alttürk. Inschriften des 7. und 8. Jh. bezeichnet man als oġuz (üc oġuz »Drei Stämme«; toquz oġuz »Neun Stämme«, sekiz oġuz »Acht Stämme«) Stammesföderationen, die zum Zweiten Köktürk. Khaganat (→Türken) auf dem Gebiet der heutigen Mongolei gehörten. Die Zerstörung des Alttürk. Reiches durch die Uiguren und Karluken 742 n. Chr. veranlaßte einen Teil der oġuz. Verbände, nach W abzuwandern.

Um 780 ließen sie sich am Syr-Darja nieder. Die Landnahme erfolgte unter Kämpfen mit den →Pečenegen und führte zu ersten Kontakten mit der islam. Welt, der sich die U. (→Oġuzen) aber kulturell nur zögernd näherten. Noch →Ibn Faḍlān, der die U. 922 während seiner Reise zu den Wolgabulgaren aufsuchte, beschrieb sie als ursprgl. →Nomaden, die in Jurten wohnten und über Pferde-, Kamel- und Schafherden verfügten. Andere Q. erwähnen bei ihnen seßhafte Oasenbauern und zahlreiche Kaufleute, die ihre Märkte in befestigten »Städten« abhielten. Die religiösen Vorstellungen der U. waren geprägt von Glauben an einen Himmelsgott (tängrī), Ahnenverehrung und schamanist. Riten (→Schamanismus), wiesen aber auch buddhist., manichäische, nestorian.-chr. und jüd.-chazar. Einflüsse auf. Übertritte zum →Islam erfolgten in größerer Zahl erst nach 960.

Der polit. Aufstieg der U./Oġuzen läßt sich am Bedeutungswandel ihres Namens nachvollziehen. Aus dem ursprgl. terminus technicus oġuz für verschiedene heterogen zusammengesetzte Stammesgruppen bildete sich im 9./10. Jh. ein Ethnonym Oġuz für eine machtvolle Nomadenliga. Sie beherrschte den Steppenraum zw. dem Irtysch im O und der Wolga und dem Kasp. Meer im W und umfaßte 24 größere Stammesverbände. An der Spitze des Bundes stand kein Khagan, sondern ein Fs., der die atürk. Rangbezeichnung yabġū führte. Die Zentralgewalt war jedoch nicht stark ausgeprägt. Die U. galten daher bei den umwohnenden Völkern als bes. unruhige und krieger. Nachbarn. Der Angriff des Sāmāniden Ismaʿīl b. Aḥmad i. J. 893 auf die Karluken versetzte die zentralasiat. Steppenvölker in Unruhe. Die U. verdrängten im Bündnis mit den →Chazaren die Pečenegen über die Wolga nach W und lösten so im nordpont. Raum Wanderungsbewegungen aus, in deren Verlauf auch die →Ungarn vor den Pečenegen 895 Zuflucht im Karpatenbecken suchten.

Unter dem Druck der von O nachdrängenden Qipčaq-→Kumanen und als Folge innerer Zwiste gerieten die U. seit Mitte des 10. Jh. erneut in Bewegung. Ein Teil von ihnen schloß sich um 985 dem Aufstand des Heerführers (sü-baši, →Subasï) Selǧuq gegen den yabġū an und bildete später das Gros jener Nomadenverbände, die unter den →Selǧuqen nach 1071 an der Eroberung und Turkisierung weiter Bereiche Anatoliens teilnahmen.

Andere Verbände eroberten 965 zusammen mit dem Gfs.en v. →Kiev, →Svjatoslav, das Chazarenreich und griffen 985 die →Wolgabulgaren an. In der Folgezeit kam es indes zu Spannungen zw. den Rus' und den U., die 1054 und 1060 von den Rus' besiegt wurden. Während ein Teil der U. von den Gfs.en v. Kiev als Grenzwachen gegen die Kumanen am Steppenrand um Torčesk angesiedelt wurden, wo sie noch 1171 erwähnt werden, überquerten die übrigen Verbände auf der Flucht vor den erneut nach W vordringenden Kumanen 1064 die Donau. Von den Byzantinern militär. bezwungen, wurden sie in Makedonien angesiedelt oder in das byz. Heer eingereiht. Sie erwiesen sich aber als unzuverlässige Bundesgenossen, die 1071 bei →Mantzikert zu den stammverwandten Selǧuqen überliefen.   H. Göckenjan

Lit.: EI² II, 1106–1110 [C. Cahen] – M. Th. Houtsma, Die Ghuzen-Stämme, WZKM 2, 1888, 219–233 – J. Marquart, Über das Volksthum der Komanen, AGG, Phil.-hist. Kl. NF 13, 1, 1914, 25–238 – S. P. Tolstov, Goroda guzov, Sovetskaja etnografija, 1947, 55–102 – S. G. Agadžanov, Očerki istorii oguzov i turkmen Srednej Azii IX–XII vv., 1969 – K. Jahn, Die Gesch. der Oġuzen des Rašīd ad-Dīn, 1969 – P. B. Golden, The Migrations of the Oġuz, AO 4, 1972, 45–84 – F. Sümer, Oğuzlar, 1980 – M. Adamović, Die alten Oghusen, Materialia Turcica 7/8, 1981/82, 26–50.

Uzerche, St-Pierre d', Abtei OSB (comm. Tulle, dép. Corrèze, Bm. Limoges), an der Vézère gelegen, 987 von Bf. Hildegarius v. Limoges mit Unterstützung seiner Familie, der Herren v. →Ségur, Vgf.en v. Limoges, gegründet. Den Konvent bildeten Mönche aus St-Augustin in Limoges und Baume-les-Messieurs, die Bf. Hilduin aus Eymoutiers vertrieben hatte; die ersten Äbte kamen aus den cluniazens. Kl. →Marmoutier und →Fleury. Bis Mitte des 11. Jh. konnte U. seinen Besitz – darunter an die zwanzig Pfarrkirchen – dank Schenkungen Gf. Bosos v. d. Marche, der Vgf.en und anderer Adliger beträchtl. erweitern. 1068 wählten die Mönche auf Rat Vgf. Ademars einen Mönch aus St-Martial v. →Limoges, Gerald (1068–97), zum Abt, zu dessen Zeit (1085) Ebf. Hugo v. Lyon den Altar des Kl. weihte. Seit dieser Zeit bestand eine →Gebetsverbrüderung zw. beiden Kl., in die auch →Cluny, Vigeois, →St-Jean d'Angély, →Charroux, →Moissac, →Déols, La Grasse und St-Victor in →Marseille einbezogen waren. 1097 erfolgte eine weitere Weihe der Abteikirche unter Geralds Nachfolger, Gausbert v. Malefayde (1097–1108), ehemaliger Sakristan v. Vigeois, der ebenso wie die meisten Äbte bis zum Ende des 12. Jh. aus St-Martial kam. Das Haus Ségur förderte U., wo bes. die Reliquien der hll. Leo und Coronatus verehrt wurden, durch reiche Schenkungen. Ende des 12. Jh. wurde ein →Kartular angelegt. Die Kl.schule genoß hohes Ansehen. Von U. abhängig waren die Abteien und Priorate Moutier-d'Ahun (997), Meymac (1085), St-Hilaire de Tourtoyrac (1025), Excideuil (1110).   U. Vones-Liebenstein

Lit.: J.-B. Champeval, Cart. de l'abbaye d'U., 1901 – L. H. Cottineau, Rep. II, 3248 – M. Bernard, Sur les traces des saints Léon et Coronat, CCMéd 9, 1966, 393–401 – D. Gaborit, La date du recueil liturgique d'U., Scriptorium 24, 1970, 40–43 – M. Aubrun, L'ancien dioc. de Limoges des origines au milieu du XIᵉ s., 1981 [Karte 172] – J. L. Antignac–R. Lombard, Sondages dans l'abbatiale St-Pierre d'U., Bull. Soc. lettres, sciences et arts de la Corrèze 91, 1988, 21–29 – A. Sohn, Der Abbatiat Ademars v. St. Martial de Limoges (1063–1114), 1989.

Uzès, Stadt, ehem. Bm. und bedeutende Adelsherrschaft (Seigneurie) in Südfrankreich, Bas-Languedoc (dép. Gard). U., das auf röm. Ursprünge (Ucetia) zurückgeht, war Bf.ssitz (um 440 erster Bf. Constantius belegt). Ein namhafter Bf. des FrühMA war der hl. Ferreolus († 581), der in der Tradition von →Caesarius v. Arles eine monast. Regel erließ (→Mönchtum, B. V).

Die Gesch. v. U. und seiner Civitas, des Uzège (auch: Pays d'U.), ist für das frühe MA schlecht dokumentiert. In der Karolingerzeit bildete das Uzège einen eigenen Komitat; zu Beginn des 10. Jh. wurde es der Mgft. Gothien (dem früheren →Septimanien), dann der Gft. →Toulouse angeschlossen. Erst 1088 wird der Name des ersten Herren v. U., Elzéar, in einer Urkunde →Raimunds v. St-Gilles, Gf. v. Toulouse, genannt. Elzéar hatte für die 'vicaria' (→Viguerie) v. U. seinem Lehnsherrn, dem Gf.en v. Toulouse, im Rahmen der →Albergue (Dienstpflicht) 100 Ritter zu stellen. Er könnte (jüngerer) Sohn einer großen Familie, welche die Stellung von Viguiers innehatte, gewesen sein; sichere Angaben über seine genealog. Zuordnung sind angesichts der lückenhaften Quellenlage aber nicht möglich. Nicht geklärt ist auch der genealog. Bezug Elzéars, der noch bis 1125 (Teilungsvertrag zw. den Gf.en v. Toulouse und →Barcelona; dazu →Provence, B. II) häufig in Urkk. belegt ist, zum zweiten Herrn v. U., *Raimond Decan de Posquières*, der bereits 1094 hervortritt, jedoch erst auf seinem Epitaph als Seigneur v. U. genannt wird. Raimond soll Sohn des Dekans der Kathedrale Notre-Dame v. →Avignon gewesen sein und *Marie*, die Tochter Elzéars, geheiratet haben. Er unterzeichnete Urkk. der Gf.en v. Toulouse an der Seite von Mitgliedern anderer großer languedoz.-prov. Familien wie der →Sabran, Amic, →Baux, Anduze. Vier seiner Söhne waren Bf.e (U., →Nîmes, →Lodève, →Béziers), sein Sohn *Rostaing* heiratete Ermesinde v. Béziers, Tochter des Gf.en Bernhard Aton IV., seine Tochter *Faytide* wurde mit Alphonse Jourdain, Gf. v. Toulouse, vermählt. Am Ende des 12. Jh. war der Seigneur v. U. Vasall des Bf.s v. U. (für einige Güter in und um U.), des Bf.s v. Avignon, des Vicomte v. Nîmes (→Trencavel) und des Gf.en v. Toulouse. Er behielt nach Erbteilungen die Hälfte der Seigneurie U.: *Bermond*, der dritte Seigneur, tat je ein Viertel an seinen Sohn *Elzéar*, der auch die Herrschaft Posquières erbte, und an seine Tochter *Béatrix*, Gemahlin von Rainon du Cailar, aus.

Die Haltung des Seigneur v. U. während des Albigenserkreuzzuges (→Albigenser, II) ist undurchsichtig. Hatte *Raimond Rascas* noch 1209 an der Bußleistung →Raimunds VI. für das Assassinat an Pierre de →Castelnau teilgenommen, so scheint er bald danach zu den vordringenden Kapetingern übergewechselt zu sein. In dieser dunklen Zeit vollzog sich aber auch der Aufstieg des Bf.s v. U., der als päpstl. →Legat fungierte und durch eine Reihe von Schenkungen seine territorialpolit. Machtstellung in der Stadt und Diöz. U. festigte. Bereits Kg. Ludwig VII. hatte dem Bf. 1156 ein kgl. Schutzprivileg gewährt (Münzrecht, 'compensum pacis', Besitz einer Anzahl von 'castra' und 'ville', darunter des 'castrum Bermundi'). 1211 bestätigte Kg. Philipp II. Augustus diese Schenkung, der er weitere Besitzungen, unter ihnen die 'civitas Ucecie', hinzufügte. Simon de →Montfort verlieh 1215 als Nachfolger des Gf.en v. Toulouse dem Bf. schließlich die 'vicaria'. Diese (oft widersprüchl.) Schenkungen vermitteln kein klares Bild vom Besitzstand beider Seiten, des Seigneurs und des Bf.s, im Innern der Stadt U. Das vom Seigneur Bermond an den Bf. 1215 (nur sechs Tage nach der Urk. Montforts zugunsten des Bf.s) geleistete Homagium (für die 'vicaria' und alle vom Gf.en v. Toulouse zu Lehen gehenden Güter in U.) wurde während des 13. Jh. wiederholt erneuert, ohne größere Proteste von seiten des Seigneurs, und ebenso vom Bf. im herkömml. Umfang akzeptiert. Der Bf. konsolidierte seine Macht in der Stadt, indem er 1280 ein Viertel der Stadtherrschaft von den beiden Nachkommen der Béatrix du Cailar, Rainon, Seigneur v. La Tour d'Aigues, und Elzéar, Seigneur v. Ansuis, erwarb. Das Verhältnis zw. bfl. und seigneurialer Gewalt verschlechterte sich nun aber zusehends (Verweigerungen des Homagiums, bewaffnete Angriffe von Leuten des Seigneurs auf die Kathedrale, Übergriffe in strittigen Jurisdiktionsfragen). Den Tiefpunkt markiert das Jahr 1459, als der Seigneur *Jehan* wegen häret. Umtriebe exkommuniziert wurde und bei Papst →Pius II. auf dem Fürstenkongreß v. →Mantua Absolution erbitten mußte. Der Niedergang der bfl. Macht zeichnete sich gleichwohl deutlich ab. Bereits 1290 hatte Kg. Philipp der Schöne dem Seigneur (im Austausch gegen die ihm gehörenden Sali-

nen v. Le Peccais, die den Ausbau des kgl. Hafens →Aigues-Mortes störten) verschiedene Güter und Rechte übertragen; 1328 wurde die Seigneurie zur →Vicomté erhoben. Sie nahm (nach der Vicomté Carmaing) den 2. Rang im Kgr. Frankreich ein. Der Konflikt zw. Bf. und Seigneur verhinderte eine stärkere Entfaltung der konsularen Institutionen. Zwar sind bereits für 1206 erstmals (durch den Bf. ernannte) →Konsuln belegt. 1346 werden in einem Privileg (*Charte du consulat*) die Wählbarkeit der Konsuln, ihre Unterstellung unter kgl. Schutz sowie ihre Funktionen dargelegt: Sie übten die Vogtei (*voirie*) aus, fungierten als Ordnungshüter, legten Preise bestimmter Waren fest, überwachten die Zünfte und hatten die Steuerveranlagung in ihrer Hand. U. war wie die Nachbarstadt →Nîmes Standort eines ertragreichen Tuchgewerbes.

Seit dem späten 15. Jh. wuchsen fsl. Machtstellung und Einkünfte des Vicomte v. U., der an zahlreichen Orten das Hoch- und Niedergericht besaß. Der Aufstieg der Familie setzte sich fort mit der Heirat der Simone v. U., Erbtochter Jehans, in 2. Ehe mit Jacques de Crussol, Sohn des kgl. 'grand panetier' Louis de →Crussol und der Jeanne v. →Lévis (1486). Die Vicomté U. wurde 1565 zum Hzm. erhoben.
            I. Dion

Lit.: LThK² X, 590 – G. CHARVET, Étude généalogique de la première maison d'U., Comptes-rendus de la soc. scientifique et litt. d'Alais, 1870 – E. DE ROZIÈRE, Charte du consulat d'U., Revue de législation, 1870-71 – ABBÉ BÉRAUD, U., son dioc., son hist., 1953 – I. DION, La famille d'U.: l'ascension d'un lignage du bas Languedoc du XII⁰ au XV⁰ s. [Thèse École des Chartes, 1987].

Uzun Ḥasan ('Ḥasan der Lange'), Herrscher über die turkmen. (→Turkmenen) Stammesföderation der Aq Qoyunlu ('Weißer Hammel') 1453-78, gest. 1478. U. Ḥ., der 1454 Diyarbakir (heut. Osttürkei) eroberte und sich 1458 mit der Komnenenprinzessin Katharina, einer Tochter des Ks.s Johannes IV. v. →Trapezunt (1429-58), vermählte, verdankte seinen polit. Aufstieg v. a. dem Bündnis mit Ğunaid, dem Stammvater der Ṣafawiden-Dynastie und Oberhaupt eines bes. bei den Turkmenen verbreiteten schiit. Ṣūfī-Ordens (→Mystik, C). Mit Hilfe der Anhänger (Muriden) Ğunaids errang U. Ḥ. 1467 den Sieg über den mit ihm rivalisierenden Herrscher der →Qaraqoyunlu, Ğahānšāh, eroberte Azerbaidžān und machte →Tābrīz zu seiner neuen Residenz. Das Angebot des Timuridensultans Abū Saʿīd (1452-69), ihm kampflos die Herrschaft über Anatolien zu überlassen, wies er mit der Begründung zurück, es könne im O nur einen Herrscher geben. Schon 1469 schlug er Abū Saʿīd und nahm dessen Länder in Besitz.

Das von U. Ḥ. errichtete Großreich umfaßte Iran (→Persien) und →Irak ebenso wie →Armenien und Azerbaidžān. Im W suchte U. Ḥ., ein fähiger Heerführer und zielstrebiger Diplomat, der den Anspruch erhob, ein »zweiter Timur« zu sein, der Bedrohung durch das aufstrebende →Osman. Reich mit einem umfassenden Bündnissystem zu begegnen, dem neben dem Emirat v. →Karamān und dem Khanat der →Krim auch chr. Mächte (röm. Kurie, Venedig u. a.) beitreten sollten. Doch vermochte das überhastet gebildete und locker zusammengefügte Nomadenreich der Aq Qoyunlu der straff organisierten und disziplinierten Militärmacht der Osmanen nicht standzuhalten und unterlag den Truppen →Meḥmeds II. am 11. Aug. 1473 bei Baškent. Das Reich U. Ḥ.s zerfiel bald nach dessen Tod. Die Ṣafawiden traten sein polit. Erbe an.
            H. Göckenjan

Lit.: W. HINZ, Irans Aufstieg zum Nationalstaat im 15. Jh., 1936 – J. E. WOODS, The Aqquyunlu. Clan, Confederation, Empire, 1976.

V

Vabres, St-Sauveur, Notre-Dame et St-Denis de, Abtei OSB im sw. Massif Central, Bm. 1317–1801 (dép. Aveyron; Bm. Rodez, heute Bm. Cahors; Kirchenprov. Albi). 862 von Gf. Raimund I. v. →Toulouse als Seelgerätstiftung gegründet und bis Mitte des 10. Jh. von der Gf.enfamilie und dem Adel v. a. in der Diöz. →Rodez reich dotiert, wurde V., nach einer auch durch die Konkurrenz der nahegelegenen Abtei Ste-Foy de →Conques bedingten Zeit des Niedergangs, von Abt Deusdedit v. St-Amans de Rodez zunächst 1061 an Abt Durandus v. St-Victor in →Marseille, dann 1062 an →Cluny, zur Unterstellung unter →Moissac, im Sinne einer Regelreform übertragen. Dank päpstl. Unterstützung (Privileg Gregors VII. von 1079) konnten sich die Viktoriner durchsetzen, so daß V. von 1064–1317 ihrer Kongregation angehörte. In das Anfang des 12. Jh. angelegte →Kartular wurden ein legendärer Fundationsbericht und eine gefälschte Immunitätsurkunde Karls d. Gr. aufgenommen. V. besaß die Reliquien des hl. Marius und hatte abhängige Kl. in St-Léons (873/874), Lavernhe-de-Séverac (874), Nant (878) und St-Clément de Man. 1317 wurde die Abtei von Johannes XXII. zum Bm. erhoben, dem der südl. des Tarn gelegene Teil der Diöz. Rodez zugewiesen wurde. Als erster Bf. fungierte der ehemalige Abt Pierre d'Olargues, während der Mönchskonvent die Aufgaben eines Kathedralkapitels übernahm. U. Vones-Liebenstein

Lit.: Abbayes et prieurés, hg. J. M. BESSE, fortges. v. BEAUNIER, 1905ff., IV, 106f. – M. PROU-J. DE FONT-RÉAULX, Pouillés de la Province de Bourges, 1961, 333–354 – Les Moines noirs, Cahiers de Fanjeaux 19, 1984 [Beitr. v. P. GÉRARD, P. AMARGIER, J. L. BIGET] – E. FOURNIAL, La chronique d'Agio ou le prologue du cart. de l'abbaye de V., Rev. du Rouergue 39, 1985, 9–14 – N. LEMAÎTRE, Le Rouergue flamboyant. Le clergé et les fidèles du dioc. de Rodez 1417–1563, 1988 – S. CAUSSE-TOURATIER, Le temporel de l'abbaye de V. aux alentours de l'an Mil, 1989 – E. FOURNIAL, Cart. de l'abbaye de V. au dioc. de Rodez, 1989.

Vacariça, São Vicente de, Kl., im ptg. Ort Mealhada nicht weit von →Coimbra gelegen, dem 1002 der Konvent v. São Salvador de Rocas unterstellt wurde und das in der ersten Hälfte des 11. Jh. gemeinsam mit den Konventen v. Leça, Anta, Vermoim und Aldoar einen Verband bildete. Treibende Kraft war der seit 1018 amtierende Abt Tudeildus, der das Kl. Sever de Vouga an sich zog (1018), dann Leça (Diöz. Porto) und der von diesem abhängigen Konvente Aldoar und Vermoim übernahm (1021). Er gründete vor 1021 die Abtei Anta und leitete alle Konvente in Personalunion, bevor er wegen maur. Angriffe 1026 aus V. weichen mußte und in Leça Zuflucht fand. In der Folge wurden aus den meisten anderen Konventen einfache Pfarrkirchen, in Leça, V. und Anta verblieben aber Gemeinschaften, die ein reguliertes Leben nach der Regula communis führten und nach dem Tod des Tudeildus einen losen Verband bildeten. Seit spätestens 1091 geriet im Zuge des Verfalls des Verbandes die nun von einem prepositus regierte Leça in völlige Abhängigkeit von V., das selbst spätestens seit 1094 Eigenkl. des Bf.s v. Coimbra wurde. Bis dahin stand V. unter dem bes. Schutz der Gf.en v. Coimbra und war eines der wichtigsten Zentren des Mozarabismus (→Mozaraber). Am 24. März 1101 wurde die Unterstellung V.s unter den Bf. v. Coimbra von Paschalis II. zur Reform seiner Bräuche und zur Einführung der röm. Liturgie bestätigt. L. Vones

Lit.: M. DE OLIVIERA, As paróquias rurais portuguesas, 1950 – J. MATTOSO, Le monachisme ibérique et Cluny, 1968 – A. LINAGE CONDE, Los orígines del monacato benedictino en la península ibérica, III, 1973, 444, Nr. 1602 – J. MATTOSO, Religião e Cultura na idade média portuguesa, 1982.

Vacarius, Magister, in England tätiger it. Rechtslehrer. [1] *Leben:* * um 1120 in der Lombardei, † nach 1198 in England. V. studierte an der Rechtsschule v. →Bologna und erwarb den Magistertitel. Um 1143 berief ihn Ebf. →Theobald v. Canterbury als Rechtsberater nach England. Ende der 50er Jahre trat er in den Dienst Ebf. Rogers v. York, des früheren Archidiakons in Canterbury. In dieser Zeit wurde V. zum Priester geweiht. Im Ebm. York wirkte V. als Jurist (päpstl. 'iudex delegatus') sowie ebfl. Ratgeber und war Kanoniker in Southwell und Pfarrer in Norwell. 1198 wurde er von Papst Innozenz III. mit der Kreuzzugspredigt in York betraut. P. Golinelli

[2] *Der Liber pauperum:* V. brachte das wiederentdeckte röm. Recht aus Italien nach England. Sein berühmtestes Werk, der »Liber pauperum«, umfaßt neun Bücher: Auszüge aus den Digesten und aus dem Codex Iustinianus einschließl. der Tres libri (→Corpus iuris civilis). Auch weniger vermögende Studenten, die nicht professionelle Juristen werden wollten, sollten das Werk kaufen und in kurzer Zeit durcharbeiten können. Die Texte jedes Titels wurden hauptsächl. den entsprechenden Digesten- und Codextiteln entnommen und durch Texte aus anderen Titeln ergänzt. Die Hss. enthalten Glossen, in denen Bologneser Lehrmeinungen zitiert werden und die Zeugnisse eines blühenden Rechtsunterrichts in England sind. V. hat wohl in den 1170/80er Jahren, wahrscheinl. in Lincoln, gelehrt, nicht aber in den 50er Jahren in Oxford, wie man bisher meist annahm. P. G. Stein

[3] *Andere Werke:* Von in Italien entstandenen Schriften ist nichts erhalten. In der »Summa de matrimonio« (um 1156) behandelt V. das Wesen der Ehe auf der Grundlage des röm. Rechts (→Ehe, B. VIII). Im »Liber contra multiplices et varios errores« (vor 1177) verurteilt er die Häresie des Ugo →Speroni. In kleineren Schriften wie »De assumpto homine« befaßt sich der Autor mit theol. Fragen. P. Golinelli

Ed.: M. V., Summa de matrimonio, ed. F. W. MAITLAND, LQR 13, 1897, 133–143, 270–287 – The Liber Pauperum of V., ed. F. DE ZULUETA (Selden Soc. 43, 1927) – Liber contra multiplices et varios errores, ed. Irnerio da Milano, 1945, 477–583 (StT 115) – The Tractatus de Assumpto Homine by M. V., ed. N. M. HARING, MSt 21, 1959, 147–175 – *Lit.:* J. DE GHELLINCK, M. V. Un juriste théologien peu aimable pour les canonistes, RHE 49, 1949, 173–178 – P. STEIN, V. and the Civil Law (Church and Government in the MA [Fschr. C. R. CHENEY, 1976]), 119–137 – F. DE ZULUETA-P. STEIN, The Teaching of Roman Law in England Around 1200 (Selden Soc., Suppl. Ser., 8, 1990) [mit Ausg. der Institutionenvorlesung eines Schülers von V.].

Vacatio (lat. 'Freisein'), bezieht sich in der Theologie primär auf die V. Dei als Vereinigung des Menschen mit Gott. V. ist zugleich contemplatio und fruitio Dei. Während die →Kontemplation formal auf die →visio Dei ausgerichtet ist und die fruitio (→Uti/frui) die unio amoris betont, bestimmt sich die V. im Freisein für Gott von den Mühen des ird. Daseins. Da dem Menschen das Streben nach der Vereinigung mit Gott als desiderium naturale von Gott selber eingegeben ist, wird die V. Dei zu einem Lebensprinzip für das ird. Dasein. Die antike Fuga mundi-

Bewegung bot dem frühchristl. Mönchtum die Gelegenheit zum uneingeschränkten vacare Deo. Aus dieser monast. Tradition stammt die Identifikation der bibl. Maria v. Bethanien mit dem Ideal des vacare Deo. Die jesuan. Aussage, daß Maria den »besseren Teil« erwählt habe, wird dann für Augustinus und Thomas v. Aquin zum Autoritätsbeweis für die Vorrangigkeit der V. Dei. In der rationalen Begründung für diesen Vorrang stützt sich Thomas v. Aquin auf die aristotel. Präferenz der Schau des ewigen Seinsgrundes gegenüber der Arete, die wirken muß, um Tugend zu bleiben. A. Hertz

Lit.: P. Brown, Augustinus v. Hippo, 1972 – A. Hertz, Vita activa und vita contemplativa in der nikomach. Ethik des Aristoteles und der Summa Theol. des Hl. Thomas v. Aquin (L'Uomo, via della Chiesa, 1991), 349–375.

Vaclav → Wenzel

Vademecum, handl., kleinformatiges Buch, zum Mitnehmen in der Rock- oder Gürteltasche. Als Gattung med. Lit. spätestens um 1170/80 durch den berühmten Salernitaner Arzt →Archimatthaeus ausgeformt, der beim reduktionist. Redigieren seines Leitfadens 'De instructione medici (sive De visitatione infirmorum)' das Kurzlehrbuch zur berüchtigten Hausbesuchs-Fibel 'De adventu medici ad aegrotum' umgestaltete und dabei bereits charakterist. Strukturelemente des spätma. V.s hervortreten läßt: Das ärztl. V. des 14.–15. Jh. ist kleinfeldrig kompiliert sowie aus Versatzstücken aufgebaut, die Paragraphen- bis Kapitelgröße zeigen und ohne Rücksicht auf ihre Herkunft ineinander verschränkt sind. Die sieben bisher nachgewiesenen Exemplare ('Asanger Aderlaßbüchlein', 'Bairisches A.', 'Genter A.', 'Haager A.', 'Oberdeutsches A.', 'Oberrheinisches A.', 'Oxforder Faltheft') behandeln diagnost. wie therapeut. Themenkomplexe, bei denen das Blutentzug mit →Schröpfen und →Aderlaß namengebend im Vordergrund steht (»Aderlaßbüchlein«). Bei der →Diagnostik dominieren Blutschau und Uroskopie. Die Prognostik (→Prognose) bewegt sich im laienastrolog. Bereich der Iatromathematik (→Astrolog. Medizin). Der →Diätetik gesellen sich gelegentl. Purgieranweisungen zu. – Neben astrolog. Tabellen beschränkt sich die Bildausstattung auf den ganzseitig präsentierten Tierkreiszeichen- oder Laßmann. Landessprachige V.a dominieren. Die kleinen Exemplare sind als zumeist einlagiges Heft oder Kopert (selten als Faltbuch) angelegt und tragen oft starke Gebrauchsspuren, was deutlich macht, daß sie von den Ärzten auf Krankenbesuchen mitgenommen wurden. G. Keil

Lit.: Verf.-Lex.² I, 503, 581; II, 1192f.; III, 357f.; VI, 1274f.; VII, 77; VIII, 858f. – Das 'Haager Aderlaßbüchlein'. Studien zum ärztl. V. des SpätMA, hg. G. Bauer, Würzburger med.hist. Forsch. 14, 1978 – 'Älterer deutscher 'Macer', Ortolf v. Baierland 'Arzneibuch', 'Herbar' des Bernhard v. Breidenbach, Färber- und Malerrezepte, Farbmikrofiche-Ed., hg. W. Dressendörfer, G. Keil, W.-D. Müller-Jahncke, Codd. illum. MA 13, 1991, 51, 56f., Bl. 106vb–113rb, 212va–216va – O. Riha, Wissensorganisation in med. Sammelhss. (Wissenslit. im MA 9, 1992), 118–121 – Die Schrift 'De adventu medici ad aegrotum' nach dem Salernitaner Arzt Archimatheus, hg. H. Grensemann, Würzburger med.hist. Mitt. 14, 1996, 233–251.

Vado, Kleinstadt in Ligurien. Ein bedeutendes Zentrum in röm. Zeit als Straßenstation, Hafen und später Municipium, verschwindet V. im gesamten FrühMA fast völlig aus den hist. Quellen. Die erste ma. Erwähnung findet sich im Kapitular v. Olona (825), in dem V. unter den Orten erwähnt wird, deren Studenten sich in die Schulen von →Turin begeben müssen. Wenige Jahrzehnte später (864) wird erstmals ein Bf. v. V. erwähnt, während die erste Bezeugung als Mittelpunkt einer Gft. erst vom Anfang des 11. Jh. stammt, obgleich V. diese Funktion wahrscheinl. mindestens schon im 10. Jh. ausgeübt hat. Bereits seit dem Ende des 9. und insbes. an der Wende vom 10. zum 11. Jh. übernahm allmähl. die in raschem Aufstieg begriffene Nachbarstadt →Savona die Rolle V.s als polit. und kirchl. Zentrum. V. a. dank der Unterstützung des Bf.s und eines Diploms Ks. →Heinrichs III. (1014) setzte sich Savona als eine der mächtigsten Kommunen der ligur. Westküste durch und führte damit den Niedergang von V. herbei. Bedeutend bleibt jedoch die Rolle von V. als Hafen, der sich zu einem der größten Liguriens entwickelte. L. Provero

Lit.: s. a. →Savona – Le strutture del territorio fra Piemonte e Liguria dal X al XVIII sec., Atti d. conv. Carcare, 15 lug. 1990, hg. A. Crosetti, 1992 – R. Pavoni, Liguria medievale, 1992.

Vadoluengo, Übereinkunft v. (14.–20. Jan. 1135), in der Kirche San Adrián (nahe von Sangüesa und Sos) getroffen zw. →Ramiro II. v. Aragón und →García (Ramírez) IV., nachdem dieser zum Kg. v. Navarra(-Pamplona) proklamiert worden war und durch seine Annäherung an Kastilien-León eine Abspaltung seines Reiches zu befürchten stand. Die beiden Herrscher einigten sich zur Erhaltung des Friedens unter provisor. Grenzziehung über den künftigen Status von Pamplona-Navarra, indem zw. ihnen ein Freundschafts- und zusätzl. ein Vater-Sohn-Verhältnis konstruiert wurde. Der aragones. Kg. wollte eine gewisse Oberhoheit (über das Volk) behalten, während sich die Herrschaft Garcías auf den Adel stützen sollte. Erst nach der Klärung der Nachfolge im Kgr. Aragón würden García die volle potestas und das regnum zustehen. Das Abkommen hatte nur bis Ende Mai 1135 Bestand, da der Kg. v. Pamplona sich dann in ein Lehnsverhältnis mit Alfons VII. v. Kastilien-León begab. L. Vones

Lit.: J. M.ª Lacarra, Hist. del Reino de Navarra en la edad media, 1975 – H. Grassotti, Homenaje de García Ramírez a Alfonso VII (Dies., Misc. de Estudios sobre instituciones castellano-leonesas, 1978), 311–322 – A. Ubieto Arteta, Hist. de Aragón: Creación y desarrollo de la Corona de Aragón, 1987, 114ff. – Ders., Documentos de Ramiro II de Aragón, 1988 – Ders., Los orígenes de los reinos de Castilla y Aragón, 1991, 19ff., 200ff.

Vadoluengo, Vertrag v. (19. Dez. 1168), in der Kirche San Adrián geschlossen zw. Kg. →Sancho VI. v. Navarra und Kg. →Alfons II. v. Aragón, um unter Erneuerung eines 1162 eingegangenen Abkommens einen zwanzigjährigen Frieden und ein gemeinsames krieger. Vorgehen gegen die Muslime, insbes. →Ibn Mardanīš, Herrscher v. Valencia und Murcia, zu vereinbaren. Die Vertragsbedingungen, gesichert durch Lehnseide der Statthalter der Grenzburgen für den jeweils anderen Kg., sahen freien Durchzug der narvarres. Truppen durch aragones. Gebiet zur Grenzzone sowie eine Teilung der erworbenen Besitzungen und erzwungenen Geldzahlungen vor. Während sich Aragón die Eroberung von Gúdar, des Campo v. Monteagudo und von Teruel vorbehielt, bildete das Abkommen die Rechtsgrundlage für die navarres. Exklave Albarracín unter der Herrschaft des Pedro Ruiz de Azagra, wenn auch strittig ist, ob die dortige Anwesenheit des navarres. Adligen nicht schon vor 1168 anzunehmen ist und nachträgl. gerechtfertigt wurde. L. Vones

Lit.: J. M.ª Lacarra, El rey Lobo de Murcia y la formación del señorío de Albarracín (Estudios dedicados a Menéndez Pidal, III, 1952), 515–526 – M. Almagro Basch, El señorío de Albarracín bajo los Azagra, 1959 – Ders., Hist. de Albarracín y su sierra, 2 Bde, 1959 – J. M.ª Lacarra, Hist. del Reino de Navarra en la edad media, 1975 – A. Ubieto Arteta, Hist. de Aragón: Creación y desarrollo de la Corona de Aragón, 1987 – J. F. Elizari Huarte, Sancho VI el Sabio, 1991, 115ff.

Vadomar (Vadomarius, Βαδομάριος), alem. Stammes-kg. zusammen mit seinem Bruder Gundomad (Amm. 14, 10, 1) östl. des Oberrheins (18, 2, 16). Nach Friedensschluß mit →Constantius II. 354 und Gundomads Tod Alleinherrscher, hielt sich V. in den Kämpfen mit →Julianus 357 zurück, übernahm aber in den folgenden Jahren mehrfach Vermittlertätigkeit zw. diesem und den →Alamannen. V. a. dem Ks. verbunden, unternahm er nach Julianus' Usurpation 360 krieger. Aktionen gegen diesen, wurde jedoch verhaftet und nach Spanien verbannt. Unter →Valens erscheint V. als militär. Befehlshaber im Kampf gegen den Usurpator →Prokopios (Amm. 26, 8, 2) und trug 371 wesentl. zum Sieg bei Vagabanta über die →Sāsāniden bei. Der Zeitpunkt seiner Erhebung zum dux Phoenices ist unbekannt. V.s Sohn und offensichtl. Nachfolger in der Heimat, Vithicab, wurde 368 durch →Valentinian I. ermordet. G. Wirth

Lit.: RE VII A, 2065 – L. SCHMIDT, Gesch. der Westgermanen, II, 1940, 30ff. – J. SZIDAT, Hist. Komm. zu Ammianus Marcellinus XX–XXI, 1981, 91.

Vadstena (aschwed. Vazstena 'das Steinhaus am Wasser'), kgl. Schloß (→Pfalz, G) in Östergötland, am Ostufer des Vättersees (südl. →Schweden), dann Mutterkl. des Birgittenordens (→Birgittiner, -innen). Nördl. einer Siedlung des 11. Jh., auf Boden, der dem Bjälbo-Geschlecht gehörte (→Birger, Jarl), ließ dessen Sohn Kg. Waldemar das erstmals 1268 erwähnte Schloß V. als got. Ziegelbau errichten und nutzte es u. a. im Kampf gegen seinen (1275 jedoch siegreichen) Bruder →Magnus Ladulås. Am 1. Mai 1346 übertrug dessen Enkel Kg. →Magnus Eriksson mit seiner Gemahlin Blanche das von ihnen öfters bewohnte Haus V. der hl. →Birgitta als Sitz eines Kl. nach der Birgitta offenbarten Regel. Der nachher wohl durch Kriegsereignisse beschädigte Palast wurde ab 1369 umgebaut und ging als Arbeitssaal, Kapitelsaal und Dormitorium der Nonnen im Klosterkomplex auf. Nach Einsetzung der ersten Nonnen und Priester (1374) unter Leitung der Tochter Birgittas, der hl. →Katharina, und nach der Einweihung 1384 entstand die parallel zum Palast (südl. von ihm) angelegte große Hallenkirche, die 1430 geweiht wurde (→Birgittiner-Baukunst). Die Siedlung, die 1400 Stadtrecht erhielt, wurde 1414 dem Kl. abgabenpflichtig. V. war in Skandinavien unübertroffen als Wallfahrtsort, an dem die Fürbitte der hl. Birgitta (seit 1489 auch der sel. Katharina) ebenso wie die packende Predigt und die Seelsorge der Birgittenpriester gesucht wurden, und fungierte als Kristallisationspunkt religiöser und kultureller Impulse. Große Teile der Bibliothek der Priester sind erhalten; die Bedeutung V.s als Kunstzentrum wird durch neue Erkenntnisse fortlaufend erhellt. Der Priesterkonvent wurde um 1545 gewaltsam aufgelöst; nach kurzer Nachblüte wurden die letzten Nonnen 1595 des Landes verwiesen. T. Nyberg

Lit.: B. FRITZ, Ödeläggelsen av V. kungsgård (Hist. studier F. LINDBERG, 1963), 12–24 – A. LINDBLOM, Kult och konst i V. kl. (Antikvariska serien 14, 1965) – DERS., V. klosters öden, 1973 – T. BÄCK, Datering av det äldsta V. (Föreningen Gamla V., Småskrifter 24, 1978) – V. klosters bibliotek, hg. M. HEDLUND – A. HÄRDELIN (Acta Bibliothecae R. Univ. Upsaliensis 29, 1990) – I. ANDERSON, V. klosterkyrka I (Sveriges kyrkor 213, 1991) – B. FRITZ, Kung Magnus Erikssons planer för V. klosterkyrka – och Brigittas (Fschr. G. AUTHÉNBLOM, 1992), 115–129 – A. FRÖJMARK, Mirakler och helgonkult (Studia hist. Upsaliensia 171, 1992) – J. v. BONSDORFF, Kunstproduktion und Kunstverbreitung im Ostseeraum des SpätMA, Finska Fornminnesföreningens Tidskrift 99, 1993 – CH. KRÖTZL, Pilger, Mirakel und Alltag (Studia Hist. 46, 1994) – T. NYBERG, Die Birgittinerstädte zur Zeit Kg. Erichs (Stud. zur Gesch. des Ostseeraumes, I, hg. TH. RIIS, 1995), 37–48.

Vafþrúðnismál ('Vafþrúðnirs Sprüche'). Die im →Codex Regius überlieferten V. gehören zur mytholog. →Wissensdichtung der Liederedda. Neben einer weiteren fragmentar. Hs. zeigt schon →Snorri Sturluson in seiner Prosaedda gute Kenntnis des Liedes. Die 55 Strophen sind gattungsüblich in Dialogform angeordnet, werden jedoch statt durch den üblichen Prosarahmen durch einen pseudomytholog. Prolog eingeleitet (1–10): Odin fragt seine Frau Frigg, ob er einen Wissenswettstreit mit dem Riesen Vafþrúðnir wagen solle (1–4) und läßt sich dann entgegen ihrem Rat darauf ein. Der Hauptteil (11–18) bringt zuerst die Fragen des Riesen an Odin, der sich Gagnráðr nennt, dann dessen Antworten, wobei Vafþrúðnirs Fragen im wesentl. auf mytholog. Orte und Personen zielen. Nach einer Überleitung (19) folgen Odins Fragen an den Riesen, die sich v. a. auf die Entstehung der Welt und ihren Untergang zu den →Ragnarök beziehen. Die letzte Frage nach dem Inhalt des Satzes, den Odin dem toten Balder ins Ohr flüsterte, ist für den Riesen unlösbar, und Odin gibt sich damit dem Besiegten zu erkennen (55); diese Frage beendet auch den Wissenswettstreit in der Hervarar saga.

Eddische Wissensdichtungen hatten eine Funktion wohl während der Konfrontation des späten Heidentums mit dem Christentum im 10. Jh. und später wieder im antiquar. Interesse des hochma. Island; näher läßt sich die Entstehungszeit der V. nicht eingrenzen (terminus ante quem durch Snorris Zitate um 1220), selbst wenn die rätselartigen Fragen einzeln durchaus älter sein können.

R. Simek

Lit.: KL VII – Medieval Scandinavia: An Encyclopedia, 1993, 685 – A. HOLTSMARK, Den uløselige gåten (Maal og Minne, 1964) – P. H. SALUS, More 'Eastern Echoes' in the Eddas?, MLN 79, 1964 – E. SALBERGER, Heill þú farir!, Scripta Islandica 25, 1974 – E. HAUGEN, The Edda as Ritual: Odin and His Masks (Edda. A Collection, 1983), 3–24.

Vagantendichtung, Goliardendichtung, poésie goliardique etc., bequeme, aber irreführende Bezeichnung für einen großen Teil der weltl. lat. Lyrik des 12. und beginnenden 13. Jh. (auch gewisser Vorläufer), die man eine Zeitlang den Vaganten (clerici vagi, vagantes; scholares vagi, clerici ribaldi, trutanni, Eberhardini; secta, ordo vagorum; →Golias, Goliarden) zugeschrieben hat. Man verstand unter V. v. a. die satir. und krit. Gedichte, die Liebes-, Trink- und Spielerlieder dieser Zeit. In den ersteren werden die Unsitten und Mißbräuche der Zeitgenossen, bes. der geistl. Obrigkeit, gelegentl. auch einzelner Prälaten, sowie die Habgier der Kurie angegriffen, oft ungemein scharf, aber auch mit Witz und Ironie. Gewöhnl. liegt hier jedoch dieselbe moral. Haltung zugrunde, die in anderen, eher biederen Rügegedichten nicht zu verkennen ist. Die Liebeslieder stellen Erotisches oft mit größter Freiheit, oft auch mit Zartheit dar, naiv oder mit Raffinesse. Hier v. a. finden sich Äußerungen bedenkenlosen Lebensgenusses und, ebenso wie in den moral.-satir. Gedichten, eines unbefangenen Umgangs mit der antiken Mythologie. Die Trink- und Spielerlieder stellen mitunter burleske Exzesse dar, z. B. des Spielens bis zur Nacktheit. Unter allen Gruppen finden sich →Streitgedichte, ferner →Parodien auf Hymnen und Sequenzen, oder auf Evangelium, Messe und Offizium. Hauptstützen des 'Vagantenmythos' (NAUMANN) waren die Dichtungen des →Archipoeta, bes. seine 'Beichte', die als eine Art Glaubensbekenntnis eines Vaganten angesehen wurde, des →Hugo Primas v. Orléans, des →Walter v. Châtillon und die →Carmina Burana (CB). Die Freiheit des Wortes, die aus diesen Dichtungen spricht, schien unter respektablen Leuten nicht vorstellbar gewesen zu sein; daher schrieb man sie – nach Vorgängern im 13. Jh. wie →Giraldus Cambrensis (Speculum ecclesiae 4, 14) und →Salimbene (Cronica ad a. 1233), bei denen einige Dichter zu legendären Gestalten wurden – seit dem 19. Jh. (GRIMM, GIESEBRECHT, EHRENTHAL u. a.) und trotz der Einwände W. MEYERS einer sozialen Randgruppe zu, abgesunkenen, herumziehenden ewigen Studenten und stellungslosen Klerikern, deren tatsächl. Existenz vielfach bezeugt ist (WADDELL, Appendix E; vgl. auch z. B. →Jakob v. Vitry, Exempla [FRENKEN] Nr. 80). Eine romant. Auffassung wollte in den Vaganten Leute sehen, die nach Ungebundenheit dürsteten und es deshalb in keinem Amt aushielten, sich über Sitte und Anstand hinwegsetzten und die vor nichts und schon gar nicht vor irgendeiner Obrigkeit Respekt hatten: So wurden aus ihnen geradezu Sozialrevolutionäre gemacht. Scherzhaft parodist. Äußerungen, wie CB 219, und auch der Beiname des Hugo 'Primas' riefen die Vorstellung von einem regelrechten Bund mit einer Art Vorsitzenden hervor. Wandernde Dichter wie der ehrenwerte Pilger →Venantius Fortunatus und der gelehrte →Sedulius Scottus wurden als Vorläufer angesehen. In Wirklichkeit hatten alle die weiter oben gen. Personen und andere namentl. bekannte Verfasser von 'V.' wie →Walter Map, →Petrus v. Blois, →Philipp d. Kanzler, reputierliche Stellen inne, wahrscheinl. selbst der Archipoeta (R. SCHIEFFER, MIÖG 98, 1990, 59–79). Als V. dürfte man daher allenfalls die Dichtung vom Betteln und Vagieren bezeichnen. Deren Entstehung wäre aber selten im Kreis wirkl. Vaganten zu suchen – so wie z. B. Räuberlieder gewöhnl. nicht von Räubern gedichtet sind –, abgesehen vielleicht von dem einen oder anderen Stück wie CB 218, 224f. – Die Kreise, in denen diese weltl. Dichtung tatsächl. entstand, dürfen nicht zu eng begrenzt gesehen werden angesichts der hohen lit. Kultur dieser bildungsfrohen Epoche, in der →Ovid seine größte Wirkung ausübte, →Juvenal und →Persius, aber auch →Maximianus (3. M.) in der Schule gelesen wurden. Vielfach dürfte der Ursprung unter den Studenten und jungen Akademikern (clerici) an den Stätten bedeutender Schulen zu suchen sein. Der Jugend wurden große Freiheiten zugebilligt (vgl. etwa CB 30); Petrus v. Blois versuchte als reifer Mann mit allen Mitteln, sich von seinen Jugendgedichten zu distanzieren. Welche extreme Formen moral. Ungebundenheit annehmen konnte, wenn Günstlinge in hohe Stellungen gelangten, lassen zwei Briefe des →Ivo v. Chartres erkennen: Cantilenae metrice et musice compositae auf den Liebling eines Bf.s, der 'Flora' genannt wurde, kursierten mündl. und auf Blättern (epist. 66f.). Aber auch als Schulübung wurden z. B. Liebesgedichte verfaßt. An einem Ort wie Neustift bei →Brixen, das jetzt wohl als Ursprungsort des Codex Buranus anzusehen ist, hat die Pflege der Musik in der Schule, aber anscheinend auch im geselligen Kreis der Chorherren dazu geführt, daß man die meist im W entstandenen Lieder sammelte und unter ihrem Einfluß neue dichtete – meist mit dt. Zusatzstrophen –, manche auch parodierte. Eine spezielle Gelegenheit für den Vortrag satir. Dichtungen boten schließlich die →Klerikerfeste. Solche Herkunft verraten manche Gedichte in ihrem Wortlaut (z. B. 'Vagantenlieder aus der Vaticana' Nr. 3, 5; Moosburger Graduale, AnalHym 20, 110). Zu den wichtigsten ma. Slg.en weltl. Lyrik gehören neben dem CB die →Arundel Slg., die Slg. der 'Vagantenlieder aus der Vaticana' (B. BISCHOFF, ZRPh 50, 1930, 76–97). Weitere führt die Hss.liste in CB Bd. 1, ed. HILKA, SCHUMANN, BISCHOFF, IX–XI an. Zu einem sog. 'lat. Spielmann' des 11. Jh. →Carmina Cantabrigiensia. Vgl. auch →Vers- und Strophenbau. G. Bernt

Anthologien: C. CORRADINO, I canti dei goliardi, 1928 – K. LANGOSCH, Hymnen und Vagantenlieder, 1954 – J. EBERLE, Psalterium profanum, 1962 – K. LANGOSCH, V., 1963 – DERS., Wein, Weib und Würfelspiel. Vagantenlieder, 1969 – *Lit.:* W. GIESEBRECHT, Die Vaganten oder Goliarden und ihre Lieder, Allg. Monatsschr. für Wiss. und Lit., 1853 – J. GRIMM, Gedichte des MA auf Kg. Friedrich I. etc., Kl. Schr. III, 1866, 1ff. – O. HUBATSCH, Die lat. Vagantenlieder des MA, 1870 – N. SPIEGEL, Die Vaganten und ihr 'Orden', Progr. Speyer, 1892 – W. MEYER, Die Oxforder Gedichte des Primas..., NGG, Philol.-hist. Kl., 1907, 88 – H. WADDELL, The Wandering Scholars, 1927, 1932⁶ [erweitert] – H. NAUMANN, Gab es eine V.?, Der altsprachl. Unterricht 12, 1969, 69–105 – DERS., Dichtung für Schüler und Dichtung von Schülern im Lat. MA, ebd. 17, 1974, 63–84 – J. FRIED, Der Archipoeta – ein Kölner Scholaster? (Fschr. H. ZIMMERMANN, 1991), 85ff. – J. SZÖVÉRFFY, Secular Latin Lyrics and Minor Poetic Forms of the MA, 2, 1993, 439–465.

Vaison-la-Romaine, Stadt und Bm. in Südostfrankreich, →Comtat Venaissin (dép. Vaucluse), reizvoll im voralpinen Hügelland (Ouvèze-Tal) gelegen. Im 1. Jh. n. Chr. war V. (Vasio Vocontiorum) wie Luc-en-Diois einer der Vororte der mit Rom föderierten kelt. Völkerschaft der 'Vocontes'. Ausgrabungen öffentl. Bauten (röm. Ladenstraße) und reich ausgestatteter Privathäuser bezeugen die Blüte der Stadt in der röm. Kaiserzeit. Im frühen 4. Jh. verlor V. an Bedeutung; damals tritt es aber erstmals als Bf.ssitz hervor (erster Bf.: Dafnus, belegt 314 auf dem Konzil v. →Arles). Der Bf. Quinidius (Quinin), der 573 am Konzil v. Paris teilnahm und dessen Leichnam in einer Nekropole im NW der Stadt bestattet wurde, fand Erwähnung im →Martyrologium des →Ado v. Vienne und genoß während des gesamten MA Verehrung. 442 und 529 fanden zwei Konzilien in V. statt. Zwar gehörte V. zur Zivilprovinz der Viennensis, wurde aber im 5. Jh. der Kirchenprovinz v. →Arles angegliedert. Die kleine Diöz. V. (um die 50 Pfarreien) unterstand dem Ebm. Arles bis zur Unterstellung unter das 1475 neu eingerichtete Ebm. →Avignon. Die Bf.sliste ist für 685 bis 879 unterbrochen. Im 11. Jh. wurde der Bf.sstuhl von der Adelsfamilie Mévouillon dominiert. Bedeutende roman. Sakralbauten sind die Kathedrale N. D. de Nazareth sowie die wegen ihres eigentüml. Grundrisses und ihrer »antikisierenden« Schmuckformen bemerkenswerte Kapelle St-Quenin.

Zw. 1160 und 1251 stritten die Bf.e und die Gf.en v. →Toulouse um den Besitz der Stadt; der Schiedsspruch des Kard.s Gui Foucois (späterer Papst →Clemens IV.) grenzte die Herrschaftsbereiche der beiden Seigneurs gegeneinander ab. Zw. 1185 und 1211 errichtete der Gf. v. Toulouse auf einem Felsvorsprung am linken Ouvèzeufer eine Burg, um die sich im 13. Jh. eine neue Siedlung gruppierte, unter Wüstfallen des in der Ebene gelegenen Areals der alten Römerstadt. Im 14. Jh. litt V. wie der übrige Comtat Venaissin unter den Einfällen der Söldnerkompagnien (*routiers*). Im Winter 1426 wurde es belagert von Geoffroy le Meingre (→Boucicaut), der mit dem Papst um die Herausgabe des Erbes seines Bruders, des Marschalls Boucicaut, stritt. Im Juni 1427 wurde die Stadt durch die von den États des Comtat Venaissin ausgehobenen Truppen befreit. N. Coulet

Lit.: L. A. DE SAINTE MARTHE, Hist. de l'église cathédrale de V., 1731 – P. A. FÉVRIER, V. (Topographie chrétienne des cités de la Gaule des origines au milieu du VIIIᵉ s., hg. N. GAUTHIER–J. CH. PICARD), III, 1986, 89–93 – I. CARTRON, Le château comtal de V., PH 1990, 37–55 – M. ZERNER, Le cadastre, le pouvoir et la terre. Le Comtat Venaissin pontifical au début du XVᵉ s., 1993.

Vakuum → Raum

Val-des-Choux, Priorat in →Burgund (dép. Côte d'Or, comm. Villiers-le-Duc, arr. Montbard), Haupthaus des Ordens der →Cauliten. Ein Eremit, Guido (Viard), der

Konverse der Kartause v. Lugny gewesen war, hatte sich 1193 bei der Fontaine-le-Duc angesiedelt und baute eine Gemeinschaft auf, der Hzg. →Odo III. das Gelände für den Kirchenbau schenkte. Innozenz III. approbierte am 10. Febr. 1205 ihre Regel, die sich an →Cîteaux orientierte, doch unter Einbeziehung mancher Gewohnheiten der →Kartäuser (Rückzug des Mönchs in seine Zelle zur Meditation) ein rigoroses Armutsideal verkörperte. Honorius III. autorisierte die Regel, jedoch nur unter bestimmten Modifikationen (1224). Die Zahl der Mönche und Konversen wurde auf 20 beschränkt; V. errichtete rasch Filiationen in den Bm.ern Toul, Langres, Autun und Auxerre, selbst in Schottland (drei Häuser: um 1230). Die Cauliten zählten noch 1250 maximal 30 Priorate (auch in Spanien, Normandie, Niederlande). Ein jährl. Generalkapitel wurde in V. abgehalten; die regelmäßigen →Visitationen folgten zisterziens. Vorbild.

Wenn selbst nach den ursprgl. Gewohnheiten die Religiosen auch nicht ausschließlich von ihrer Hände Arbeit leben mußten und die Priorate Schenkungen von Abgaben und Zehnten annehmen durften, so wurde doch die Zahl ihrer (nur im näheren Umkreis gelegenen) Außenbesitzungen beschränkt. Die Cauliten, die nie die Prosperität der ihnen als Vorbild dienenden Orden erreichten, hatten auch kein stärkeres Reformbedürfnis; die von den Generalkapiteln des 13. Jh. beschlossenen Statuten lehnten sich stark an das Vorbild v. Cîteaux an. 1764 wurde V. aufgehoben.   J. Richard

Lit.: LThK² VI, 95 – W. DE GRAY BIRCH, Ordinale conventus Vallis Caulium, 1900 – M. BARRET, The Kail Glen Monks in Scotland, American Catholic Quarterly Review 37, 1912, 214–227 – R. FOLZ, Le monastère du V. au premier s. de son hist., Bull. hist. et philol., 1959, 95–115.

Val-des-Écoliers, Ste-Catherine du, augustin. Priorat im Vorstadtbereich des ma. Paris (heute im 4. arr.), geht zurück auf eine 1201 von vier →Doctores der Univ. Paris in einem einsamen Tal der Diöz. Langres errichteten augustin. Regularkanonie (Regel der →Viktoriner; →Paris, C. II, 4), die ihren Namen später aufgrund der Beteiligung einiger Studenten (*écoliers*) an der Gründung erhielt; das von Honorius III. 1219 approbierte Monasterium wurde 1234 in die Nähe von Troyes verlegt. Der Wunsch dieser Kongregation, ein geistl. Haus in Paris zu begründen, um begabten jungen Kanonikern das Studium in Paris zu ermöglichen, wurde verwirklicht durch Grundbesitzschenkungen, an deren Beginn die Stiftung von drei *arpents* (Morgen) nahe der Porte Baudoyer durch den Pariser Bürger Nicolas Giboin stand. Der weitere Ausbau gelang mit Unterstützung der →Kapetinger, zunächst dank eines zugunsten der hl. →Katharina als Sieghelferin abgelegten Gelübdes des kgl. Kampfverbände (*sergents d'armes*) →Philipps II. Augustus auf dem Schlachtfeld v. →Bouvines (27. Juli 1214). In Erfüllung dieses Gelübdes wurde den Kanonikern die Erweiterung ihrer Niederlassung ermöglicht. →Ludwig d. Hl. bewilligte die Mittel zum Bau einer Kirche, trotz des hinhaltenden Widerstandes des Bf.s v. Paris, →Wilhelm v. Auvergne. Das Priorat, dessen Grundstein der Kg. 1229 legte, erhielt den Namen 'Ste-Catherine du V.' Schenkungstätigkeit entfalteten Ludwig d. Hl., →Blanca v. Kastilien, die →Templer, später Johann II. (→Jean le Bon), →Karl V. und →Karl VI. sowie hohe Persönlichkeiten (Pierre d'→Orgemont). V. stand bald an der Spitze von etwa zehn Subprioraten, in Streulage von Mons (Hennegau) bis in die Diöz. Sens. Das inmitten fruchtbarer Äcker gelegene, mit agrar. Schenkungen reich dotierte Priorat zog beträchtl. Einkünfte aus Agrarzinsen (daher sein Name: Ste-C. 'de la Couture'). V. war während des gesamten MA ein Zentrum wiss.-theol. Studien: Hier lebten zwölf Kanoniker (meist Theologen), die in Paris ihre Universitätsgrade erwarben. Das an sechs Pariser Regularkollegien beteiligte Priorat besaß eine umfangreiche Bibliothek (Inventar von 1288: 300 Bücher, am Vorabend der Frz. Revolution: 8000). Seit dem SpätMA verfiel jedoch die Klosterzucht (1629 Reformbemühungen); das agrar. genutzte Zinsland wurde durch Aufsiedlungen reduziert (16./17. Jh.: Stadthäuser, Place Royale Heinrichs IV.). 1767 verfügte Ludwig XV. die Verlegung des Konvents zu den Jesuiten in der Rue St-Antoine (Errichtung des Marché Ste-Catherine anstelle der abgebrochenen Kl.bauten). Der Orden wurde 1790 aufgehoben.   L. Fossier

Lit.: N. QUESNEL, Antiquités du prieuré Ste-C. de la Couture de Paris..., Paris BN, ms. fr. 4616 – E. RAUNIÉ, Le prieuré Ste-C. du V. (Epitaphier du Vieux Paris, 2, 1867, 261–301) (Hist. gén. de Paris) [Ansicht, Plan] – A. L'ESPRIT, Le prieuré Ste-C. du V., La Cité 13, juill. 1914, 241–272.

Valachei, rumän. Fsm. (rumän. Țara Românească < aslav. Vlaškoe Zemlja; gr. Vlahia; lat. Ungrovlahia [1359], V[a]lahia [1370], Transalpina; mhd. Walachey; türk. Íflak).

I. Räumliche Gliederung, Bevölkerung – II. Politische Geschichte, Staatsbildung, Institutionen – III. Außenpolitik – IV. Wirtschaft – V. Kultur.

I. RÄUMLICHE GLIEDERUNG, BEVÖLKERUNG: Ohne feste Grenzen, bes. im W und im O, fällt das südlichere der beiden rumän. Fsm.er im MA, von den Hochgebirgskämmen der Südkarpaten (→Karpaten) im N sanft bis zur Großen Donausenke im S ab und erreicht den Donaulauf im Raum zw. den Flußhäfen Severin und →Brăila. Bergregion wie Tiefebene, die in nord-südl. Richtung verlaufenden Flußtäler und die untere Donau prägen von alters her Geschichte, Mentalität und Handel der Region, die für durchziehende Völker, Händler, aber auch räuber. Banden an drei Seiten offen steht. Mit mobilen Weideplätzen rund ums Jahr sowie mit schwer zugängl. Schutzräumen in Wald und Hochgebirge ausgestattet, war die V. für bestimmte Wirtschaftsformen bes. geeignet (→Transhumanz).

Die V. gliedert sich in drei durch Flußläufe getrennte Gebiete von unterschiedl. Größe: die Kleine V. (auch Oltenien) bis zum Lauf des Olt (dt. Alt) im W einschließl. dem Banat →Severin, die Große V. (im 13. Jh. auch Kumanei genannt) östl. des Olt bis zum ansteigenden Donaulauf und die →Dobrudža im O zw. →Donau und →Schwarzem Meer, die bis zum 14. Jh. zum Gebiet der →Goldenen Horde, dann für kurze Zeit unter Fs. Mircea d. Alten zur V. gehörte. Ztw. besaßen die Fs.en der V. auch ung. Lehen nördl. der Karpaten in Südsiebenbürgen (z. B. →Fogarasch). Auch die Donaufestungen wechselten mehrfach den Besitzer, bis sie Ende des 14. Jh. unter osman. Besetzung kamen (Raya).

Der Titel des valach. Fs.en →Mircea I. d. Alten beschreibt um 1406 die kurzzeitige, maximale Ausdehnung des Fsm.s V.: »Groß-Wojewode und Fürst, [...] Herrscher und Gebieter über das ganze Land der Ungrovalachei und der Gebiete über den Bergen, wie auch jener in Richtung der Tataren, Amlaș und Fogarasch, Herzog (*herceg*) und Fs. des Severiner Banats beiderseits der Donau (*Podunavia*) bis zum Großen Meer und Gebieter über die Festung Durostor«.

Innerhalb dieses Territoriums vollzog sich zw. dem 6. und 12. Jh. eine nur in Umrissen bekannte Bevölkerungsentwicklung, Teil der komplexen Ethnogenese des rumän. Volkes. Nachdem sich die röm. Provinzialverwaltung um 274 aus →Dakien (Prov. Dacia: Siebenbürgen und Oltenien) zurückgezogen und südl. der Donau die Prov. Dacia ripensis (bis zum 11. Jh. byz. und bulg. Gebiet) errichtet worden war, folgten für die Gesch. des späteren Volkes der Rumänen acht Jahrhunderte fast ohne schriftl. Nachrichten, bis im 11. und 12. Jh. byz. Q. erstmals von den →Vlachen berichten; ab dem 13. Jh. folgen ung. und päpstl. Urkk. und Belege, die sich im 14. Jh. vermehren.

Für diese Zeit sind v. a. die Namen der zw. Karpaten und Donau durchziehenden Völker bekannt: ab 240 →Goten, die um 447 den →Hunnen erfolgreich Widerstand leisteten, →Gepiden ab 256, →Langobarden und →Vandalen um 567. Im pont. Raum lebten nach 272 griech. Händler zusammen mit Thrakern und Goten in der neuen Prov. Scythia Minor (→Skythen). →Slaven waren seit dem späten 6. Jh. im ganzen Gebiet ansässig, aber auch Reitervölker wie die →Avaren, die von den Kumanen aus Zentralasien nach W verdrängten →Pečenegen und Oghusen (→Oġuz, →Uzen) sowie zu Beginn des 9. Jh. die Protobulgaren. Die Weideplätze der halbnomad. lebenden, viehzüchtenden →Kumanen erreichten die Donau und das Schwarze Meer im 11. Jh. Die kuman. Strukturen und Wirtschaftsformen (starke Zentralmacht in Form einer kleinen Führungsschicht, Sklavenhaltung, weiträumig angelegte Viehzucht auf Sommer- und Winterweiden, Überlandhandel mit Vieh und tier. Produkten) waren in vieler Hinsicht prägend für das Gebiet zw. Donau und Karpaten. Polit. Kontakte zur Kiever Rus' wie zu Ungarn führten im 13. und 14. Jh. zu einer anscheinend problemlosen, erfolgreichen Christianisierung, die im W nach röm., von Franziskanern vermitteltem Muster verlief. 1227 und 1230 anerkannte die Bevölkerung mit dem Bekenntnis zum röm. Christentum die ung. Oberhoheit über die spätere Kleine V., also das Gebiet im W bis zum Olt. Das Gebiet der von den Walati und Kumanen bevölkerten Schwarzen Kumanei östl. des Olt wird in einem Brief Papst Gregors IX. mit Bezug auf das röm. Kumanenbm. mit Sitz in Milcovia (Mylko, b. Focşani) 1234 näher beschrieben. Erwähnt werden auch ansässige Orthodoxe (scismatici, Greci), eine rumän.-slav. Mischbevölkerung, die unter der kuman. Oberschicht lebte und der kath. Mission widerstand. Das Ende des kuman.-rumän. Zusammenlebens kam nach dem Einfall der →Mongolen v. 1241. 1247 berief Kg. Béla IV. die →Johanniter zur Verteidigung des Banats, während die Kumanen in Ungarn neue Wohnplätze erhielten; so wurde in der Kleinen und Großen V. der Weg frei für eine polit. Umstrukturierung.

In der Scythia Minor (byz. Thema Paristrion im 11. Jh.), seit dem 14. Jh. Dobružda gen., war unter östl. Einfluß in den Schwarzmeerkolonien ab dem 3. Jh. eine frühchr., urkdl. und archäolog. nachweisbare Kultur entstanden. Gleich wie die Große und die Kleine V. blieb auch dieses Gebiet während zehn Jahrhunderten offen für 'Barbareneinfälle' aus dem O (Goten, Hunnen, Avaren, Slaven, Protobulgaren, Pečenegen, Oghusen, Kumanen, Mongolen/Tataren). Um die Mitte des 13. Jh. gestattete Ks. Michael VIII. Palaiologos hier die Ansiedlung von 10000 Selǧuqen. 1354–86 herrschte hier Fs. →Dobrotica als dessen Nachfolger, bis 1396 sein Sohn (?) Ivanko erwähnt wird. Danach gehörte das Gebiet mit kurzen Unterbrechungen bis 1417 zur V.

II. POLITISCHE GESCHICHTE, STAATSBILDUNG, INSTITUTIONEN: Die Gründung des Fsm.s V. erfolgte schrittweise ab der 2. Hälfte des 13. Jh. nach der Aufnahme der Kumanen in Ungarn und der Schwächung Ungarns durch einen 2. großen Mongoleneinfall (1285). Die Entwicklung wird durch wenige schriftl. Hinweise lückenhaft belegt: 1. Als iunior rex und Wojewode v. →Siebenbürgen sicherte Kg. Béla IV. 1230 den Banat Severin, dessen Grenze 1238 entlang des Olts verlief, als Bestandteil der Grenzbefestigung Ungarns; dort wurden auch Slaven und Vlachen in größerer Zahl angesiedelt. 2. Kg. Bélas IV. Diplom für die Johanniter v. 1247 erwähnt mehrere 'terrae' rumän. Wojewoden mit slav. Namen (terra Seneslai voivode Olahorum [östl. des Alt]; terra eines Litovoi westl. des Flusses), die, wie zuvor die Kumanen, Ungarn gegenüber in einem nicht näher definierten Lehnsverhältnis standen. 3. Seit 1214 schützten →Szekler und Vlachen gemeinsam im östl. Karpatenbogen die Pässe gegen weitere Einfälle, doch vermochten sie 1285 dem mongol. Ansturm nicht Stand zu halten. In der gleichen Zeit verloren die Vlachen die Verwaltungsautonomie in einem ihrer siebenbürg. Siedlungsgebiete (Fogarasch). Das gilt als Grund für den Auszug (rumän. descălecat) des legendären Fs.en Radu Negru nach der V., wie die mehrfach in späteren rumän. Chroniken überlieferte Gründungslegende der V. berichtet. 4. Der Grabsteinumschrift des ersten Fs.en, →Basarab I. († 1352, ▭ Kl.kirche Negru Vodă, Cîmpulung), Sohn des Tuhomir, ist zu entnehmen, daß er der »Groß-Wojewode und Begründer« des neuen Staates (oder Sohn desselben?) gewesen war. Trotz ihrer kuman. Vornamen gelten diese beiden Fs.en, auch ihres orth. Glaubens wegen, als Rumänen. Die eigtl. Gründung der V. erfolgte durch die Unterwerfung des kleineren Territoriums im W des Olt durch das größere im O um oder vor 1310, also in der Zeit der dynast. Schwächung nach dem Aussterben der Arpadendynastie in Ungarn.

Die polit. Struktur der beiden rumän. Fsm.er war im MA die Alleinherrschaft des (Groß-)Fs.en oder →Wojewoden (< aslav. vojevoda 'Heerführer') über ein bestimmtes Staatsgebiet. Um den Fs.en gruppierten sich seit Ende des 14. Jh. Würdenträger aus den Reihen der Bojaren (rumän. dregători von lat. dirigo), die, beginnend mit dem Kanzler (logofăt) und bis hinunter zum Bürgermeister (pârcălab) und Festungskommandanten (portar), im Namen des Fs.en Verwaltungsaufgaben und militär. sowie rechtl. Befugnisse ausübten.

Die Thronfolge innerhalb der fsl. Familie (rumän. Konzept des os domnesc) war nicht genau geregelt, doch wurde der präsumptive Erbe vom jeweiligen Herrscher zu Regierungsaufgaben beigezogen (rumän. asociat la domnie). Häufige Thronstreitigkeiten unter Brüdern (z. B. zw. →Radu III. d. Schönen und →Vlad 'd. Pfähler') und Vettern (→Dan II. und →Radu II. Praznaglava) prägten die ma. Gesch. der V. Das Prinzip des os domnec bot den Nachbarn in Ungarn, im Fsm. Moldau und (ausschlaggebend, seit 1394) in der Pforte vielfältige Möglichkeiten, entscheidend Einfluß zu nehmen, doch konnte das Fsm. V., dessen Kanzleisprache das Kirchenslavische war, innenpolit. seine Autonomie bewahren.

III. AUSSENPOLITIK: Das Fsm. V. strebte zwar immer wieder nach voller Souveränität, war jedoch fast lückenlos zunächst dem ung. Reich (bis Ende des 14. Jh.) und ab 1387 (endgültig ab 1415) dem →Osman. Reich tributpflichtig und lehnsuntertan. Offene militär. Auseinandersetzungen der Fs.en der V. mit Ungarn (1330) und dem Osman. Reich (1394, 1462: Vlad Ţepeş) waren eher die Ausnahme; Instrumente der erfolgreichen Autonomiepolitik waren vielmehr Diplomatie, das Aushandeln des Tributs (harağ), der z. B. 1415 3000 Gulden, danach 8000 betrug, und eine geschickte 'Schaukelpolitik'. Von Ungarn erhielt die V. für die Anerkennung der Oberhoheit ztw. von Rumänen stärker besiedelte Lehen in Siebenbürgen oder im Banat

Severin. In Verhandlungen mit den osman. Herrschern erreichte die V., daß Muslime weder auf valach. Boden siedeln noch Moscheen errichten durften, Raubzüge von Banden untersagt wurden und Handel recht freizügig betrieben werden konnte. Der Preis der inneren Autonomie bestand neben der Tributzahlung in der Heeresfolge.

Die Autonomie der V. wurde mehrmals in türk.-ung. Verträgen festgehalten (z. B. 1429, 1432, 1437, 1451), die den beiden rumän. Fsm.ern und Siebenbürgen (ab 1541) einen in Südosteuropa einmaligen Sonderstatus verschafften.

IV. WIRTSCHAFT: Die V., die stets ein günstiges Durchgangsland für den Fernhandel war, exportierte auch eigene landwirtschaftl. Produkte und Salz in die Nachbarländer. Zwei Handelswege durchquerten in N-S-Richtung, vom siebenbürg. Kronstadt kommend, das Land: der »Weg nach Brăila« und jener »nach Giurgiu«. →Kronstadt war denn auch der wichtigste Handelspartner, mit dem zw. 1358 (→Nikolaus Alexander) und 1461 (→Vlad Țepeș) nicht weniger als sechs Verträge abgeschlossen wurden (1368, 1413, 1422, 1431, 1437). Ein Handelsabkommen Mirceas I. d. Ä. mit Polen–Litauen 1409 sicherte auch die Handelswege über die Moldau. Die Zollstationen an den Karpatenpässen (u. a. Roter-Turm-Paß, Prahovatal mit Cîmpulung, Cernatal im W) und im S an der Donau (Giurgiu, Târgul de Floci, Brăila) bildeten neben dem Salzregal eine wichtige Einnahmequelle. Unter den Händlern fanden sich neben siebenbürg.-sächs. Kaufleuten Ungarn, Ragusaner, Griechen, Armenier, Juden und Türken. In den Schwarzmeerhäfen Vičina und →Kilia hatten Genuesen und Venezianer im 13. und 14. Jh. ihre Kontore. Die Händler bildeten einen wichtigen Teil der Stadtbevölkerung von →Argeș, →Cîmpulung, →Tirgoviște, Pitești, Severin und Brăila, die im MA eher als Märkte zu betrachten sind. Dort gab es zw. 1450 und 1500 auch 25 bis 30 einzelne Handwerkszweige, die meist von Siebenbürger →Sachsen, Ungarn und auf dem Lande von Rumänen ausgeübt wurden. Gehandelt wurden Rinder, Schafe, Schweine, Pferde und tier. Produkte (Honig, Bienenwachs, Käse, Häute, Wolle). Der Getreidehandel dagegen war im MA noch unbedeutend, doch wurde z. B. Konstantinopel auch mit valach. Getreide beliefert. Der Fernhandel über die V. betraf Luxuswaren, Gewürze, sog. »türk. Waren«. In die rumän. Sprache sind lat., griech. und slav. Wörter für Handel und Wirtschaft in bunter Mischung eingegangen. Eine beträchtl. Zahl von Münzschätzen aus dem 10. bis 14. Jh. in der V. (28 Fundstätten) und der Dobrudža (25 Fundstätten), meist byz. Bronze und Gold sowie tatar. Silbermünzen, zeugen gleichfalls von einem regen Fernhandel. Eigene Münzen schlug man in der V. ab 1365 (Fs. Vlaicu-Vodă) bis 1477 fast ohne Unterbrechung.

V. KULTUR: Die V. wurde als dem ostkirchl. Ritus zugehörendes Fsm. gegründet, und 1359 erlangte der erste Metropolit, Hyakinthos v. Vičina, die Anerkennung durch Patriarch Kalixt I. (Sitz in Argeș). 1370 wurde im gerade valach. Severin ein zweites Bm. errichtet. Die Kirchensprache blieb bis zum 17. Jh. das →Kirchenslavische. Die frühesten Kl.gründungen (Vodița, Cotmeana, Argeș und Cozia) waren meist fsl. Stiftungen. Seit dem 15. Jh. schenkten valach. Fs.en und Bojaren Güter, Kl. und ganze Dörfer an den Athos und den Sinai. Zwar kamen kath. Missionare seit dem 13. Jh. in das Kumanengebiet zw. Karpaten und Donau, doch erst mit dem Zuzug ung. und dt. Händler und Handwerker aus Siebenbürgen entstanden auch kath. Kirchen und Kl. Cîmpulung (dt. Langental) wurde zum geistl. Zentrum der →hospites (im 13.

und 14. Jh. drei Niederlassungen: Bărăția, Cloașter und die Franziskanerkirche) und bis zum 18. Jh. wurde hier das Bürgermeisteramt abwechselnd mit einem Orthodoxen und einem Katholiken besetzt. In Argeș (Curtea de A.), der ersten 'Hauptstadt' der V., wurde 1381 die Kirche zu U. L. Frau als Sitz für einen kath. Bf. errichtet, doch sind fast nur Titularbf.e (*Argensis*) belegt.

Die bildenden Künste und die lit. Produktion folgten im MA orth. und byz. Traditionen, während im Bereich der Luxusgüter und der Architektur der Einfluß von Romanik und Gotik aus dem W nachzuweisen ist.   K. Zach

Lit.: D. C. GIURESCU, Țara Românească în secolele XIV și XV, 1973 – C. C. GIURESCU, Istoria Românilor, I–II, 1975–76 – DERS., Probleme controversate în istoriografia română, 1977 – S. PAPACOSTEA, Romanii in secolul al XIII-lea, 1993 – s.a. →Schwarzes Meer.

Valagussa, Giorgio, it. Humanist und Pädagoge, * 1428 in Brescia, † 1464 in Mailand, stammte aus einer Familie von kleinen Grundbesitzern. Nach dem Besuch der Konviktschule des Nicola Botano ging er im Herbst 1448 zu →Guarino nach Ferrara, wobei die Brescianer Francesco Urceo und später Antonio Palazzolo seine Mitschüler waren. Finanzielle Schwierigkeiten zwangen ihn, als Hauslehrer zu arbeiten (1451), hinderten ihn jedoch nicht daran, sich dem Studium des Griechischen zu widmen, weswegen er Lehraufträge ablehnte, die ihn von Ferrara fortgeführt hätten. 1455 wieder in Brescia, trat er 1456 in den Dienst des Francesco →Sforza in Mailand. In einem Lorenzo →Valla gehörenden Haus richtete er eine Schule ein, deren Lehrmethode sich an Guarino inspirierte und Musik und Tanz in das Unterrichtsprogramm einbezog. Für die Schulpraxis verfaßte er »Elegantiae ciceronianae«, ein Repertorium von Stilbeispielen mit volkssprachl. Übersetzung. Er wurde auch der Präzeptor der Sforza-Söhne und pries die Familie in einem langen Gedicht auf den Tod der Mutter des F. Sforza, Lucia da Torgiano (»De vita et felicitate dominae Luciae«, 1461; G. RESTA, 87–98). Die zwölf Bücher seines Briefwechsels mit Widmung und Schlußwort an →Pius II. bezeugen ein Jahrzehnt (1448–59) lit. und kultureller Aktivität (G. RESTA, 120–317).

M. Cortesi

Lit.: G. RESTA, G. V. umanista del Quattrocento, 1959.

Valamir → Ostgoten, I

Valamo, Männerkl. im NW-Teil des Ladoga-Sees am S-Ufer der gleichnamigen Insel. Die Gründungszeit bleibt unbekannt (nicht vor dem 12. Jh.). Als Gründer gelten die hll. Sergij und German († ca. 1353; Festtage: 28. Juni und 11. Sept.). Wegen der Abgeschiedenheit der Inselgruppe war dieser Ort sehr früh von Mönchen und Einsiedlern bewohnt. Es läßt sich jedoch nicht feststellen, zu welchem Zeitpunkt das koinobit. Leben dort eingeführt wurde, zumal die ersten bekannten Äbte nicht vor dem ausgehenden 15. Jh. bezeugt sind. Häufig wurden die Klosteranlagen durch die Schweden zerstört und verbrannt. Berühmt ist das Kl. durch das dort blühende Starzentum sowie durch die Pflege einer bes., einstimmigen Gesangsart. Die Hauptkirche, im ausgehenden 19. Jh. erbaut, ist dem Fest der Verklärung Christi geweiht, daher die Bezeichnung Spaso-Preobraženskij.   Ch. Hannick

Lit.: P. STROEV, Spiski ierarchov i nastojatelej monastyrej rossijskija cerkvi, 1877 [Nachdr. 1990], 282f. – N. BARSUKOV, Istočniki russkoj agiografii, 1882, 508–510 – S. RUNKEVIČ, Valaamskij monastyr' (Pravoslavnaja bogoslovskaja enciklopedija III, 1902), 91–95 – L. I. DENISOV, Pravoslavnye monastyri rossijskoj imperii, 1908, 191–195 [Lit.] – Obichod odnogolosnyj cerkovno-bogoslužebnogo penija po napevu Valaamskogo monastyrja, 1909 – I. SMOLITSCH, Russ. Mönchtum, 1953 [Nachdr. 1978], passim.

Valbenoîte, Notre-Dame de, Abtei SOCist (comm. St-Étienne de Furan, dép. Loire, Bm. Lyon), 1184 in der Filiation v. →Cîteaux von Gf. Guido v. →Forez gegründet. Die ersten Mönche kamen aus Bonneval. Nach Plünderung und Zerstörung durch Söldnerbanden (1358/59) erfolgte nach 1373 eine Befestigung des Kl., das seit 1484 von Kommendataräbten regiert wurde.

U. Vones-Liebenstein

Lit.: GChr IV, 302–305 – L. H. Cottineau, Rép. topobibliogr. des abb. et prieurés, II, 1939, 3269 – U. Chevalier, Topobibliographie, 1894–1903, 3213f. – C.-P. Testenoire-Lafayette, Hist. de l'abbaye de V., Recueil de mém. et doc. sur le Forez, Diana 10, 1893, 1–218 – A. Bondéelle-Souchier, Bibl. cisterciennes dans la France médiévale, 1991, 308f.

Valdeiglesias, San Martín de, Zisterze in der Diöz. →Toledo (Prov. Madrid). Der Konvent ging wahrscheinl. auf eine eremit. Gründung aus westgot. Zeit zurück, wurde im Zuge der →Reconquista am 30. Nov. 1148 durch Kg. →Alfons VII. v. Kastilien-León als Kl. 'sub regula S. Benedicti' unter dem aus Frankreich stammenden Abt Wilhelm mit genauen Abgrenzungen der Grundherrschaft (→Coto) wiederbegründet und offenbar nach schweren Zerwürfnissen innerhalb der Gemeinschaft, die sich schon im Aug. 1156 an Hadrian IV. gewandt hatte, 1177 dem Zisterzienserkl. La Espina (Prov. Valladolid) affiliert.

L. Vones

Lit.: M. Cocheril, L'implantation des abbayes cisterciennes dans la Péninsule Ibérique, AEM 1, 1964, 217–287 – J. F. Rivera Recio, La Iglesia de Toledo en el siglo XII, II, 1976, 175–178 – V. A. Álvarez Palenzuela, Monasterios cistercienses en Castilla, 1978 – J. L. Rodríguez de Diego, El Tumbo del monasterio cisterciense de La Espina, 1982 – J. Pérez-Embid, El Cister en Castilla y León, 1986, bes. 279f. – J. C. Valle Pérez, La introducción de la Orden del Cister en los reinos de Castilla y León (La introducción del Cister en España y Portugal, 1991), 133ff.

Valdes(ius), Gründer der →Waldenserbewegung, wohlhabender Bürger aus Lyon, † um 1207, bekehrte sich Anfang der 70er Jahre des 12. Jh. zu einem Leben nach dem Evangelium. Die Q. berichte über das Ziel der Konversion stimmen nicht überein: Bald wird der Nachdruck auf V.' Entscheidung für das Armutsideal gelegt, bald auf seinen Wunsch, zum Apostel Christi zu werden (das heißt, das Evangelium zu verkünden). Sicher ist, daß letzterer offenbar sehr rasch die Oberhand gewann. In diese Richtung geht das Zeugnis des →Stephanus de Bellavilla OP: V. habe sich die vier Evangelien und verschiedene Bücher der Bibel in die Volkssprache übersetzen lassen, außerdem viele nach »tituli« in eine Slg. »Sentenciae« zusammengefaßte »auctoritates sanctorum«. Zweifellos widmete V. sich (wie später sein klerikal gebildeter Anhänger →Durandus v. Huesca) einem apostol. Wirken, das er in einer Zeit für unerläßl. erachtete, in der die »evangelische« Stimme der kirchl. Hierarchie verstummt schien, die Stimme der »Häretiker« hingegen, der Christen mit einem dualist. Weltbild, um so stärker ertönte. Beim III. Laterankonzil (1179) wurde der Bitte von V. und seinen Anhängern – den »Armen von Lyon« – nur unter Beschränkungen stattgegeben, das Evangelium zu verkündigen. Das führte zu Konflikten und am Ende zur Rebellion. Auch eine folgende Synode v. Lyon (vielleicht 1180) konnte keine Lösung bringen. Die »Armen von Lyon« wurden 1184 durch die Dekretale »Ad abolendam« Papst Lucius' III. als Häretiker verurteilt. V.' apostol. Mission wurde damit zurückgedrängt, behauptete sich jedoch weiter und fand Echo und Anhänger in Südfrankreich, Norditalien und Teilen des Dt. Reiches. 1205 mußte V. die Spaltung seiner Bewegung erleben, als sich die »Armen« der Lombardei von den »Armen« von Lyon loslösten. Kurze Zeit danach, vielleicht 1207, starb er, ohne die schweren Probleme des Verhältnisses zur röm.-kath. Kirche gelöst zu haben.

G. G. Merlo

Lit.: K.-V. Selge, Die ersten Waldenser, I–II (Arbeiten zur Kirchengesch. 37, 1967) – Ders., La figura e l'opera di Valdez, Boll. della Società di studi valdesi 136, 1974 – G. Audisio, Le »vaudois«, 1989 [dt.: 1996] – G. G. Merlo, Identità valdesi nella storia e nella storiografia, 1991.

Valence. 1. V., Aymer de, Earl of →Pembroke, anglofrz. Adliger, * um 1270, † 1324 in Paris; dritter Sohn von William de V. (2. V.) und Joan de Muntchenesy. Er erbte die frz. und engl. Ländereien seines Vaters und die Ländereien seiner Mutter in England, Irland und Wales (mit dem Titel des Earl of Pembroke). In Frankreich hielt er sich häufig mit seinen beiden frz. Gemahlinnen auf, auch als Gesandter Eduards I. und Eduards II. Beiden Kg.en diente er loyal als Ratsmitglied, Verwalter, Diplomat und Soldat. 1298–1323 kämpfte er häufig in Schottland, wo er Ländereien erhielt. Bei verschiedenen Gelegenheiten wurde er zum Guardian of Scotland ernannt, und als Eduard II. 1320 im Ausland weilte, war er Guardian of England. Doch die Hinwendung Eduards II. zu Piers →Gaveston überstieg seine Loyalität. 1310 versuchte er, Reformverordnungen dem Kg. aufzuerlegen (→England, D.I). Aber nach der Ermordung Gavestons 1312 ergriff er die Partei des Kg.s. A. wurde mit dem engl. Heer von den Schotten bei →Bannockburn (1314) besiegt, bei seiner Rückkehr von einer Reise zum Papst (1316) gefangengenommen und gegen Lösegeldforderung in Frankreich eingekerkert. 1321 konnte er den Bürgerkrieg in England nicht verhindern und nahm 1322 an der Verurteilung von →Thomas, Earl of Lancaster, teil.

R. A. Griffiths

Lit.: DNB II, 288–290 – Peerage X, 382–388 – J. R. S. Phillips, A. de V., Earl of Pembroke, 1307–24, 1972.

2. V., William de, † 1296 in Brabourne manor (Kent), ☐ Westminster Abbey; Sohn von Gf. Hugo X. de la Marche und Isabella, Tochter des Gf.en v. Angoulême; ∞ Joan de Muntchenesy († 1307). Dank seiner Familienverbindungen – der ersten Gemahl seiner Mutter war Kg. Johann Ohneland – genoß W. großes Ansehen in Frankreich und England. 1247 lud ihn sein Halbbruder Heinrich III. nach England ein. Dort heiratete er die Erbin der Earls of →Pembroke und nannte sich selbst Earl of Pembroke. Auch erhielt er umfangreiche Schenkungen in England und Irland. Seine frz. Abstammung, die kgl. Gunst und sein ungestümes Wesen machten ihn unpopulär, er stritt mit Simon de →Montfort. Im Civil War (1258–65) kämpfte er für den Kg. und floh zweimal nach Frankreich, bevor er mit Eduard, dem Sohn des Kg.s, zurückkehrte. W. begleitete Eduard ins Hl. Land (1270), führte später Heere an gegen die Waliser (1277, 1282, 1294), vertrat Eduard in Aquitanien, verhandelte mit den Schotten (1289–92) und wurde 1296 in Frankreich verwundet.

R. A. Griffiths

Lit.: DNB LXI, 373–377 – Peerage X, 377–381 – F. R. Lewis, W. de V., Aberystwyth Studies 13, 1935.

Valence, Stadt in Südostfrankreich (Hauptstadt des dép. Drôme), an der →Rhône, Bm., Sitz der ehem. Gft. Valentinois.

I. Stadt – II. Bistum – III. Universität – IV. Konzilien – V. Grafschaft Valentinois.

I. Stadt: Das antike Valentia, gelegen am Eingang sich nach Italien öffnender Alpentäler (Isère, Drôme), hatte bereits in der Antike eine gewisse Bedeutung als Flußhafen und Etappenort an der großen Straße von →Lyon nach →Arles und →Marseille. Im 1. vorchr. Jh. als röm. 'civitas' konstituiert, wurde es mit einer Befestigung umwehrt (zu Beginn des 5. Jh. n. Chr. 2,6 km Länge, umschlossenes

Areal 40,54 ha). 413 erlitt es eine Plünderung der →Westgoten. In der nachfolgenden Zeit war V. Sitz einer Zollstelle von einiger Bedeutung. Sonst liegen für die Zeit vor dem 12. Jh. nur wenige Nachrichten vor.

Die (bislang unvollkommen erforschte) ma. Gesch. der Stadt wurde von scharfen Gegensätzen zw. Einwohnern und Bf.en geprägt. Der in diesen Streitigkeiten angerufene Ks. Friedrich Barbarossa erließ ein Diplom (14. Aug. 1178), in dem er die Prärogativen des Bf.s Odo hinsichtl. der Abgaben- und Geldbußenerhebung beschnitt, andererseits aber den Bürgern die Bildung eines Schwurverbandes (→Kommune) ohne Erlaubnis ihres geistl. Stadtherrn untersagte. Am 28. Jun. 1209 fungierte Ebf. Humbert v. Vienne als Schiedsrichter im Konflikt der Bewohner mit ihrem Bf. um Erhebung des Wegzolls (→Péage). Die Spannungen eskalierten zum offenen Aufstand (Schwureinungen: 'ligues', Gewalttaten gegen Kanoniker und Kleriker), der durch Mandat vom 23. Okt. 1229 streng geahndet wurde (Abbruch des Versammlungshauses der Verschwörer ['confrères'], Auslieferung der Stadtsiegel, Verbot von Wahlen, Bußgeld von 6000 Silbermark, später aber ermäßigt auf 6000 *livres Viennoises*).

Ist eine ursprgl. Stadtrechtsurk. nicht bekannt, so gibt doch die von Bf. Adémar de la Voulte erlassene Bestätigung Aufschluß über das in V. geltende Straf- und Zivilrecht (20. Juli 1331); dieses Statut wurde ratifiziert (vielleicht erweitert) durch eine zweite Rechtsurk. (1388). Bald wandten sich die Bürger, enttäuscht von der Untätigkeit ihres Bf.s gegenüber der drückenden Söldnergefahr, dem →Dauphin, Kg. Karl VI. v. Frankreich, zu, der sie gegen Leistung der im Fsm. →Dauphiné üblichen Steuern sowie des Militärdienstes in seinen Schutz aufnahm und ihnen gleichen Rechtsstatus wie den Bürgern v. →Grenoble zugestand (Juli 1397). Als städt. Repräsentanten fungierten nun u. a. →Syndici und Prokuratoren. Dauphin Ludwig II. (→Ludwig XI.) bestätigte in seiner Eigenschaft als »Immerwährender Schutzherr« durch 'lettres patentes' (→litterae) den Bewohnern v. V. die Beibehaltung ihrer ksl. Privilegien (16. Juli 1448).

Trotz eines erhaltenen Bestands an Notariatsurkk. ist die Kenntnis des Wirtschaftslebens in V. mangels neuerer Forschungen unzureichend. Aus einem zw. Philipp v. Savoyen, dem Elekten v. Lyon und Prokurator v. V., und Adémar v. Poitiers, Gf.en v. Valentinois, geschlossenen Abkommen (4. Okt. 1248) über Verkehrsrechte im Bm. V., zw. Vercors und Rhône, ist zu erschließen, daß Handel mit Nahrungsmitteln, Gewürzen und Salz den wirtschaftl. Schwerpunkt bildete.

II. BISTUM: Die wohl der alten 'Civitas Valentinorum' korrespondierende Diöz. V., Suffraganbm. v. →Vienne, erstreckte sich am linken Rhôneufer zw. dem Lauf der Isère im N und dem Vercors-Massiv sowie den Gebirgszügen des Diois im O, im S reichte sie (unter Einschluß der mittleren Rhôneebene) bis ins Umland von →St-Paul-Trois-Châteaux. Das Bm. umfaßte aber auch Gebiete rechts der Rhône: Am Ostabfall des Massif Central, zw. den Flüssen Doux und Érieux, bildeten etwa 17 Pfarreien das Archipresbyterat Outre-Rhône. Die übrigen drei Archipresbyterate waren Royans, Livron und →Montélimar.

Trotz der Quellenarmut des FrühMA können einige gesicherte Aussagen getroffen werden: Um 374 hielt der erste bekannte Bf., Aemilianus, in seiner Bf.sstadt ein Konzil ab. Bekanntester seiner Nachfolger war Apollinaris (ca. 486–520), Bruder des großen Bf.s →Avitus v. Vienne. Unklarheit besteht über die Herausbildung der Episkopalgruppe im Kern der Civitas. Doch kommemoriert eine wohlerhaltene Inschrift die Konsekration einer dem hl. Cornelius und Cyprian geweihten Kirche durch Papst →Urban II. (1095, Nonen des Aug.). An die Stelle dieser Kirche trat im 12. Jh. die roman. Kathedrale St-Apollinaire.

Als Vorkämpfer der →Gregorian. Reform in V. ist lediglich der aus der Gf.enfamilie des Valentinois stammende Gontard (Bf. 1065–93) namhaft zu machen. Dagegen provozierte der Nachfolger Eustache (1107–41), der Bf.s- und Gf.enamt in seiner Person vereinte, wegen Mißachtung der pastoralen Verantwortung einen Mahnbrief des hl. →Bernhard v. Clairvaux. Die Abtei →St-Ruf, Haupt einer großen augustin. Kongregation, wurde 1158/59 von Avignon nach V. verlegt. Mehrere Ks.- und Kg.s-diplome (Friedrich I., 24. Nov. 1157; Philipp v. Schwaben, 2. Jan. 1205, 8. Nov. 1207, 1. Juni 1208; Friedrich II., Nov. 1238) bestätigten die Bf.e im Besitz der →Regalien sowie der Gft.srechte, der Stadtherrschaft und der Herrschaft über 15 Burgen; sogar der Gf.entitel wurde ihnen zuerkannt. Sie erhielten wertvolle Zollrechte, Hafen- und Stapelrechte (portuaria) für die Rhôneschiffahrt (von der Einmündung der Isère bis Montélimar) wie für den Landverkehr.

Das 13. Jh. war von Krisen überschattet. Eine Reihe von Bf.en (manche gar ohne Priesterweihe) stellte ihre Hausinteressen über die geistl. Belange: Wilhelm v. Savoyen (1226–39) und sein Bruder Philipp (1242–67) hinterließen einen Schuldenberg, den Papst Gregor IX. durch Ausschreibung von Sondersteuern zu tilgen versuchte (1232–36). Weitere Schwierigkeiten traten auf durch die Konflikte mit den Gf.en v. Valentinois sowie durch die Bildung von Gemeinschaften der →Waldenser. Papst Gregor X. traf (aufgrund einer von seinem Vorgänger eingeleiteten 'Inquisitio') am 30. Sept. 1275 die Entscheidung einer Vereinigung der Diöz.n v. V. und →Die (»auf daß sie dem Wüten der Adligen und des Volkes besser standzuhalten vermöchten«), wobei (zur Vermeidung möglicher Schismen) die beiden Kathedralkapitel bei Bf.swahlen ein einziges Kollegium bilden sollten.

Die Streitigkeiten mit den Gf.en v. Valentinois aus dem Hause Poitiers (u. a. um den Besitz des Städtchens Crest) fanden einen vorläufigen Abschluß mit einem Friedensvertrag zw. Adémar de la Voulte, Bf. v. V. und Die, und Aymar v. Poitiers, Gf.en des Valentinois und Diois (Bildung eines →Pariage, Lehnseid des Gf.en an den Bf. am 6. März 1332). Doch setzten sich die Konflikte noch bis zum Eintritt des Valentinois in den Machtbereich des Dauphins (und damit des Kg.s v. Frankreich) fort: Der Dauphin Ludwig II. (Ludwig XI.) verpflichtete Ludwig v. Poitiers, Bf. v. V. und Die, zu einem Abkommen über den Temporalbesitz seiner Bm.er und die Unterordnung der bfl. Rechtsprechung unter das kgl. →Parlement zu →Grenoble als Oberinstanz (10. Sept. 1450, 6. Febr. 1456).

Das religiöse Leben des Bm.s wird nur durch wenige Q. erhellt. Ein enthüllendes Faktum ist, daß 1439 der Abt v. St-Ruf, Vital Janvier, angesichts der Opposition seines Kapitels auf die Durchführung der Reformmaßnahmen, die er für seinen Orden auf dem Konzil v. →Basel erwirkt hatte, verzichten mußte.

III. UNIVERSITÄT: Die Univ., von schwacher Ausstrahlung, sollte auf Weisung des Dauphins Ludwig II. (Ludwig XI.) an die Stelle der Univ. →Grenoble treten. Die Gründungsurk. (*lettres de fondation*) datiert vom 26. Juli 1452; sie definiert die innere Organisation der in vier Fakultäten gegliederten Univ. (Theologie, ziviles und kanon. Recht, Medizin, Artes) und gewährt ihr die Privilegien v. Montpellier und Toulouse. Die mehrfach (Pius

II. durch Bulle v. 1459, dann Ludwig XI. und Karl VIII.) bestätigte Univ. blieb bis zur 'Reform' v. Grenoble (1542) die einzige Univ. des Dauphiné.

IV. KONZILIEN: Folgende in V. abgehaltene (ungleich belegte) Konzilien und Synoden sind zu erwähnen (vgl. hierzu jeweils LABBE–COSSARD, Sacrosancta Conc.; HEFELE–LECLERCQ; GGhrNov, s. v.): *ca. 529* (Problem der Gnade, Kampf gegen Pelagianismus), Teilnehmer: Bf.e der Diöz. aus dem Bereich unterhalb der Isère; *22. Juni 584*, auf Weisung Kg. Guntrams, Bestätigung der von diesem an die Kirchen St-Marcel(-lès-Chalon) und St-Symphorien d'Autun gemachten Schenkungen; *8. Jan. 855*, auf Weisung Kg. Lothars, 23 Canones, zumeist auf →Gottschalk v. Orbais und →Johannes Scotus Eriugena bezogen; *Sept. 890*, Teilnahme der Prälaten der Provence, die nach Ermahnungen des Papstes Stephan V. den Kg.stitel →Ludwig dem Blinden, Sohn von →Boso, zusprachen; *30. Sept. 1100*, unter Leitung der beiden Legaten Paschalis' II., Anklage der →Simonie gegen Bf. Norgaud v. V.; *5. Dez. 1248*, unter Vorsitz der päpstl. Legaten Innozenz' IV., Peter v. Albano und Hugo v. S. Sabina, Teilnahme von Prälaten der Prov.en Narbonne, Vienne, Arles und Aix-en-Provence. Dieses (zunächst für Montélimar vorgesehene) Konzil promulgierte 23 Canones über Glauben, Frieden und Kirchentreue.

V. GRAFSCHAFT VALENTINOIS: Die von der zeitgenöss. Gesch.sschreibung vernachlässigte Gft. Valentinois war eine der großen Allodialherrschaften des heut. südostfrz. Raumes, hervorgegangen aus einer Reihe eher heterogener Kastellaneien, die sich entlang den zur Rhône hin orientierten westl. Ausläufern des Vercors erstreckten, aber auch auf das Gebiet rechts der Rhône ausgriffen und (wie die Diöz.) Teile des Massif Central (bis zu den Grenzen des →Velay) umfaßten. Erst am Ende des 12. Jh. gewann die Gft. die Merkmale eines kohärenten Fsm.s, nachdem Raimund, Gf. v. Toulouse und Mgf. v. Provence, die Gft. →Die an Adémar v. Poitiers, Gf.en v. Valentinois, übertragen hatte. Ein echtes Zentrum fehlte (die Stadt V. war bfl.); wichtigster Ort war die kleine Stadt Crest (1189 mit Freiheiten bewidmet), die zunächst zw. Bf. und Gf. geteilt war, ab 1322 dann eine 'Coseigneurie' beider Gewalten bildete, um 1356 in den alleinigen Besitz des Gf.en überzugehen. Nahe Crest lag am linken Ufer der unteren Drôme die gfl. Residenz, Grane.

Über das älteste Gf.enhaus (956–1058) liegen nur wenige Q.nachrichten vor (verstreute Erwähnung als Zeugen in Urkk., Gründung eines Priorats: St-Marcel-les-Sauzet, nördl. von Montélimar, grundherrschaftl. Besitzkomplexe um →Romans). Um die Mitte des 12. Jh. erscheint als mächtige Persönlichkeit dann ein Wilhelm, »Guillelmus, cognomine Pictaviensis, officio vero Valentinus comes«, dessen Herkunft umstritten bleibt, wobei die (scheinbar naheliegende) Hypothese einer Abstammung von den Hzg.en v. →Aquitanien/Gf.en v. →Poitiers ausscheidet. Mit einem Diplom Friedrich Barbarossas (30. Juli 1178), das Wilhelm Zollrechte an der Rhône bis Montélimar zuspricht, ist der Ausgangspunkt einer Dynastie markiert, die gut zwei Jahrhunderte die Herrschaft innehatte und in ständiger Rivalität zu den Bf.en v. V. (v. a. wegen Streitigkeiten um den Besitz der Land- und Flußzölle am Rhôneweg) stand.

Die Gf.en, die ihre Besitzungen rechts der Rhône zu freiem Eigen (→Allod) hielten, unterstützten während der Albigenserkriege (→Albigenser, II) ztw. Simon v. →Montfort, dann aber wieder den Gf.en v. →Toulouse, dessen →Suzeränität sie anerkannten (Lehnsauftragung der Güter Aymars III. an →Raimund VII. v. Toulouse, 9. April 1239), so daß sie in Anwendung des Vertrags v. →Meaux und Paris vom 12. April 1229 schließl. lehnsabhängig vom kapet. Erben der Gft. Toulouse, →Alfons v. Poitiers, wurden (1249). Für seine dem Imperium unterstehenden Territorien links der Rhône erklärte Aymar III. sich als 'homo ligius' des Bf.s v. V., Adémar de la Voulte (6. März und 9. April 1332), dann der Dauphins Guigo VIII. (19. Sept. 1332) und →Humbert II. (25. April 1338), denen er mehrfach den Lehnseid leistete. Ein zu Avignon geschlossener Vertrag (1358) setzte den Streitigkeiten zw. Bf. und Gf. ein Ende, doch war auch die Rolle als selbständiger Fs. ausgespielt; das Valentinois trat ein in die Vasallität des Kg.s v. Frankreich bzw. des Dauphins. Ludwig I. v. Poitiers, Gf. v. Valentinois, und sein Sohn, Aymar VI., bekleideten 1340 bzw. 1354 das hohe kgl. Amt des →*lieutenant général* des Languedoc bzw. Dauphiné. Die finanziellen Einkünfte aus der Gft. waren dagegen bescheiden; nach einer Schätzung von 1391 überstiegen sie 15000 *livres tournois* nicht. Ludwig II. v. Poitiers-St-Vallier, Gf. v. Valentinois und Diois, veräußerte (da ohne Erben) sein Fsm. an den Kg. und Dauphin Karl VI. (11. Aug. 1404, Kaufsumme 100000 *écus d'or* sowie 20000 *écus* für die Nebenlinie St-Vallier). Erst ein Abkommen vom 7. Dez. 1454 zw. den Erben des Gf.en Ludwig II. und dem Dauphin Ludwig II. (Ludwig XI.) bestätigte diese Vereinbarung offiziell von kgl. Seite. Doch bereits seit Juli 1447 hatte Dauphin Ludwig die ehem. Seigneurie, die er als Sénéchaussée des Valentinois und Diois konstituierte, schrittweise dem administrativen Verband des Dauphiné einverleibt.

V. Chomel

Q. und Lit.: *allg. und zu [I]*: Q.: A. LACROIX, Inventaire somm. des archives comm. de la ville de V., 1914 (Inventaire somm. des Arch. dép. Drôme, IX) – U. CHEVALIER, Regeste dauphinois, 1913–26 – R.-H. BAUTIER–J. SORNAY, Les sources de l'hist. économique et sociale du MA, II, 1971, 1007f., 1254f. – *Lit.*: J. OLLIVIER, Essais hist. sur la ville de V., hg. A. LACROIX, 1888 – A. BLANC, V., de l'époque romaine aux Carolingiens, 1988 – *zu [II]*: E. PILOT DE THOREY, Cat. des actes du dauphin Louis II, I, 1899, Nrr. 780, 1208, 1209 – Abbayes et prieurés de l'ancienne France, IX, hg. J.-M. BESSE–J. DE FONT-RÉAULX, 1932, 107–129 – E. CLOUZOT, Pouillés des provinces de Besançon, de Tarentaise et de Vienne, 1940 – A. BLANC, Le baptistère de V., Gallia 15, 1957, 87–116 – B. BLIGNY, L'Église et les ordres religieux dans le royaume de Bourgogne aux XIe et XIIe s., 1960 – H. MÜLLER, Die Franzosen, Frankreich und das Basler Konzil (1431–1449), 1990, bes. 598–608 – G. BARRUOL, Dauphiné roman, 1992 – M. BOIS–J. TARDIEU, L'abbaye St-Ruf de V., Revue Drômoise 88, 1992, 45–55 – B. GALLAND, Deux archevêchés entre la France et l'Empire, 1994, passim – U. VONES-LIEBENSTEIN, St-Ruf und Spanien, 1996, 473–483 – *zu [III]*: ABBÉ NADAL, Hist. de l'Univ. de V., 1861 – S. GUÉNÉE, Bibliogr. de l'hist. des univ. françaises des origines à la Revolution, II, 1978, 459–466 – P. PARAVY, De la Chrétienté romaine à la Réforme en Dauphiné, 1993, 2 Bde, I, 29of. – *zu [V]*: A. PRUDHOMME, Mém. hist. sur la partie du comté de Valentinois et Diois située sur la rive droite du Rhône, 1888 – J. CHEVALIER, Mém. pour servir à l'hist. des comtes de Valentinois et Diois, 2 Bde, 1897–1906 – R.-H. BAUTIER–J. SORNAY, Les sources de l'hist. économique et sociale du MA, I, 1968, 557–560 – J.-C. ALAMO–M. WARIN, Évolution de la propriété seigneuriale et des structures castrales de Crest, du XIIe au XVe s. (Seigneurs au MA, CTHS, 1993).

Valencia, Stadt in Spanien, Levante, Hauptstadt des gleichnamigen Kgr.es, das im 13. Jh. einen fruchtbaren Küstenstreifen – von Peñiscola bzw. Castellón de la Plana im N bis Alicante und Játiva im S – sowie ein gebirgiges Hinterland umfaßte, entsprechend dem Gebiet der ehemaligen Taifenreiche v. V. und →Denia sowie dem nördl. Teil des Reiches v. →Murcia.

I. Stadt und Reich – II. Bistum – III. Stadt im Spätmittelalter.

I. STADT UND REICH: Die 138 v. Chr. von Konsul Iunius Brutus gegr. Stadt gehörte in westgot. Zeit zur Prov.

Aurariola, mit eigener Münzprägestätte (612–621), und konnte dank ihrer Zugehörigkeit zum Herrschaftsgebiet des dux Theodemir 713 ihren chr. Charakter bewahren. Ethn. Konflikte zw. den ursprgl. dort angesiedelten Berbern und aus Ägypten stammenden Teilen d. syr. Heeres, denen 743 die Prov. (kura) v. V. (Madīnat at-turāb) als Wohnsitz zugewiesen wurde, führten 778/789 zur Zerstörung der Stadt, die Sitz eines vom Kalifen v. →Córdoba eingesetzten Statthalters (wālī) war, durch ʿAbdarrāḥmān I. (756–788). In der Folge errichtete einer seiner Söhne, ʿAbdallāh al-Balansī (ʾder Valencianerʿ), in V. eine selbständige Herrschaft (802–823). Erst unter der Regierung ʿAbdarrāḥmāns II. (822–852) konnte die Prov., die zum Ausgangspunkt von Piratenzügen v. a. auf die Balearen wurde, wieder voll ins Omayyadenreich v. Córdoba integriert werden, wobei allerdings die Differenzen zw. dem berb. →Játiva und dem von der arab. Familie der Banū-Ǧaḥḥāf beherrschten V. fortdauerten. Nach dem Zerfall des Reiches gelang es 1021 ʿAbdalʿazīz, einem Enkel al-Manṣūrs, sich als Taife v. V. durchzusetzen. Während seiner vierzigjährigen Regierung befestigte er die Stadt, die eine wirtschaftl. Blüte erlebte, und knüpfte Beziehungen zum Taifenreich v. →Toledo, die sich für die Herrschaft seiner Söhne (ʿAbdalmalik [1063–66] und Abū Bakr [1075–85]) ebenso fatal erwiesen, wie die nun einsetzenden Expansionsbestrebungen Kastiliens. Sein Enkel, al Qādir, der ehemalige Taife v. Toledo, vermochte sich schließl. dank der militär. Hilfe Alfonsʿ VI. v. Kastilien durchzusetzen, stieß aber trotz der Unterstützung durch den →Cid in V. selbst auf den Widerstand des Ibn Ǧaḥḥāf, der die →Almoraviden zu Hilfe rief und ihn 1092 ermorden ließ. Rodrigo Díaz de Vivar, der seit 1090 kontinuierl. versuchte, in der Levante eine eigenständige Herrschaft aufzubauen, eroberte V. (1094), ließ Ibn Gahhaf verbrennen, gab der Stadt eigene Statuten, setzte einen cluniazens. Bf. ein und nahm den Princepstitel an. Im Bündnis mit Kg. Peter II. v. Aragón gelang es ihm, seine Herrschaft erfolgreich gegen die Almoraviden zu verteidigen, die erst nach seinem Tod (1099) – obwohl seine Witwe Ximena die Oberhoheit Kastiliens anerkannte – das Reich v. V. für sich erobern konnten, nachdem Alfons VI. im März 1102 die Stadt evakuiert und niedergebrannt hatte. Auf seine Ansprüche auf V. sollte Kastilien allerdings erst 1179 im Vertrag v. →Cazorla zugunsten v. Aragón verzichten. Die almoravid. Statthalter v. V. unterwarfen 1110 das Reich v. Zaragoza und besiegten 1130 Vzgf. Gaston v. Béarn und 1134 Alfons I. v. Aragón in der entscheidenden Schlacht v. Fraga. Aus den durch das Aufkommen der religiösen Reformbewegung der →Almohaden bedingten Wirren ging 1148 →Ibn Mardanīš im SO von al-Andalus siegreich hervor. Mit Hilfe der Gf.en v. →Barcelona schlug er einen Aufstand in V. nieder, das allerdings noch im Jahr seines Todes (1172) unter seinem Bruder Yūsuf b. Mardanīš (gest. 1186) zu den Almohaden überging. Der Versuch eines weiteren Mitglieds der Familie, Zayyān b. Mardanīš, die Macht in der Stadt zurückzuerlangen, führte zur Flucht des letzten maur. Statthalters Abū Saʿīd und zu seinem Hilfeersuchen und Hominium an Jakob I. v. Aragón (Vertrag v. 1229 April). Mit Hilfe aragones. Adliger, v. a. seines Mayordomus Blasco v. Aragón, bereitete Jakob I. nun die systemat. Eroberung des Reiches v. V. vor, wobei nach dem gescheiterten Versuch einer Eroberung v. Peñiscola (1225) nicht die Burgen, sondern die ihnen als Versorgungsbasis dienenden Städte in der Ebene belagert wurden. Die Eroberung vollzog sich in drei Phasen: Aragones. Adlige eroberten zunächst den N des Reiches (1232 Morella; Juli 1233 Borriana). Dann schritt man zur Belagerung von V., nachdem im Okt. 1236 auf den Cortes v. Monzón die Eroberung des Reiches als Kreuzzugsunternehmen beschlossen worden war (→Kreuzzüge, C. I) und sich Jakob I. durch einen weiteren Vertrag mit Abū Saʿīd im Mai des Jahres abgesichert hatte. Als sich jede Hoffnung auf Entsatz durch den Emir v. Tunis als vergebl. erwies, übergab Zayyān b. Mardanīš die Stadt am 28. Sept. 1238 nach fünfmonatiger Belagerung und zog sich zunächst nach Denia, später nach Murcia zurück. Den Abschluß des Kreuzzugsunternehmens bildete die Einnahme des Südteils des Reiches v. V. bis 1245 (Alzíra 1242; Játiva mit seiner bedeutenden Papierproduktion 1244; Biar 1245), so daß sich Jakob I. nach dem Abschluß eines dreijährigen Waffenstillstands mit dem maur. Fs.en al Azrāh und nach der Übereinkunft zur Abgrenzung der gegenseitigen Einflußzonen mit Kastilien (Almizra 1244), das 1243/44 Murcia erobert hatte, wieder den Angelegenheiten in der Provence widmen konnte. Einen Aufstand des al Azrāh (1247–58) konnte Jakob I. niederschlagen, ebenso Unruhen im benachbarten Kgr. Murcia. Nachfolgeschwierigkeiten in Kastilien und die Unterstützung der Infanten de la →Cerda führten unter seinem Enkel Jakob II. (1291–1327) nach weiteren Eroberungen Aragóns im S (1296–1304) zum Schiedsspruch v. →Torrellas (1304) und zum Vertrag v. Elche (1305), in dem Kastilien die Zugehörigkeit von Cartagena, Oriola, Elche, Alicante usw. zum Reich anerkannte, dessen territoriale Ausbildung damit beendet war. 1309 beschlossen die Cortes v. Tarragona in Übereinstimmung mit Jakob II. den *Privilegio de Unión*, wonach die Kgr.e V. und Aragón zusammen mit der Gft. Katalonien eine untrennbare Einheit bilden sollten, 1328 wurde allen Kronländern das Recht einer Teilhabe an der Kg.swahl garantiert. Von Anfang an besaß das Kgr. V. eine eigene Herrschaftsstruktur, mit eigener Ständeversammlung, eigenem obersten Richter und eigener Rechtsordnung. Seit 1340 bestand die *Generalidad* als ständiges Organ der alle drei bis sechs Jahre zusammentretenden →Cortes zur Eintreibung der von den Ständen bewilligten außerordentl. Geldanleihen für den Kg.

Bereits um 1250/51 hatte Jakob I. mit Hilfe von Vidal de Canellas die *Fori Valentiae* erlassen, die stark vom röm. Recht beeinflußt und v. a. auf die Zentralgewalt, den Kg. und seine Amtsträger, ausgerichtet waren. Dahinter stand der Versuch des Kg.s, den Einfluß des aragones. Adels, der wesentl. Anteil an der Eroberung genommen hatte und v. a. das flache Land beherrschte, zurückzudrängen, indem die Gültigkeit der →*Fueros de Aragón* beschnitten und das Wirken des →*Justicia Mayor* über die Grenzen Aragóns hinaus eingedämmt wurde. Ausgehend von den katal. beherrschten Städten konnten sich gegen Mitte des 14. Jh. die seit 1330 in einer erweiterten vulgärsprachl. Fassung bekannten *Furs de Valencia* als alleingültige Rechtsnorm im Kgr. V. durchsetzen. Dies trug ebenso wie das Zurückdrängen der Adelsunionen zu einer Stärkung der kgl. Stellung bei.

Juden und →Mudéjares standen unmittelbar unter dem Schutz des Kgtm.s und lebten nach ihren eigenen Gesetzen. Bis ins 14. Jh. überwog auf dem Land der maur. Bevölkerungsanteil, aber bis Mitte des Jh. wurden immer mehr Einwanderer aus Katalonien und Aragón, Südfrankreich und Italien dort angesiedelt, während Teile der muslim. Bevölkerung nach Granada oder Nordafrika auswanderten.

II. BISTUM: Erste Spuren einer chr. Gemeinde verweisen in das Jahr 304, als der Diakon Vinzenz im Rahmen der diokletian. Verfolgung das Martyrium erlitt. Die erste Kathedrale wurde um 534 von Bf. Justinian errichtet, 546 ein Konzil der Carthaginensis dort abgehalten. Der Fortbestand der chr. Gemeinde nach der maur. Eroberung war v.a. durch die Zugehörigkeit zum Reich v. →Tudmīr gesichert, so daß noch 916 Bf.e in V. bezeugt sind. Unklar ist, ob diese Gemeinde fortbestand. Jedenfalls wird zu 1089 ein mozarab. Bf. erwähnt, der auf einer Pilgerreise ins Hl. Land in Bari starb. Diese Tradition wurde durch die Einsetzung des Cluniazensers Hieronymus v. Périgord zum Bf. (1094–1102) unterbrochen. Nach dem Abzug der Kastilier wurde das Bm. erst 1238 nach der Eroberung der Stadt durch Jakob I. wieder errichtet und reich dotiert. Ansprüche →Toledos und →Tarragonas auf die Metropolitangewalt wurden 1240 zugunsten Tarragonas entschieden, das im selben Jahr in V. eine Provinzialsynode abhielt. Das westgot. Bm. →Játiva wurde nicht wieder errichtet. Der nördl. Teil des Reiches um Burriana kam an das Bm. →Tortosa. Das ehemalige Bm. →Segorbe wurde 1259 mit Albarracín vereint und blieb bis zur Schaffung der Metropole Zaragoza (1319) Suffragan v. Toledo. Am 9. Juli 1492 erhob Innozenz VIII. V. zum Ebm. und unterstellte ihm Mallorca und Cartagena als Suffragane. Der erste Ebf. war Rodrigo de Borja (Papst →Alexander VI. seit 11. Aug. 1492). Das Kapitel, das seit 1240 über eine eigene Mensa verfügte, setzte sich anfängl. aus 15, gegen Ende des MA aus 25 Kanonikern zusammen. Aus seinen Reihen gingen sowohl Pedro de Luna (→Benedikt XIII. [1394–1423]), der im nahen Peñiscola residierte, als auch →Clemens VIII. (1423–29) hervor, so daß V. im Schisma der Avignoneser Obedienz anhing. 1262 wurde der Grundstein der heutigen Kathedrale gelegt.

Unmittelbar nach der Reconquista wurden Konvente der Dominikaner, Franziskaner und Mercedarier in V. errichtet, ebenso wie Niederlassungen der Templer, Johanniter und Santiagoritter u. das Hospital v. Sant Vicenç. Ein bereits 1245 von Innozenz IV. gewährtes Studium Generale wurde erst 1493 eingerichtet und 1501 von Alexander VI. zur Univ. erhoben.

III. STADT IM SPÄTMITTELALTER: Mit der Übergabe der Stadt an Jakob I. wurde V. zum Zentrum des neuen Reiches und der kgl. Verwaltung, an deren Spitze der Vizekg. stand, eine Funktion, die im SpätMA häufig ein Vertreter des kgl. Hauses ausübte. Daneben fungierte der für Zivil- und Strafgerichtsbarkeit zuständige *Gobernador General*, ein *Bayle General,* der ursprgl. nur mit der Verwaltung des Kg.sgutes betraut war, und seit Ende des 14. Jh. der →*Mestre Racional.* Der Stadtrat V.s, an dessen Spitze der *Justicia* mit der Funktion eines Stadtrichters stand, setzte sich im 15. Jh. aus 52 Vertretern der 12 Pfarreien, 6 Angehörigen des niederen Adels und 48 Zunftmeistern zusammen. Die Exekutive lag in der Hand von 6 Ratsherrn (*jurats*; 4 Bürger und 2 Adlige), die jährl. durch Insakulation gewählt wurden und denen Fachleute für das Rechtswesen, die Finanzverwaltung und das Marktwesen (*Mustacaf*) beigegeben waren. Das 1283 eingerichtete *Consolat de mar* war für Streitigkeiten zw. Seeleuten und Händlern zuständig.

Mit der Anlage eines Hafens außerhalb der ursprgl. Stadt an der Mündung des Guadalaviar (Turia) hatte Jakob I. die Grundlage für den ausgedehnten Handel der Stadt gelegt, die wichtige Handelsbeziehungen zu Sizilien, Venedig und Genua unterhielt und zum Umschlagplatz für Luxusgüter aus Italien und dem Orient wurde, die für Kastilien und Aragón bestimmt waren. Durch den Bevölkerungsanstieg von 1418 bis 1483 von 40000 auf 75000 Einw. wurde V. zu einem der wichtigsten Handels- und Finanzzentren der Krone Aragón. Zwar scheiterte die Gründung einer →*Taula de canvi* (1407) schon nach wenigen Jahren (1414/18), doch blühten Handel und Gewerbe (Textilindustrie, Lederverarbeitung, Silber- und Waffenschmiede, Töpferei, Schiffsbau, Druckerei) auf, zudem die Stadt von allen wichtigen kgl. Steuern befreit war. Die Getreideversorgung erwies sich als schwierig, wodurch es immer wieder zu Aufständen (1484, 1503) kam, da man wegen der Seuchengefahr (von 1348 bis weit ins 15. Jh. hinein wurde die Stadt ein dutzendmal von der Pest heimgesucht) nicht auf →Reis ausweichen wollte. Ab dem 15. Jh. wurde V. zum Markt für Sklaven aus Schwarzafrika (→Sklave, A. IV).

Nach dem Abzug eines Teils der muslim. Bevölkerung war die Stadt unter die Eroberer aufgeteilt worden, wobei neben Adel und Kirche v.a. die beteiligten katal. und aragones. Städte sowie die Bewohner v. Montpellier ihren Anteil erhielten. Während sich die verbleibenden Mauren in einem Viertel außerhalb der Stadtmauer, der sog. *moreria* (bestand bis zur Erstürmung 1455) ansiedelten, verstärkte sich v.a. der katal. Bevölkerungsanteil in den folgenden Jahren durch Zuwanderung. 1246 wurde ein spezielles Judenviertel eingerichtet, das 1356 ebenso wie die moreria bei der Erweiterung der Stadtmauer miteinbezogen wurde. Primär religiöse Gründe führten 1391 zum ersten großen Pogrom (Umwandlung der Synagoge in ein Augustinerdamenstift), 1456 wurde das Ghetto gestürmt und gebrandschatzt, 1484 kam es zur Einrichtung der Inquisition.

Im 15. Jh. erlebte V. auch dank seiner engen Bindung an den Hof in Neapel eine kulturelle Blütezeit, sowohl auf dem Gebiet der Malerei, wie auf dem der Musik und der Literatur (Ausias →March, Joanot →Martorell, Johan de Galba, Isabel de Villena); hier erschien auch 1478 die erste Bibel in der Vulgärsprache. Chronisten wie Ramon →Muntaner und →Bernat Desclot stammten aus V., ebenso bedeutende Philosophen wie →Arnald v. Vilanova, Francesc →Eiximenis und der Dominikanerprediger Vincent →Ferrer. U. Vones-Liebenstein

Q.: M. DUALDE SERRANO, Fori antiqui Valentiae, 1950–67 – R. GALLOFRE GUINOVART, Documentos del reinado de Alfonso III, relativa al antiguo reino de V., 1968 – G. COLÓN–A. GARCÍA I SANS, Furs de V., 5 Bde, 1970–91 – M. D. CABANES PECOURT–R. FERRER NAVARRO, Llibre del repartiment del regne de V., 3 Bde, 1979–80 – Epistolari de la V. medieval, ed. A. RUBIO VELA, 1984 – R. SOTO I COMPANY, Còrdex català del Llibre del repartiment de Mallorca, 1984 – R. I. BURNS, Diplomatarium of the Crusader Kingdom of V., bisher 2 Bde, 1985–90 – *Lit.*: DHEE IV, 2687–2703 – Gran Enc. Catalana XV, 1980, 164–193 – Gran enc. de la región valenciana, 12 Bde, 1973–77 – A. HUICI MIRANDA, Hist. musulmana de V. y su región, 3 Bde, 1969–70 – T. F. GLICK, Irrigation and Society in Medieval V., 1970 – R. I. BURNS, Islam under the Crusaders: Colonial Survival in the Thirteenth-Cent. Kingdom of V., 1973 – DERS., Medieval Colonialism: Postcrusade Exploitation of Islamic V., 1975 – W. KÜCHLER, Länder- und Zentralfinanz des argon. Staatenbundes im 15. Jh., SFGG. GAKGS 28, 1975, 1–/90 – R. GARCÍA CÁRCEL, Orígenes de la Inquisición española, 1976 – R. I. BURNS, Moors and Crusaders in Mediterranean Spain, 1978 – DERS., Jaume I and the Jews of the Kingdom of V. (X CHCA. Comunicaciones 1 y 2, 1980), 245–322 – DERS., Jaume I i els Valencians del segle XIII, 1981 – A. UBIETO ARTETA, Orígenes del reino de V., 2 Bde, 1981³ – M. HÄUPTLE-BARCELÓ, Getreideversorgung und Getreidehandelspolitik im V. des 15. Jh., SFGG. GAKGS 30, 1982, 193–343 – R. I. BURNS, El reino de V. en el siglo XIII, 2 Bde, 1982 – W. KÜCHLER, Die Finanzen der Krone Aragón während des 15. Jh., 1983 – R. I. BURNS, Muslims, Christians, and Jews in the Crusader Kingdom of V., 1984 – D. WASSERSTEIN, The Rise and Fall of the Party-Kings, 1985 – J. GUIRAL-HADZIIOSSIF, Valence, port méditerranéen au XVe s., 1986 – E. GUINOT RODRÍGUEZ, Feudalismo en expansión en el norte valenciano, 1986 – P. GUICHARD, Estudios de hist. medieval, 1987 – M. T. FERRER I MALLOL, Els sarraïns de la Corona catalano-aragonesa en el segle XIV, 1987 – DIES., La frontera amb l'Islam en el segle XIV, 1988 – 'En torno al 750 aniversario: Antecedentes y consecuencias de la conquista de V.', 2 Bde,

1989 – Hist. del País V., hg. E. Belenguer, 2 Bde, 1989f. – M. T. Ferrer i Mallol, Organització i defensa d'un territori fronterer. La Governació d'Oriola en el segle XIV, 1990 – St. Haliczer, Inquisition and Society in the Kingdom of V., 1990 – P. Guichard, Les musulmans de Valence et la reconquête, 2 Bde, 1991 – L. Peñarroja Torrejón, Christianos bajo el Islam: los mozárabes hasta la reconquista de V., 1993 – L. Vones, Gesch. der Iber. Halbinsel im MA, 1993 [Lit.] – E. Guinot, Els limits del regne. El procés de formació territorial del País V. medieval, 1995 – L. Vones, Friedenssicherung und Rechtswahrung (J. Fried, Träger und Instrumentarien des Friedens im hohen und späten MA, 1996 [= VuF 43]), 441–487.

Valenciennes, Stadt in der alten Gft. →Hennegau, an der oberen →Schelde (Nordfrankreich, dép. Nord). Die erste, auf 693 datierte Erwähnung steht im Zusammenhang mit einem kgl. 'palatium' in Neustrien. V., das unweit des röm. Zentrums 'Famars' (dieses war noch nach 500 besiedelt), aber topographisch von ihm getrennt lag, war im 8. Jh. Sitz einer kgl. Großdomäne (→Fiscus). Der Ort war, dank des lebhaften Schiffsverkehrs auf der Schelde, ein bedeutendes Handelszentrum der Karolingerzeit (→'portus', Zoll, Münze), das aber von den Einfällen der →Normannen (um 880) schwer geschädigt wurde. Ein Jahrhundert später wurde V. Sitz einer →Mark (zu den otton. Reichsmarken im Scheldegebiet →Ename), die auch 'Comitat v. V.' hieß, aber bereits seit 1047 in der Gft. Hennegau aufging; die Erinnerung an diese Reichsmark bestärkte V. noch lange in seinem »Partikularismus« gegenüber der wirtschaftlich schwächeren, aber ranghöheren 'chef ville' →Mons.

Das 11. und 12. Jh. waren geprägt durch den Aufschwung der gewerbereichen 'burgi' um das 'castrum', den ältesten Stadtkern. Um 1114 gewährte Gf. Balduin III. v. Hennegau ein kommunales Privileg, die sog. 'paix'. V. baute seine Stellung als 'chef de sens' (Zentrum der Gerichtsbarkeit und Administration) über ein weites Gebiet von mehr als 300 Städten und Dörfern aus, großenteils innerhalb, aber auch außerhalb der Gft. Hennegau. Im 12. Jh. errichteten die Gf.en ihre neue Pfalz ('Salle-le-Comte'), eine wohlbefestigte fsl. →Residenz mit Säkularkapitel (bereits im 1195).

V. erhielt schon damals seinen topograph. Grundcharakter einer befestigten Stadt und erreichte wohl auch den Höhepunkt seines demograph. Wachstums im MA. 1290–97 erhob sich die Stadt in einem erbitterten Krieg gegen den einer Mißachtung der städt. Freiheiten beschuldigten Gf.en →Johann II. v. Avesnes; das hierin erkennbare Streben V.s nach gleichsam reichsstädt. Autonomie blieb aber vergeblich.

Nach wie vor Münzstätte, war V. in erster Linie eine große Tuchmacherstadt (→Textilien, A); 11 von 38 Korporationen betrieben diverse Tuchgewerbe, ebenso um die 30 % der Neubürger des 14. Jh. Die 'draperie' v. V. exportierte ihre begehrten Wollstoffe bis in die Länder der Iber. Halbinsel; später trat die 'toilerie' (→Leinen) stärker in den Vordergrund. Die günstige Lage im Scheldebecken und am Kreuzungspunkt großer Landwege (Paris, Champagne) ließ V. auch zum wichtigen Umschlagplatz des Transithandels werden (Getreide, Wein).

Die Stadt wurde von einem →Prévôt und zwölf →Schöffen bzw. Geschworenen (→Jurés) verwaltet ('la loi', der Magistrat), denen alle Jurisdiktionsrechte verliehen waren (jährl. Bestätigung durch den Bailli des Hennegau als gfl. Stellvertreter). Für V. und sein Umland unterhielt der Gf. auch einen 'Prévôt-le-comte' als seinen von der städt. Gerichtsbarkeit unterschiedenen gfl. Richter und Verwalter. Im 15. Jh. waren die Hzg.e v. →Burgund bestrebt, bestimmte städt. Gewohnheitsrechte einzuschränken oder abzuschaffen, und unterstellten die Stadt 'omisso medio' der Appellationsgerichtsbarkeit des →Conseil ducal.

Die *Abtei St-Jean-Baptiste*, an deren Ursprung vielleicht ein in der Karolingerzeit gegr. Frauenkl. stand, ist sicher belegt seit dem späten 10. Jh. als Kanonikerkapitel, das um 1140 reformiert wurde und fortan als Regularkanonikerstift der Kongregation v. →Arrouaise angehörte. Seit Ende des 11. Jh. verfügte V. über ein →Hospital ('hôtellerie'), das wohl auf gfl. (oder stadtbürgerl.) Initiative entstand.   J.-M. Cauchies

Lit.: H. D'Outreman, Hist. de la ville et comté de V., 1639 [Neudr. 1975] – S. Le Boucq, Hist. ecclésiastique de la ville et comté de V., 1844 [Neudr. 1978] – F. Deisser-Nagels, V., ville carolingienne, Le M-A 68, 1962 – H. Platelle u. a., Hist. de V., 1982 – J. Nazet, Les chapitres de chanoines séculiers en Hainaut du XIIe au début du XVe s., 1993 – V. aux XIVe et XVe s., Art et hist., 1996.

Valens, röm. Ks. 364–378, aus dem pannon. Cibalae stammend, ksl. Gardeoffizier, wurde am 28. März 364 von seinem Bruder →Valentinian I. zum Augustus für die östl. Reichshälfte einschließl. Thrakien erhoben. Zwei Jahre später besiegte er mit Hilfe treuer Offiziere den heidn. Usurpator →Prokopios. Die der Niederschlagung der Theodorosverschwörung folgenden Prozesse und Hinrichtungen, darunter des früheren Julianfreundes Maximus v. Ephesus, trugen wesentl. zum Ansehensverlust des wenig gebildeten Herrschers bei. In der Staatsverwaltung bemühte sich V. vergebl. um Hilfe für notleidende Städte und die an die Scholle gefesselten Kolonen. Gegen Heiden zeigte er sich tolerant, unter den Christen begünstigte er einseitig die Arianer (→Arius). Seine Intoleranz gegen nizän. gesinnte Bf.e, die bis zur Einkerkerung und Verurteilung in Bergwerke führte und selbst von seinem heidn. Lobredner →Themistios getadelt wurde, steigerte seine Unbeliebtheit bei der Bevölkerung. Außenpolit. kam es zu wenig erfolgreichen Kämpfen gegen den Perserkg. →Šāpūr II. in Armenien und Iberien. Gegen die Goten errang er durch Verträge und Befestigungen in Thrakien vorübergehende Erfolge. Als jedoch erneut eine größere Zahl unter den Führern Alaviv und →Fritigern Aufnahme begehrten, fand V. durch sein unüberlegtes Vorgehen in der Schlacht v. →Adrianopel (378) den Tod. Die verheerende Niederlage, von den kath. Christen als göttl. Strafe für die Arianer gedeutet, bedeutete eine wesentl. Schwächung des gesamten Reiches.   R. Klein

Lit.: RE VII A 2, 2097ff. – A. Demandt, Die Spätantike, 1988, 111f.

Valentin, hl. Das Mart. Hieron. kommemoriert zum 14. Febr. einen V., Märtyrer in Interamna (→Terni). Die Basilika des hl. V. in Terni wird erstmals in der Vita des Papstes Zacharias (742–752) des LP erwähnt. Dem Catalogus Liberianus (4. Jh.) zufolge soll Papst Julius I. (337–352) eine V.-Basilika in Rom beim 2. Meilenstein der Via Flaminia errichtet haben, die später von Papst Theodor (642–649) oder bereits von seinem Vorgänger Honorius (625–638) wiederaufgebaut wurde. Die ma. Itinerare bezeugen die Verehrung eines Märtyrers V. in dieser Basilika. Die Passio eines V. v. Rom verbindet ihn mit dem Zyklus der Hl.n Marius, Martha und Audifax (BHL 5543): Er sei ein Priester gewesen, der auf Befehl des Ks.s Claudius Goticus an der Via Flaminia enthauptet wurde. Eine Passio des V. v. Terni, die später ist als die genannte, zeigt ihn ohne chronolog. Angaben als Bf. dieser Stadt, der zu einer Krankenheilung nach Rom gerufen wird und dort so viele Bekehrungen vornimmt, daß sich die Senatoren beunruhigen. Nach seiner Weigerung, vor den Götterbildern zu opfern, wird er in Rom enthauptet. Sein Leichnam wird von drei von ihm Bekehrten nach Terni zurückgebracht. Die Forschung ist kontrovers, ob es sich um zwei verschiedene gleichnamige Personen oder um einen einzigen V. handelt, dessen Kult sich von Rom nach Terni oder von Terni nach Rom verbreitet hat. Die Translation des Hauptes eines hl. V. (ohne Angabe des Herkunftsortes) hat im 11. Jh. in der Abtei →Jumièges stattgefunden. Seit dem MA galt V. vorwiegend in Frankreich und England als Schutzpatron der Verlobten, vielleicht, weil sein Festtag als Lostag betrachtet wurde, an dem die Vögel sich zu paaren beginnen. Infolge einer Verwechslung mit dem gleichnamigen Bf. v. Passau (5. Jh.) wurde der Märtyrer V. bei Epilepsie angerufen. F. Scorza Barcellona

Q. und Lit.: BHL 846of. – BHL Novum suppl. 8460–8460b [V. v. Terni] – BHL 8463–8466 – BHL Novum suppl. 8466–8466b [V. v. Rom] – AASS Febr. II, 1658, 751–754 [V. v. Rom], 754–760 [V. v. Terni] – Comm. Mart. Hieron., 92f. – Comm. Mart. Rom., 62 – Vies des Saints II, 322–325 – Bibl.SS XII, 896f., 899 – ECatt XII, 976–979 – LCI VIII, 530f. – LThK² X, 598f. – Il santo patrono nella città medievale. Il culto di S. V. nella storia di Terni (Atti, ed. G. Passarelli, 1982) – A. Recio Veganzones, S. V. di Terni nell'iconografia antica pittorica e musiva di Roma (Noscere sancta [Fschr. A. Amore, 1985]), 427–445 – H. A. Kelly, Chaucer and the Cult of St. V., 1986 – L'Umbria meridionale fra tardo-antico ed altomedioevo, ed. G. Binazzi, 1991, 99–110 [G. N. Verrando]; 165–178 [V. Fiocchi Nicolai].

Valentinian

1. V. I., röm. Ks. 364–375, aus dem pannon. Cibalae stammend, als Kompromißkandidat zw. den heidn. Anhängern Julianus' und den chr. Heeresteilen in Ankyra zum Ks. erhoben, ernannte seinen jüngeren Bruder →Valens zum Augustus der östl. Prov.en des Reiches, während er sich selbst die westl. Reichshälfte (einschließl. Illyricum und Libyen) vorbehielt. Die Aufteilung von Hofstaat und Heer bedeutete jedoch noch keine polit. Trennung der Reichshälften. Im Kampf gegen Mißstände (Korruption, Steuerdruck) konnte sich V. wegen zu großer Nachsicht gegen hohe Beamte und einseitiger Bevorzugung von Provinzialen, insbes. aus Pannonien, kaum durchsetzen. Gegen die adelsstolzen röm. Senatoren führte der abergläub. Ks. eine Reihe von Prozessen wegen mag. Praktiken. Kämpfe gegen die stets unruhigen →Alamannen führten ihn mehrfach in rechtsrhein. Gebiet neckaraufwärts und bis zu den Donauquellen. Trotz militär. Siege und eines Bündnisses mit den Burgundern verzichtete er auf die Eroberungen, vielmehr sorgte er für den Schutz Galliens durch systemat. Ausbau bzw. Neugründung von Befestigungen entlang der Rheingrenze von der Mündung des Flusses bis zum Bodensee. Inschriftenfunde und Grabungen bezeugen die auch von dem Redner →Symmachus (2. S.) gerühmten Anlagen, die mehr als vierzig Jahre die Germanen an der Überschreitung des Rheins hinderten. Eine erfolgreiche Grenzsicherung gab es auch in Britannien, Rätien, Noricum und bes. Pannonien, wo →Quaden und →Sarmaten ferngehalten werden konnten. In Afrika stellte der fähige Heermeister Theodosius d. Ä., der Vater des späteren Ks.s →Theodosius, gegen den aufrührer. dux Mauretaniae Firmus die Ruhe wieder her. Gegen Heiden zeigte sich der Christ V. tolerant, in die religiösen Auseinandersetzungen der Christen mischte er sich nicht ein. In Rom entschied er für den röm. Bf. →Damasus I., in Mailand bestätigte er →Ambrosius auf dem Bf.sstuhl. Der dank persönl. Integrität und militär. Tatkraft angesehene Herrscher, der bereits 367 seinen Sohn →Gratianus zum zweiten Augustus des Westens bestimmt hatte, starb überraschend im pannon. Brigetio an einem Blutsturz. R. Klein

Lit.: RE VII A 2, 2158ff. – A. Demandt, Die Spätantike, 1988, 111ff.

2. V. II., röm. Ks. 375–393, geb. wahrscheinl. in Trier, wurde nach dem plötzl. Tode seines Vaters →Valentinian I. vierjährig mit Zustimmung seines Halbbruders →Gratianus in Aquincum zum Ks. erhoben und erhielt die Präfektur Italien mit Illyrien und Afrika als Herrschaftsgebiet, während Gratianus die übrigen Teile des Imperiums verwaltete und zunächst die Vormundschaft ausübte. Als dieser gegen den Usurpator →Maximus Magnus den Tod gefunden hatte (383), konnte sich V. mit Hilfe Bf. →Ambrosius' wenigstens in Mailand halten. In dem Streit zw. der von der Ks.mutter Justina begünstigten arian. Partei und dem nizän. gesinnten Ambrosius, der dem Arianer →Auxentius keine Kirche überlassen wollte, fügte sich V. dem orth. Bf., der ihm vorhielt, daß auch ein Ks. innerhalb der Kirche stehe, nicht außerhalb oder über ihr (contr. Aux. 36). 384 erschien am Ks.hof eine röm. Gesandtschaft mit der von dem Stadtpräfekten →Symmachus (2. S.) verfaßten dritten Relatio, welche die Bitte enthielt, den Victoriaaltar in die röm. Kurie zurückzubringen und die Einkünfte der altröm. Priesterschaften wieder zu gewähren. Es gelang Ambrosius durch zwei eindringl. Schreiben (ep. 17, 18), den Ks. zur Ablehnung zu bewegen. 387 fiel Maximus in Italien ein und zwang V. mit seinem Hofstaat, sich in die Obhut des →Theodosius nach Thessaloniki zu begeben. Dieser, beeinflußt durch seine neue Gattin Galla, die Schwester V.s, rüstete zum Krieg und besiegte den Empörer, so daß V. seine Herrschaft im W wieder antreten konnte. Während seines Aufenthaltes in Gallien geriet er jedoch in starke Abhängigkeit des heidn. Heermeisters Arbogast, der sicherl. mitschuldig war am plötzl. Tod des jugendl. Ks.s in Vienne. Ambrosius hielt dem noch nicht Getauften in Mailand die Leichenrede, in welcher er das Idealbild eines frommen, fürsorgl. Herrschers zeichnete. R. Klein

Lit.: RE VII, 2A, 2205ff. – R. Klein, Symmachus. Eine trag. Gestalt des ausgehenden Heidentums, 1986², 76ff. – A. Demandt, Die Spätantike, 1988, 115f., 129f.

3. V. III., röm. Ks. 424–455; Eltern: Constantius III. und →Galla Placidia. V. wurde fünfjährig in Rom zum Augustus erhoben, wo er zunächst unter der Obhut seiner Mutter und fähiger Reichsfeldherrn (Bonifatius, Felix) lebte. Verheiratet mit Eudoxia, der Tochter →Theodosius' II., einigte sich V. mit diesem auf die Gültigkeit des →Codex Theodosianus in beiden Reichsteilen. In Afrika verlor er an die Vandalen →Geiserich (trotz der Verlobung seiner Tochter Eudokia mit dessen Sohn Hunerich) die wichtigsten Prov.en. In Spanien beschränkte sich die röm. Herrschaft nur noch auf die Städte im O, während Britannien 442 gänzl. aufgegeben werden mußte. Lediglich in Gallien gelang es dem Heermeister →Aëtius durch geschicktes Eingreifen gegen Franken, Burgunder und Westgoten, die Lage stabil zu halten. Da V. dem Hunnenkg. →Attila die Verlobung seiner Schwester Honoria und damit die Teilhabe an der Herrschaft im Westreich verweigerte, kam es zur Schlacht auf den →Katalaunischen Feldern (451), in der sich Aëtius behaupten konnte. Den Vorstoß Attilas nach Mittelitalien soll neben ksl. Gesandten Papst Leo I. aufgehalten haben. Gegen die Kirche zeigte sich der persönl. fromme Herrscher durch Stiftungen oder durch Anerkennung der Gerichtsbarkeit des röm. Bf.s in geistl. Fragen großzügig, ohne jedoch die staatl. Autorität zu schädigen, wie das Einschreiten gegen die Kurienflucht der Kleriker oder das erneute Verbot der →Manichäer bezeugt. Ein allg. Konzil in Aquileia zur Wiederherstellung der Kircheneinheit scheiterte am Widerstand Ostroms. Knapp sechs Monate, nachdem V. den ihm lästigen Aëtius mit eigener Hand niedergestochen hatte, wurde er in Rom selbst ermordet. R. Klein

Lit.: RE VII, 2A, 2232ff. – A. Demandt, Die Spätantike, 1988, 149ff.

Valentinois → Valence

Valentinus, Papst im Aug./Sept. 827, im röm. Klerus bis zum Archidiakon aufgestiegen, wurde nach dem Tod Eugens II. einmütig gemäß der →Constitutio Romana zum Nachfolger gewählt und starb nach 40 Tagen. Amtshandlungen sind nicht bekannt.　　　　　　R. Schieffer

Q.: LP II, 71f.; III, 122 – JAFFÉ² I, 322f. – *Lit.*: J. N. D. KELLY, Reclams Lex. der Päpste, 1988, 117.

Valera, Diego de, * 1412 in Cuenca, † 1488 in Puerto de Santa María, Sohn des jüd. Konvertiten und Arztes Kg. Johanns II., Alfonso Chirino, und der Isabel de V. (aus angesehener Familie Cuencas), war bis 1435 Page (*doncel*) am Hof Johanns II. v. Kastilien, bevor er nach Erhalt der Schwertleite Frankreich und Böhmen bereiste und dort in die Dienste Ks. Albrechts II. trat. Gesandter Johanns II. in Dänemark und Frankreich (1444), kgl. →*Corregidor* in Palencia (1462) und Segovia (1479), *maestresala* (Haushofmeister) Heinrichs IV. (1467), war V., der auch in den Diensten großer Adelshäuser wie der →Stúñiga, →Velasco und La Cerda stand, v. a. ein →*Hidalgo* von vorzügl. ritterl. und lit. Bildung. Diese spricht auch aus seinen polit.-moral. Schriften (Epistolas an Kg.e und Adlige [1441–84]; Espejo de verdadera nobleza [1444]; Ceremonial de Príncipes [1476]; Preheminéncias y cargos de los officiales de armas [um 1476]), in denen er in ganz Europa allg. gültige Ideen und Vorstellungen über den Aufbau und die Förderung des Adels und den Lobpreis des Kgtm.s verbreitete. Im Alter verfaßte er Chroniken der Regierungszeit Heinrichs IV. (Memorial de diversas hazañas, hg. J. M. CARRIAZO, 1941) und der Kath. Kg.e (Crónica de los Reyes Católicos«, hg. J. M. CARRIAZO, 1927) sowie im Auftrag des Kg.s eine »Crónica abreviada de España«, die nach 1482 vielfach nachgedruckt wurde: Zusammen mit der »Compendiosa historia hispánica« des Rodrigo →Sánchez de Arévalo (1470) war sie eines der grundlegenden Werke zur Ausbildung eines kollektiven hist. Bewußtseins im modernen Spanien.　　　M. A. Ladero Quesada

Lit.: J. RODRÍGUEZ PUÉRTOLAS u. a., Mosén D. de V. y su tiempo, 1996 – J. D. RODRÍGUEZ VELASCO, El debate sobre la caballería en el s. XV, 1996.

Valeránica, ehem. Kl. in Kastilien, im 10. Jh. künstler. Zentrum, Wirkungsstätte des Buchmalers Florentius v. V. (belegt zw. 943 und 978) und seines Umkreises, dessen an die karol. Illuminationskunst der Zeit Karls d. K. (z. B. mit reichem Flechtwerk gestaltete Initialen) anknüpfenden Werke (u. a. Moralia in Job, 945, Madrid, Bibl. Nac., 80; Bibel, 960, S. Isidoro de León) zu den vollkommensten Schöpfungen der frühen Buchmalerei der Iber. Halbinsel (→Buchmalerei, A. VII) zählen.　　　　U. Mattejiet

Lit.: J. WILLIAMS, Frühe span. Buchmalerei, 1977, bes. 50, 60.

Valeria. Die südl. von →Cuenca im Quellgebiet des Júcar gelegene keltiber. Stadt (Valera la Vieja auf dem linken Flußufer zw. Valera Arriba und Valera Abajo) ist zweifelsfrei lediql. zw. 610 und 693 als Bm. der Prov. Carthaginensis belegt. Nach der arab. Invasion Spaniens setzen die Nachrichten über das Bm. V. aus. Die auf Veranlassung Kg. →Alfons' VIII. v. Kastilien erfolgte Verlegung des Bm.s V. zusammen mit dem ebenfalls untergegangenen Bm. Ercávica nach Cuenca, wurde 1193 durch Papst Lucius III. sanktioniert.　　　　　　　G. Kampers

Lit.: DHEE IV, 2704f. – RE IV, 2281 – K. SCHÄFERDIEK, Die Kirche in den Reichen der Westgoten und Sueben bis zur Errichtung der westgot. kath. Kirche, 1967, 255 Anm. 30 – L. A. GARCÍA MORENO, Prosopografía del reino visigodo de Toledo, 1974, 149f. – A. TOVAR, Iber. LK, III, 1989, 220f. – D. MANSILLA, Geografía eclesiástica de España, I, 1994, 290.

Valerius Flaccus im Mittelalter. Der Dichter des Epos über die Argonauten (Argonauticon ll. VIII, 2. Hälfte des 1. Jh. n. Chr.) wurde im Altertum nicht häufig gelesen; Quintilian (inst. 10,1,90) bedauert seinen Tod. Daß V. F. nur in einem einzigen Exemplar ins MA gekommen ist, steht nicht ganz fest, da man nicht weiß, wie alt das in dem spätkarol. Exemplar (BECKER, Catalogi bibl. antiqui no. 32, 477) war und wie es mit den für uns faßbaren Texten zusammenhängt. Das Werk ist im MA sehr selten gewesen. Von einem karol. Exemplar stammt eine Abschrift für Fulda (9. Jh.: Vat. lat. 3277), eine zweite, nur bis IV 17 reichende in St. Gallen (verloren). Von einem Exemplar in Lobbes, bezeugt fürs 11./12. Jh., wissen wir nichts Näheres (Zusammenhang mit Text des L. Carrio ed. Antwerpen 1565?), auch nichts über das gelegentl. Erscheinen von Auszügen in Hss., die zum Florilegium Gallicum gehören. Den Sangallensis fand 1417 →Poggio Bracciolini; von seiner Kopie (jetzt Madrid 8514) stammt eine Reihe von Humanistenhss. ab, die demnach nur den unvollständigen Text enthalten. Bald aber wurde durch Niccolò →Niccoli auch der vollständige Text in Italien bekannt; daß sein Exemplar (Florenz Laur. 39.38 a. 1429) und die von ihm hergeleiteten Humanistenhss. auf eine selbständige, nicht vom karol. Archetypus der anderen abhängige Stammhs. zurückgingen, wird heute zuweilen angenommen. Es ist jedoch zu bedenken, daß gute humanist. Korrekturen und Ergänzungen auch eine selbständige Überlieferung vortäuschen können.　　　　　　　　　　　F. Brunhölzl

Lit.: Praefationes der krit. Ed. – K. BÜCHNER (Gesch. der Textüberlieferung der antiken und ma. Lit., I, 1961), 405f. – W. W. EHLERS, Untersuchungen zur hsl. Überlieferung der Argonautica des V. F., Zetemata 52, 1970 – M. D. REEVE (Texts and Transmission, ed. L. REYNOLDS, 1983), 425ff. – M. v. ALBRECHT, Gesch. der röm. Lit., II, 1992, 745f.

Valerius, Marcus (Martius), wohl Pseudonym eines Vertreters mlat. →Hirtendichtung, dessen Bucolica zwei Hss. überliefern; die ältere, um 1200 in Frankreich geschrieben, steht vermutl. in zeitl. und räuml. Nähe zum Dichter, der hier Martius genannt wird. Einem Prolog von elf Distichen folgen vier Gedichte (zw. 94 und 129 Hexameter) in der Tradition antiker lat. →Bukolik, v. a. nach dem Modell der Eklogen Vergils. Anders als die karol. Eklogenpoesie mit ihren Gegenwartsbezügen wahren diese Gedichte die Illusion antiker Befindlichkeit (Namen, Hirtenpersonal, bukol. Staffage, Götterapparat); auch Sprache, Stil und Metrik belegen die Beherrschung antiken Formengutes im 12. Jh. (widerlegt ist inzwischen die Zuordnung zur Spätantike). Auf klösterl. bzw. geistl. Publikum weisen die Anrede von patres im Prolog und das Generalthema dieser Gedichte: Erot. Liebe und Leidenschaft führen zu Liebesleid und zur Vernachlässigung der Hirtenpflichten.　　　　　　　　　F.-J. Konstanciak

Ed.: F. MUNARI, M. Valerio, Bucoliche, 1970² – *Lit.*: C. RATKOWITSCH, MJb 27, 1992, 169–210 [Lit.].

Valerius Maximus im Mittelalter. Die »Facta et dicta memorabilia« des V. (erste Hälfte des 1. Jh. n. Chr.) als Slg. von Beispielen und Aussprüchen hist. und moral. Art in (ursprgl. 10, nach späterer Bearbeitung) 9 Büchern, für den Gebrauch in der Rhetorenschule bestimmt, wurden im Altertum des öfteren zitiert und erfuhren in der späteren Ks.zeit zweimal eine Epitomierung: von Julius Paris (im späten 4. Jh.?) und von Januarius Nepotianus. Ins MA ist V. durch Abkömmlinge einer einzigen Hs. gelangt, da alle uns bekannten Textzeugen am Beginn des Werkes nach der praefatio eine durch Lagenverlust verursachte

Lücke (I, 1–4) aufweisen, die sich mit Hilfe der Epitome des Julius Paris ergänzen läßt.

Das Werk erscheint für uns sichtbar erstmals im 9. Jh., in dem →Lupus v. Ferrières eine Hs. (jetzt Bern 366) mit ihrer Vorlage, aber auch mit einem Exemplar des Julius Paris kollationierte (letzteres oder ein naher Verwandter desselben ist heute Vat. lat. 4929); woher die Vorlage des Lupus stammte (Fulda?, Italien?), ist unbekannt. Auf dieselbe Hs., aus der die Vorlage des Lupus stammte, geht eine zweite Hs. des 9. Jh. zurück (Florenz, Laur. Ashb. 1899); möglicherweise stammen aus ihr die Auszüge, die sich in den Kollektaneen des →Sedulius Scottus finden; der Ashburnhamensis befand sich im 12. Jh. in Stablo, wo er von →Wibald benutzt wurde. Auf Grund der von Lupus im Unterricht diktierten, knapp gefaßten Exzerpte stellte sein Schüler →Heiric v. Auxerre eine kurze Slg. her, die er, vermehrt um weitere Exzerpte aus anderen Autoren, dem Bf. Hildebold v. Soissons widmete. Von nun an ist V. dem MA ein wichtiger Vermittler hist. und moral. Exempla aus dem Altertum gewesen und überall dort als direkte oder häufiger indirekte Q. zu vermuten, wo Beispiele solcher Art in der Lit. erscheinen. Die Hss. des Werkes selbst sind bis ins 13. Jh. nie sehr zahlreich, wenn auch nicht selten gewesen; von der gewaltigen Verbreitung, von der gewöhnl. gesprochen wird, kann bis ins späte MA nicht die Rede sein (auch Einträge in ma. Bibliothekskatalogen finden sich erst seit dem 12. Jh.). Auszüge aber des verschiedensten Umfangs, zumeist, wie es scheint, auf Grund des Heiric, seltener aus Julius Paris, dürften häufiger vorhanden gewesen sein als das vollständige Werk. Bemerkenswert ist eine hexametr. Bearbeitung eines großen Teiles des V. durch →Radulfus Tortarius (im späten 11. Jh.), die allerdings wenig verbreitet gewesen zu sein scheint. Im 14. Jh. nimmt die Häufigkeit des V. stark zu, und aus dem 15. Jh. liegen so viele Hss. vor, daß der Eindruck entsteht, in humanist. Zeit sei das allermeiste, was man an Exempla und anekdotenartigen Geschichten aus dem Altertum kannte und zitierte, aus V. entnommen worden. In die humanist. Zeit fallen auch die ersten Kommentare, von denen man ebenfalls eine ganze Reihe kennt.   F. Brunhölzl

Lit.: L. TRAUBE, Vorlesungen und Abhandlungen, III, 1920, 3ff. – SCHANZ-HOSIUS⁴ II, 591f. – MANITIUS, I–III – R. HERZOG, Hb. der lat. Lit. der Antike, 5, 1989 [Register] – M. v. ALBRECHT, Gesch. der röm. Lit., II, 1992, 857f. – P. K. MARSHALL (Texts and Transmission, hg. L. D. REYNOLDS, 1983), 428ff. – R. H. ROUSE, ebd. 29f. [zu Julius Paris] – *Hss.*: D. M. SHULLIAN (Fschr. ULLMAN, 1960), 81ff. – *Kommentare*: D. M. SHULLIAN, Catalogus translationum et commentariorum, V, 1984, 287ff. – *zu Julius Paris*: ebd., 263 – *zu Nepotianus*: ebd. 251 – *zu Sedulius*: S. HELLMANN, Sedulius Scottus, 1906, 97f. – *zu Heiric*: R. QUADRI, I Collectanea di Eirico di Auxerre, Spicilegium Friburgense 11, 1966.

Valescus (Balescon, Balescus) **de Taranta** (Tharare, Tarente), * in Portugal, wirkte seit 1382 als Professor in →Montpellier. 1401 erschien hier der Traktat »De epidemia et peste« (als Inkunabel 1473, 1474 und 1497 in Turin, Basel und Hagenau), ferner 1418 das »Philonium pharmaceuticum et chirurgicum de medendis omnibus cum internis tum externis humani corporis affectionibus«, eine von der Pharmazie bis zur Chirurgie reichende, 'a capite ad calcem' geordnete 'Practica' (Druck 1490 in Lyon und Venedig). Ein angefügter Chirurgie-Traktat behandelt 'Aposteme' (verschiedene Arten von Geschwülsten). Das Werk trug dem Verf. den Titel eines Protomedicus Karls VI. v. Frankreich ein und ist noch im 17. Jh. an meisten Universitäten als Lehrbuch nachweisbar. V. unterteilte u. a. Verbrennungen in Grade (Schmerz, Blasen, Ulcera). Das Kapitel über die Anatomie verrät eigene Sektionserfahrung. 1510 erschien in Konstantinopel eine hebr. Übersetzung.   K. Bergdolt

Lit.: BLA I, 302 – SARTON III/2, 1199f. – E. GURLT, Gesch. der Chirurgie, II, 1898, 108–120.

Valesiana Excerpta → Anonymus Valesianus

Valet, frz. Hofbediensteter. Im 12. Jh. bezeichnete das Wort 'v.' einen jungen Mann ('Burschen') im Dienste eines Ritters. Noch das 15. Jh. kannte den v. als Gehilfen des berittenen 'homme d'armes' (Pferdschützen); der v., der (sofern in angemessener Weise ausgerüstet) auch Sold beziehen konnte, hatte sich um die Pflege des Pferdes und der Ausrüstung seines Herrn sowie um die entsprechende Lebensmittel- und Futterversorgung zu bekümmern. – Im Bereich des Handwerks bezeichnete 'v.' den 'Lehrling' oder 'Gesellen', der im Dienst eines 'Meisters' stand (in diesem Sinn verwendet im »Livre des métiers« des Étienne →Boileau, 1256).

Am →Hofe hatten Fs.en und Kg.e, gemäß der chevaleresken Tradition, als Dienstkräfte ihre v.s. Diese sind im 13. Jh. und bis zur Mitte des 14. Jh. im →Hôtel du roi und in allen kgl. 'métiers' (Hofämtern) zu finden. Im ausgehenden 13. Jh. dienten um die 100 v.s am frz. Königshof, in der Regel auf einen festen Zeitraum angenommen ('à retenues'). Alle kleineren Ämter vom 'Spielmann' (*ménestrel*) bis zu bestimmten 'Türstehern' (*huissiers*) konnten unter der Bezeichnung 'v.' zusammengefaßt werden; somit trugen Angehörige eines weiten Personenkreises, die oft nur sporadisch Dienste für den Kg. leisteten, die Bezeichnung eines v. Doch erfuhr der Begriff eine rasche Bedeutungsverengung auf die *Écurie*, den kgl. Marstall (*v.s des étables*), und die *Chambre du roi*, deren *v.s de chambre*, die 'Kammerdiener', noch ein glanzvolles Fortleben erfahren sollten. Am Ende des 13. Jh. trugen der kgl. Barbier und *épicier* (Gewürzkrämer, Apotheker) den Titel von 'v.s de chambre'. Noch zu Beginn des 14. Jh. deckte der Begriff des v. eine echte Dienstfunktion ab: Diese v.s waren unmittelbar als Diener der kgl. Person tätig. Seit dem späten 14. Jh. wurden jedoch in zunehmendem Maße einflußreiche Persönlichkeiten als 'v.s de chambre' klassifiziert; der Titel wandelte sich zu einem Ehrenrang, der vorzugsweise den Pariser »Hoffaktoren«, die das Hôtel du roi belieferten und z. T. Geldgeschäfte für Kg. und Hof tätigten, zuerkannt wurde.   E. Lalou

Lit.: M. REY, Le domaine du roi et les finances extraordinaires sous Charles VI, 1965 – M. ORNATO, Dict. des charges, emplois et métiers relevant des institutions monarchiques en France aux XIVᵉ et XVᵉ s., CNRS, 1975 – E. LALOU, Les comptes sur tablettes de cire de la chambre aux deniers de Philippe III le Hardi et de Philippe IV le Bel, 1994.

Valkena → Falkenau

Valla, Lorenzo, it. Humanist und Philosoph, * 1407 Rom, † 1. Aug. 1457 ebd., Sohn eines Juristen aus Piacenza. Studierte in Rom und Florenz, lernte 1426 L. →Bruni und 1428 A. →Beccadelli (Panormita) kennen, versuchte vergebl., unter Martin V. ein Amt an der Kurie zu erhalten. Nach kurzen Aufenthalten in Piacenza (1430) und Venedig erhielt er durch Vermittlung Beccadellis den Lehrstuhl für Rhetorik in Pavia. Auch sein erneuter Versuch, unter Eugen IV. in päpstl. Dienste zu treten, war erfolglos. Seine Kritik des herrschenden Rechtswesens zwang ihn, 1433 Pavia zu verlassen (Epistula de insigniis et armis). Nach kurzen Aufenthalten in Mailand und Genua (1433–35) wurde er 1435 Sekretär Kg. Alfons' V. v. Neapel, des Widersachers Papst Eugens IV. In dieser Zeit verfaßte er »De falso credita et ementita Constantini donatione Declamatio«, den für Selbstverständnis und Status der röm. Kirche folgenschweren Nachweis der Fälschung der

→Konstantinischen Schenkung, mit dem er durch seine hist. und linguist. Methode zum Wegbereiter der philolog. Textkritik wurde; die Herausgabe besorgte 1517 Ulrich v. Hutten in Basel, der die Schrift in den Dienst seiner reformer. Absichten stellen konnte. 1444 in Auseinandersetzungen mit →Antonius v. Bitonto und bes. mit den Franziskanern, die ihn der Ketzerei bezichtigten, verwickelt, mußte V. aus Neapel fliehen. Seine Verteidigung (»Apologia adversus calumniatores«) führte erst unter Nikolaus V. 1448 zum Erfolg, so daß er nach Rom zurückkehren konnte und unter Calixt III. 1455 Sekretär wurde. Seit 1450 war er Professor für Rhetorik in Rom, ein Amt, das V.s Fähigkeiten am meisten entsprach.

Die Rhetorik spielte im bewegten Leben des Humanisten V. eine zentrale Rolle. Sein Werk »Elegantiarum linguae latinae libri sex« (1435–44) bildete die Grundlage für die Normierung des humanist. Latein. Seine zahlreichen, rhetor. meisterhaften (Streit-)Schriften brachten ihn zeit seines Lebens in Konflikt mit den herrschenden Autoritäten in Kirche und Staat. Im Spannungsfeld von Kirche (Papsttum) und Staat (im Dienst der Aragonesen in Neapel); »Historiarum Ferdinandi regis Aragoniae«, 1445) erweist sich exemplar. die prekäre Situation des krit. Humanisten des Quattrocento, den Ausbildung, Wissen und Selbstbewußtsein in Konflikt mit den Autoritäten seiner Zeit bringen; unter diesem Aspekt ist auch seine Kritik an Scholastik und Ordenswesen von großer Bedeutung (De professione religiosorum, 1442). Sein Bibelkommentar (1449) wird später von Erasmus v. Rotterdam genutzt.

Seine Ethik entwickelt V. in rhetor. poet. Manier gegen die logozentrierte scholast. Methode, so daß sich darin erneut und in herausragender Weise die Rolle der Rhetorik erweist. In »De vero falsoque bono« (1439–1441, Lyon 1483) nimmt er mittels der Widerlegung von Boethius' »De consolatione philosophiae« eine Aufwertung der »voluptas« auf der Basis der Theorie von der Materialität und Sinnlichkeit des Lebens vor. In den drei Reden des Philosophen, des Rhetors und des Dichters entwirft er seine Konzeption einer rhetor. poet. Philosophie, die von grundlegender Bedeutung für das philos. Selbstverständnis des it. Humanismus wird. Dem abstrakten Begriff des »bonum« und »verum« der scholast. Philos. wird die Qualität des diesseitig gelebten Guten entgegengestellt. Ird. und himml. Lust bilden in der rhetor. Philosophie V.s Kriterium und Ziel humaner Erkenntnis und Würde. Seine Rhetorisierung der Theologie, sein antimetaphys. Entwurf, begründen seine herausragende Stellung in der Entwicklung des it. Humanismus. D. Hoeges

Ed.: Opera omnia, Basel 1540, ed. E. GARIN, 1962 – De vero falsoque bono, ed. M. DE PANIZZA LORCH, 1970 – Gesta Ferdinandi regis Aragonum, ed. O. BESOMI, 1973 – De falso credita et ementita Constantini donatione (W. SETZ, L. V.s Schrift gegen die Konstantin. Schenkung, 1975) – Antidotum Primum, ed. A. WESSELING, 1978 – Repastinatio dialecticae et philosophiae, ed. G. ZIPPEL, 1982 – Epistolae, ed. O. BESOMI–M. REGOLIOSI, 1984 – De professione religiosorum, ed. M. CORTESI, 1986 – *Lit.:* L. BAROZZI–R. SABBADINI, Studi sul Panormita e sul V., 1891 – G. POMPEO, L. V., 1972 – H.-B. GERL, Rhetorik als Philosophie: L. V., 1974 – M. DE PANIZZA LORCH, A defense of life. L. V.s Theory of Pleasure, 1985 – L. V. e l'umanesimo it., ed. O. BESOMI–M. REGOLIOSI, 1986 – E. KESSLER, Die Transformation des aristotel. Organon durch L. V., 1988 – S. GAVINELLI, Teorie grammaticali nelle »Elegantiae« e la tradizione scolastica del tardo Umanesimo, 1991 – M. DE PANIZZA LORCH, Il suicidio di Aristotele o la demistificazione umanistica dell'intellettuale, 1991 – P. MACK, Renaissance Argument, V. and Agricola in the Traditions of Rhetoric and Dialectic, 1993 – O. PUGLIESE, La falsa donazione di Costantino, 1994.

Valladolid, Stadt in →Kastilien, am Pisuerga oberhalb seiner Mündung in den Duero. Das antike Vallisoletum hatte nichts mit dem röm.-antiken Pincia zu tun (gegen GAMS und EUBEL). Das 1074 von →Alfons VI. v. Kastilien eroberte V. erfuhr v. a. seit →Alfons VII. (1126–57), der sich hier öfter aufhielt, eine verstärkte städt. Entwicklung (Kg.spfalz, Jahrmarkt; im 14. Jh. höchster Gerichtshof, Tagungsort von →Cortes) und besaß im 16. Jh. Hauptstadtrang (wegen Brand nach Madrid verlegt).

Erste kirchl. Institution der Stadt war die 1080 auf Veranlassung Alfons' VI. mit Mönchen aus →Carrión besiedelte Abtei, die anläßl. der Kirchweihe (1095) in das nicht regulierte Kollegiatstift S. Maria la Mayor umgewandelt erscheint. Das Ansehen des Stifts wuchs mit der Bedeutung der Stadt: schon im 12. Jh. mehrfach Stätte v. Synoden, seit dem 13. Jh. offenbar vom Bf. v. →Palencia eximiert; seine Äbte waren teils Kg.söhne, teils mit höchsten weltl. Ämtern betraut. Mit der Bestimmung V.s 1486 zum Sitz der kgl. →Kanzlei war die Erhöhung der Abtei zum Bf.ssitz vorgezeichnet, die 1500 von den Kath. Kg.en bei Alexander VI. angeregt wurde. Auch gegen den Status einer Mitkathedrale, wie 1503 von Julius II. beschlossen, wehrte sich die bfl. Kurie v. Palencia vehement, bis 1595 das Bm. V. durch vollständige Absonderung vom Bm. Palencia gegründet werden konnte.

Die *Universität* v. V. ging wohl aus dem →Studium generale v. Palencia (seit 12. Jh.) hervor, indem es von →Ferdinand III. nach V. wahrscheinl. verlegt und 1346 durch Clemens V. als Univ. bestätigt wurde. Martin V. gestattete 1418 die Errichtung einer Theol. Fakultät, deren Anfänge bis 1404 zurückreichen. Das Hauptkolleg S. Cruz wurde 1487/91, das Kolleg S. Gregorio der Dominikaner 1499 gegründet.

Das bedeutendste Kl. der Stadt war die AbteiOSB *S. Benito*. Auf Betreiben Kg. Johanns I. wurde sie auf dem Gelände des alten →Alcázar Ende 1389 gegr., von →Sahagún aus besiedelt und 1390 von Clemens VII. bestätigt. Die Gründung spiegelt eine vielfach im späten 14. Jh. in Spanien einsetzende kirchl. Reform wider (auslösendes Moment wohl Pedro de Luna [der spätere →Benedikt XII.] als Legat Clemens' VII. auf der Synode v. Palencia, 1388). Nach dem Vorbild der Klarissen forderte der Konvent sogleich strenge Klausur, verschärftes Silentium, Bußübungen und intensive Tätigkeit im Skriptorium. Um der Gefahr der Kommendation zu begegnen, leitete ein vom Konvent gewählter Prior (1466–97 auf drei Jahre, vorher unbefristet) den Konvent. Die Einführung der Abtswürde hängt mit der Institutionalisierung der benediktin. Kongregation von S. Benito zusammen. Seit dem frühen 15. Jh. begann der Anschluß benediktin. Konvente, teils durch Übernahme der Consuetudines (darunter seit 1464 auch weibl. Kl.), teils durch rechtl. Abhängigkeit von S. Benito. 1497 kam es zur Bildung der Kongregation v. S. Benito, deren erste Konstitution 1500 von Alexander VI. bestätigt und 1505 durch Übernahme der Konstitutionen v. →S. Giustina in Padua bzw. v. →Montecassino erweitert wurde. Um 1499 bereits zählte die Kongregation an die 450 Mönche in 18 Kl. und sollte nach dem Willen der Kath. Kg.e alle Benediktinerkl. des Doppelreiches Kastilien/Aragón erfassen, was aus polit. Gründen jedoch auf Kastilien beschränkt blieb.

Das Zisterzienserinnenkl. in den *Huelgas de Esgueva* von V. (im Prado de la Magdalena) wurde 1282 nach einem Brand anläßl. der Hochzeit Kg. →Sanchos IV. mit →Maria de Molina, die ihre Pfalz zur Verfügung stellte (nach dem Vorbild der Abtei →Las Huelgas b. Burgos ?), dorthin umgesiedelt und u. a. mit dem Seniorat über Zarathan dotiert; Grab der Maria de Molina in der Kl. kirche. Die vielen anderen Kl. der Stadt entstanden erst im späteren 16. Jh.

O. Engels

Lit.: DHEE I, 210–212; III, 1695–1699 [Äbteliste für S. B.]; IV, 2648–2650, 2706 – M. CASTRO ALONSO, Episcopologio vallisoletano, 1904 [dazu: F. FITA, BRAE 45, 1904, 354–358] – M. MANUECO VILLALOBOS–J. ZURITA NIETO, Doc. de la Iglesia Colegial de S. Maria la Mayor de V., I, 1917; II, III, 1920; IV, 1922 – M. ALCOCER MARTÍNEZ, Hist. de la Univ. de V., 7 Bde, 1918–31 – PH. HOFMEISTER, Die Verfassung der Benediktinerkongr. v. V., SFGG.GAKGS 5, 1935, 311–336 – F. ANTÓN, Monasterios medievales de la prov. de V., 1942 – J. SAN MARTIN, La antigua Univ. de Palencia, 1942 – F. PÉREZ Y PÉREZ, El archivo de la antigua Congr. benedictina de V., Rev. de Arch., Bibl. y Museos 59, 1953, 51–70 – G. M. COLOMBAS–M. M. GOST, Estudios sobre el primer siglo de S. B. de V. (Scripta et Documenta 3, 1954) [Q.] – PH. SCHMITZ, Gesch. des Benediktinerordens, III, 1955, 215–220 [217 Anm. 1 Liste der angeschlossenen Kl.] – D. MANSILLA, Erección del obispado de V., Anthologica Annua 5, 1957, 9–261 – E. GARCÍA CHICO, Catálogo Mon. de la prov. de V., 4 Bde, 1959–64 – DERS., El monasterio de las Huelgas de V., Rev. de Arch., Bibl. y Museos 68, 1960, 761–780 – F. ARRIBAS ARRANZ, El Colegio Mayor de S. Cruz de V. en sus primeros anos, 1961 – G. M. COLOMBAS, El libro de los bienhechores de S. B. de V., Studia Monastica 5, 1963, 305–404 – DERS., Los estudios en la Congr. de S. B. de V. (Los monjes y los estudios, 1963), 339–362 – J. GARCÍA ORO, La reforma de los religiosos españoles en el tiempo de los Reyes Catolicos, 1969 – E. ZARAGOZA PASCUAL, Los generales de la Congr. de S. B. de V., 6 Bde, 1973–87 – A. LINAGE CONDE, S. Benito y los benedictinos, II/2, 1992, 784–792 [Lit.].

Valle de Arán (Vall d'Aran), durch die Garonne geformtes, zw. den Gft. en →Pallars und →Ribagorza gelegenes, ca. 600 km² großes Tal der →Pyrenäen im nördl. →Katalonien. Das V. war Teil der Gft.en →Comminges bzw. Pallars, bevor es 1036 durch Heirat der Gisberga v. Foix-Couserans mit →Ramiro I. an das Kgr. →Aragón fiel. Aufgrund seiner Lage im nordkatal. Grenzgebiet wurde es im 12. Jh. häufig als Lehen vergeben, um nordpyrenäische Herrschaften an die Krone zu binden. Nach mehrjähriger Besetzung durch Truppen Philipps III. und IV. v. Frankreich (1283–1313) kam es durch den Vertrag v. Poissy (23. April 1313) endgültig an die katal.-aragones. Krone. Das wenig später (Aug. 1313) ausgestellte, wiederholt bestätigte kgl. Privileg »Querimonia« bildete die Rechtsgrundlage für die erst im 19. Jh. abgeschaffte, durch einen 'Conselh Generau' getragene Selbstverwaltung des V. Das abgelegene, durch Viehwirtschaft geprägte Gebiet, das einen Verbindungsweg zw. dem Pallars und →Toulouse darstellt, war in rund dreißig Pfarreien unterteilt und gehörte im MA zum Bm. Comminges.

N. Jaspert

Lit.: D. MARTÍN, Bibliografia de la Vall d'Aran, Urgellia 3, 1980, 509–522 – C. A. WILLEMSEN, Der Kampf um das Val d'Aran, SFGG.GAKGS 6, 1937, 142–224 – J. REGLÀ I CAMPISTOL, Francia, la Corona de Aragón y la lucha por el V. d. A. (s.s XIII–XIV), 2 Bde, 1951 – El Solsonès, la Vall d'Aran (Catalunya Romànica 13), 1987.

Vallombrosa, Stammkl. der vallombrosan. Kongregation OSB, etwa 20 km von Florenz auf der NW-Seite des Monte Pratomagno (in ca. 1000 m Höhe) gelegen, Gründung des hl. →Johannes Gualbertus. Das Kl. enstand in dem Ort Acquabella, der später V. genannt wurde, auf einem Gelände, das ihm die Äbt. Itta v. S. Ilario in Alfiano (S. Ellero) geschenkt hatte. Johannes Gualbertus und seine ersten Gefährten, die von S. Miniato (Florenz) und von anderen Kl. wie Settimo kamen, begannen dort um 1037 ein monast. Leben nach der Regel des hl. Benedikt zu führen mit dem bes. Schwerpunkt auf der Armut sowohl des einzelnen wie der Gemeinschaft, der »conversatio morum« und der körperl. Arbeit, die größtenteils den (vom hl. Johannes Gualbertus eingeführten) Konversen übertragen wurde. Gualbertus nahm das frühe Mönchtum zum Vorbild und verband wie die Kirchenväter und der hl. Basilius Anachorese und Askese mit dem Kampf gegen die Häretiker und Schismatiker. Unter seinen ersten Schülern sind Andreas v. Strumi (Biograph des Johannes Gualbertus, † 1106) und Petrus Igneus (Abt, seit 1074 Kardinalbf. v. Albano, † 1089) hervorzuheben. Bereits 1038 weihte Bf. Rudolf (Rotho) v. Paderborn, der von →Konrad II. entsandt war, den steinernen Altar des Bethauses. Kaum 20 Jahre später konnte am 9. Juli 1058 Kard. →Humbert v. Silva Candida die der hl. Jungfrau geweihte neue Kirche mit zwei Altären konsekrieren. In den ältesten »consuetudines« von V. finden sich Hinweise auf die Beschaffenheit der ersten Kl. gebäude, die um den Kreuzgang neben der Kirche entstanden waren: Kapitelsaal, Refektorium, Dormitorien, Calefactorium und seit dem 11. Jh. eine Uhr mit Schlagwerk (sonante horologi signum). Diese ersten Gebäude wurden in den Jahren 1224–30 (Abt Benignus) unter der Leitung eines Magisters Petrus Lombardus erweitert; zu diesen Baumaßnahmen trugen Bf. Johannes v. Florenz und Bf. Raimundus v. Castro in Sardinien bei. In der zweiten Hälfte des 15. Jh. (v. a. unter dem Abt Francesco Altoviti) wurden die Kl.-gebäude im Renaissancestil erneuert und erweitert. Ende des 15. Jh. wurde eine größere Bibliothek hinzugebaut. In der Zeit der Kommendataräbte begann aber auch eine Phase des Niederganges, der sich durch äußere Gründe, z. B. die Niederbrennung durch Söldner Karls V. (1530), verstärkte. 1866 mußten die Mönche das Kl. an den it. Staat abtreten. Erst 1949 kehrten die Vallombrosaner wieder in ihr Mutterkl. zurück. Der Leib des Johannes Gualbertus befindet sich in dem Kl. Passignano, wo er starb. In V. wird jedoch eine sehr bedeutende Reliquie des Gründers, in einem kunstvollen Reliquiar, verehrt. Das Urkk. material von V. und anderer vallombrosan. Kl. wurde im 19. Jh. in das »Archivio di Stato« von Florenz (Diplomatico Vallombrosa), die Chorbücher und andere Hss. in verschiedene Florentiner Bibliotheken gebracht (Bibl. Naz., Laurenziana, Riccardiana, Marucelliana).

F. Avagliano

Q. und Lit.: Ed. der ältesten Urk. von V. in Vorber. [R. VOLPINI] – Acta SS Mart II 48–51 – IP III – Redactio vallumbrosana saec. XII (V). Recens. D. N. VASATURO, compl. K. HALLINGER–D. M. WEGENER–D. C. ELVERT, CCM VII/ 2: Consuetudines Cluniacensium antiquiores cum redactionibus derivatis, 1983, 309–379 – R. VOLPINI, Additiones Kehrianae, II. Nota sulla tradizione dei documenti pontifici per V., RSCI 33, 1969, 313–360 – Consuetudines vallymbrosanae congregationis (Consuetudines monasticae, IV, ed. B. ALBERS, 1911), 221–262 – DERS., Die ältesten Consuetudines von V., Revbén 28, 1911, 432–436 – K. HALLINGER, Woher kommen die Laienbrüder, AnalCist 8, 1952, 1–104 [bes. 29–32] – A. KOVACEVICH, L'abbazia di V., 1951 – S. BOESCH GAJANO, Storia e tradizione vallombrosane, BISI 76, 1964, 99–215 – J. R. GABORIT, Les plus anciens monastères de l'ordre de Vallombrose (1037–1115), Et. archéol, MAH 76, 1964, 451–490; 77, 1965, 179–208 – V. nel IV. centenario della morte del fondatore Giovanni Gualberto, 12 luglio 1073, 1973, 1–22 [N. VASATURO]; 161–166 [G. MAROZZI]; 167–174 [G. MARCHINI] – I Vallombrosani nella società italiana dei sec. XI e XII, Vallombrosa, 3–4 sett. 1993, hg. G. MONZIO COMPAGNONI (Archivio Vallombrosano, 2), 1995 (bes. K. ELM, La congregazione di V. nello sviluppo della vita religiosa altomedievale, ebd. 13–33).

Vallombrosanerkongregation OSB. Die Verfassung der V. erlebte einen langsamen Entwicklungsprozeß. Ursprgl. handelte es sich im wesentl. um einen Verband von Kl., die dem Gründer →Johannes Gualbertus unterstanden; dessen erste Nachfolger mußten jedoch nicht notwendigerweise Äbte v. →Vallombrosa sein. Der Vorrang des Abtes des Mutterkl. wurde 1090 von Urban II. festgelegt; aufgrund dieser Stellung mußte seine Wahl durch die Kommunität von Vallombrosa und alle Äbte der assoziierten Kl. erfolgen. Im 12. bis 14. Jh. wandelte sich der Kl. verband des 11. Jh. zu einem monast. Orden, an dessen Spitze ein mit dem Abt von Vallombrosa ident. Generalabt stand, der in den Amtsgeschäften durch Dekane unterstützt wurde; Visitatoren übten seit 1216 die Kontrolle aus; an der Kurie wurde der Orden durch einen Procurator oder Advocatus vertreten (VASATURO). Verschiedene Reformen und Verfassungsänderungen im 15. und 16. Jh., die zeitweise zu starken Spannungen führten, wurden schließlich 1545 durch die Entscheidung Pauls III. abgeschlossen, daß statt des Abtes v. Vallombrosa, der bis dahin »ipso facto« Generalabt war, »unus praesidens, caput ipsius Congregationis, iuxta ritus et mores Congregationis Cassinensis alias Sanctae Justinae de Padua, et cum eisdem facultatibus et auctoritatibus« gewählt werden müsse. Die Amtszeit dieses Präsidenten wurde auf drei Jahre festgelegt, während der Abt v. Vallombrosa als Generalvikar der Kongregation (ebenfalls mit zeitl. begrenzter Amtsdauer) fungierte.

Die V. breitete sich rasch in der Toskana, aber auch in Norditalien aus, v. a. in der Lombardei, dazu kamen weitere Kl. in Frankreich (Corneillac bei Orléans, Chezal-Benoît), auf Sardinien, Sizilien und in Rom (1198 übertrug Innozenz III. den Vallombrosanern die Basilika S. Prassede; heute Sitz des Generalprokurators). Um die Mitte des 13. Jh. erwähnen die Q. ca. 80 Abteien, etwa 30 Priorate, ferner kleinere Hospize und Frauenklöster. Anfang des 16. Jh. bestanden in Italien und im übrigen Europa mehr als 80 Abteien, rund 200 Priorate, ca. 30 Hospitäler, Pilgerherbergen, Waisenhäuser etc. und etwa 20 Frauenklöster. Die ursprgl. eisengraue, dann braune Ordenstracht ist heute der schwarzen Tracht der Benediktiner angeglichen. Den weibl. Zweig des Ordens begründete die hl. Humilitas (* 1266 in Faenza, † 1310 in Florenz). F. Avagliano

Q. und Lit.: Constitutiones ordinis monachorum benedictinorum Vallis-Umbrosae (1704), ed. L. HOLSTENIUS–M. BROCKIE (Codex regularum monasticarum..., t. 4, 1759), 358–411–P. LUGANO, L'Italia benedettina, 1929, 305–375 (bes. 357–370: Abteien, Kl. und andere Häuser der V., 371–375: Verz. der Generaläbte) – Acta capitulorum generalium congregationis Vallis Umbrosae, I: Institutiones abbatum (1095–1310), hg. N. R. VASATURO (Thesaurus ecclesiarum Italiae, VII/ 25, 1985) – I Vallombrosani nella società it. dei sec. XI e XII, Vallombrosa, 3–4 sett. 1993, hg. G. MONZIO COMPAGNONI, Archivio Vallombrosano 2, 1995.

Valognes, Vertrag v., geschlossen am 10. Sept. 1355 zu V. (Normandie, Cotentin; dép. Manche, arr. Cherbourg) zw. den Beauftragten Kg. Johanns II. v. Frankreich (→ Jean le Bon), nämlich Jacques de Bourbon, Gf. v. Ponthieu, sowie Gautier VI. v. →Brienne, Hzg. v. →Athen, und →Karl 'dem Bösen', Kg. v. →Navarra und Gf. v. →Évreux, dem Schwiegersohn Kg. Johanns. V. sollte die für Karl bereits äußerst vorteilhaften Bestimmungen von →Mantes (22. Febr. 1354) ergänzen und ein Zeichen der Versöhnung setzen. Dem Vertrag gingen umfangreiche Friedensbemühungen der Königswitwen →Blanca v. Navarra und →Jeanne d'Évreux, ihrer Tante, voraus. Der Kg. v. Navarra mußte Verzeihung für das Assassinat am Connétable Charles d' →Espagne (1354) erbitten, eine Generalamnestie sollte verkündet, wechselseitige Friedenseide sollten geleistet werden. Am 24. Sept. wurde im Louvre eine Begegnung zw. den beiden Kg.en arrangiert. Ihre Feindseligkeiten lebten jedoch mit der Allianz zw. dem Kg. v. Navarra und seinem Schwager, dem Prinzen →Karl (V.), Hzg. v. Normandie, im folgenden Jahr wieder auf. Ph. Contamine

Lit.: D. SECOUSSE, Recueil de pièces pour servir de preuves aux mémoires sur les troubles excités en France par Charles II..., 1755, 582–595 – R. DELACHENAL, Hist. de Charles V, I, 1909.

Valois, Gft. (später Hzm.) in Nordfrankreich (nö. von Paris), namengebend für die 1328 bis 1498 regierende frz. Dynastie.

I. Grafschaft/Herzogtum – II. Dynastie.

I. GRAFSCHAFT/HERZOGTUM: [1] *Allgemeines. Im 10. und 11. Jh.*: Die (in ihrem ma. Territorialumfang nicht immer konstante) Gft. hatte Crépy-en-V. (dép. Oise, arr. Senlis) als Vorort und erstreckte sich in ihrer größten Ausdehnung im N bis an die Grenzen des Noyonnais (→Noyon), im S bis zum Soissonnais (→Soisson) und zur Brie, im W bis zum Beauvaisis (→Beauvais). Unmittelbares Lehen des Kg.s v. Frankreich, war sie in ihrer vollen Ausbildung in fünf →Kastellaneien gegliedert: Crépy, La Ferté-Milon, Villers-Cotterets, Vivières und Pierrefonds.

Der westfrk. Adlige Raoul (Rudolf, Rodulf) v. Gouy, der wohl karol. Vorfahren (bis auf Karl d. Gr. und Ludwig d. Fr.) hatte, besaß bei seinem Tod (926) neben anderen Besitzungen den 'Pagus Vadensis' (dieser geogr. Begriff ist seit Ende des 8. Jh. belegt, während die Form 'Valesium' erst viel später erscheint, bes. bei →Giselbert v. Mons; in den Q. wird der Pagus manchmal auch als Gft. Crépy bezeichnet). Die Nachfolger Raouls II. († 944), Gautier I. († um 995) und Gautier II. († 1023), waren mächtige Persönlichkeiten. Auf Gautier II. wird die Errichtung der von Helgaud v. Fleury gerühmten Burg Crépy zurückgeführt. Nach Raoul II. (um 1030) begründete der krieger. Raoul III. (1037–74) eine echte territoriale Fs.engewalt, die neben dem V. auch Amiénois (→Amiens) und →Vexin erfaßte. Doch scheiterte der große Plan der Bildung eines dauerhaften →Fürstentums; der Nachfolger Simon zog sich sehr bald ins Kl. zurück.

[2] *Im 12.–15. Jh.*: Das V. fiel an Simons Nichte Adela, die Gemahlin Hugos ('v. Crépy'), Bruder Kg. →Philipps I. v. Frankreich. Hugo verstarb 1101 auf dem 1. →Kreuzzug. Der Sohn, Raoul IV. († 1152), Gf. v. →Vermandois und V., war →Seneschall der Kg.e →Ludwig VI. und →Ludwig VII. Gemeinsam mit Abt →Suger v. St-Denis wurde Raoul IV. mit der Regentschaft des Kgr.s während des 2. →Kreuzzuges betraut. Nach Raoul V. 'dem Aussätzigen' (1152–64) fiel das V. an →Philipp v. Elsaß, Gf. v. →Flandern, durch Heirat mit →Elisabeth, Schwester Raouls V. Nach deren Tod (1182) erbte ihre Schwester →Eleonore v. Vermandois die Gft., in der sie die Kl. Longpré und Le Parc-aux-Dames stiftete.

Nachdem Eleonore 1213 kinderlos verstorben war, zog Kg. →Philipp II. Augustus das V. als erledigtes Lehen ein. Es wurde Teil des Wittums von →Blanca v. Kastilien (1240–52). 1269 übertrug Ludwig IX. d. Hl. das V. seinem (bereits im folgenden Jahr verstorbenen) Sohn Jean Tristan als →Apanage. Philipp III. vergab 1285 unter demselben Rechtstitel an seinen 2. Sohn →Karl V. (37. K.), dem er damit jährl. Einkünfte von 10000 *livres parisis* sichern wollte. Fortan wird das V. durchweg als Gft. bezeichnet. Nach dem Tode Karls (1325) kam die Apanage an dessen Sohn →Philipp (VI.) v. V., seit 1328 Kg. v. Frankreich.

Nach dem kgl. Feuerstättenverzeichnis der →Paroisses et feux (1328) umfaßte die Gft. V. ca. 100 Pfarreien und 9000 Haushalte, was auf intensiven →Landesausbau der waldreichen Region (Forsten v. →Compiègne und Villers-Cotteret) hinweist. Das V. wurde als Apanage an die führenden Mitglieder des Hauses →Orléans, das hier das ganze 15. Jh. hindurch herrschte, verliehen: 1344–75 an Philipp v. Orléans, Sohn Philipps VI., 1392 an den Bruder Kg. Karls VI., →Ludwig v. Orléans († 1407), der seine Herrschaft durch systemat. Befestigungsbau (La Ferté-Milon, Vez, Pierrefonds) stärkte und 1406 die Erhöhung der Gft. zum Hzm. (*duché-pairie*) durchsetzte (→Pair). Auch Hzg. →Charles d'Orléans und sein Sohn →Ludwig (XII.) besaßen das V., dessen wirtschaftl. und soziale Entwicklung im allg. derjenigen der Pariser Umlandes folgte: Kriege und Epidemien führten im 14. und frühen 15. Jh. zu Bevölkerungsrückgang (Wüstungen). Eine Phase des Wiederaufbaus setzte um die Mitte des 15. Jh. ein.

II. DYNASTIE: Nach dem Tode Kg. →Karls IV. (1328), ohne männl. Erben, wurde die Krone aufgrund des 'consensus' der Großen des Kgr.es seinem leibl. Vetter →Philipp (VI.), Gf. v. V., übertragen. Damit begann die Ära der 'lignée' oder 'branche des V.', wie die traditionelle Historiographie dieses bis 1498 regierende frz. Herrscherhaus, unter Bezugnahme auf den 'Stamm' der →Kapetinger, zu bezeichnen pflegt. Mit dem Tode →Karls VIII. (1498), der keinen Erben hatte, fiel die Krone an →Ludwig XII., den einzigen Repräsentanten der 'branche' der →Orléans.

Das Recht Philipps VI. und seines Hauses auf die Krone Frankreichs wurde von den Kg.en v. England auf das heftigste bestritten (→Hundertjähriger Krieg); die engl. Propaganda war bestrebt, die Kg.e dieses Hauses durch prononcierte Kennzeichnung als 'V.' (nicht als Kg.e v. Frankreich!) herabzusetzen; noch Karl VII. wurde im Zeichen der engl. 'Doppelmonarchie' (→Troyes, Vertrag v., 1420) als 'Karl v. V.' abqualifiziert. Doch auch innerhalb Frankreichs vertrat ein Teil der öffentl. Meinung die Auffassung, daß die V. eine neue Dynastie bildeten, wobei stärker der Gedanke des Bruches als derjenige der Kontinuität betont wurde. Die zeitgenöss. Historiographie spricht üblicherweise von Philipp v. V. und nicht von Philipp VI., und dies gilt gelegentlich sogar noch für Ludwig XI. Diese Vorstellung weist Jean →Jouvenel des Ursins (1388–1473) in seinem Traktat gegen die engl. Thronansprüche entschieden zurück, indem er darlegt, daß die als V. bezeichneten Kg.e Philipp (VI.), Johann (II.) und Karl (V.) mit Recht Kg.e v. Frankreich heißen (»par droit surnommez de France«). Die frz. Kg.e aus dem Hause V. machten sich diese Auffassung zweifellos zu eigen; indem sie bereits sehr früh die Gft. V. als Apanage austaten, demonstrierten sie, daß das V. kein Bestandteil ihrer Identität war. 1465 zählt Bernard de Rosier (um 1400–75), Ebf. v. Toulouse, in seinem Frankreichlob vier Dynastien (»généalogies«) auf: die Nachkommen von Chlodwig, Karl Martell, Hugo Capet und Philipp v. V.; Ludwig XI. war demnach der »sechste« Kg. dieser »généalogie«. Ph. Contamine

Lit. zu [I]: L. CAROLUS-BARRÉ, Le comté de V. (Xᵉ s.–1328), Éc. Nat. des Chartes. Positions des thèses, 1934, 15–28 – PH. GRIERSON, L'origine des comtés d'Amiens, V. et Vexin, Le MA 49, 1939, 81–125 – P. FEUCHÈRE, Une tentative manquée de concentration territoriale entre Somme et Seine: la principauté d'Amiens-V. au XIᵉ s., ebd. 60, 1954, 1–37 – A. MOREAU-NÉRÉ, Le V. ruiné à la fin de la guerre de Cent ans..., Mém. féd. des soc. hist. et arch. Aisne 19, 1973, 112–124 – J. MESQUI, La fortification dans le V. du XIᵉ au XVᵉ s. et le rôle de Louis d'Orléans, BullMon 135, 1977, 109–149 – L. CAROLUS-BARRÉ, Le comté de V. apanage des princes Charles et Philippe de V. (Actes du 103ᵉ congr. nat. des soc. sav., Nancy-Metz 1978, Section de philol. et d'hist., 1979), 195–214 – J. MESQUI, Maisons, maisons fortes ou châteaux? Les implantations nobles dans le comté de V. ... (La maison forte au MA, hg. M. BUR, 1986), 185–214 – *zu [II]:* J. Juvénal des Ursins, Écrits politiques, ed. P. S. LEWIS, 1985 – P. ARABEYRE, La France et son gouvernement au milieu du XVᵉ s. d'après Bernard de Rosier, BEC 150, 1992.

Valona → Avlona

Valparaiso, Abtei SOCist bei →Zamora, Kgr. León, Filiation v. →Clairvaux. V. ging aus einer vom Anachoreten Martín Cid an der Kirche S. Miguel Arcangel in der Ortschaft Peleas gegr. Eremitengemeinschaft hervor. Die Gründungsumstände des Kl. sind aus einer Urk. von 1143 bekannt, die in zwei spätma., irrtüml. auf das Jahr 1137 datierten Abschriften überliefert ist. Alfons VII. v. Kastilien-León unterstellte 1143 in Anwesenheit einiger Zisterziensermönche die confratres und ihren nunmehrigen Abt Martín Cid dem Zisterzienserorden, befreite sie von Steuerpflichten und dotierte sie mit mehreren Ortschaften. Innozenz III. bestätigte 1208 Kl. und Besitz; 1232 erfolgte aus gesundheitl. Erwägungen der Umzug von Peleas ins nahegelegene V. 1263 wurden Kirche und Altäre des neuen Kl. geweiht. 1485 schloß sich V. der kast. Reformkongregation an. N. Jaspert

Lit.: M. D. YAÑEZ NEIRA, Datos históricos para la hist. del monasterio cisterciense de V., Cistercium 9, 1957, 162–171 – E. ZARAGOZA PASCUAL, San Martín Cid, fundador y primer abad del monasterio cisterciense de V., 1980 – J. PÉREZ-EMBID WAMBA, El Císter en Castilla-León. Monacato y dominios rurales (s. XII–XV), 1986 – J. C. DE LERA MAÍLLO, El cartulario del siglo XIII en el monasterio de V. (Ordenes monásticas y archivos de la Iglesia, 1995), 293–302.

Valpergue, Théaude de (Teodoro da Valperga), † nach 1459, Feldhauptmann (→Capitaine), Rat und →Chambellan Kg. →Karls VII. v. Frankreich. V. zählte als jüngerer Sohn einer piemontes. Gf.enfamilie zu den Lombarden, die unter dem Kommando des 'Borgne Caqueran' 1422 in die Dienste Karls VII. traten. Er machte sich durch außergewöhnl. militär. Erfolge (Schlachten v. Cravant, La Bussière, 1423; →Verneuil, 1424) rasch einen Namen und tat sich auch als Verteidiger von →Orléans (1428–29) und Compiègne (1430) hervor. V. gehörte dem einflußreichen Hofkreis um →Karl I. v. →Bourbon an, auf dessen Fürsprache er die Ämter des →Seneschalls v. →Lyon und →Baillis v. →Mâcon (bis 1459) erhielt. Seit den 1440er Jahren zählte V. zu den führenden Räten Karls VII., förderte die frz. Wiedereroberung der Gft. →Asti, war ztw. mit der Überwachung der Umtriebe des Dauphins →Ludwig (XI.) betraut, schaltete sich in den Konflikt zw. dem Kg. und →Jean V. v. →Armagnac ein und nahm teil an den großen Rückeroberungsfeldzügen in die →Normandie (1449–50), bes. aber in die →Guyenne (1451–53). Da V., unter Aufgabe seiner Bindungen an Lyon, sich hier anzusiedeln wünschte, ernannte ihn der Kg. 1459 zum Bürgermeister, Burghauptmann und Gouverneur v. →Bayonne. V., der als tapferer Ritter und kluger Diplomat hohes Ansehen genoß, schloß eine ehrenvolle Heirat mit Louise de St-Priest, Witwe von Randon de Joyeuse, Gouverneur des Dauphiné. Auch sein Bruder Boniface de V. machte als Capitaine Karls VII. glanzvoll Karriere. Ph. Contamine

Lit.: L. CAROLUS-BARRÉ, Deux »capitaines« italiens compagnons de guerre de Jeanne d'Arc: Barthélemy Barette (Baretta) et Th. de V. (Valperga), Bull. Soc. hist. de Compiègne 28, 1982, 81–118 – J.-J. MANGIN, Les baillis de Mâcon-sénéchaux de Lyon (fin XIIᵉ–début XVIᵉ s.) [Thèse Lyon III, 1994], 1019–1031.

Valpuesta, Bm. in →Kastilien, benannt nach der Ortschaft V. (Valle [com]posita, mit Kl. Santa María de V.) in der Prov. Burgos, nahe Miranda del Ebro. V. war nicht Teil der westgot. Kirchenorganisation, sondern wurde im 9. Jh., wahrscheinl. z.Z. Kg. Alfons' III. v. León (866–910), im Zuge der →Reconquista gegr. Als Bf.ssitz ist es namentl. erstmals zum Ende des 9. Jh. bezeugt; eine oft zitierte, auf das Jahr 804 datierte Erwähnung muß als Fälschung gelten. Das Bm. umfaßte den nördl. Teil Kastiliens und unterstand zusammen mit dem südl. angrenzenden Bm. →Oca seit 1037 einem gemeinsamen Bf. Als García III. v. Navarra nach der Eroberung v. →Calahorra (1045) die Bm.sgrenzen den neuen polit. Machtbereichen anpaßte, wurde V. (1045–1060/63) dem Jurisdiktionsbezirk des Bm.s Nájera zugewiesen. Nach dem Sieg Ferdinands I. v. León über García III. v. Navarra wurde dieses Rechtsverhältnis zwar gelöst und V. als selbständiges Bm. restauriert, aber nach dem Tod des letzten bezeugten Bf.s v. V., Munio (um 1087), wurde es 1088 auf dem Konzil v. →Husillos durch das Bm. →Burgos inkorporiert. V. bestand als Archidiakonat weiter fort. N. Jaspert

Lit.: Z. García Villada, V.: una diócesis desaparecida, SFGG. GAKGS 5, 1935, 190–218 – M. D. Pérez Soler, Cartulario de V., 1970 – G. Martínez Díez, Los obispados de la Castilla condal hasta la consolidación del obispado de Oca en Burgos en el concilio de Husillos (1088), Burgense 25, 1984, 437–514 – S. Ruíz de Loizaga, Iglesia y sociedad en el norte de España. Alta Edad Media, 1991 – Ders., Los cartularios gótico y galicano de Santa María de V. 1090–1140, 1995.

Valsainte, La (Vallis sancta, zuerst Vallis omnium sanctorum, dt. Heiligental), Kl. OCart, 1294/95 von Gerhard I. v. Corbières, Herr v. Charmey, in einem abgelegenen, unbewohnten Bergtal des Greyerzerlandes (Kt. Freiburg, Schweiz) gestiftet und unter dem Gründungsprior Guillaume de Lescheraine besiedelt. Von der Stifterfamilie, die die →Kastvogtei innehatte, insbes. von Gerhard II., wurde das Kl. mit Besitz und Rechten reich ausgestattet, es besaß sogar hochgerichtl. Befugnisse über seine Untertanen. Mit Corbières gelangte die V. 1454 an die Gft. Greyerz, 1553/55 an →Freiburg im Üchtland. 1381 und 1732 richteten Brände große Schäden an. 1778 wurde das Kl. durch Pius VI. aufgehoben, Güter und Archiv gelangten an den Staat Freiburg, die Bibl. zunächst an die Kartause Part-Dieu. E. Tremp

Lit.: A.-M. Courtray, Cat. des prieurs et recteurs des chartreuses de la V. et de la Part-Dieu, Zs. für Schweiz. Kirchengesch. 7, 1913; 9, 1915; 13, 1919; 29, 1935 – Ders., Hist. de la V., 1914 – Ders., Essai de cat. des chartreux de la V. et de la Part-Dieu, Zs. für Schweiz. Kirchengesch. 26–29, 1932–35 – M. Früh, Die Kartausen in der Schweiz, Schr. des Vereins für Gesch. des Bodensees und seiner Umgebung 104, 1986, 43–65.

Valsainte, Notre-Dame de, Abtei SOCist in der n. →Provence, nahe →Apt (dép. Vaucluse), wurde in einem Forst zw. den Gebieten v. Carniol, Oppedete und Vachères kurz vor 1181 von Mönchen aus →Silvacane gegr. Zu diesem Zeitpunkt übertrug Bertrand Raimbaud, Seigneur v. Simiane (aus der großen Adelsfamilie →Agoult), der Abtei die 'terra' (Domäne) v. Boulinette, die als →Grangie organisiert wurde und der Abtei im 17. Jh. als Sitz diente. Die Gesch. v. V. ist im übrigen schlecht erhellt. 1425 wurde die zerstörte Abtei V. von zisterziens. Generalkapitel der Abtei Silvacane inkorporiert. Als eine Überschwemmung 1440 den Verfall von Silvacane beschleunigte, kehrten einige Mönche nach V. zurück, das fortan unter der Leitung von Kommendataräbten stand. N. Coulet

Lit.: B. de Gabrielli, L'abbaye de V., Mém. Acad. de Vaucluse, 1976, 31–41.

Valvassoren

I. Allgemein und Regnum Italiae – II. Frankreich, Normandie.

I. Allgemein und Regnum Italiae: Die Bezeichnung V. war nach den verstreuten Erstbelegen aus den 1030er Jahren damals in den roman. Teilen des ehem. Karolingerreiches schon weit, später allgemein verbreitet; mit der norm. Eroberung gelangte sie nach England. Für das dt. Sprachgebiet verwenden auch lat. Q. das Wort nicht. – Die Herleitung des Begriffs von vassus bzw. vasalli vassorum (vgl. MGH Cap. 2, S. 337 Z. 11) ist nicht gesichert. Seit seinem Auftauchen wird er benutzt, um relative Rangunterschiede innerhalb einer sozialen Hierarchie zu verdeutlichen. Diese kann lehnrechtlich bestimmt sein, aber von Anfang an – insbes. in Italien – auch auf den »Stand« der Person oder Gruppe in der nach Herkunft, Rang und Position geschichtet konzipierten Gesellschaft abheben. Da der Terminus anders als z. B. castellanus oder miles nicht auf objektive und funktionale Grundlagen oder soziale Rollen bezogen ist, sondern eher die relative Position im Spektrum gesellschaftl. bzw. rechtl. Differenzierungen angibt, variiert seine Bedeutung zeitlich und regional. Deutlich wird die Gruppe der V. erstmals im Zusammenhang des oberit. »Valvassorenaufstandes« von 1035 erkennbar, den Ks. Konrad II. 1037 durch die →Constitutio de feudis beilegte. Sowohl →Wipo (Gesta c. 34: valvasores Italiae et gregarii milites) als auch das Lehnsgesetz (D K II 244: nostri maiores vasvasores et eorum milites = minores vasvasores) heben auf zwei Gruppen von unterschiedl. Status ab, der nach D K II 244 auch rechtl. Bedeutung hatte. Während die minores v. als Vasallen der maiores v. apostrophiert werden, wird bei den maiores v. auf die Lehen aus Reichsbesitz abgehoben, die ihnen von geistl. oder weltl. Großen überlassen worden sind (→Lehen, II); nach dem späteren →Liber feudorum sind unter diesen Lehen sprengelbezogene Herrschaftsrechte zu verstehen. Die V.-Terminologie mag in ihrem Fall durch den lehenrechtl. Kontext bedingt sein; denn schon im 3. Viertel des 11. Jh. wird dieselbe Gruppe als ordo capitaneorum unterschieden vom ordo valvasorum, der nur die minores v. des Lehnsgesetzes zusammenfaßt. Die Capitane (→capitaneus) sind, wie die maiores v. im Lehnsgesetz, Burg- und Bannherren wie polit. Gewicht, oft mit beträchtl. Allodialbesitz, die V. ritterl. lebende Adlige von eher lokalem Zuschnitt, die sich in der Stadt auch am Wirtschaftsleben beteiligen. In dieser Stufung werden die ordines in die Verfassung der frühen →Kommune integriert. Capitaneus im engen Sinn als Kronvasall (tenens in capite) zu definieren, blieb gelehrtes Gedankengut der Feudisten. In den stauf. Diplomen werden die V. stets nach den Capitanen, Baronen, proceres, nobiles etc. aufgezählt. Nur in den Usatici Barchinonae (11. Jh., →Usatges) sind die V. ähnlich wie die maiores v. der Constitutio de feudis vergleichsweise mächtige, burgbesitzende Adlige, die über anderen milites stehen. Nördl. der Pyrenäen werden sie hingegen oft von den Kastellanen (→Kastellanei) und →Baronen abgegrenzt. In der Normandie werden sie schließlich deutlich von den milites unterschieden und am untersten Rand der Lehnshierarchie angesiedelt. Laut einer Untersuchung der Lehen des Bf.s v. Bayeux aus dem Jahre 1133 besitzen sie nur eine begrenzte Menge Landes und sind mit Pferden und »einfachen Waffen« – Lanze, Schild und Schwert, kein Panzer – ausgerüstet. Das Lehen eines V.s, manchmal vavassoria genannt, beträgt hier offenbar nur Bruchteile des Lehens eines Ritters, da dieser seinen Dienst durch die mehrerer V. ersetzen lassen kann. Durch ihren Militärdienst grenzen sich solche eingeschränkt bewaffneten liberi vavassores in einer inquisitio des Jahres 1172 nach unten hin wiederum von Personen ab, die keine militär. Dienste leisten und als minuti vavassores bezeichnet werden. – Diese spezif. norm. Terminologie scheint im Zuge der Eroberung 1066 nach England übertragen worden zu sein, im →Domesday Book (1086) erscheinen die V. sporadisch als Personen vergleichsweise niedrigen Ranges. Aber bereits eine Generation später verliert der Begriff in England seine Schärfe und wird auch hier, etwa in Dokumenten Heinrichs I., für Adlige unterhalb der Gruppe der Barone verwendet. Im 13. Jh. nennt →Henricus de Bracton die V. sogar zusammen mit den magnates und ordnet sie über den milites an. Im allg. ist in England jedoch die Unterscheidung zw. barones und milites üblicher als diejenige zw. barones und vavassores. U. Göllmann/H. Keller

Lit.: HRG V, 643–644 – J. F. NIERMEYER, Mediae Latinitatis Lexicon Minus, 1984, 1065–1067 – P. GUILHIERMOZ, Essai sur l'origine de la noblesse en France au MA, 1902 – F. STENTON, The First Cent. of English Feudalism. 1066–1166, 1961² – P. BONNASSIE, La Catalogne du milieu du Xe à la fin du XIe s.: croissance et mutation d'une société, 2 Bde, 1975–76 – H. KELLER, Adelsherrschaft und städt. Gesellschaft in Oberitalien, 1979 [it.: Signori e vassalli nell'Italia delle città, 1995; mit Lit.] – P. R. COSS, Lit. and Social Terminology. The Vavasour in England (Social Relations and Ideas [Fschr. R. HILTON, hg. T. H. ASTON, 1983]), 109–150 – J. YVER, »Vavassor«. Note sur les premiers emplois du terme (1973), Annales de Normandie 40, 1990, 31–48 – F. MENANT, Lombardia feudale, 1992, 295–311 – DERS., Campagnes lombardes au MA, 1993.

II. FRANKREICH, NORMANDIE: Das Rechtswort 'vavassor' (frz. *vavasseur, vavassorie*) ist mindestens seit dem beginnenden 11. Jh. in Frankreich belegt, hier bes. in der →Normandie, wo es dem Begriff 'vavassoria' vorausgeht. Diese Kontraktion des bereits im FrühMA bezeugten Wortes 'vassus (bzw. vasallus) vassorum' (*arrière-vassal*, Aftervasall) bezeichnet einen Typ des Vasallen, der als Inhaber eines reduzierten Lehens, das ihn zu begrenzten Leistungen (üblicherweise Dienst zu Pferde mit eingeschränkter Ausrüstung) verpflichtet, eine sekundäre Stufe der Feudalhierarchie verkörpert. Die Realität war allerdings oft komplexer und unterlag Entwicklungen ('v.es minores' und 'maiores' in Italien; s. Abschn. I). Die Uneindeutigkeit des Begriffs zeigt sich auch in anderen Zusammenhängen; so sind die in den →»Leges Henrici Primi« (England, 1116/18) genannten V. zwar unterhalb des Ranges der Gf.en und →Barone angesiedelt, genießen aber doch ein nicht geringes soziales Ansehen; dagegen sind die in lit. Texten des 12. und 13. Jh. erwähnten V. manchmal Leute recht niederen Standes. In der *Normandie* nahm der Begriff seit dem 11. Jh. eine bes. Bedeutung an: Die 'vavasseurs' hatten gewissermaßen eine soziale Zwitterstellung inne, zw. adliger und nichtadliger Bevölkerung, die (als Kennzeichen ihrer Dienstverpflichtung) ein männl. Pferd zu stellen hatte (bis ca. 1250). Ihre Lehen (*vavassories*) waren adlig oder nichtadlig (grundherrschaftlich eingebunden). Die ersteren waren in die feudale Hierarchie eingebunden. Ihre Lehen korrespondierten Teillehen von Vollehen (sog. *fiefs de haubert*); für sie schuldeten die V. einen ganzen Ritterdienst (oder einen Teil eines solchen). A. Renoux

Lit.: H. CHANTEUX, Les vavassories normandes et le problème de leurs origines, Cah. des Annales de Normandie, 1990 – J. YVER, Vavassor. Note sur les premiers emplois du terme, ebd., 1990 – s.a. Lit. zu I [H. KELLER, 1979].

Valvisciolo, Abtei SOCist im südl. Latium (Prov. Latina, Gemeinde Sermoneta). Das alte Kl. (vielleicht eine Niederlassung der sog. →Basilianer) S. Pietro di Sermoneta, dessen Ursprünge sehr unsicher sind, scheint zw. 1166 und 1168 Zisterzienser aus S. Maria di Marmosolio (Diöz. Velletri) nach Zerstörung ihres Kl. (Filiation von →Fossanova) durch Friedrich I. Barbarossa aufgenommen zu haben. Seit 1206 hatte die Kommunität ihren festen Sitz in V. (Vallis Rosciniae), nannte sich jedoch weiterhin nach Marmosolio. Wir wissen jedoch nicht, ob es sich dabei um V. bei Sermoneta, wo eine der großartigsten Kl.anlagen der Zisterzienserarchitektur in Latium erhalten ist, oder um den gleichnamigen Ort bei Carpineto Romano (Diöz. Anagni) handelt, von wo die Mönche erst 1312 in das Kl. S. Pietro di Sermoneta übersiedelt seien, das von jenem Zeitpunkt an zur Erinnerung an den früheren Sitz der Kommunität den Namen S. Stefano di V. erhielt. Nach der Meinung einiger Gelehrter wurde die heutige Kl.anlage (1177–84) von zisterziens. Baumeistern für eine Gemeinschaft von →Templern erbaut. Nach der Aufhebung des Templerordens (1310) seien aus Carpineto kommende Zisterzienser an ihre Stelle getreten.

G. Spinelli

Lit.: L. FRACCARO DE LONGHI, L'architettura delle chiese cistercensi it., 1958, 269–275 – I Cistercensi e il Lazio, 1978, 285–287 – Monasticon Italiae, I, 1981, 129 n. 58; 167 n. 202 – D. NEGRI, Abbazie cistercensi in Italia, 1981, 220–224.

Van-Hulthem-Handschrift → Hulthemsche Handschrift

Vandalen
I. Geschichte – II. Archäologie.

I. GESCHICHTE: [1] *Die Anfänge:* Der germ. Stamm der V. (Vandali, -dili, -dilii, βανδίλοι, Οὐάνδαλοι, -δηλοι) ist etwa seit unserer Zeitrechnung im späteren östl. Dtl. und Polen nachweisbar (Plin. nat. 4, 99; Tac. Germ 2, 4). Eine schwed. Urheimat oder Verbindung mit Kimbern und Teutonen ist nicht gesichert; Zugehörigkeit zum Kultverband der Lugier möglich. Vandal. Teilstämme treten in den folgenden beiden Jahrhunderten an verschiedenen Stellen auf: die Silingen in Schlesien und die Asdingen an der Grenze zu →Dakien), von wo letztere unter Mark Aurel ins Imperium eindrangen (Hist. Aug. Aur. 17, 3) und sich später an Invasionen beteiligten (Hist. Aug. Prob. 18, 2; Zos. 1, 67ff.). Am Anfang des 4. Jh. sind Kämpfe mit →Goten, um 335 ist unter →Konstantin eine Ansiedlung in »Pannonien bezeugt (Iord. Get. 21, 113; 31, 161; Paneg. 11, 17, 1).

Während der →Völkerwanderung vereinigten sich die getrennten Teile wieder, fielen um 401 erneut in das Reichsgebiet ein (Claud. 26, 414), nahmen 406 am allg. Vorstoß nach →Gallien teil, wo Kg. Godegisel im Kampf mit den →Franken fiel (Oros. hist. 7, 40, 3; Greg. Tur. Franc. 2, 9), und gelangten um 409 zusammen mit →Alanen und →Sueben nach Spanien (Silingen in die →Baetica, Hasdingen und Sueben in die Gallaecia; →Galicien). In Kämpfen mit den →Westgoten wurden die Silingen vernichtet; alan. Gruppen verloren ihre Stammesführer und unterstellten sich den V. Nach dem Sieg über den röm. Magister militum Castinus 425 verlagerten die V. ihre Interessen auf die See (Salv. gub. 6, 68) und plünderten Carthago Spatharia (Cartagena), die →Balearen und die mauretan. Küste (Hyd. chron. II p. 21, 86).

[2] *Eroberung Nordafrikas und Reichsbildung unter Geiserich:* Auf Einladung des Comes Bonifatius, der aber offensichtlich keine Landnahme erwartete, setzte 429 unter →Geiserich das Volk (80000 Menschen) nach →Afrika über. In die folgenden Kämpfe (Belagerung von →Hippo Regius) griff auch Byzanz unter →Aspar ein. Durch den Friedensschluß von 435 wurde die Ansiedlung gesichert, doch erst nach Raubzügen zur See und Eroberung von →Karthago (439) kam es 442 zum Frieden mit Rom und Byzanz; Geiserichs Sohn Hunerich wurde mit Eudokia, der Tochter →Valentinians III., verlobt. Damit etablierten sich die V. als dritte Macht im Mittelmeerraum durch den Besitz von Africa proconsularis, Ostnumidien und →Mauretania Tingitana (Tanger). Da ein gutes Verhältnis zu Westrom bestand (Prisk. frg. 2), erscheint die Nachricht, Geiserich habe →Attila gegen Valentinian III. zu mobilisieren versucht (Iord. Get. 36, 136; Prisk.frg. 5), als widersinnig und damit unhistorisch. Die Eroberung und Plünderung Roms 455, vielleicht auf Bitten der Kaiserwitwe Eudoxia veranlaßt, können als Loyalitätsakt gegenüber dem ermordeten Valentinian III. verstanden werden (Ioh. Ant. fr. 201, 6; Vict. Vit. 1, 25; Prok. Vand. 1, 5,1; Hyd. chron., p. 28, 167); der daraus abgeleitete Begriff des 'Vandalismus' (erstmalig 1794 in Frankreich gebraucht)

freilich ist Ausdruck simplifizierenden Barbarenklischees (vgl. Prosp. chron. I p. 484, 1375). Dennoch ist der Versuch Geiserichs, an seinem Hofe einen neuen Machtmittelpunkt zu bilden, unverkennbar, zumal der Ehe zw. Hunerich und Eudokia bald ein Sohn entstammte. Auch die Thronbesteigung des mit Hunerich verschwägerten →Olybrius dürfte von Geiserich gefördert worden sein. Umgekehrt brachten vandal. Plünderungszüge Rom in Versorgungsschwierigkeiten (→Ricimer); ein Landungsversuch →Maiorians in Afrika von Spanien aus scheiterte 461. Die seit der Eroberung Roms in Karthago festgehaltenen Angehörigen der ksl. Familie wurden 464 nach Byzanz entlassen. Geiserich unterstützte ztw. →Aegidius in Gallien, während ein großes oström. Angriffsunternehmen in Verbindung mit der Krönung des →Anthemius als Ks. im W 468 fehlschlug (→Marcellinus, →Basiliskos). Schließlich garantierte ein Friede 474 Geiserich den Besitz von Sardinien, Korsika, Sizilien und der afrikan. Provinzen, die aber angesichts wachsender Stärke der maur. Stämme nicht zu kontrollieren waren. Auch auf den Inseln war die vandal. Präsenz auf einzelne Stützpunkte beschränkt. →Sizilien mußte 476 an →Odoaker gegen Tribut ausgeliefert werden, 491 wurde es völlig an →Theoderich abgetreten.

Beim Tode Geiserichs 477 hatte sich das vandal. Kgtm. uneingeschränkt etabliert (zur Nachfolgeordnung vgl. Prok. Vand. 1,7, 29; Iord. Get. 33, 169); eine Teilnahme des Volkes an Entscheidungen ist nicht überliefert. Bei der Ansiedlung der V. bes. in der regio Zeugitana um Karthago wurden im Rahmen des Kolonats (→Kolone) nach Möglichkeit die alten Grundherren, auch die Kirche, belassen; die überkommenen Strukturen der Selbstverwaltung (→Decurio) blieben erhalten, die (aber wohl nicht allzu drückende) Steuerlast (Salv. gub. 5, 36) oblag den röm. Eigentümern. Traditionell ist die Gliederung in Geburts- und Dienstadel sowie Gemeinfreie mit der Möglichkeit sozialer Mobilität; der Titel →'comes' kennzeichnet bestimmte Funktionen.

An der arian. Religion (→Arius, Arianismus) wurde rigoros festgehalten. Römer, die übertraten, erfuhren Förderung; von gelegentl. Taufzwang wird berichtet, doch führte die Verfolgung von Katholiken zu wachsender Isolierung der führenden Minderheit, die ohne Zuzug von außen durch andauernde Kriegseinsätze sowie durch die klimat. Bedingungen dezimiert wurde. Betont wird auch die ungewohnt üppige, daher verderbl. Lebensweise der Oberschicht. Unter den Nachfolgern Geiserichs wird phys. Verfall deutlich.

[3] *Das Vandalenreich unter Geiserichs Nachfolgern:* Nachdem bereits 442 unter Geiserich eine hinsichtl. ihrer Ursachen unklare Adelsverschwörung niedergeschlagen worden war, hatte Hunerich (reg. 477-484) eine Adelsopposition zu bewältigen. Die von Hunerich noch mit Härte fortgeführte Arianisierungspolitik (Vict.Vit. 2, 23) wurde von seinem Neffen Gunthamund (reg. 484-496), Sohn Gentos, beendet. Dieser hatte jedoch Verluste infolge des permanenten Vielfrontenkrieges gegen →Mauren und Dromedarnomaden zuzunehmen. Bezeichnend für das Mißtrauen gegen Byzanz war das Schicksal des Dichters →Dracontius, der wegen Widmung eines Gedichtes an Ks. →Zenon eingekerkert wurde. Gunthamunds Bruder Thrasamund (reg. 496-523) herrschte über ein weitgehend romanisiertes Volk (Zeugnisse röm. Geisteskultur, auch im kirchl. Bereich, bei →Fulgentius v. Ruspe).

Durch Thrasamunds Ehe mit Amalfrida, der Schwester des Ostgotenkg.s →Theoderich d. Gr., wurde das V.reich um 500 in dessen Bündnisgefüge eingegliedert, was jedoch keine Sicherung vor weiteren Verlusten in Afrika bot. Deutlich ist Thrasamunds Bemühen um ein gutes Verhältnis zu Byzanz. Trotz Verbannung einzelner Bf.e war der Kg. um einen Dialog mit den Katholiken bemüht. Hilderich (reg. 523-530), Sohn Hunerichs und der Eudokia, vollzog politisch (Tötung Amalfridas, Münzbilder Justinians) und religiös (Synode v. Karthago, 525) die Hinwendung zu Byzanz, wurde aber nach einer Niederlage gegen die Mauren im Zuge einer Adelsverschwörung gefangengenommen (und 533 getötet). Die Ausschaltung Hilderichs bot Byzanz den Anlaß zur Wiedereroberung (533). Der letzte vandal. Kg. Gelimer (530-534), der (v. a. bei Ad Decimum nahe Karthago) der Truppenmacht →Belisars unterlag, erhielt einen Wohnsitz in Kleinasien zugewiesen. Wehrfähige V. wurden in der byz. Armee nach O geschickt, doch nahmen vandal. Elemente auch an den antibyz. Aufständen der folgenden Jahre teil. Volksreste wurden danach nach O verbracht, das vandal. Substrat verschwand. Gleiches freilich gilt für einen in der Heimat zurückgebliebenen Rest (Prok. Vand. 1, 22, 3). Das Gebiet des ehem. V.reiches in Nordafrika wurde von Byzanz im späten 6. Jh. als →Exarchat organisiert.   G. Wirth

Lit.: RE VIII A, 298-335 [F. MILTNER]; Suppl. X, 957-992 [H. J. DIESNER] – F. PAPENCORDT, Gesch. der vandal. Herrschaft in Afrika, 1837 – F. DAHN, Die Kg.e der Germanen, I 2, 1910 – M. JAHN, Die Wandalen (L. REINERTH, Vorgesch. der dt. Stämme, 1938), III, 943 [Nachdr. 1987] – L. SCHMIDT, Gesch. der V., 1942 – C. COURTOIS, Les Vandales et l'Afrique, 1955 – E. SCHWARZ, Germ. Stammeskunde, 1955, 64 – H. J. DIESNER, Der Untergang der röm. Herrschaft in Afrika, 1964 – F. CLOVER, Geiseric the Statesman [Diss. Chicago 1966] – H. J. DIESNER, Das V.reich. Aufstieg und Untergang, 1966 – B. RUBIN, Das Zeitalter Justinians, 2, 1995 – s. a. →Völkerwanderung.

II. ARCHÄOLOGIE: Den ks.zeitl. V. (1.-4. Jh.) entspricht archäolog. die Przeworsk-Kultur, benannt nach dem großen Gräberfeld von Gác, nahe der südostpoln. Stadt Przeworsk. Die Genese dieser Kulturgruppe und mithin die der V. (bzw. der Kultgemeinschaft [?] der Lugii) ist zweifelsohne kontinental: Sie vollzieht sich am Beginn der jüngeren vorröm. Eisenzeit (Beginn von Stufe A1) etwa in der 1. Hälfte des 2. Jh. v. Chr. sehr wahrscheinl. auf der demograph. Grundlage autochthoner Bevölkerungsgruppen (Pommersche Kultur, Glockengräberkultur) bei einem beträchtl. Anteil eingewanderter Germanen aus dem Bereich der Jastorf-Kultur im W und im NW sowie unter starkem Einfluß der kelt. Latènekultur. Das Verbreitungsgebiet der Kulturgruppe erstreckt sich in der Zeit vor Christi Geburt (A1–A3) zw. der mittleren Oder im W bis weit in die Gebiete ö. der mittleren Weichsel (Masowien, Podlasien), im S bis in das obere Odergebiet und im N bis etwa in die Höhe von Warthe-Thorn. Abgesehen von zeitl. und regional begrenzten Siedelreduktionen und -verdichtungen ändert sich am Kernraum des Verbreitungsgebietes der Przeworsk-Kultur auch in der röm. Ks.zeit (Stufen B1–C3; 1.-4. Jh. n. Chr.) nichts; verloren gehen jedoch die weiten Gebiete ö. der mittleren Weichsel durch die Einwanderung der Träger der got. Wielbark-Kultur in der 2. Hälfte des 2. Jh. und in der Zeit um 200, hinzugewonnen werden in demselben Zeitraum viele Gebiete im S (oberes Theißgebiet, Karpato-Ukraine) und im SO (oberes Dnjestrgebiet, Podolien). Die bemerkenswerte Einheitlichkeit der Kulturgruppe Przeworsk ist v. a. darin begründet, daß die entscheidenden Kulturdeterminanten, abgesehen von zeitbedingten Ausformungen, stabil bleiben, höchst bemerkenswert angesichts der 600jährigen Gesch. dieser Kultur: Sie betreffen die traditionsgebundenen und hochrangigen Merkmale der Grab- und Beigabensitte sowie Trachteigentümlichkeiten einschließl. deren Typen, die wie der Schmuck alle aus Eisen hergestellt wurden (in lokalen Eisenverhüttungszentren). Mit diesem so eigen geprägten Kulturmodell läßt sich die Przeworsk-Kultur im Rahmen der Kulturgruppenforsch. der Germania libera problemlos von ihren Nachbarkulturen abgrenzen, was zudem entscheidend für ihre ethn. Interpretation als lugisch-vandal. ist: von der got. Wielbark-Kultur, von den westbalt. und elbgerm. Kulturgruppen. Die Przeworsk-Kultur erlischt als kulturelles und ethn. Gesamtphänomen um die Wende vom 4. zum 5. Jh., da alle Gräberfelder und Siedlungen abbrechen. Von verbleibenden Resten, auch der Oberschicht (Siedlung und hunnenzeitl. 'Fs.engrab' von Jakuszowice bei Krakau), abgesehen, wanderten die Träger der vandal. Przeworsk-Kultur also ab, was zweifelsohne mit den Wirren der beginnenden Völkerwanderungszeit zusammenhängt und zeitl. zudem gut mit den Kettenreaktionen bei den germ. Stämmen korrespondiert, die die hunn. Westexpansion nach 375 auslöste.

Läßt sich diese erste 600 Jahre währende Etappe in der vandal. Gesch., im Gegensatz zur spärl. und reichl. fragmentar. Überlieferung in den Schriftq., archäolog. in einem breiten Interpretationsrahmen gut überblicken, so verlieren sich die archäolog. Spuren der V. in der jüngeren vandal. Gesch., histor. formuliert nach 406, als V., Alanen und Sueben den Rhein überschritten. An die Stelle des zuvor dichten archäolog. Befundes treten nun sehr bruchstückhafte Überlieferungen für die V. auf der Iber. Halbinsel (409–429) und in N-Afrika (429–534). Dies liegt v. a. daran, daß die entscheidende Q.gruppe entfällt: Es kommt nicht mehr zur Anlage großer Gräberfelder, in denen Oberschicht und populus gemeinsam bestattet werden; nachweisbar bleiben nur wenige Einzelgräber und kleine Grabgruppen, in denen Angehörige einer Oberschicht weiterhin mit Beigaben beigesetzt werden. So lassen sich nur eine Handvoll gesichert germ. Gräber im W und S der Iber. Halbinsel für das 1. Drittel des 5. Jh. nachweisen, darunter das Kriegergrab von Beja in S-Portugal; sie können auch suev. und/oder gar alan. sein. Auch für das V.reich in N-Afrika sind nur wenige gesichert germ.-vandal. Gräber bekannt, in denen die Verstorbenen noch in ihrer gentilen Tracht mit Trachtzubehör bestattet wurden; die vandal. Oberschicht wurde nun, dem Vorbild der chr.-roman. Bevölkerung folgend und in Sepulturgemeinschaften mit dieser (auch in und bei Kirchen), regelhaft beigabenlos beigesetzt, darunter rund 40 beigabenlose Gräber mit ostgerm. Grabinschriften. Bemerkenswerter Ausdruck dieses Romanisierungsprozesses ist das Grab des 508 verstorbenen und in der Kirche von Tebessa/Theveste beigabenlos beigesetzten jungen V., dessen Schwert nicht mehr beigegeben wurde, sondern mit der Darstellung seiner Person auf dem Mosaik der Grabplatte wiedergegeben ist.   V. Bierbrauer

Lit.: G. Koenig, Wandal. Grabfunde des 5. und 6. Jh., MM 22, 1981, 299–359 – K. Godtowski, Die Przeworsk-Kultur (G. Neumann–H. Seemann, Beitr. zum Verständnis der Germania des Tacitus, II, 1992), 9–90.

Vanden levene ons Heren, mndl. geistl. Epos (anonym, 1. Hälfte [?] 13. Jh.), entstanden als »Passion des jongleurs« mit Spuren höf. Einflusses, später bearbeitet, ausgedehnt und 'verbürgerlicht' (15. Jh.). Der Dichter ließ sich von den Evangelien sowie vom →Nikodemusevangelium inspirieren, möglicherweise auch von Tatians Diatessaron (→Bibelübersetzung, I). Vgl. →Bibeldichtung, III.
     A. M. J. van Buuren

Hss.: J. Deschamps, Cat. Middelnederlandse hss. uit Europese en Amerikaanse bibliotheken, 1972², Nr. 13 – N. Geirnaert, Handelingen Koninkl. Zuidned. Maatschapij voor taal- en letterkunde en geschiedenis, 1982, 119–127; 1983, 87–89 – *Ed. und Lit.:* W. H. Beuken, V. l. ons H., 1968 [Lit.] – Ders., Amsterdamer Beitr. zur älteren Germanistik, 1975, 113–124 – J. van Amersfoort, Handelingen van het 38ste Nederlands filologencongres, 1984, 195–207 – Ders., Nederlands theologisch tijdschrift, 1991, 34–45.

Vanitas. Die Vorstellung von der Vergänglichkeit, Nichtigkeit, Eitelkeit alles Irdischen, bereits bibl. begründet (Koh, 1 Kor 2), wird als Topos ma. Religiosiät durch die hochma. Reformbewegungen (z. B. →Hugo v. St-Victor, »De vanitate mundi«) verstärkt und gewinnt in schroffer Diesseits-Jenseits-Dualismus im SpätMA an Bedeutung. Lit. ist das Thema gemeineurop. lat. wie volkssprachl. tradiert: in Meditationsschriften, lehrhaften und pragmat. Kleintexten und theol. Traktaten wie den Sterbelehren (→Ars moriendi), den →Memento-mori-Schriften (z. B. →»Drei Lebende und drei Tote«, 13.–16. Jh.) oder Betrachtungen über die Vier letzten Dinge (Tod, Jüngstes Gericht, Himmel und Hölle). Die die Welt abwertende Jenseitsorientierung der V.-Vorstellung ist in vielen die →Contemptus mundi-Thematik variierenden Texten – über →Frau Welt, Dialogen zw. Leib und Seele, in →Totentänzen, dem Ubi-sunt-Topos als rhetor. Frage nach vergangenen Dingen oder Personen – bis hin zu →Johannes' v. Tepl »Ackermann aus Böhmen« lit. verarbeitet und auch in profanen Texten (z. B. »Alexander« des Pfaffen →Lamprecht, 12. Jh.) angeschnitten. In spätma. und frühnz. Sammelhss. (so Wilhelm Werners v. Zimmern 1554 selbst geschriebene und ill. sog. Totentanz-Hs.) wird eine Vielzahl von V.-Kleintexten für den privaten Andachts-Gebrauch zusammengestellt. Die lit. Formung des Themas ist eng mit seiner bildl. Realisierung verschränkt, so in der Hss.- und Druck-Illustration des bibl. Buches Koh (seit dem 13. Jh.), der Sterbelehren und Memento mori-Texte (14.–16. Jh.), intentional aufeinander bezogen in den hsl. wie den freskierten und mit Textbeischriften versehenen Totentänzen, aber auch in der übrigen Bildkunst: seit dem 11. Jh. in Weltgerichtsdarstellungen, auf Außentafeln von Reisealtären und zunächst auf Rückseiten von Porträtbildnissen, seit dem 15. Jh. attributiv (als Totenkopf, Tod mit Sense und Stundenglas, Sanduhr, Spiegel, erloschene Kerze oder Öllampe, entblätterte Pflanzen, Tulpe) in der Bildkomposition selbst dem Porträtierten zugeordnet.   N. H. Ott

Lit.: R. Rudolf, Ars moriendi, 1957 – M. Liborio, Contributi alla storia dell' 'Ubi sunt', Cultura Neolatina 20, 1960, 141 ff. – W. Rotzler, Die Begegnung der drei Lebenden und der drei Toten, 1961 – W. A. Skreiner, Stud. zu den Eitelkeits- und Vergänglichkeitsdarstellungen in der abendländ. Malerei, 1963 – G. Scholz-Williams, The Vision of Death, 1976 – R. Elze, Sic transit gloria mundi, DA 34, 1978, 1–18 – P. Johnson–B. Cazelles, Le vain siècle guerpir, 1979 – A. M. Imhof, ars moriendi, 1991 – Kat. der dt.sprachigen illustrierten Hss. des MA, I, 1991, 271–328 – Himmel, Hölle, Fegefeuer, hg. P. Jetzler, 1994 – C. Kiening, Contemptus mundi in Vers und Bild am Ende des MA, ZDA 123, 1994, 409–457, 482.

Vannes, Stadt und Bm. in der westl. →Bretagne, am Golfe du Morbihan (Hauptstadt des dép. Morbihan). Darioritum (von 'ritum', kelt. 'Furt'), der Civitas-Vorort der gallorröm. 'Veneti', lag auf dem Hügel v. Boismoreau (später: St-Paterne, heut. Präfektur); die archäolog. Erforschung des ca. 40 ha umfassenden röm. Stadtareals bemüht sich um Erhellung des (rechteckigen) Grundrisses; es gelang die Lokalisierung des Hafens (Speicher, Gewerbeviertel [Leder-, Tuchverarbeitung]), eines Wohnquartiers (Thermen) sowie reicher 'villae' (um St-Symphorien).

Die Stadt des 3. Jh. wurde angesichts wachsender Bedrohung in die Schutzlage der Anhöhe v. Le Mené verlegt.

Dieses 'castrum' (5 ha), umwehrt mit einer dreieckigen Befestigung (Substruktionen von neuerer Wohnbebauung überlagert), bildete den Kern der ma. Stadt. Die chr. Gemeinschaft des hl. Paternus (465) verlegte hierhin die Kathedrale St-Pierre; seit dem 9. Jh. diente eine Turmburg ('Château de la Motte') der Gf. engewalt als Sitz. Die vom karol. Dichter →Ermoldus Nigellus erwähnte 'Venada' war eine von 'comites' regierte, loyale Grenzregion des Frankenreiches, widerstand in merow. Zeit den Einfällen der sächs. Piraten sowie der Bretonen unter →Waroc (594), dann der Invasion der →Normannen (855), um einen Kernbereich der sog. 'Breton. Mark' (→Bretagne, A) zu bilden.

Der Fs. →Nominoë, 'princeps Venetice civitatis' unter Ludwig d. Fr., und seine Nachfolger, die z. T. den Kg. stitel führten, bauten V. zu einem ihrer wichtigsten Herrschaftszentren aus. Im Hoch- und SpätMA entwickelten sich die Stadt und ihr Hinterland zu einem Kernstück der Domäne der Hzg. e v. Bretagne, doch war V. auch Sitz eines weiträumigen Bm.s, gegründet auf die Tradition des hl. Paternus.

Unter den Hzg. en →Jean I. (1237–86) und →Jean II. (1286–1305) begann V., über sein altes Stadtareal hinauszuwachsen und den alten Mauerzug zu erweitern. Die aus Q. des 15. Jh. bekannte 'cloison ancienne' vermochte den Konflikten des 'Bret. Erbfolgekrieges' nur unzureichend standzuhalten; verheerende Belagerungen (insbes. Sommer/Herbst 1342: Truppen v. Karls v. Blois, dann →Roberts v. Artois und →Eduards III.) schädigten empfindlich den Wohlstand der Stadt. Ab 1342 stand V. 20 Jahre lang unter engl. Besatzungsherrschaft, die V. als Festung und für ihre Fiskalverwaltung nutzte.

Im späten 14. Jh., unter dem Haus →Montfort, setzte ein wirtschaftl. Aufstieg ein. Der Hafen v. Calmont war Umschlagplatz des Regional- und Fernhandels (Einfuhr von Weinen aus Bordeaux und Nantes sowie von Baumaterial und Salz; Ausfuhr einheim. Agrarprodukte). Reiche Bautätigkeit ließ v. a. eine neue Stadtbefestigung (30 ha umschlossenes Areal) entstehen, eine Meisterleistung spätma. Festungsbaukunst (befestigte Häfen: St-Patern, Calmont, Gréguenic; Wehrtürme: Tour du Connétable). Das alte 'Château de la Motte' wurde im 13. Jh. an den Bf. abgetreten und diente als Bf.spalast; der Hzg. errichtete stattdessen 1379–99 die mächtige Festung L'Hermine (nicht erhalten). Das Stadtbild des 14. und 15. Jh. umfaßte die reichgegliederte Kathedrale, Hallen, Kirchenbauten (St-Patern, St-Salomon), Konvente der Franziskaner (1260) und Karmeliter (1425, 1463), hzgl. (Château de Plaisance) und private Palais (Château-Gaillard), Kämmerei (Chambre des Comptes), Bürgerhäuser in Fachwerk (Rue Latine, Rue des Chauvines), Handwerkerviertel (Produktion von Tuchen, Pergament, Leder) und halbländl. Vorstädte (Le Mené, St-Patern, Calmont). Die Stadt hatte 1455 ca. 5000 Einwohner.

Städt. Institutionen (15. Jh.) sind nachweisbar, aber schwach belegt: städt. Versammlung und Ratsherren (*procureur des bourgeois*; *miseur/comptable*, eine Art städt. Kämmerer); V. genoß fiskal. Privilegien (Befreiung von der Herdsteuer/*fouage*) und war auf den *États provinciaux* vertreten. Aufgrund der Rechnungen der 'Fabrica ecclesiae' umfaßte die städt. Gesellschaft mehr als hundert wohlhabende Kaufleute und Schiffseigner sowie spezialisierte Handwerker (Teppichwirker, Goldschmiede, am Ende des MA auch Buchdrucker). Das von Bf. und Kathedralklerus gesteuerte religiöse Leben war intensiv, u. a. geprägt durch die großen und einträgl. Wallfahrten (*Tro-Breiz*: Pilgerumfahrt der Bretagne). Denkwürdig waren Predigt und Tod Vicent →Ferrers († 1419), dessen Grabstätte in der Kathedrale zahlreiche Pilger anzog, so den frommen Kg. Ludwig XI.

Während der frz. Offensive gegen Hzg. →Franz II. kapitulierte die Stadt 1487 schmachvoll vor den Eindringlingen und wurde im Febr. 1489 definitiv der kgl. frz. Herrschaft unterstellt. Kg. Karl VIII. hielt hier im Okt. 1491 eine Ständeversammlung (*États*) ab. J.-P. Leguay

Lit.: J.-P. Leguay, Hist. de V. et de sa région, 1988 [Lit.].

Vannozzo, Francesco di, it. Dichter und Komponist, * um 1340 in Padua, stammte aus einer aretin. Familie, † nach 1389. V. stand im Dienst verschiedener nordit. Höfe, v. a. in Venetien. Sein poet. Œuvre umfaßt in inhaltl. und stilist. Hinsicht stark unterschiedl. Dichtungen. Zum Großteil handelt es sich dabei um – vielfach in Zyklen angeordnete – →Sonette (bes. bekannt ist die »Cantilena« auf den Gf. en v. Vertus) [→Visconti, Gian Galeazzo] und um →Tenzonen. Es finden sich jedoch auch →Ballate (inspiriert von seinem musikal. Talent), →Canzonen und →Frottole. Zu Recht berühmt ist die Frottola »Se Die m'aide«, die Gespräche über den →Chioggiakrieg (zw. Venedig und Padua) widergibt, eine starke ven. Dialektfärbung, volkstüml. (Schilderung einer Hochzeit) und theatral. Elemente aufweist und vielleicht für den Vortrag eines Spielmanns bestimmt war. Zwei Themen herrschen in V.s poet. Werk (im allg. Gelegenheitsdichtung) vor: Die polit. Thematik, in der auch persönl. Stimmungen und die Ambitionen des Hofmanns ihren Ausdruck finden, und die Liebesthematik, die von der Manier des →Dolce Stil novo und v. a. →Petrarcas inspiriert ist. Letzterem, der V.s musikal. Begabung schätzte (Sen. XI, 5), widmete er zwei Sonette, die jedoch ohne Antwort blieben. M. Picone

Ed. und Lit.: E. Levi, F. di V. e la lirica delle corti lombarde, 1908 – R. Renier, Svaghi critici, 1910, 51–70 – Le rime di F. di V., hg. A. Medin, 1928 – V. Dornetti, Aspetti e figure della poesia minore del Trecento, 1984, 117–126 [Lit.].

Vaqueiras, Raimbaut de → Raimbaut de Vaqueiras (2. R.)

Váradi, Péter, ung. Humanist, geistl. Würdenträger und Diplomat, * um 1450, † April/Mai 1501, Verwandter des Johannes →Vitéz. Nach Studium in Bologna war V. seit 1465 Kanonikus v. Esztergom, seit 1474 kgl. Sekretär sowie seit 1480 Ebf. v. Bács-Kalocsa und Geheimkanzler. Als Mäzen des Budaer neuplaton. Kreises wurde er 1483 von Kg. Matthias Corvinus beauftragt, die Epigramme des →Janus Pannonius zu sammeln. 1484 fiel V. aus unbekannten Gründen in Ungnade und wurde inhaftiert. Nach seiner Befreiung 1490 zog er sich ins Privatleben zurück und widmete sich ganz der Wissenschaft; u. a. stand er in Kontakt mit Ugolino Verino, Marsilio →Ficino und Philippus →Beroaldus. Bekannt sind einige im humanist. Stil zw. 1490–97 geschriebene Briefe V.s, seine Bibliothek ist teilweise erhalten. P. Kulcsár

Ed. und Lit.: P. de Warda (!), Epistolae, ed. C. Wagner, 1776 – K. Csapodi-Gárdonyi, Die Reste der Bibl. eines ung. Humanisten, Gutenberg-Jb., 1977.

Varäger → Waräger

Varano, da, it. Familie. Die ersten sicheren Nachrichten gehen auf das 13. Jh. zurück (*Rodolfo di Gentile da V.*); *Gentile I.* († 1284) erhielt von der Kirche die Signorie über die Stadt →Camerino (Marken), ihm folgten seine Söhne *Berardo* († vor 1325) und *Rodolfo I.* († 1316). *Giovanni* und *Gentile II.* befehligten die päpstl. Truppen in den Marken und in Umbrien. V. a. Gentile II. († 1355) spielte eine zentrale Rolle in der Politik der Marken, als der päpstl. Legat →Bertrand du Poujet in der Lombardei gegen die →Visconti zu Felde ziehen mußte. Die da V. vergrößerten zunehmend ihren Herrschaftsbereich und dehnten ihn über Camerino und dessen Contado auf die Täler des Chienti und des Potenza und einige Gebiete Umbriens aus, die sie als päpstl. Vikare innehatten. Einer der besten Söldnerführer seiner Zeit war *Rodolfo II.* († 1384), der als Gonfaloniere der Kirche (1355) für Kard. →Albornoz verschiedene päpstl. Dominien zurückeroberte und zwölf Jahre lang im Namen der Kirche die absolute Herrschaft über →Rimini, →Fano, →Pesaro und →Fossombrone ausübte. Die Familie schien zw. 1433 und 1444 in Gefahr, infolge von Blutrache, Brudermorden und v. a. einer Verschwörung gegen sie auszusterben. Aber die Eheschließung (1444) zw. *Costanza* da V. (1426-47), der Tochter eines der Opfer von 1433 und eine bekannte Literatin, und dem Signore v. Pesaro, Alessandro Sforza, ermöglichte die Wiedergewinnung der Herrschaft über Camerino durch *Rodolfo IV.* (in der Folgezeit einer der berühmtesten Kriegsleute seiner Zeit) und *Giulio Cesare* da V. Diese glücklichste Periode der Familie da V. und des Territorialstaates Camerino wurde durch →Cesare Borgia auf gewaltsame Weise beendet: Er ließ Giulio Cesare und drei seiner Söhne erdrosseln (1502) und bemächtigte sich der Herrschaft über Camerino, konnte sie nach dem Tod seines Vaters, Papst →Alexanders VI., jedoch nicht mehr halten. Die da V. kehrten 1515 zurück und blieben bis 1542 die Herren von Camerino. S. Polica

Lit.: P. LITTA, Famiglie celebri d'Italia – B. FELICIANGELI, Richerche sull'origine dei da V., 1919 – D. ARIMGOLI, I Da V., 1967.

Varaždin (< ung. *várasd*, 'kleine Burg'), Stadt in Nordwestkroatien, im ma. →Slavonien. In Anlehnung an die Burg V., Zentrum einer Gespanschaft und Sitz eines 1181 erstmals erwähnten kgl. ›Gespans, entstand im 12. Jh. mit der regionalen Intensivierung von Verkehr und Handel eine städt. Siedlung. Kg. Andreas II. v. Ungarn verlieh den Kolonisten 1209 das Privileg einer kgl. Stadt mit dem Recht der Wahl eines *rihtardus*, 1357 wurde V. durch ein Privileg Ludwigs I. v. Anjou der Gerichtsbarkeit des Gespans entzogen und dem kgl. →Tarnackmeister unterstellt. Dank seiner Lage am Übergang über die →Drau, an der Kreuzung des West-Ost-Weges entlang des Drautales und der Route aus der pannon. Ebene an die Adria, entwickelte sich V. im 15. Jh. zu einem wichtigen Handwerks- und Handelszentrum. Die Stadt erhielt 1421 ihr erstes Messeprivileg; ab 1448 fand jährl. eine achttägige Messe statt. Anfang des 15. Jh. kamen Burg und Stadt an die Gf.en v. →Cilli. Beim Angriff von Johannes →Hunyadi ging die Stadt 1446 in Flammen auf. Nach dem Tod →Ulrichs II. v. Cilli 1456 wieder kgl. Besitz, war V. ab 1463 in den Händen wechselnder Stadtherren. I. Goldstein

Lit.: S. BELOŠEVIĆ, Županija varaždinska i slobodni i kraljevski grad V., 1926 – T. RAUKAR, Grofovi Celjski i hrvatsko kasnosrednjovjekovlje, Historijsjski zbornik 36, 1983 – Varaždinski zbornik 1181-1981, 1983 – N. BUDAK, Gradovi varaždinske županije u srednjem vijeku, 1994.

Vardar, Vardarioten. Der etwa 350 km lange Hauptfluß Makedoniens entspringt im NW dieser Region, durchfließt ab →Skop(l)je in SSO-Richtung die verkehrsgeogr. wichtige Morava-V.-Furche und erreicht die Ägäis westl. von →Thessalonike. Der antike, byz. und moderne gr. Name Axios (wohl aus iran. *axšaēna*, 'dunkel', 'schwarz') bezeichnet v. a. den Unterlauf. Der etymolog. ungeklärte ma. und nz. Name V. (nicht vor Mitte des 9. Jh. von Slaven übernommen) scheint in slav. Q. erst ab Ende des 13. Jh. auf; für den Oberlauf ist im 13.–15. Jh. die slav. Bezeichnung Velika reka ('großer Fluß') überliefert. – Nach dem V. benannt sind die Vardarioten (Bardariotai); in vielen Q. mit Türken [Turkoi] gleichgesetzt; unter diesem Ethnonym verstand man damals am ehesten Ungarn/Magyaren. Bm.slisten (10.–12. Jh.) belegen ein Bm. (unter Thessalonike) der Bardarioten oder Türken. Auf ein Vordringen von Ungarn zum V. (nach OIKONOMIDÈS i. J. 934) und deren Ansiedlung (samt Christianisierung) im 10. Jh. weisen auch andere Q. 1020 wurde dem Ebf. v. →Ohrid das 'Kanonikon' über die Turkoi am Bardareios zugestanden. 1256 begleiteten Vardarioten Ks. Theodoros II. ins Feld. Ein Grundstück der Vardarioten fiel 1319 an das Athos-Kl. Xeropotamu. In spätbyz. Zeit traten die Vardarioten v. a. als ksl. Palastgarde (unter einem Primikerios) mit roten Uniformen in Erscheinung: ihre von Ps.-→Kodinos behauptete pers. Herkunft (Ansiedlung durch den Ks. [Theophilos?]), Sprache und Tracht sind nicht mit Sicherheit zu deuten ('pers.' im Sinne von ung. oder türk.? Untergang der Perser und ihre Ersetzung oder Ablösung durch andere Volkselemente wie Ungarn und später Türken?). Ein Amt/Titel (?) eines Vardarios v. Thessalonike ist auf wenigen Siegeln nachweisbar. P. Soustal

Lit.: Oxford Dict. of Byzantium, 1991, 2153 – N. OIKONOMIDÈS, SOF 32, 1973, 1–8 – H. GÖCKENJAN, JbGO 21/3, 1973, 423–441 – I. DURIDANOV, Die Hydronymie des V.systems als Geschichtsq., 1975, 30–36 – G. SCHRAMM, Eroberer und Eingesessene, 1981, 392–395 – H. DITTEN, Ethn. Verschiebungen zw. der Balkanhalbinsel..., 1993, 106–110.

Vargas, Alfonsus Toletanus, Augustinertheologe, * um 1310 zu Toledo, † Dez. 1366 zu Sevilla. 1344/45 hielt er in Paris seine Sentenzenlesung und wurde um 1347 Magister der Theologie. Seit 1353 Bf., starb er als Ebf. v. Sevilla. Er unterstützte →Aegidius Albornoz bei der Rückgewinnung des Kirchenstaates. In seiner Theologie und hist.-krit. Haltung ist er typ. Vertreter der →Augustinerschule. – Im Druck erschienen von ihm »Quaestiones de anima« (ed. 1477 u. ö.) und »In primum Sententiarum« [cd. 1490, Rep. 1952]. A. Zumkeller

Lit.: TEEUWEN Nrr. 1458–63, 3638, 3679, 3689, 4691, 5908, 5916, 7262 – GINDELE, 161–162 – J. KÜRZINGER, A. V. T., 1930 – D. TRAPP, Augustiniana 6, 1956, 213–223 – A. ZUMKELLER, Augustinerschule, 224f. – DERS., Manuskripte, 52f., 566f. – DERS., Erbsünde, Gnade, Rechtfertigung und Verdienst nach der Lehre der Erf. Augustinertheologen des SpätMA, 1984, passim – L. A. KENNEDY, Augustiniana 38, 1988, 124–128.

Varignana, Bartolomeo da, Schüler, Kollege und Konkurrent Taddeo →Alderottis in Bologna, † 1321 in Genua. V. besaß eine berühmte med.-philos. Bibliothek (Diebstahl 1286) und lehrte Medizin und Artes, d. h. neben theoret. und prakt. Medizin auch die med. Propädeutik. Auf Antrag Alderottis wurde er 1292 durch das Collegium magistrorum wegen Abwerbens von Studenten zu einer Geldstrafe verurteilt. Nach dem Tode Taddeos führender Medizinprofessor Bolognas, verließ V. 1311 Bologna, wurde Leibarzt Heinrichs VII. und übernahm Aufgaben bei Hofe (u. a. verantwortl. für den Transport der Eisernen Krone der Langobarden zur Krönung Heinrichs VII. nach Sant'Ambrogio [Mailand]). In einem Gutachten sprach er den Beichtvater Heinrichs nach dessen plötzl. Tod 1313 vom Vorwurf der Vergiftung frei. Als Averroist und Vertreter der für Padua und Bologna im 14. Jh. charakterist. 'Arztphilosophen' verfaßte er bedeutende Kommentare zu den Aphorismen des Hippokrates, zu Galen und Avicenna. Auch sein Sohn Guglielmo war ein bedeutender Medizinprofessor und Autor. K. Bergdolt

Lit.: L. MÜNSTER, Alcuni episodi sconosciuti o poco noti sulla vita e sull'attività di B. da V., Castalia. Rivista di storia della med. 10, 1954, 207–215 – N. G. SIRAISI, Taddeo Alderotti and his Pupils, 1981, 45–49, 86–95 [Lit.].

Varlar (Gem. Rosendahl, Kr. Coesfeld), OPraem Stift, vor 1123 mit Chorherren aus Prémontré besetzt, von →Norbert v. Xanten, der 1124 V. aufsuchte, gefördert und – als Abschluß des Gründungsvorgangs – 1129 vom Bf. v. →Münster mit dem Privileg der freien Propst- und Vogtwahl ausgestattet. Hinter der Gründung stand Otto v. →Cappenberg, zu dessen Besitz V. 1118 gehört hatte. Otto wurde erster Propst in V. Als ihm 1126 sein Neffe Heinrich v. Coesfeld folgte, erhielt V. dessen Erbgüter, u. a. den Hof Coesfeld. Die dortige Lamberti-Kirche wurde 1137 V. inkorporiert. Nachdem V. vor 1150 unter die paternitas des Kl. Cappenberg, des Hauptes der westfäl. Zirkarie, gestellt war, suchte es sich vergebl. dieser Zuordnung zu entziehen. V. war wie die anderen Kl. der Cappenberger Filiation ein exklusives Kl. mit nie mehr als 10 Konventualen, die v. a. dem Adel des Münsterlandes und der östl. Niederlande entstammten. Bis 1265 waren die Herren v. Horstmar Vögte des Kl., anschließend die Pröpste selbst. H. Schoppmeyer

Lit.: L. FROHNE, V. (Westfäl. Kl.buch, II, hg. K. HENGST, 1994), 384–389 [Lit.].

Varna, Stadt in →Bulgarien, an der westl. Schwarzmeerküste, Nachfolgerin des antiken Odessos, erstmals Ende des 7. Jh. erwähnt, gehörte seit der zweiten Hälfte des 8. Jh. zum Territorium des bulg. Staates und wurde im 13.–14. Jh. dank der Aktivität der Venezianer und Genuesen zum wichtigsten Hafen und Handelszentrum des bulg. Zarenreiches. 1347 ließ sich in V. der erste ven. Konsul nieder. 1395 von den Türken erobert, fand 1444 bei V. die für das Schicksal der Balkanhalbinsel entscheidende Schlacht statt (→Varna, Schlacht bei). In der Stadt und ihrer Umgebung sind u. a. frühchr. Basiliken mit Mosaiken (4. Jh.), frühchr. Grabmäler (6. Jh.), Teile der Festungsmauer und zwei ma. Kirchen (13.–14. Jh.) erhalten. V. Gjuzelev

Lit.: Bălgarski srednovekovni gradove i kreposti, I, hg. A. KUZEV–V. GJUZELEV, 1981, 293–310.

Varna, Schlacht bei (10. Nov. 1444). [1] *Geschichte:* Die Schlacht bei V. wurde ausgetragen zw. dem chr. Kreuzfahrerheer (→Kreuzzüge, B. VII), unter Führung des poln.-ung. Kg.s →Władysław III. Jagiello und des Johannes →Hunyadi, und den →Osmanen, unter Führung Sultan →Murāds II. Die chr. Armee erlitt eine schwere Niederlage, Władysław III. fand den Tod, und Hunyadi zog sich mit dem Rest des Heeres in das Gebiet nördl. der Donau zurück, wo er von den Vlachen gefangengenommen wurde. Die Niederlage des chr. Heeres entschied endgültig das Schicksal der Balkanhalbinsel: sie wurde ein paar Jahrzehnte später von den Osmanen erobert. V. Gjuzelev

Lit.: G. KÖHLER, Die Schlachten v. Nicopoli und Warna, 1882 – O. HALECKI, The Crusade of V. A Discussion of Controversial Problems, 1944 – F. PALL, Un moment décisif de l'hist. du Sud-Est européen. La croisade de V. 1444, Balcania 7/1, 1944, 102–120 – J. DĄBROWSKI, L'année 1444, 1952 – V. 1444. Sbornik ot izsledvanija v čest na 525-ta godišnina ot bitkata kraj grad V., 1969 – B. CVETKOVA, Bataille mémorable des peuples. Le Sud-Est européen et la conquête ottoman, 1971 – Kulturno-ist. i etnolog. ... na Balkanite, 1995.

[2] *Literarische Zeugnisse:* Die Niederlage des chr. Heeres bei V. hat sich in W- und in SO-Europa literarisch, außer in Chronistik und Geschichtsschreibung, auch in der Reimdichtung mit zwei Poemen niedergeschlagen: Das eine ist ein frühnhd. Gedicht von Michael →Beheim (950 Verse), das auf den Augenzeugen H. Mergest zurückgeht, der erst nach seiner Rückkehr aus 16jähriger türk. Kriegsgefangenschaft seinem Freund Beheim hatte berichten können. – Das andere Poem entstammt dagegen der griech.-volkssprachlichen Lit., ist in Fünfzehnsilbern abgefaßt und in zwei Versionen überliefert: C aus Cod. Paris. gr. 316 saec. XV/XVI, in 466 Versen, angebl. verfaßt von dem »Philosophen« (d.h. Mönch) Zotikos Paraspondylos, der als vorgebl. Augenzeuge figuriert, und K aus dem Cod. Constantinopolit. Seragl. gr. 35. a. 1461, in 460 Versen, zugeschrieben einem Georgios Argyropulos. Beide Versionen, deren jeweilige Verfasser wohl doch fiktive Gestalten sind, stellen Bearbeitungen einer verlorenen Vorlage dar, der K deutlich näher steht als C. Beide Versionen heben bes. die Rolle des Feldherrn Johannes →Hunyadi hervor, dessen Tod bei der Belagerung v. →Belgrad 1456 vermutl. den Anlaß zur Fixierung des Poems gab. S. a. →Türkenkriege. G. Prinzing

Ed.: →Beheim, M. (H. GILLE–I. SPRIEWALD [DTMA 60, 1], Nr. 104) – Görög Költemény a Várnai csatáról/Ἑλληνικὸν ποίημα περὶ τῆς μάχης τῆς Βάρνης, hg. Gy. MORAVCSIK, 1935 – *Lit.*: G. PRINZING, Bem. zum spätbyz. Poem über die Schlacht v. V. (Świat chrześcijański i Turcy Osmańscy w dobie bitwy pod Warną, hg. D. QUIRINI-POPŁAWSKA, 1995, 59–71) [Lit.].

Varnhem, Zisterzienserkl. in Valle Harde, Prov. Västergötland (Schweden). Von →Alvastra aus besiedelten wohl meist frz. Mönche um 1150 die von Kg. →Sverker d. Ä. gestiftete Insel Lurö im Väner-See, zogen aber nach Lugnås, dann nach V. um. Während einer kurzfristigen Vertreibung gründeten sie 1157/58 das Kl. →Vitskøl. Die Kg.e →Knud Eriksson († 1195/96), sein Sohn Erik Knutsson († 1216) und sein Enkel Erik Eriksson († 1250) beschenkten V., förderten den Ausbau des Kl. und wurden in V. beerdigt. Die erste Kl.kirche wurde 1234 durch Feuer zerstört, die heute noch erhaltene Kirche mit gerundetem Ostchor wurde bis etwa 1260 errichtet (Grablege von →Birger Jarl 1266). In den ausgegrabenen, gut erhaltenen Fundamenten der Kl.anlage ließ sich das Wassersystem vollständig rekonstruieren, was zu Diskussionen über die techn. Innovationen der Zisterzienser in Schweden beitrug. T. Nyberg

Lit.: C. M. FÜRST, Birger Jarls grav i V. klosterkyrka, Vitterhets- Historie- och Antikvitets Akademiens Handlingar D. 38/2, 1928 – E. ORTVED, Cistercieordenen og dens Klostre i Norden, II, 1933, 225–258 – C. G. SWANBOM, V. klosterkyrka, 1963 – R. SIGSJÖ, Klosterstaden V., Västergötlands Fornminnesförenings Tidskrift 1979/80, 103–156 – R. EDENHEIM–I. ROSELL, V. klosterkyrka, Sveriges kyrkor 190, 1982 – J. FRANCE, The Cistercians in Scandinavia, 1992 – A. GÖTLIND, Technology and Religion in Medieval Sweden, Avhandlingar från Historiska institutionen i Göteborg 4, 1993, 17–74 – T. NYBERG, Monasticism in Northern Europe c. 800–1200, 1997.

Varro im Mittelalter. M. Terentius V. (aus Reate), der den Zeitgenossen wie den Späteren als der größte röm. Gelehrte galt, hat das röm. Geistesleben tief beeinflußt, aber auch nach dem Altertum stets hohes Ansehen genossen, obwohl seine sehr zahlreichen und vielseitigen lit. Werke zum weitaus größten Teil schon in der späteren Ks.zeit untergegangen sind und das wenige, das ins MA gelangte, zu den größten Seltenheiten gehörte. – V.s Saturae Menippeae hat als einer der letzten Nonius (3./4. Jh.?) in Händen gehabt, dem wir einen großen Teil der Fragmente verdanken; die philos.-hist. Abhandlungen der Logistorici muß sogar noch →Sidonius besessen haben (epist. 8, 6, 18). Während die speziellen Abh., z. B. die literarhist., nicht über das Zeitalter der Papyri hinausgelangt sind, scheint der Redner Symmachus die Imagines (oder Hebdomades) noch gekannt zu haben (epist. 1, 2. 4). Das große Werk über die röm. Altertümer (Antiquitatum rerum humanarum et divinarum libri XLI) war im Besitze Augustins, der auf ihm seine Widerlegung der heidn. Götterwelt aufbaute; in De civitate Dei 16, 2 gibt er eine Übersicht über das Gesamtwerk. Bes. Bedeutung gewann V.s enzyklopäd. Alterswerk, die Disciplinarum libri IX, in denen der 83jährige die Fächer der Grammatik, Rhetorik,

Dialektik, Geometrie, Arithmetik, Astrologie, Musik, Medizin und Architektur behandelte (nicht erhalten). Auch dieses Werk hat Augustinus in Mailand noch gesehen und ließ sich von ihm zur Abfassung ähnl. Schriften anregen, die von denen freilich nur ein Teil zustande kam. Unter Wegfall der Medizin und Architektur sind die sechs ersten Fächer durch Vermittlung von →Martianus Capella, →Cassiodor und →Isidor die Grundlage der septem →artes liberales für das ganze MA und darüber hinaus geworden. Als selbständiges Werk bzw. Bruchstück eines solchen sind von den 25 Büchern De lingua latina die Bücher 5–10, 86 erhalten. Die nach Mitte des 11. Jh. in Montecassino geschriebene Hs. (jetzt Florenz Laur. 51. 10) trägt die eindeutigen Spuren sehr hohen Alters und ist vermutl. Träger einer lokalen Überlieferung: V. besaß eine Villa in Casinum, und mindestens seit Mitte des 12. Jh. glaubten die Mönche v. →Montecassino, an dem von V. gegr. Ort zu leben. Die von →Boccaccio gefundene und entfremdete Hs. wurde Vorlage aller humanist. Hss. des Werkes. Benutzung durch Auxilius (10. Jh.) in Montecassino wird ohne ausreichenden Beweis vermutet. Ins MA ist vollständig gelangt allein das Werk Rerum rusticarum libri III: vielleicht deshalb, weil schon in der Spätantike ein Corpus landwirtschaftl. Schriftsteller zusammengestellt worden war: Cato de agricultura, V., Gargilius Martialis und Columella. Ein Abkömmling davon wäre ein 'altes' (karol.?) Exemplar, der codex Marcianus (in Florenz), nach dem 1472 die editio princeps hergestellt wurde (und der später verlorenging). Unklar ist, ob der Vertreter eines zweiten Überlieferungszweiges, Paris BN lat. 6842 A (12./13. Jh.), der Cato und V. allein enthält, letztl. auf dasselbe spätantike Corpus zurückgeht. Benutzt wurden die Rerum rusticarum libri im 13. Jh. von →Petrus de Crescentiis in seinen Ruralium commodorum libri III, dem ersten Hb. der Landwirtschaft des MA. Im it. Frühhumanismus scheint die Kenntnis V.s häufiger geworden zu sein. – Das ganze MA hindurch genoß V. hohes Ansehen als Gelehrter, wurde auch nicht selten genannt, doch stammen Zitate in der Regel aus zweiter und dritter Hand. – Unter dem Namen V. sind ca. 150 Prosasprüche als 'Sententiae V.nis' überliefert (Herkunft und Urheberschaft unbekannt). F. Brunhölzl

Lit.: SCHANZ-HOSIUS – MANITIUS, I–III – R. SABBADINI, Le scoperte dei codici latini e greci ne'secoli XIV e XV, 1905–14 – F. BRUNHÖLZL, Zum Problem der Casinenser Klassiküberlieferung (Abh. der Marburger Gelehrten Ges. 3, 1982) – L. D. REYNOLDS, Texts and Transmission, 1983, 430f. – M. V. ALBRECHT, Gesch. der röm. Lit., I, 1992, 485ff.

Varye, Guillaume de, frz. Kaufmann und Unternehmer, * um 1420, † 1469, ▭ Bourges, Karmeliterkirche. V., der führende Teilhaber von Jacques →Cœur, entstammte wie dieser der Handelsbourgeoisie v. →Bourges, assistierte ihm in der kgl. →Argenterie →Karls VII. und nahm in dieser Eigenschaft an allen Handels- und Finanzaktivitäten Cœurs teil, war als *contrôleur général des finances* u.a. in Tours, Lyon, Rouen sowie im Languedoc tätig. Außerhalb des Kgr.es Frankreich betrieb er Geschäfte in Avignon, Marseille, Genf, Rom und Florenz (dort Mitglied der 'Arte della Seta'; →Seide, A. II). Durch seine langjährigen Beziehungen zu it. Bankiers eignete er sich deren Finanztechniken an. Während des Prozesses gegen Cœur wiesen die Richter V.s Zeugenaussage wegen dessen allzunahen Treueverhältnisses zum Angeklagten zurück. V. fand Zuflucht in der Abtei Grandmont (Limousin), dann in Spanien und in Rom, wo er an der päpstl. Schutzherrschaft über Cœur teilhatte.

Durch seine kaufmänn. Fähigkeiten gewann V. schließlich aber das Vertrauen des neuen Kg.s →Ludwig XI., der ihm wichtige Aufgaben der Finanzverwaltung übertrug (1461: *général des finances*) und ihm die Wiederaufnahme der von Cœur begonnenen Handelsunternehmungen im Mittelmeerraum ermöglichte. Wie Cœur verstand es auch V., den sozialen Aufstieg seiner Familie zu fördern; seine Heirat mit Charlotte v. Bar markiert den Übergang von der Bourgeoisie zum Adel. Über das Hôtel der Familie in Bourges hinaus erwarb V. ein aus engl. Besitz konfisziertes Stadtpalais in Rouen sowie mehrere Seigneurien, bes. Isle-Savary. M. Mollat †

Lit.: R. GANDILHON, Politique économique de Louis XI, 1941 – M. MOLLAT, Les affaires de J. Cœur. Journal du Procureur Dauvet, 2 Bde, 1952 – DERS., Une équipe: Les commis de J. Cœur (Homm. L. FEBVRE, 1953, II), 175f. – J. HENRY, G. de V., Mém. Univ. Lyon, 1963 – M. E. POULON-BREJON DE LAVERGNÉE, G. de V. [Thèse Éc. Nat. des Chartes, 1972] – M. MOLLAT, J. Cœur ou l'esprit d'entreprise, 1988 – s. a. Lit. zu →Cœur, Jacques [P. CLÉMENT, 1966; R. GUILLOT, 1974].

Vasa, spätere Benennung des Geschlechts Kg. Gustavs I. v. Schweden (1523–60), die teils mit dem Besitz des Dorfes Vasa durch Familienmitglieder im MA erklärt, teils für eine Ausdeutung des Familienwappens gehalten wurde, das sich allein durch Beizeichen vom Wappen des deutschbalt. Geschlechts Scherembeke unterscheidet. Im Geschlecht Scherembeke ist der Vorname Christiern (Christian) sehr häufig; er findet sich ebenfalls bei den V., ist aber für Schweden sehr ungewöhnlich. Der Vorname wurde den V. durch den Stockholmer Vogt Christiern v. Öland († 1309/10) vererbt, dessen Wappen dem Scherembekschen glich. Seine Tochter war die Großmutter der Frau des Stockholmer Vogts *Nils Kettilsson* († frühestens 1378), dem Stammvater des Geschlechts V.; sein Wappen war dem Scherembekschen noch ähnlicher. Sein Sohn, der Ritter und Reichsrat *Christiern Nilsson* († 1442) zu Björnö in Uppland, bezeichnete 1423 einen Heinrich Scherembeke als Oheim. Christiern Nilsson, Hauptmann in Viborg in Finnland seit 1417, wurde 1435 von Kg. Erich v. Pommern zum →Drost ernannt. 1439 wurde er in Revelsta in Uppland von Anhängern des neuen Reichsverwesers und Sohn seines Schwestersohns →Karl Knutsson (Bonde) gefangengenommen. Diese Tat brachte seinen Enkel, Ebf. Jöns Bengtsson (→Oxenstierna), gegen Karl Knutsson auf. Der älteste Sohn von Christiern Nilsson, der Reichsrat *Karl Christiernsson* († 1440) war Vater von Bf. *Kettil Karlsson* v. Linköping (1433–65). Bf. Kettil leitete 1464 den Aufstand gegen den Unionskg. →Christian I., der seinen Vetter, Ebf. Jöns Bengtsson, eingekerkert hatte. Kettil Karlsson war bis zu seinem Tode Reichsverweser, mit Ausnahme der Monate der erneuten Regierung Karls Knutsson. Der Bruder Bf. Kettils, der Reichsrat *Erich Karlsson* († 1491) zu Norrby in Östergötland, war Anführer des mißlungenen Aufstands gegen Karl Knutsson von 1469. Eine seiner Töchter war Mutter der zweiten Gemahlin Kg. Gustavs I.

Der Großvater Gustavs I., der Ritter und Reichsrat *Johann Christiernsson* († 1477) zu Rydboholm in Uppland, ein jüngerer Halbbruder Karl Christiernssons, war in erster Ehe mit einer Schwestertochter Karl Knutssons verheiratet; ihr Sohn, der Ritter und Reichsrat *Erich Johannsson* († 1520) zu Rydboholm und der Vater Gustavs I., der im Stockholmer Blutbad hingerichtet wurde, war Schwestersohn und einer der Erben des Reichsverwesers Sten →Sture d. Ä. H. Gillingstam

Lit.: H. GILLINGSTAM, Ätterna Oxenstierna och V. under medeltiden, 1952/53.

Vasall, Vasallität. Der Begriff 'V.ität' (vassaticum, vassaliticum) bezeichnet den personalen Aspekt eines Bindungsverhältnisses, das als hierarch. strukturierte Beziehung aus galloröm. Wurzel entstand und in karol. Zeit durch die Verbindung mit Elementen des germ. Gefolgschaftswesens und der Vergabe von Grund und Boden einen Prozeß der Transformierung durchlief.

Das Wort 'V.' (vassus [ab dem 6. Jh.], vasallus [ab dem 9. Jh.]) leitet sich von kelt. *gwas* ('Diener') ab, das in der Merowingerzeit einen Unfreien bezeichnete und noch bis ins 8. Jh. in diesem Sinne verwendet wurde. Spätestens seit dem 8. Jh. konnte es jedoch auch für einen abhängigen Freien gebraucht werden, vgl. →Lex Alamannorum (XXXVI, 3) und →Lex Baiuvariorum (II, 14). Der Eintritt in die Abhängigkeit geschah durch den Akt der →Kommendation, der bereits die Ergebung in das galloröm. Klientelverhältnis indiziert hatte. Die vasallit. Kommendation begründete einen wechselseitigen Vertrag, der auf Lebenszeit des Mannes und wohl auch des Herrn befristet war und den Mann zu Dienst und Gehorsam gegenüber seinem Herrn verpflichtete, wofür der Herr ihm Unterhalt und Schutz gewährte. Obwohl der Herr (dominus, senior) nun weitgehende disziplinar. Gewalt gegenüber dem Kommendierten (vassus, ferner homo und gasindus [bis ca. 9. Jh.], ab dem 9. Jh. häufig auch miles) hatte, mußte das geschuldete servitium doch mit dem freien Stand des Mannes vereinbar sein, es konnte Bedienung im Haus des Herrn ebenso einschließen wie militär. Dienst. Die Pflicht des Herrn, den Lebensunterhalt des V.en zu sichern, konnte durch direkte Unterstützungsleistungen des Herrn oder durch das Überlassen von Nutzungsrechten, sei es durch Schenkung oder Leihe von Land (etwa in der Form der →precaria), erfolgen. Vereinzelt sind seit der 1. Hälfte des 8. Jh. Benefizien in der Hand von vassi belegt, regelmäßig, jedoch nicht zwingend, wurden V.ität und →Beneficium erst in karol. Zeit verbunden. Trotz der Existenz von vassi non casati bis ins 12. Jh. gehörten V.ität und Benefizialleihe nun konstitutiv zusammen. Dabei leitete die Leihepraxis Karl Martells erst allmähl. zum »klass. Lehnswesen« hin, dessen Entstehung auf die Zeit Karls d. Gr. datiert wird (WOLFRAM). Ebenfalls in karol. Zeit trat als vasallitätsbegründender Akt zur Kommendation das Schwören eines Treueids. Nach herrschender Meinung wertete die Treueidleistung, die auf das germ. Gefolgschaftswesen zurückgeführt wird, die Stellung des V.en nachhaltig auf, da sie dem der Kommendation urspgl. inhärenten Zug der Selbstverknechtung ein Element der Freiwilligkeit hinzufügte. Zugleich mündeten gefolgschaftl. organisierte Verbände (→Gefolgschaft, →antrustio, →leudes) in die V.ität ein. Dieser qualitativen Veränderung des Charakters der V.ität entspricht, daß neben weiterhin belegbaren vassi niedriger, vielleicht sogar unfreier Herkunft seit der 2. Hälfte des 8. Jh. sozial hochstehende Kg.sv.en (vassi dominici) greifbar werden, die sich dem Herrscher zur Verfügung zu halten und bes. Kriegsdienste zu leisten hatten. Als erster hochadliger V. gilt →Tassilo III. Zugleich ging die Forsch. lange davon aus, daß der Eid Tassilos i. J. 757 gegenüber Karl d. Gr. als ältester bezeugter V.eneid angesehen werden könne. Neuerdings wird jedoch diskutiert, daß erst 787 Tassilos Eintritt in die V.ität Karls d. Gr. zu erweisen sei (CLASSEN, zugespitzt BECHER). Zugleich geriet die These ins Wanken, daß die Treueide der V.en dem allg. Untertaneneid der Jahre 789 und 802 formal als Vorbild dienten und damit auch zeitl. vorausgingen. Sollte die Aufnahme von Treueiden in die vasallitätsbegründenden Rituale tatsächl. erst für das frühe 9. Jh. zu erweisen sein, hat das Rückwirkungen auf den Zeitraum der Ausbildung des »klass.« →Lehnswesens, das aus der Verbindung des dingl. Elements des Beneficiums sowie des durch Kommendation begründeten und durch den Treueid nuancierten personalen Elements der V.ität erwuchs. Zugleich bezeichnet der Begriff V.ität von der Entstehung des Lehnswesens an nur noch dessen personale Seite.

Die V.enschicht, die im frk. Reich entstand, war heterogen. Sie umfaßte die Großen des Reiches, die meist Kronlehen innehatten, ebenso wie die Inhaber mittlerer und kleiner Lehen sowie die V.en der Magnaten. Die Anbindung des Adels wie der Amtsträger an das Kgtm. durch das Lehnswesen wurde erst allmähl. üblich. Nach KIENAST kann seit der Zeit Ludwigs d. Frommen davon ausgegangen werden, daß Gf.en in der Regel auch kgl. V.en waren (anders: KRAH). Auch die Bindung der Bf.e und Äbte gegenüber dem Kg. erfolgte durch Kommendation und Treueid. Da die Entstehung des Lehnswesens ferner funktional mit militär. Erfordernissen im Zusammenhang stand, wurde es primär zum Organisationsprinzip des Adels. Was die mögl. Beziehungen des Kg.s zu den Unterv.en anbelangt, unterschied KIENAST zwei Prinzipien, das frz. und das engl. Prinzip. Ersteres sah er in der westfrk.-spätkarol. und kapet. Monarchie Frankreichs (und auch im ostfrk.-dt. Reich) verwirklicht, wo es dem Kg. nicht gelang, sich in die Dienst- und Abhängigkeitsbeziehungen zw. ihren Kronv.en und Unterv.en einzuschalten und dadurch einen Anspruch auch auf Leistungen der Afterv.en zu erlangen, letzteres im England der Normannen, wo der Kg. sich einen grundsätzl. Treuevorbehalt habe sichern können.

In jedem Fall unterlag die genaue Ausformulierung der V.enrechte und -pflichten in Abhängigkeit von gegebenen polit. Rahmenbedingungen erhebl. regionalen Unterschieden. Idealtyp. können Rechte und Pflichten des V.en wie folgt formuliert werden: Der V. schuldete dem Herrn keinen strikten Gehorsam, sondern →Treue (fidelitas; daher kann der Begriff →»fidelis« auch den V.en bezeichnen), die sich in der Gewährung von Rat und Hilfe (→consilium et auxilium) manifestierte. Der Herr muß dem V.en Schutz und Schirm (→Schutz, -herrschaft) sowie in der Regel eine angemessene Erstausstattung mit einem Lehen gewähren. Rat und Hilfe des V.en realisierten sich in der Pflicht zur Hof- und Heerfahrt, im Erweisen von Ehrendiensten und in der Unterstellung unter das Lehengericht des Herrn. Wenn auch vom Lehen kein Zins zu zahlen war, waren doch definierte finanzielle Verpflichtungen wie die Erbringung von *aides féodales* in Frankreich, die Zahlung einer Lehnware oder eines Schildgeldes (in England →*scutage*) grundsätzl. mit dem Charakter des Lehensverhältnisses vereinbar. Umgekehrt war der Herr kraft seiner Schutzpflicht gehalten, dem V.en den ungestörten Genuß seines Lehens zu garantieren, ihm ggf. militär. Beistand zu leisten oder ihn gerichtl. zu vertreten. Den Pflichten beider Seiten waren infolge des dem Lehnswesen immanenten Treuegedankens durch den Grundsatz der Zumutbarkeit Grenzen gesetzt, die etwa zu zeitl. und räuml. Einschränkungen (z. B. der Heerfahrtspflicht) führten.

Je nach polit. Konstellation konnten Herren- oder V.enrechte stärker betont werden. Das Recht bzw. die Pflicht des V.en, Rat zu erteilen, sicherte ihm polit. Partizipation. Dazu weitete sich die Lehnsfolgeberechtigung der Söhne eines V.en, die im späten 9. Jh. in den großen Lehen des Westfrankenreichs indirekt sanktioniert wurde (Kapitulare n. →Quierzy 877), trotz des prinzipiell personalen Charakters der V.ität, die bei Herren- und Mannfall neu begründet werden mußte, zur Sohneserbfolge, später zum Erbrecht von Frauen und Seitenverwandten. Auch Mehrfachv.ität stärkte die Position des V.en, da sie die Neutralität des V.en im Konfliktfall nach sich ziehen konnte. Gegen die Folgen der Mehrfachv.ität bot das im späten 11. Jh. in Frankreich entwickelte Instrument der Ligesse dem Herrn eine Handhabe; weitere Instrumente der Einflußnahme bildeten die Lehensvormundschaft (bes. im anglonorm. Lehnswesen) und die Erteilung von Heiratsgenehmigungen für Kronv.en und Lehenserben (etwa im Kgr. Sizilien). Für die Entwicklung der V.enrechte im röm.-dt. Reich, bes. im it. Teilreich, ist auf die Lehensgesetze Konrads II. (1037, →Constitutio de feudis), Lothars III. (1136) und Friedrichs I. (1154, 1158) zu verweisen. Während Konrad II. den V.en das Erbrecht in ihren Lehen zusagte und sie durch die Koppelung des Lehensentzugs an ein lehngerichtl. Verfahren gegenüber ihren Herren absicherte, versuchte Lothar III., die dem Reich geschuldeten Lehenspflichten dadurch nachvollziehbar zu halten, daß er die Veräußerung von Lehen ohne Zustimmung des Lehensherrn unter Strafe stellte. Friedrich I. bemühte sich ebenfalls um die Absicherung der dem Reich zu erbringenden Lehenspflichten (verschärftes Veräußerungsverbot, Lehensentzug bei Verweigern der Heerfolge bzw. der Stellung eines Ersatzmannes und bei Unterlassen der Lehensmutung, etc.). Dagegen konzentrierte sich die Aufmerksamkeit der Territorialherren im spätma. dt. Reich auf die Verhinderung von Veränderungen am Lehensobjekt (Verkäufen, Verpfändungen etc.), die zu einer Verlagerung oder Minderung der Leistungspflicht führen konnten. Diese Veränderung der Perspektive fällt mit einer Entwicklung zusammen, die als »Verdinglichung des Lehnswesens« beschrieben wurde. Im röm.-dt. Reich gelang es den werdenden Landesherren, die Pflichten ihrer V.en umfassend zu definieren bzw. auszuweiten (SPIESS) und die geschuldete Treue auf das Territorium statt auf den Lehensherrn zu beziehen, wogegen sich die Verpflichtungen bes. der kleinen Reichsv.en gegenüber dem Kg. verflüchtigten (RÖDEL). Ch. Reinle

Lit.: HRG II, 960-963, 1686-1755; V, 644-648 – H. MITTEIS, Lehnrecht und Staatsgewalt, 1933 – DERS., Der Staat des hohen MA, 1953[4] – W. KIENAST, Untertaneneid und Treuvorbehalt, ZRGGermAbt 66, 1948, 111ff. – DERS., Untertaneneid und Treuvorbehalt in Frankreich und England, 1952 – P. CLASSEN, Bayern und die polit. Mächte im Zeitalter Karls d. Gr. und Tassilos III. (Die Anfänge des Kl. Kremsmünster, red. S. HAIDER, 1978), 169ff. – K.-H. SPIESS, Lehnsrecht, Lehnspolitik und Lehnsverwaltung der Pgf.en bei Rhein im SpätMA, 1978 – K.-F. KRIEGER, Die Lehnshoheit der dt. Kg.e im SpätMA (ca. 1200-1437), 1979 – V. RÖDEL, Reichslehenswesen, Ministerialität, Burgmannschaft und Niederadel, 1979 – F. L. GANSHOF, Was ist das Lehnswesen? 1983[6] – W. KIENAST, Die frk. V.ität, hg. P. HERDE, 1990 – M. BECHER, Eid und Herrschaft (VuF Sonderbd. 39, 1993) – A. KRAH, Die frk.-karol. V.ität seit der Eingliederung Bayerns in das Karolingerreich, ZBLG 56, 1993, 613ff. – S. REYNOLDS, Fiefs and Vassals, 1994 – H. WOLFRAM, Karl Martell und das frk. Lehenswesen (Karl Martell in seiner Zeit, hg. J. JARNUT u.a., 1994), 61ff.

Vasco. **1. V. Fernandes de Lucena** →Lucena, Vasco Fernandes de (3.L.)

2. V. Perez Pardal, ptg. (?) Dichter, 2. Hälfte des 13. Jh., wirkte am Hof Kg. →Alfons' X. v. Kastilien-León (10.A.). Erhalten sind eine →Tenzone, drei *cantigas de amor*, fünf *cantigas de amigo* und vier *cantigas de escarnho e maldizer* (→Cantiga). W. Mettmann

Ed.: M. MAIORANO, Il canzoniere di V. P. P., 1979.

Vasilij

1. V. I. Dmitrievič, Gfs. v. →Moskau und →Vladimir seit 1389, *Dez. 1371, †27. Mai 1425, ältester Sohn des Gfs.en →Dmitrij Donskoj und der Evdokija, Tochter des Gfs.en v. →Suzdal', →Dmitrij Konstantinovič. Durch testamentar. Verfügung des Vaters erhielt V. 1389 – unter Umgehung des nach den Regeln des →Seniorats thronfolgeberechtigten Onkels – die Gfs.enwürde und fast das gesamte Herrschaftsgebiet von Moskau und Vladimir als 'Vatererbe' (→Votčina). Die Rolle Moskaus als Zentrum des Gfsm.s wurde von V. symbolisch durch Überführung der einst von →Andrej Bogoljubskij aus →Kiev nach Vladimir gebrachten berühmten Ikone der Gottesmutter in seine Residenz bekräftigt (1395). Zwar mußte V. seine Inthronisierung noch durch die →Goldene Horde bestätigen lassen, doch war diese durch permanente innere Machtkämpfe soweit geschwächt, daß V. ztw. (1396-1412) sogar die Tributzahlungen (→Tatarensteuer) einstellen konnte. Die Chronik berichtet für jene Zeit erstmalig von tatar. Adligen, die sich taufen ließen und in Moskauer Dienste traten. Mit dem mächtigen westl. Nachbarn →Litauen war V. seit 1391 durch Heirat mit Sofija, einer Tochter →Witowts, eng verbunden. Gleichwohl führten Witowts Vorstöße gegen →Smolensk (1395), Vjaz'ma (1399) und →Pskov (1405/06) zu krieger. Auseinandersetzungen, die im Friedensschluß von 1408 mit der Wiederherstellung des Status quo ante endeten. V. konnte während seiner Regierungszeit →Nižnij Novgorod, →Murom und Suzdal' seinem Herrschaftsbereich einverleiben; →Novgorod behauptete hingegen seine Unabhängigkeit. Mit der Nachfolge betraute V. nicht, wie es sein Vater im Sinne des Seniorats testamentar. verfügt hatte, den nächstjüngeren Bruder, sondern seinen ältesten, noch minderjährigen Sohn →Vasilij (II.), was eine langwierige dynast. Krise nach sich zog. S. Dumschat

Q.: DDG, 13-16, 18-22, 55f., 58, 61 – Novgorodskaja I. letopis', 393 – PSRL 5, 6, 8, 11, 15, 18, 21č.2, 25, 26 – SGGD I, 35; 2, 15 – Lit.: A. V. ĖKZEMPLJARSKIJ, Velikie i udel'nye knjaz'ja severnoj Rusi v tatarskij period, s 1238 po 1505g., 1, 1889 – A. E. PRESNJAKOV, Obrazovanie Velikorusskogo gosudarstva, 1918 – M. N. TICHOMIROV, Srednevekovaja Moskva v XIV-XV vv., 1957 – L. V. ČEREPNIN, Obrazovanie russkogo centralizovannogo gosudarstva v XIV-XV vv., 1960 – Der Aufstieg Moskaus, Ausz. aus einer russ. Chronik, hg. P. NITSCHE, I-II, 1966-67 – HGesch Rußlands 1, I, 614-620 [P. NITSCHE].

2. V. II. Vasil'evič, Gfs. v. →Moskau, *15. März 1415, †27. März 1462 an Schwindsucht, Sohn von 1 und Sofija, Tochter des Gfs.en →Witowt v. Litauen, ⚭ 1433 Marija, Tochter des Teilfs.en Jaroslav Vladimirovič v. →Serpuchov, sieben Kinder (fünf überlebend: →Ivan [III.], Jurij, Andrej, Boris, Anna). – V. trat nach dem Tode des Vaters (1425), erst zehnjährig, die Regierung an (gemäß testamentar. Verfügung des Vaters und in Abweichung von der Erbfolgeregelung des →Seniorats); er stand unter der Vormundschaft Witowts und der Regentschaft Sofijas und hatte die polit. Rückendeckung des Metropoliten Fotij († 1431) und der Moskauer Bojarenschaft; auch der Chän der →Goldenen Horde entschied sich zugunsten V.s (1432). In langjährigen dynast. Kämpfen suchten aber sein ältester Onkel Jurij Dmitrievič v. Galič und dessen Söhne →Dmitrij Šemjaka und →Vasilij Kosoj gegenüber V. die Oberhand zu gewinnen: V. wurde dreimal aus der Herrschaft vertrieben (1433, 1434, 1446) und auf dem Höhepunkt des Konflikts mit Dmitrij Šemjaka 1446 geblendet (Beiname 'Temnyj', der Dunkle, Blinde). Doch auch V. führte den Kampf mit gleicher Härte (1436 Blendung Vasilij Kosojs), was ihm bisweilen Kritik der Zeitgenossen eintrug; so heißt es 1462 anläßl. einer qualvollen öffentl. Hinrichtung von Anhängern des 1456 eingekerkerten Fs.en Vasilij Jaroslavič v. Serpuchov: »Es war bis dahin unerhört ... und unwürdig für einen rechtgläubigen Herrscher, mit solchen Strafen zu strafen und Blut zu vergießen.«

Trotz der schweren inneren Krise konnte unter V.s Herrschaft die territoriale Integrität des Gfsm.s Moskau bewahrt, sein polit. Einfluß intensiviert werden. Verliefen die Beziehungen zu →Litauen insgesamt friedlich (Ausnahme: 1445), so begleiteten krieger. Konflikte mit den →Tataren nahezu die gesamte Regierungszeit V.s (1428, 1437–39, 1444–45, 1449, 1451, 1454, 1459). Nach dem vergebl. Versuch, die Errichtung des Chanats v. →Kazan' durch Uluġ Meḥmed (1438) militär. zu unterbinden, gelangten die Tataren 1439 plündernd und brandschatzend bis in die Moskauer Vorstädte. 1445 geriet V. bei Suzdal' nach einer schweren Niederlage in tatar. Gefangenschaft. Seine Bereitwilligkeit zur Zahlung eines die Bevölkerung schwer belastenden Lösegeldes (*otkup*), die Duldung tatar. Tributeintreiber (→Tatarensteuer) sowie seine Politik der forcierten Indienstnahme vornehmer Tataren brachten ihm bei seinen Gegnern ztw. den Ruf eines Tatarenfreundes ein. Die Beziehungen zum ehemals schärfsten Konkurrenten, dem Gfsm. →Tver', gestalteten sich freundschaftlich (Heirat des Moskauer Thronfolgers Ivan mit Marija, der Tochter des Gfs.en →Boris Aleksandrovič, 1452). Nachdrücklich verstärkt wurde der Moskauer Einfluß im (sich ebenso wie Tver' anfänglich stark an Litauen anlehnenden) Fsm. →Rjazan', im Fsm. →Pskov (Einsetzung von Statthaltern durch Moskau) sowie im (mit den Galičer Fs.en gegen V. verbündeten) Land →Vjatka (1458/59). 1456 führte V. gegen →Novgorod, das seinem Erzfeind Dmitrij Šemjaka Zuflucht gewährt hatte, einen Feldzug durch und diktierte der Stadtrepublik die Friedensbedingungen v. Jažełbicy, die den endgültigen Verlust der Novgoroder Unabhängigkeit (1478) bereits konturhaft andeuten.

Der aus dem prinzipiellen Gegensatz zweier Erbfolgeordnungen resultierende dynast. Konflikt entwickelte sich nach dem Tode Jurij Dmitrievičs (1434) zu einem reinen Machtkampf (»Feudalkrieg« nach sowjetmarxist. Terminologie), den V. im wesentl. deshalb für sich entschied, weil die Moskauer Bojarenschaft mit wenigen spektakulären Ausnahmen auch in den Zeiten der Vertreibung (1433, 1446) treu zu ihm hielt und er zumeist die Unterstützung der hohen Geistlichkeit fand (29. Dez. 1447 gegen Dmitrij Šemjaka gerichtetes Sendschreiben der russ. Geistlichkeit). An der Thronfolge seines ältesten Sohnes Ivan hat V. nach seinem Sieg über die Galičer Fs.en keinen Zweifel gelassen und ihn bereits 1448 oder 1449 zum Gfs.en erhoben. Der Vertreibung seiner Rivalen aus ihren Fsm.ern standen die Weiterexistenz des Teilfsm.s Vereja-→Beloozero und die Schaffung neuer Teilfsm.er für die Söhne (bei freilich deutl. materiellem Übergewicht des Moskauer Thronerben Ivan) gegenüber. V. kann daher nicht für ihn von Teilen der Historiographie zugeschriebene Zielsetzung eines »zentralisierten Einheitsstaates« gegen »feudale Zersplitterung« in Anspruch genommen werden. Die Regierungszeit V.s war durch einen Bedeutungszuwachs des titulierten adligen Elements (Rjapolovskie, Obolenskie, Patrikeevy u. a.) innerhalb der Moskauer Bojarenschaft gekennzeichnet. Auch lassen sich erste Ansätze der Herausbildung einer kleinadligen Dienstgutbesitzerschicht beobachten. In V.s Regierungszeit fällt die selbständige Wahl eines russ. Metropoliten (→Jona v. Rjazan') durch eine Bf.ssynode (1448) und die endgültige Loslösung von der byz. Mutterkirche (→Autokephalie, 1459) nach dem Fall Konstantinopels (1453). H. Rüß

Lit.: S. M. Solov'ev, Istorija Rossii s drevnejšich vremen, II [Neudr. 1960] – V. N. Bočkarev, Feodal'naja vojna v udel'noknjažeskoj Rusi XV. v., 1944 – G. Alef, The Political Significance of the Inscriptions of Muscovite Coinage in the Reign of V., Speculum 34, 1959, 1–19 – P. Nitsche, Gfs. und Thronfolger, 1972 – H. Rüss, Adel und Adelsopposition im Moskauer Staat, 1975 – HGeschRußlands I, 1981, 620–635

[P. Nitsche]–Ja. S. Lur'e, Vopros o velikoknjažeskom titule v načale feodal'noj vojny XV v. (Rossija na putjach centralizacii, 1982), 147–152 – G. N. Osetrov, Iskušenie Vassiana, 1987 – s.a. Q. und Lit. zu Vasilij I. (bes. A. V. Ėkzempljarskij, L. V. Čerepnin).

3. V. Jur'evič Kosoj, *Fs. v.* →*Zvenigorod*, † 1448, kurzzeitiger *Gfs. v.* →*Moskau* (im Sommer 1434) als Konkurrent seines Vetters Vasilij II. Ältester von drei Söhnen des Galičer Fs.en Jurij Dmitrievič, war V. vermählt mit einer Tochter des Fs.en Andrej Vladimirovič v. →Serpuchov-Radonež. V. ist erstmals erwähnt 1433, als ihm die Gfs.enmutter Sofija bei der Hochzeit Vasilijs II. in aller Öffentlichkeit einen kostbaren goldenen Gürtel (der Überlieferung nach aus dem Erbe →Dmitrij Donskojs) als angebl. Eigentum ihrer Familie abnahm; diese Ehrverletzung bildete den äußeren Anlaß für den offenen Ausbruch der 'Smuta' (Wirren), des langjährigen dynast. Konflikts um die Moskauer Gfs.enwürde. Nach dem Sieg Jurij Dmitrievičs über Vasilij II. (an der Kljaz'ma, 25. April 1433) rückten Jurijs Söhne V. und →Dmitrij Šemjaka wegen der »weichen« polit. Linie des Vaters vorübergehend von diesem ab; die familiäre Solidarität wurde jedoch im folgenden Jahr wiederhergestellt (Sieg der Galičer Fs.en über Vasilij II. im Rostover Gebiet am 20. März 1434, anschließende Thronbesteigung Jurijs). Nach Jurijs plötzl. Tod (5. Juni 1434) trat V. unter Mißachtung des bisher vom Vater propagierten Prinzips des →Seniorats als (von seinen Brüdern aber nicht anerkannter) Nachfolger in der Gfs.enwürde auf. Der Vertreibung aus Moskau nach nur einmonatiger Herrschaft folgte der Verlust des Zvenigoroder Fsm.s und die Niederlage gegen Vasilij II. (am Fluß Kotorosl', 6. Jan. 1435). V. versuchte, bes. in der nördl. Rus' nochmals eine neue Machtbasis zur Rückeroberung des Moskauer Thrones zu errichten (Belagerung und blutige Einnahme Ustjugs), erlitt aber am 14. Mai 1436 bei Skorjatina im Rostover Gebiet die endgültige Niederlage gegen Vasilij II., wurde als Gefangener nach Moskau gebracht und am 21. Mai 1436 geblendet. Er verstarb wohl in Kerkerhaft und ohne Nachkommen. Seine polit. Charakterisierung als Verfechter einer als rückschrittlich aufgefaßten »feudalen Zersplitterung« in der ehem. Sowjethistoriographie ist angesichts seiner eigenen Machtambitionen auf den Moskauer Gfs.enstuhl, die infolge der Überschätzung seiner militär. Möglichkeiten und mangels potenter Verbündeter im Zentrum des Reiches scheiterten, historisch nicht haltbar. H. Rüß

Lit.: A. A. Zimin, Vitjaz'na rasput'e, 1991 – s.a. Lit. zu Vasilij II. (bes. S. M. Solov'ev, P. Nitsche, H. Rüß).

4. V. III. Ivanovič, *Gfs. v.* →*Moskau*, Herrscher der ganzen Rus' 1502/1505–33, * 25. März 1479, † 3. Dez. 1533, Sohn →Ivans III. aus dessen zweiter Ehe mit →Sophia Palaiologina. Aus erster Ehe besaß Ivan III. einen bereits 1490 verstorbenen Sohn, Ivan, dessen Sohn →Dmitrij (3. D.) von seinem Großvater nach dem Prinzip der Primogenitur 1497 zum Nachfolger erhoben wurde. Gegen diese Thronfolgeregelung opponierten V. und seine Mutter Sofija (Sophia). In dieser dynast. Krise spielten auch geistig-religiöse Strömungen innerhalb der orth. Welt am Ende des 15. Jh. (Kampf gegen die →Judaisierenden, Auseinandersetzung zw. Josephiten [→Josif Volockij] und 'Uneigennützigen') eine Rolle. 1502 hatte sich V. endgültig durchgesetzt; sein Vater hatte ihn zum Nachfolger und Gfs.en erhoben und Dmitrij verstoßen. Nach dem Tod des Vaters 1505 führte er neben dem Gfs.entitel den Titel Herrscher (*gosudar'*), gelegentl., im Verkehr mit ausländ. Mächten, auch den Zarentitel.

V. setzte im Inneren das Werk der Zentralisierung des Moskauer Staates fort, erweiterte den Herrschaftsbereich nach außen erfolgreich und trug mit seiner Regierungsweise wesentl. zur Ausprägung der Moskauer Autokratie bei. Unter V. wurden letzte, fakt. bereits nicht mehr unabhängige Territorien unter Fortführung des »Sammelns der russ. Erde« inkorporiert: 1510 →Pskov, 1521 das Gfsm. →Rjazan', 1522/23 Novgorod-Severskij. Auch setzte er den Kampf mit →Litauen um die Herrschaft über die ostslav. besiedelten Gebiete fort. Die Kriege v. 1507–08 und 1512–22 verliefen erfolgreich, so daß 1514 das über 100 Jahre litauisch beherrschte →Smolensk wieder an den Moskauer Staat fiel. Die →Tataren stellten eine stete Herausforderung dar. Nachdem das Bündnis mit den Krimtataren schon in den letzten Regierungsjahren des Vaters zerbrochen war, mußte V. mehr als 20 ins Moskauer Territorium zielende Feld- und Plünderungszüge abwehren. 1521 gelang dies nur durch das Versprechen von Tributzahlungen. Das Bündnis der Krim mit dem Chanat v. →Kazan' stellte eine dauerhaftere Bedrohung dar. Feldzüge V.s gegen dieses Chanat waren letztl. ebensowenig erfolgreich wie seine Versuche, Satellitenchane zu installieren. Der Bau der Festung Vasil'gorod 1523 schuf jedoch einen strateg. Ausgangspunkt für die Eroberung v. Kazan' unter V.s Nachfolger Ivan IV. Da V.s Kriege das Land im Vergleich zu denen seines Vorgängers und Nachfolgers nicht übermäßig belasteten, erlebte es eine wirtschaftl. Aufwärtsentwicklung, Handel und Städte gelangten zu relativer Blüte. Ausgehend von dem bereits 1497 eingeschränkten Abzugsrecht verschlechterte sich allerdings die Situation der Bauern, die verstärkte Bindung an die Scholle im Interesse des Staates und seiner Funktionseliten war unübersehbar. V. baute die Zentralämter (→*prikazy*) aus, regierte selbstherrscherl. und konsultierte die Vertretung der führenden Adelsschicht, die →Bojarenduma, immer weniger. Im Umfeld der geistig-religiösen Auseinandersetzungen zu Beginn des 16. Jh. stellte er sich auf die Seite der Josephiten, der machtkirchl. Richtung, indem er gegen deren wichtigste Gegner wie →Vassian Patrikeev und Maksim Grek vorging. Diese Politik verlief parallel zur Entstehung der Theorie von Moskau dem Dritten Rom (→Romidee, III). V.s europ. Geltung zeigte sich in Kontakten mit dem Ks. und mit Frankreich. In seinen letzten Herrschaftsjahren gewann die Frage seiner Nachfolge zentrale Bedeutung. 1525 zwang er seine Frau Solomonija Saburova wegen Kinderlosigkeit zum Eintritt ins Kl., um ein Jahr später Elena →Glinskaja zu heiraten, die 1530 den Thronfolger Ivan (IV.) gebar. Als V. 1533 starb, war die Nachfolge keineswegs gesichert, da die Rechtmäßigkeit der zweiten Ehe bezweifelt wurde, doch vermochte die Regentin Elena Ivan den Thron zu sichern.   J. Kusber

Lit.: I. I. SMIRNOV, Vostočnaja politika Vasilija III., IstZap 27, 1948, 18–66 – G. VERNADSKY, Russia at the Dawn of the Modern Age, 1959 – S. M. KAŠTANOV, Social'no-političeskaja istorija Rossii konca XV-pervoj poloviny XVI veka, 1967 – P. NITSCHE, Gfs. und Thronfolger, 1972 – A. A. ZIMIN, Rossija na poroge novogo vremeni, 1972.

5. V. Kalika ('der Pilger'), Ebf. v. →Novgorod 1331–52, † 3. Juli 1352; Autor eines 'Sendschreibens über das Paradies an den Bf. v. Tver' Feodor' (»Poslanie ... k vladyce tfer'skomu Feodoru o rae«), das eine volkstüml. Auffassung von der Existenz des Paradieses auf Erden vertritt. Das Sendschreiben berichtet auch von einer Palästinafahrt V.s, über die er vermutl. eine nicht überlieferte Pilgerfahrt-Schrift (»choždenie«) verfaßte. Als Ebf. besaß er die höchste Autorität und weitreichende Kompetenzen im Novgoroder Staatswesen. Er ließ umfangreiche Bauarbeiten durchführen (Renovation der Sophienkathedrale; Errichtung und Ausschmückung weiterer Kirchen; Bau einer Brücke über den Volchov sowie von Festungsanlagen in Novgorod und Orešek). V. förderte gute Beziehungen zu Moskau, die in den Verträgen mit den Gfs.en →Ivan I. Kalitá (1335) und →Semen Ivanovič (1340) Ausdruck fanden. 1348 verteidigte V. erfolgreich die Unabhängigkeit Novgorods beim Angriff Kg. →Magnús' Eriksson v. Schweden und Norwegen. Nach einer Prozession im von der Pest heimgesuchten Pskov starb V. an der Seuche.   S. Dahlke

Lit.: A. D. SEDEL'NIKOV, V. K.: L'hist. et la léende, RESl 7, 1927, 224–240 – Slovar' knižnikov i knižnosti drevnej Rusi, I, 1987.

Vasil'ko Romanovič, Fs. v. Vladimir-Volynsk seit 1238, * 1203/04, † ca. 1270. V. stand zeit seines Lebens im Schatten des um 1254 zum Kg. v. →Halič-Volhynien gekrönten älteren Bruders Daniil (1201–64), dem er konsequent die Treue hielt: Er sicherte ihm beim Kampf um das Vatererbe den traditionellen Machtbereich der Romanoviči in Volhynien. Nach dem Tod seines Vaters →Roman Mstislavič (1205) war V. von der Mutter zunächst nach Vladimir, später an den Krakauer Hof Fs. →Leszeks Biały in Sicherheit gebracht worden, während der Bruder beim ung. Kg. Andreas II. weilte. Mit Hilfe Leszeks gelangte V. in der Folgezeit in den Besitz von Brest und Luck. Das Fsm. Halič-Volhynien blieb jedoch lange ein Spielball in den mit dem ung.-poln. Konflikt verzahnten innerdynast. Fehden der russ. Fs.en. Erst 1245 gelang den Romanoviči mit Beistand des litauischen Fs.en →Mindowe ein vollständiger militär. Sieg über ihre Gegner bei Jaroslavl' am San. Den Tataren, der neuen Großmacht im O, mußte sich Daniil im Jahr darauf jedoch unterwerfen, ohne daß dies direkte Folgen für seine Herrschaft gehabt hätte. V. hingegen mußte ihnen Heeresfolge gegen Litauen (1258) und Polen (1259/69) leisten und die Befestigungen von Kremenec, Luck und Vladimir schleifen. Allein Daniils Residenz Cholm, nach einem Brand (1255) gerade erst wiederhergestellt, konnte V. vor diesem Schicksal bewahren. Als Ergebnis der Verhandlungen des Bruders mit dem päpstl. Gesandten →Johannes de Plano Carpini, der 1246 und 1247 an V.s Hof weilte, erstreckte sich die 'protectio' des Papstes Innozenz IV. auch auf den als 'rex Lodomeriae' (d.h. v. Vladimir) bezeichneten V. Nach Daniils Tod 1264 trat V. offenbar unbedrängt das Erbe des Bruders an. Als V. um 1270 starb, endete die Herrschaft eines einzigen Fs.en über ganz Halič-Volhynien: V.s Sohn Vladimir († 1289/90) mußte sich die Macht mit seinem Vetter Lev Danilovič († 1300) teilen.   K. Brüggemann

Q.: PSRL II – Lit.: Ènciklop. slovar' V, 1891 [A. ÈKZEMPLJARSKIJ] – M. HRUŠEVS'KYJ, Istorija Ukraïny-Rusi, II, III, 1905 [Nachdr. 1954] – G. STÖKL, Die Gesch. des Fsm.s Galizien-Wolhynien als Forsch.sproblem, FOG 27, 1980, 9–17 – HGeschRußlands I, 506–533 [Lit.].

Vassian. 1. V. Patrikeev, Mönchsname des Fs.en Vasilij Ivanovič Patrikeev, † nach 1531, Abkömmling einer litauischen Fs.enfamilie, deren Mitglieder hohe Ämter am Moskauer Hof bekleideten. Vasilij begegnet erstmals 1492, später in ehrenvoller Funktion als Feldherr und Gesandter. 1499 fiel er in Ungnade und wurde zwangsweise zum Mönch geschoren. Der oft behauptete Zusammenhang mit gleichzeitigen Änderungen der Thronfolge durch →Ivan III. (10. I.) ist weder nachweisbar noch wahrscheinlich. Im Kyrill-Kl. am Weißen See (→Beloozero) machte V. sich mit der patrist. Lit. vertraut. Unter dem Einfluß →Nil Sorskijs wurde er zum Vorkämpfer der Ideen der 'Besitzlosen' und nach Nils Tod zu deren neuem Führer. Sein Kampf gegen den klösterl. Grundbesitz machte V. zum potentiellen Verbündeten des neuen Gfs.en →Vasilij III., der ihn 1509 begnadigte und nach

Moskau holte. In die folgenden Jahre fiel der Höhepunkt von V.s Wirken. Neben scharfe Polemik gegen seinen Hauptwidersacher →Josif Volockij wegen der Frage des kirchl. Grundbesitzes und des Umgangs mit Ketzern, trat insbes. seine Neubearbeitung der →Kormčaja Kniga, der russ. Fassung des →Nomokanon, bei der er spätere Zusätze zu tilgen suchte, aber auch Passagen des gr. Textes wegließ, um zu beweisen, daß die alte Kirche den Landbesitz der Kl. ablehnte. Die Verurteilung seines Bundesgenossen Maksim Grek wegen Hochverrats und Häresie 1525 schwächte auch V.s Position, und schließlich ließ der Gfs. ihn fallen. In einem Prozeß 1531 wurde V. u.a. die Bearbeitung des Nomokanon und der Kampf gegen den Grundbesitz der Kl. als härt. vorgeworfen. Verbannt in das →Josifo Volokolamskij-Kl., eine Gründung seines Widersachers Josif, starb er anscheinend wenig später.
P. Nitsche

Lit.: N. A. Kazakova, V. P. i ego sočinenija, 1960 – H.-D. Döpmann, Der Einfluß der Kirche auf die moskowit. Staatsidee, 1967 – N. A. Kazakova, Očerki po istorii russkoj obščestvennoj mysli. Pervaja tret' XVI veka, 1970.

2. V. Rylo, russ. Kleriker, Politiker und Publizist, † 23. März 1481; 1455–66 Abt des →Troica-Sergij-Kl., das traditionell die Moskauer Politik unterstützte; 1458–61 Teilnahme an einer Gesandtschaft nach →Litauen; Archimandrit des gfsl. Novospasskij-Kl.; seit 1468 Ebf. v. Rostov. Als 1480 der Chān der →Goldenen Horde Aḥmed das Gfsm. →Moskau bedrohte und sich das tatar. und russ. Heer am Fluß Ugra tatenlos gegenüberstanden, rief V. im »Sendschreiben an die Ugra« (*Poslanie na Ugru*) →Ivan III. dazu auf, in einer Entscheidungsschlacht die Rus' endgültig vom Tatarenjoch zu befreien. Der Chān sei ein Räuber und Usurpator, Ivan hingegen Gfs. der ganzen Rus', Herrscher von Gottes Gnaden, von der Würde eines Zaren. Er solle seiner Verpflichtung gegenüber dem orth. Glauben und dem russ. Volk sowie dem Beispiel seiner berühmten Vorfahren folgen. Diesem herausragenden Werk der russ. Publizistik des 15. Jh. (Kudrjavcev) kommt beim Kampf um die Formierung des russ. Zentralstaates und die Entwicklung des gfsl. Titels bes. Bedeutung zu (Halperin). Es beeinflußte Chronikberichte über das Geschehen v. 1480.
B. Scholz

Q.: PSRL VI, 225–230; VIII, 207–213; XX, 339–345 – *Lit.*: Slovar' knižnikov i knižnosti Drevnej Rusi, vyp. 2, 1, 1988, 123f. [Ja. Lur'e] – I. Kudrjavcev, »Poslanie na Ugru« Vassiana Rylo kak pamjatnik publicistiki XV v., TODRL 8, 1951, 158–186 – Ch. Halperin, Russia and the Golden Horde, 1985, 70–73 – Ju. Alekseev, Osvoboždenie Rusi ot ordynskogo iga, 1989, 6–15, 37–39, 117–127.

Västerås ('westl. Aros'), am Nordufer des Mälarsees, (Schweden) an der Mündung des Svartån auf der Grenze zw. mehreren Harden gelegen. [1] *Bistum:* 1164 als Suffragan des Ebm.s →Uppsala bezeugt, umfaßte das Bm. V. die Prov.en Västmanland und →Dalarna mit reichl. Kupfer- und Eisenvorkommen (Domkapitel unter Bf. Karl, 1258–83). Die Bf.e Israel Erlandsson (1309–29) und Ödgisle Birgersson (bis 1353) waren Angehörige des Dominikanerordens, die Bf.e Åke Johansson (1442–53), Olof Gunnarsson (1454–61) und Peder Månsson (1523–34, Autor med. und naturwiss. Schriften) stammten aus dem Birgittiner-Kl. →Vadstena.

[2] *Stadt:* Die Stadt V., im 13. Jh. entstanden aus einem Exporthafen, wurde zu einem wichtigen Glied des hans. Handelsverkehrs (Nikolaikirche und Schloß westl., Dominikanerkl. [1244] und Egidiuskirche [von Lübeck inspiriert?] östl. des Flusses). Nach Bo Jonsson Grip übernahm Kgn. Margarete I. (1389–1412) das Schloß. Unter dän. Vögten wurde das Schloß in den Engelbrekt-Unruhen 1432–37 (→Schweden, E. II) erobert, das Lehen lange Zeit von Mitgliedern des →Sture-Geschlechtes verwaltet.
T. Nyberg

Lit.: KL XIII, 155–157 [Peder Månssons skrifter] – G. Ekström, V. stifts herdaminne, I, 1939 – K. Kumlien, V. till 1600-talets början, V. genom tiderna 2, 1971 – Ders., V., ein Vorgänger Stockholms (Stadt und Land in der Gesch. des Ostseeraumes [Fschr. W. Koppe, 1973]), 23–32 – T. O. Nordberg, V. slott: en byggandshistorisk skildring, 1975 – H. Andersson, V., Medeltidsstaden 4, 1977 – K. Kumlien, Några problem kring uppkomsten av köpstaden V., Västmanlands fornminnesförenings tidskrift 1987, 43–54.

Västgötalagh ('Westgötenrecht'). Das Recht der schwed. Landschaft Västergötland (Westgötaland) liegt in einer älteren (V. I) und einer jüngeren (V. II) Bearbeitung vor. Das um die Mitte des 13. Jh. entstandene V. I fußt auf einer um 1220/25 vom westgöt. Lagmann (→Rechtssprecher) Eskil Magnusson verfaßten Aufzeichnung des westgöt. Rechts. Von Eskils Text sind nur Fragmente erhalten (»Hednalagh«). Damit ist V. I das älteste bewahrte schwed. →Landschaftsrecht; die frühen Hs.-Fragmente sind die ältesten Schriftzeugnisse des Schwedischen. Der vollständige Text ist in der Hs. Holm 59 (nach 1281) bewahrt und enthält zahlreiche Zusätze (u.a. Grenzfestlegungen zw. Schweden und Dänemark, sowie Schweden und Norwegen, Verzeichnis der westgöt. Kirchen, Kg.s- und Rechtsprecherlisten). Mit einer schmucklosen, knappen Sprache repräsentiert V. I eine archaische Stufe der schwed. Rechtslit. Die Anordnung des Stoffes weist norw. Einfluß auf. Zw. 1281 und 1300 entstand mit V. II eine (auch sprachl.) Überarbeitung und Erweiterung des westgöt. Rechts auf der Grundlage von V. I. Aufgenommen wurden v.a. die unter →Birger Jarl formulierten neuen Erbregeln und die 1248 und 1280 verabschiedete →Eidschwurgesetzgebung. Bis zur Annahme des schwed. Reichsrechts Mitte des 14. Jh. galt das V. auch in Dalsland und Teilen Smålands.
H. Ehrhardt

Ed.: Samling af Sweriges gamla Lagar, I, hg. D. H. S. Collin–D. C. J. Schlyter, 1827 – *Dt. Übers.:* C. v. Schwerin, Älteres Westgötalag (Germanenrechte, 7, 1935) – *Schwed. Übers. u. Komm.:* Å. Holmbäck–E. Wessén, Svenska Landskapslagar, 5. ser, 1946 – *Lit.:* KL XX, 341ff. – Amira-Eckhardt, 98ff. – G. Hafström, De svenska rättskällornas hist., 1978.

Västmannalagh ('Recht von Västmanland'). Die überlieferte Rechtsaufzeichnung der sveeläd. Landschaft Västmanland (3 Hss. aus dem 14. Jh.) übernimmt in weiten Teilen wörtl. das 1296 erlassene →Upplandslagh (UL). Die geringen Unterschiede zu UL umfassen ältere, auf Västmanland bezogene Bestimmungen und modifizierte Passagen aus UL. Unterschiede machen sich insbes. im Kirchen- und Erbrecht geltend. Da im vermutl. älteren →Dalalagh, dem Recht des eigenständigen västmanländ. Landesteils →Dalarna, zahlreiche Passagen des V. enthalten sind, das Dalalagh aber auch eine weitgehende Unabhängigkeit aufweist, wird angenommen, daß hier ein Rechtszustand bewahrt ist, der auch in Västmanland vor der Übernahme des UL geherrscht hat. Schlyter faßt in seiner Ed. von 1841 das Dalalagh als 'Älteres V.' auf.
H. Ehrhardt

Ed.: Samling af Sweriges gamla Lagar, V, hg. D.H.S. Collin–D.C.J. Schlyter, 1841 – *Schwed. Übers. und Komm.:* Å. Holmbäck–E. Wessén, Svenska landskapslagar, 2. ser., 1936 – *Lit.:* Amira-Eckhardt, 101 – G. Hafström, De svenska rättskällornas hist., 1978, 49.

Vasto, del, Mgf.en, verzweigte Adelsfamilie in Piemont und Ligurien. Ihr Spitzenahn im 11. Jh. ist *Bonifacio* del V., Mgf. aus aleram. Sippe, der jedoch auch starken Anteil an der polit. Geschichte der arduin. Mark von →Turin hatte. Das Erlöschen der arduin. Dynastie (1091) bot Bonifacio die Gelegenheit, die Macht seiner eigenen Dynastie, die im

Gebiet von Savona ihre Wurzeln hatte, auf ein weites Gebiet des südl. Piemont und Liguriens auszudehnen. Nachdem die Söhne Bonifacios eine Zeitlang gemeinsam die Herrschaft über dieses Gebiet ausgeübt hatten, führten sie um die Mitte des 12. Jh. eine Güterteilung durch, die aufgrund späterer Verzweigungen der Ursprung für eine Reihe von Mgf.enfamilien war: →Saluzzo, Busca, →Lancia, →Del Carretto, Ceva, Clavesana, Incisa. Die Teilung führte jedoch nicht zu einer völligen Trennung der polit. Ziele dieser Dynastien: Sie nahmen nicht nur gemeinsam an verschiedenen krieger. Aktionen teil (v. a. gegen die Kommune →Asti und an der Seite der Mgf.en v. →Montferrat), sondern koordinierten ihre Aktionen an der Wende vom 12. zum 13. Jh. in einem fallweise tätig werdenden Adelskonsortium. Insgesamt nahmen jedoch die Geschicke dieser Dynastie einen unterschiedl. Verlauf: Die Mgf.en von →Saluzzo schufen ein kleines, aber lebenskräftiges Territorialfsm., das bis zum 16. Jh. bestand, die anderen Dynastien hingegen konnten nur kleine, lokale Herrschaften begründen, die rasch von den Kommunen unterworfen wurden. Aber auch diesen kleineren Dynastien gelang es, eine Form des polit. Überlebens zu finden, in dem sie die Kontrolle über die Verkehrswege ausübten und eine Rolle im Verwaltungsapparat der Kommunen, Fsm.er und des Reiches ausübten. L. Provero

Lit.: L. PROVERO, Dai marchesi del V. ai primi marchesi di Saluzzo. Sviluppi signorili entro quadri pubblici (XI–XII sec.), 1992 (BSS, CCIX) – DERS., I marchesi del Carretto, Atti e memorie della Società savonese di storia patria, NS, XXX, 1994, 21–50.

Vatatzes (Βατάτζης), byz. Magnatenfamilie, erscheint bereits Ende des 10. Jh. als etablierte Familie der thrak. Militäraristokratie mit Hauptsitz in Adrianopel. Im 11. Jh. wurden viele V.ai bedeutende Generäle, bes. an der Spitze der 'westl. Tagmata' (Thrakes, Makedones), oft auch in Usurpationen verwickelt. Verbündet und verschwägert mit den Tornikioi, v. a. aber mit den →Bryennioi. Jener Bryennios, dessen Usurpation 1057 im Keim erstickt wurde, könnte mit Bryennios V. ident. sein, dessen Bulleterion als πατρίκιος ὕπατος κ. στρατηλάτης τ. Δύσεως in Bulgarien gefunden wurde. Zu Beginn der Komnenenzeit wurde die bereits verzweigte Familie von der Macht entfernt, bis um 1131 Theodoros V. eine Tochter →Johannes' II. Komnenos heiratete und als πανσεβαστοϋπέρτατος wieder in die Spitzen der Gesellschaft vorstieß. Erneut zeichneten sich V.ai bes. als tüchtige Militärs aus (z. B. Ioannes, Rebell v. Philadelpheia 1182; Basileios fiel 1194 als μέγας δομέστικος τ. Δύσεως). Ob Ks. →Johannes III. Dukas V., der 1221 die Macht ergriff, einem Verhältnis der Ksn. Euphrosyne Dukaina Kamatera (∞ →Alexios' III. Angelos) entsproß, ist unsicher. Auch sein Sohn →Theodor II. Laskaris und dessen Sohn →Johannes IV. Laskaris entstammen der V.-Familie. In der Palaiologenzeit war ein Ioannes V., μέγας στρατοπεδάρχης († 1345), der prominenteste Vertreter, sonst kennen wir einige Grundbesitzer. Im 13. Jh. entstand durch die Vereinigung zweier Zweige der V. ai der Name Diplovatatzes. Eine Geliebte Ks. →Michaels VIII. Palaiologos hieß so (Mutter der Maria Palaiologina, Herrscherin der Mongolen), aber auch ein πρωτοβεστιαρίτης (1350) und ein Hetaireiarches Alexios (1310).
W. Seibt

Lit.: Oxford Dict. of Byzantium, 1991, 2154f. – PLP 2511–2525, 3322, 5506–5516, 21395, 30241, 93191f. – K. AMANTOS, Ἡ οἰκογένεια Βατάτζη, EEBS 21, 1951, 174–178 – D. I. POLEMIS, The Doukai, 1968, 106–111 – G. ZACOS-A. VEGLERY, Byz. Lead Seals I/3, 1972, Nr. 2730–2730bis – W. SEIBT, Die byz. Bleisiegel in Österreich, I, 1979, Nr. 113 – K. BARZOS, Ἡ γενεαλογία τῶν Κομνηνῶν, I, 1984, 412–421; II, 382–439 – J.-C. CHEYNET, Philadelphie, un quart de siècle de dissidence, 1182–1206 (Philadelphie et autres études, 1984), 40–45 – DERS., Pouvoir et contestations à Byzance, 1990, 34, 59f., 83, 113, 232, 435f. – J. S. LANGDON, Backgrounds to the Rise of the V.ai to Prominence in the Byz. Oikoumene, 997–1222 (Fschr. S. VRYONIS, I, 1993), 179–207.

Vater, väterliche Gewalt. Das Wort 'V.' geht – mit Entsprechungen in anderen idg. Sprachen (z. B. pater, père, father, vadder) – auf idg. patér zurück, das etwa das 'Haupt der Familie', den 'Erzeuger' und/oder 'Ernährer' bezeichnete. V. ist grundsätzl. jeder Mann, der ein Kind hat. Sein Verhältnis zu diesem, die V.schaft, ist primär ein biolog. Begriff, der auf Zeugung und nachfolgender Geburt beruht. Als familienrechtl. Statusbezeichnung allerdings ist V.schaft ein Rechtsbegriff, der zwar im allg. der biolog. V.-Kind-Beziehung entspricht, im Einzelfall aber durchaus von dieser abweichen kann. So dürfte in älterer Zeit nicht (schon) die Geburt, sondern (erst) die förml. Aufnahme durch den V. (genauer: durch den Muntwalt der Mutter) dem Kind die Rechtsposition eines Familienmitgliedes vermittelt haben. Davon abgesehen kann ein anderer Mann als der Erzeuger als V. gelten. So wird nach den meisten Rechten der Ehemann der Kindesmutter als ehel. V. vermutet – und zwar ohne Rücksicht darauf, ob er seiner Frau während der Empfängniszeit beigewohnt hat bzw. das Kind gezeugt hat oder nicht (pater est, quem nuptiae demonstrant). Ähnlich kann es vorkommen, daß nicht der Erzeuger, sondern ein anderer Mann als V. eines unehel. Kindes festgestellt wird. Ob und inwieweit die Rechtsordnung ein Auseinanderfallen von »biolog.« und »rechtl.« V.schaft zuläßt oder in Kauf nimmt, hängt nicht nur von dem jeweiligen Stand der med. Wiss. ab, sondern auch von dem Grad, in welchem die Intimsphären von Mann und Frau, bes. von Ehegatten, respektiert werden (sollen).

Rechte und Pflichten des ehel. V.s gegenüber seinem Kind sind im älteren Recht unter dem Begriff der →Munt, seit der Rezeption unter jenem der väterl. Gewalt (von lat. patria potestas) zusammengefaßt. Es handelt(e) sich dabei um eine umfassende personenrechtl. Herrschafts- und Schutzgewalt über Person und Vermögen des unmündigen/minderjährigen/nicht abgeschichteten (Haus-)Kindes. Ob dazu in älterer Zeit ein Tötungsrecht und das Recht des Notverkaufs (vgl. Schwabenspiegel, Landrecht 357) zählten, ist fraglich. Jedenfalls umfaßte die väterl. Gewalt ein Erziehungs- und Züchtigungsrecht mit dem Recht auf Gehorsam, Ehrerbietung und auf Mitwirkung im väterl. Erwerb. Eine wichtige Rolle, bes. in dynast. Kreisen, spielte der Heiratszwang, das Verheiratungsrecht des Muntwalts, das sich in der NZ zu einem Zustimmungsrecht zur Heirat minderjähriger Kinder abschwächte. Der V. hatte das Recht und die Pflicht zur Vertretung des Kindes vor Gericht und zur Verwaltung des Kindesvermögens, meist nach dem Grundsatz, daß dieses als »eisern Gut weder wachsen noch schwinden« solle. Daraus ergaben sich die Pflichten zur Unterhaltsleistung, zur Ausstattung des Sohnes bzw. zur Aussteuerung der Tochter, aber u. U. auch eine Haftung für schadenstiftendes Verhalten des Kindes. Ihr Ende fand die väterl. Gewalt, wenn das Kind einen eigenen Hausstand gründete (Abschichtung, separatio) und/oder eine →Ehe einging (»Heirat macht mündig«), vor Gericht für volljährig erklärt wurde (emancipatio, venia aetatis) oder eine bestimmte Altersgrenze (Voll-, Großjährigkeit) erreichte. Unabhängig von der väterl. Gewalt bestand das Zustimmungsrecht des Kindes zu Verfügungen des Hausv.s über das Hausgut (Erbenlaub, Erbenwartrecht). Die tatsächl. Ausgestaltung der väterl. Gewalt ist aus dem jeweils herrschenden Familienbild zu erschließen, das freilich im

Laufe der Zeit mehrere, z. T. einschneidende Veränderungen erfuhr.

Neben die »natürliche« V.-Kind-Beziehung ist schon früh eine »künstliche«, d. h. durch Adoption o. ä. begründete (Wahl-)V.schaft getreten. Während diese im allg. die üblichen (ehel.) Elternrechte begründet, ist die Stellung von Pflege-, Kost-, Ziehv.n nur in einzelnen Punkten der väterl. Gewalt nachgebildet. W. Ogris

Lit.: HRG V, 648–655 [Lit.] – R. HÜBNER, Grundzüge der dt. Privatrechts, 1930⁵, 615ff. – H. MITTEIS, Der Rechtsschutz Minderjähriger im MA (Die Rechtsidee in der Gesch., hg. L. PETERSEN, 1957), 621ff. – G. BUCHDA, Kinder und Jugendliche im dt. Recht, RecJean Bodin 36, 1976, 381ff. – W. OGRIS, Das Erlöschen der väterl. Gewalt nach dt. Rechten des MA und der NZ, ebd., 417ff. – G. BUCHDA, Kinder und Jugendliche als Schadensstifter und Missetäter im dt. Recht, ebd. 38, 1977, 217ff. – H. MITTEIS–H. LIEBERICH, Dt. Privatrecht, 1981⁹, 54ff. – T. EHLERT, Haushalt und Familie im MA und früher NZ, 1991 – U. FLOSSMANN, Österr. Privatrechtsgesch., 1996³, 106ff.

Väterbuch, älteste deutschsprachige Legenden- und Exempelslg. (→Hagiographie, B. III) in 4152 Versen; eines der Initialwerke der →Deutschordenslit., im letzten Drittel des 13. Jh. von dem anonymen Priester verfaßt, der auch das →»Passional« schuf (zur Gebrauchssituation s. ebd.). Hauptquelle sind die spätantiken lat. »Vitas patrum« (→Vitae patrum). Sie wurden in schlichter, aber eindringlich-insistierender Sprache im Sinne der Spiritualität des Ritterordens redigiert, durch einen das geschichtl. Wirken der Trinität betonenden Prolog und die Zufügung eines Jüngsten Gerichts am Ende in einen heilsgeschichtl.-eschatolog. Rahmen eingeordnet und als Gegenmodell profaner Adelslit. aktualisiert. Auf die Vita des Erzmönchs →Antonius, gestaltet als Prototyp geistl. ʽmilitia' (V. 241ff.), folgen V. 3391ff. die Ausbreitung des Mönchtums nach der »Hist. monachorum« des →Rufinus v. Aquileia, V. 11519ff. Exempla aus den →»Apophthegmata patrum«, V. 27569ff. die Viten von Euphrosyne, Pelagia, des Eremiten Abraham und seiner Nichte, der →Maria v. Ägypten und fünf Legenden aus der →»Legenda aurea«, durch Prologe, Exkurse usw. ausdrücklich als Exempla für Keuschheit, für Gottes Gnadenwirken, für radikale Abkehr von der Welt etc. herausgestellt.
K. Kunze

Ed.: K. REISSENBERGER, Das V., 1914 [Nachdr. 1967] – *Lit.:* Verf.-Lex.², X, 164–170 – [D. BORCHARDT–K. KUNZE].

Väterregeln → Mönch, Mönchtum, B. III

Vaterunser → Pater noster

Vatikan, der in →Rom auf dem vatikan. Hügel neben der Peterskirche erbaute päpstl. Palast (→Papst, Papsttum). Schon in der Antike wurde das Hügelgelände rechts des Tibers zw. Mausoleum Hadriani (→Engelsburg) und Janiculus als mons vaticanus, auch mons saccorum bezeichnet. Der Bereich war von drei Straßen (Via Aurelia nova, Via Cornelia, Via triumphalis) durchzogen, mit ausgedehnten Grabanlagen, z. T. mit ksl. Gärten und dem Zirkus des Caligula-Nero bedeckt. Ks. Konstantin I. wies den Päpsten den Lateran (neben der Bf.skirche S. Giovanni in Laterano) als Wohnung an und ließ über der tradierten Stelle des Petrus-Grabes (→Petrus, Apostel) die gewaltige Basilica Constantiniana bauen. Diese Petersbasilika lag, wie alle röm. Coemeterialkirchen, vor den Stadtmauern. Kirchen, Kapellen, Kl., Diakonien und Hospize der vorwiegend germ. Landsmannschaften (scholae peregrinorum) schlossen sich frühzeitig an. Anfänge einer päpstl. Wohnung finden sich unter Symmachus, als dieser im Schisma des Laurentius (498) hier Asyl fand. In Erwartung des Besuches Karls d. Gr. erbaute Leo III. bei St. Peter ein Triclinium mit Mosaiken und Bädern, noch im 12. Jh. bezeugt als palatium Caroli. Vorläufer des vatikan. Palastes waren frühe Wohnbauten s. der Basilika, an der Nordseite der Basilika für den hier tätigen Klerus und Unterkünfte für den Papst mit Gefolge bei liturg. Feiern (davon nichts erhalten). Infolge der Sarazenengefahr wurde der V.-Bereich Mitte des 9. Jh. mit starken Mauern geschützt und an die Befestigungsanlagen Roms angeschlossen (sog. Leostadt; →Leo IV.). In den unruhigen Jahrzehnten des 12. Jh., welche die herkömml. Papstresidenz im Lateranpalast stark beeinträchtigten, residierten Päpste oft im besser geschützten V.bereich, so Eugen III. und Coelestin III. Die ältesten Teile der heutigen Palastanlage gehen auf Innozenz III. und bes. Nikolaus III. zurück. Nikolaus III. ließ um 1278 n. der Peterskirche eine zweistöckige Papstresidenz errichten. Dazu gehören im heutigen Gebäudekomplex um den Cortile del Pappagallo: der mittlere Teil des Ostflügels (hinter den Loggien Raffaels), der s. Trakt mit Sala Ducale und Sala Regia, eine Palastkapelle an der Stelle der heutigen Capella Sixtina. Der erste Raum der Sala Ducale wurde noch unter Innozenz III. erbaut und mit einem dazugehörenden Befestigungsturm (Kapelle des Fra Angelico) in die Neuanlage Nikolaus' III. einbezogen. Ein Teil des Nordflügels (Sala di Costantino) entstand wohl im 14. Jh. Die Zeit der Päpste in Avignon (14. Jh.) unterbrach jede Bautätigkeit; das folgende →Abendländ. Schisma erschwerte die Restauration, obwohl seit Bonifaz IX. und bes. Martin V. sich die wirtschaftl. Wende deutl. abzeichnete. Eine neue große Bauepoche begann mit Nikolaus V., der aber nur einen Teil seiner großen Pläne ausführen konnte. Von seinen Befestigungsbauten steht noch die Mauer mit dem Turm bei der Porta S. Anna. An die Sala di Costantino fügte er den Nordflügel sowie den schmalen Westflügel des Palastes an. Im Auftrag Nikolaus' V. schmückte Fra Angelico die später zerstörte Capella parva S. Nicolai (gegenüber der Sixtina) mit Bildern aus dem Leben Jesu und die Privatkapelle im 2. Stock (Capella parva superior) mit Szenen aus dem Leben der hll. Diakone Stephan und Laurentius. Seit Mitte des 15. Jh. wurde die Bipolarität »Lateran/V.« aufgegeben. Der V. wurde fortan definitiv Residenz der Päpste. Sixtus IV. setzte die Absichten Nikolaus' V. fort. Er ließ die Sixtin. Kapelle bauen. Im Erdgeschoß des Nordflügels brachte er die →Vatikan. Bibliothek unter. Durch Innozenz VIII. entstand der Belvedere, ein Gartenhaus, dessen Fresken (von →Pinturicchio) nur z. T. erhalten sind. Alexander VI. ließ die mächtige Torre Borgia und die Appartamenti Borgia bauen und durch Pinturicchio ausstatten. Mit Julius II. und seinem Architekten Bramante hielt die Hochrenaissance triumphalen Einzug. Jetzt verschwand die ma. Fassade des Ostflügels hinter den Loggien des Damasushofes; am s. Ende wurde die neue Palasttreppe (Scala della Floreria) angebaut. Zwei lange Korridore verbanden den auf der Höhe des vatikan. Hügels liegenden Belvedere mit dem alten Palast. Unter Julius II. entstanden die Fresken →Raffaels in den Stanzen (über den Borgia-Sälen) und das Werk Michelangelos in der Sixtina. Raffael beendete unter Leo X. die Loggien des Damasushofes, denen er eine dritte Galerie hinzufügte.
G. Schwaiger

Lit.: LThK² X, 629–632 – RGG³ VI, 1238f. – F. EHRLE–H. EGGER, Der Vatikan. Palast in seiner Entwicklung bis zur Mitte des 15. Jh., 1935 – K.-B. STEINKE, Die ma. V.paläste und ihre Kapellen. Baugeschichtl. Unters. anhand der schriftl. Q., 1984 – R. KRAUTHEIMER, St. Peter's and Medieval Rome, 1985 – Dict. hist. de la papauté, hg. PH. LEVILLAIN, 1994, 1451–1456 [Lit.].

Vatikanische Bibliothek. In ihrer heutigen Gestalt ist die V. B. geprägt durch die Sammeltätigkeit der Päpste seit dem 15. Jh.; von den Vorgängerbibl.en haben sich keine oder nur geringe Reste erhalten.

[1] *Bis zum 13. Jh.:* Über Größe, Inhalt und Organisation päpstl. Bücherbestände bis etwa 1240 ist kaum etwas bekannt. Für Bibl. und →Archiv (II.), die eine Einheit bildeten, finden sich Bezeichnungen wie sacra bibliotheca, scrinium ecclesiae oder archivum sedis apostolicae. Seit Gregor II. (715–731) ist ein →bibliothecarius genannt, der zunehmend auch an der Urkk.ausfertigung beteiligt war und zeitweilig eine Schlüsselstellung am päpstl. Hof einnahm. Die Antworten auf im FrühMA nach Rom gerichtete Bitten um authent. kirchenrechtl. oder patrist. Texte lassen vielleicht Rückschlüsse auf vorhandene Werke zu. Ab der Mitte des 12. Jh. gehörten Bibl. und Archiv zur →Kammer. In der Zeit nach 1240 dürften die Bücher und das ältere Archivgut zugrundegegangen sein.

[2] *Bonifazianische Bibliothek:* Im Laufe des 13. Jh. sammelten die Päpste eine neue Bibl. an, die als Teil des Schatzes bei allen Ortswechseln der →Kurie mitgeführt wurde und der Verwaltung der Kammer unterstand. In einem unter Bonifatius VIII. 1295 angelegten Schatzverzeichnis ist auch ein Inventar der Bibl. enthalten, das grob nach Wissensgebieten gegliedert ist und über 400 Bde, darunter mehrere griech., nennt. Bei der Übersiedlung der Kurie nach Frankreich nach dem Tod Benedikts XI. (1304) verblieb zunächst ein Großteil der Bücher in Perugia (Inv. 1311), wurde schließlich, nach Abtransport von Teilen nach Avignon, in S. Francesco in Assisi deponiert (Inv.e 1327, 1339), 1368 nach Rom gebracht und auf Befehl Urbans V. an kirchl. Einrichtungen verschenkt. Nur wenige Codd. aus der bonifazian. Bibl. sind bekannt.

[3] *Päpstliche Bibliothek in Avignon:* Der Neubeginn der Bibl. durch gezielte Ankäufe und Kopiertätigkeit, durch Einverleibung von privatem Buchbesitz der Päpste und aufgrund des →Spolienrechtes erworbener Bücher ist aus Aufzeichnungen der Kammer und Inv.en (1369, 1375) gut zu erkennen, die auch Einblicke in die räuml. Anordnung der Bibl., deren Hauptteil im Tour du Trésor des Papstpalastes untergebracht war, geben. Bes. reich sind die Inv.e Benedikts XIII., die auch seine persönl. Interessen erkennen lassen. Ein Teil der Bücher wurde 1409 nach Peñíscola transportiert. Das dort nach Benedikts Tod 1423 aufgenommene Inv. gibt Auskunft über Verkauf und Verschenkung des ca. 2000 Bde umfassenden Bestandes. Ein Rest gelangte über den Kard. Pierre de →Foix, das Collegium Fuxense in Toulouse und Colbert im 17. Jh. in die Bibl. du roi in Paris. Der in Avignon verbliebene, 1411 inventarisierte Teil befand sich 1594, allerdings dezimiert, noch dort. 329 der Codd. gelangten an den Kard. Scipione Borghese und wurden 1891 für die V. B. zurückerworben (heute Fondo Borghese).

[4] *Vatikanische Bibliothek:* Aufbauend auf den Bibl.en Martins V., Eugens IV. und seiner eigenen Slg. richtete Nikolaus V. (1447–55) im Vatikan. Palast eine Bibl. ein, die nicht als päpstl. Privatbibl., sondern der gesamten Kurie dienen sollte und die den Kern der heutigen V. B. bildet. Sixtus IV. setzte den formellen Gründungsakt (»Ad decorem militantis ecclesiae«, 15. Juni 1475) und bestellte Bartolomeo →Platina zum Bibliothekar. Seit 1475 erlauben Entlehnregister auch Einblick in die Benutzung der Bestände, während zahlreiche Inv.e ihr Wachstum und ihre Organisation dokumentieren. Unter Paulus V. (1605–21) erfolgte die Trennung von Archiv und Bibl.

Ch. Egger

Lit.: F. EHRLE, Historia Bibl. Romanorum Pontificum, I, 1890 [mehr nicht ersch.] – I due primi registri di prestito della Bibl. Apostolica Vaticana, ed. M. BERTÒLA, 1942 – F. PELZER, Addenda et emendanda ad F. EHRLE Historiam, 1947 – J. BIGNAMI ODIER, La Bibl. Vaticane de Sixte IV à Pie XI, 1973 – D. WILLIMAN, Bibl. ecclésiastiques au temps de la papauté d'Avignon, I, 1980 – M.-H. JULLIEN DE POMMEROL–J. MONFRIN, La bibl. pontificale à Avignon et à Peñíscola pendant le Grand Schisme d'occident et sa dispersion, 1991 – C. GRAFINGER, Die Ausleihe Vatikan. Hss. und Druckwerke I (1563–1700), 1993 – A. MANFREDI, I codici latini di Niccolò V., 1994.

Vatikanisches Archiv → Archiv, II

Vatopedi, griech. Kl. an der NO-Küste des →Athos (gr. Μονή Βατοπεδίου; Schreibweise Βατοπαιδίου erst ab 16. Jh. belegt). Das jetzige Kl., zu dem die →Sketen Hag. Demetriu und Hag. Andrea (Serail) gehören, wurde sehr wahrscheinl. zw. 972 und 985 von Nikolaos aus →Adrianopel gegründet (im ersten Typikon des Athos [Tragos] von 972 ist das Kl. noch nicht erwähnt, in einer Urk. von 985 unterzeichnet Nikolaos als letzter Abt; als weitere Gründer werden in der Überlieferung die späteren Äbte Athanasios und Antonios genannt. Nach raschem Aufstieg erscheint V. im Typikon des →Konstantin IX. Monomachos von 1045 in der Kl.-Hierarchie an zweiter Stelle (die ihm seit 1362 endgültig vorbehalten bleibt). Bes. Förderung erfuhr V. durch byz. Adelsfamilien aus Thrakien (→Bryennioi, Tornikioi, Tarchaneiotai u.a.). Erste ksl. Schenkungen und Privilegien ergingen unter Konstantin IX. Monomachos, →Michael VI. Bringas und →Alexios I. Komnenos. 1287 erhielt V. den Rang eines ksl. Kl. (Βασιλική Μονή). Von V. ging die Erneuerung (1198) des serb. Nachbarkl. →Hilandar aus, mit dem V. auch in der Folgezeit eng verbunden blieb. Eine bes. Blüte, zu der reiche Schenkungen v.a. →Andronikos' II. und der →Kantakuzenoi beitrugen, erlebte V. im 14. Jh.; das Kl. war Zentrum des →Hesychasmus (→Gregorios Palamas, Sabas d. J. u.a.). Durch kluge Absicherungspolitik konnte es unter serb. und türk. Herrschaft seinen Besitzstand halten und ausbauen. Seit der Mitte des 14. Jh. drang in Verbindung mit der Institution der ἀδελφᾶτα die Idiorrhythmie (→Mönchtum) ein (seit 1990 ist V. wieder Koinobion [→Koinobiten]).

Aus byz. Zeit stammen neben der Hauptkirche (Ende des 10. Jh. nach dem Vorbild des Katholikons der →Megiste Laura erbaut) Teile der Umfassungsmauer und der Türme, die Kirche τῶν Ἁγίων Ἀναργύρων und der Glokkenturm. Die Wandmosaiken des Katholikons, zu unterschiedl. Zeit (11.–14.Jh.) entstanden, sind die einzigen des Athos. Die älteren Fresken im Naos (1312 datiert; z.T. übermalt) und im Exonarthex gehören zu den bedeutendsten der Palaiologenzeit. Zu den Kunstschätzen zählen zahlreiche byz. Ikonen (u.a. Epystil-Ikone des 12. Jh., zwei Mosaikikonen der Palaiologenzeit), Reliquiare (u.a. hl. Demetrios: Demetrioslegende), litturg. Geräte (u.a. Jaspiskelch aus dem Besitz des Despoten Manuel Kantakuzenos) und Goldstickereien (u.a. Epitaphios des Ks.s →Johannes VI. Kantakuzenos). Die bereits in byz. Zeit durch Schreibertätigkeit in V. selbst und durch Schenkungen bedeutende Bibl. umfaßt heute ca. 1940 Hss. (davon mehr als ein Drittel aus byz. Zeit), dazu 21 Hss. in der Schatzkammer, 73 Hss. aus der Skete Demetriu und 26 liturg. Rollen. Neben einer größeren Zahl illuminierter Hss., unter denen ein Oktateuch (Cod. 602), zwei Psalter (Cod. 760–761), eine Ptolemaios-Hs. mit Karten (Cod. 655), das Typikon des trapezunt. Eugenios-Kl. (Cod. 1199) und mehrere Evangeliare der Schatzkammer hervorzuheben sind, finden sich hier viele wichtige Hss. der patrist. und hagiograph. Lit. (z.B. der Codex unicus des Danielkommentars des Hippolytos von Rom [Cod. 290 und 1213]). Zahlreiche Hss. aus der Bibl. v. V., darunter wichtige Klassiker-Hss., befinden sich jetzt in

Moskau, Paris und London (z. B. »Codex Crippsianus«, London, Brit. Mus., Burney 95). Das Archiv des Kl., dessen Bestände bis jetzt nur zum geringen Teil wiss. erschlossen sind, enthält zahlreiche Original-Urkk. aus spät- und nachbyz., nur wenige aus mittelbyz. Zeit. Von großem Umfang sind die Bestände an slav., rumän. und türk. Urkk.   E. Lamberz

Lit.: Oxford Dict. of Byzantium, 1991, 2155f. [Lit.] – Ἱερὰ Μεγίστη Μονὴ Βατοπαιδίου. Παράδοση. Ἱστορία - Τέχνη, 2 Bde, 1996 [Lit.].

Vaucelles, Abtei SOCist in Nordfrankreich (Bm. Cambrai, dép. Nord, comm. Les Rues-des-Vignes, an der →Schelde, 13 km oberhalb von →Cambrai), ging hervor aus der Domäne 'Ligescourt'. Diese übertrug Hugo v. Oisy, Kastellan v. Cambrai, im März 1131 an den hl. →Bernhard v. Clairvaux, der sich (während des Papstschismas) damals an der Seite →Innozenz' II. hier aufhielt, um dessen Position bei Ks. →Lothar III. zu stärken. Die mit der Schenkung verknüpfte Gründungsabsicht wurde am 1. Aug. 1132 verwirklicht mit der Ankunft von 12 Mönchen aus →Clairvaux, die unter Leitung ihres Abtes Radulph die 'ecclesia Beatae Mariae Valcellensis' begründeten. Ein Jahrhundert später zählte V. nicht weniger als 140 Mönche und 300 →Konversen und war zur bedeutendsten Zisterze der alten Niederlande geworden.

Durch frühe Schenkungen, die großenteils auf die Gründerfamilie der Oisy sowie der verwandten Montmirail zurückgehen, und durch nachfolgende Ankäufe erweiterte V. seinen ausgedehnten Grundbesitz, der in etwa 30 landwirtschaftl. Einheiten, darunter mindestens 16 →Grangien, gegliedert war. Die meisten dieser Anwesen gruppierten sich um die Abtei, die inmitten eines dichten Besitzkomplexes lag, doch hatte V. auch weiter entfernte Besitzungen, bes. im Weinbaugebiet des Soissonnais und in der Polderlandschaft Seeflanderns. Zwar nahm die in einem bereits dichtbesiedelten Gebiet gelegene Abtei nicht mehr an den großen Kultivierungsmaßnahmen (→Deich- und Dammbau) teil, entwickelte aber eine intensiv betriebene Landwirtschaft und Viehhaltung, die im 13. Jh. zuweilen die Züge kapitalist. Spekulation annahm.

Dank seines Reichtums konnte V. die Kl.bauten ca. 1190–1235 völlig neuerrichten: ausgedehnter Konventbau und (erhaltene) Abteikirche von riesigen Dimensionen (133 m Länge, 65 m Breite des Querschiffs); der Chor (Zeichnung im Musterbuch des →Villard de Honnecourt) war entgegen der zisterziens. Bautradition mit Umgang und Apsidiolen ausgestattet. Dies trug der Abtei auf dem zisterziens. Generalkapitel von 1192 scharfen Tadel ein; andererseits ehrte Kg. Ludwig IX. d. Hl. 1261 die Kirche v. V. durch Übersendung eines Dorns der in der →Ste-Chapelle (1248) bewahrten Dornenkrone Christi.

Die Blüte der Abtei war von kurzer Dauer: Seit dem beginnenden 14. Jh. litt V. unter Verschuldung (wohl auch Folge allzu waghalsiger Spekulation), der Getreidekrise, unter Kriegsplünderungen (bes. 1311) und verschärftem Fiskaldruck. Seine wertvollsten Grangien wurden mit Hypotheken belastet, schließlich verschleudert. Das spirituelle Leben verfiel; nach dem 14. Jh. war V. nur noch eine kleine Gemeinschaft, die ihre Renten aus einer geschrumpften Domäne bezog.   St. Lebecq

Lit.: M. Aubert, L'architecture cist. en France, 2 Bde, 1943 – A. Dimier, Saint Louis et Cîteaux, 1954 – F. Baron, Hist. architecturale de l'abbaye de V. (Cîteaux in de Ndl. 9, 1958), 276–285 – St. Lebecq, Les Cisterciens de V. en Flandre maritime au XIIIe s., Revue du Nord 54, 1972, 371–384 – Ders., Vignes et vins de V.: une esquisse (Flaran 3: L'économie cist., 1983) – L'espace cist., hg. L. Pressouyre, 1994 – St. Lebecq, V. et la terre aux XIIe–XIIIe s. (Campagnes médiévales. Études R. Fossier, 1995), 563–572.

Vauclair (Vallis clara), Abtei SOCist in Nordfrankreich, →Picardie (dép. Aisne, 16 km sö. von Laon, im oberen Tal der Ailette; alte Diöz. Laon, heut. Diöz. Soissons), 15. Tochter v. →Clairvaux. →Bernhard v. Clairvaux ließ sich die Kirche v. 'Curtmenblein' mit den zugehörigen Besitzungen vom Vikar, der Mönch geworden war, übertragen und begründete mit 1134 dorthin entsandten Mönchen das Kl., das fortan 'V.' hieß. Dank Schenkungen der örtl. Aristokratie und starker Unterstützung des (als Gründer verehrten) Bf.s v. →Laon, Barthélemy de Joux, blühte V. unter seinem (engl.) Abt Henri Murdac rasch auf (1180: neun →Grangien) trotz geistl. Konkurrenten (Abtei OPraem Cuissy); die vorwiegend durch Rodungstätigkeit entstandene Domäne v. V. umfaßte Bereiche der Ebene v. Sissonne und der Rebhügel des Laonnois. V. verfiel im 14. Jh. (1359 Plünderung durch Truppen Eduards III. v. England); unter Abt Jean Colleret (1362–94) erfolgte eine Wiederherstellung. – Aus der Blütezeit stammt die Bibliothek (etwa 100 Hss. erhalten, meist vor 1235 [gesicherte Herkunft: 73], heute großenteils Bibl. Mun. Laon). Die erste (roman.) Abteikirche, die Ähnlichkeiten mit →Fontenay aufwies, wurde im 13. Jh. abgebrochen im Zuge einer allzu ehrgeizigen Baukampagne; der weiträumige got. Kirchenneubau (geweiht 1227), nach dem Vorbild v. →Longpont, blieb ohne Schiff. Das Ensemble der Konventbauten des 13. Jh. wurde im 1. Weltkrieg (April 1917: Offensive am 'Chemin des Dames') zerstört, bis auf den imposanten 'Konversenbau'.
   L. Morelle

Q. und Lit.: GChr IX, 633–636; X, Instr., 195 – J. Ramackers, PU Frankreich, IV, 1942, 28, Nr. 48, 196, 228 – D. Lohrmann, ebd., VII, 1976, 21, Nr. 364, 367 – R. Courtois, La première église cist. de l'abbaye de V., ArchM 2, 1972, 103–125 – Ders., Quinze ans de fouilles à l'abbaye de V. (Mél. mém. A. Dimier, III, 5, 1982), 305–352 – Ch. Higounet, Défrichements, et villeneuves du Bassin parisien (XIe–XIVe s.), 1990, 233–235, 248f., 251 – A. Bondeelle-Soucher, Bibliothèques cist. dans la France méd., Rép. des abbayes d'hommes, 1991, 316–321.

Vaucouleurs, Pfalz und Burg in →Lothringen, im Grenzgebiet zur →Champagne (Ostfrankreich, dép. Meuse), am linken Ufer der →Maas, zw. →Commercy und Neufchâteau, entstand als dörfl. Siedlung im 9. Jh. in Nachbarschaft zu *Tusey*, dem Sitz eines kgl. →Fiscus und vielbesuchter karol. →Pfalz des 9. Jh., die in den Besitz der Abtei St-Jean de →Laon kam, dann an die Gf.en v. Champagne (im Rahmen ihrer Vogteirechte über die lothring. Besitzungen dieser Abtei), schließlich an die Herren ('Sires') v. →Joinville. Diese ließen eine Burg und ein der Abtei →Molesme unterstelltes Priorat errichten. Der alte Pfalzort Tusey geriet allmähl. in Vergessenheit zugunsten des grundherrl. Verwaltungszentrums V., das von den Herren v. Joinville 1293 eine →*charte de franchises* erhielt. Im grenznahen V., in dessen Nähe bereits 1212 das kapet.-stauf. Bündnis erneuert wurde (→Vaucouleurs, Vertrag v.), fanden auch später Begegnungen der Kg.e v. Frankreich und der dt. Kg.e/Ks. statt, bes. 1299 die Konferenz v. →Quatrevaux. Mit dem Übergang der Gft. Champagne an die →Krondomäne des Kg.s v. Frankreich nahm das Gebiet um V. als östlichste Zone, die dem frz. Kgtm. Zugang zum Maastal bot, eine wachsende strateg. Rolle ein. Eine neue Burg, Gombervaux, wurde im Bereich v. Tusey errichtet und im 14. Jh. der Familie Geoffroi de Nancy anvertraut. Der im 15. Jh. gegen die Burgunder stark befestigte Burgort V. gewann 1428 erstrangige Bedeutung, als →Jeanne d'Arc den Burghauptmann v. V., Robert de →Baudricourt, dazu bewegen konnte, ihr eine Eskorte auf den Weg nach →Chinon mitzugeben.   M. Parisse

Lit.: J. Schneider, Les origines de V., 1961, 270–274 – L. Baudoin, Gombervaux, 1993 – A. Girardot, Un prieuré et une ville, V. aux XIVe et XVe s., Lotharingia, 1998 [im Dr.].

Vaucouleurs, Vertrag v. (19. Nov. 1211). Der Vertrag entsprach dem Wunsch des frz. Kg.s →Philipp II. Augustus, dem welf.-engl. Bündnis zw. Ks. →Otto IV. und dem engl. Kg. →Johann 'Ohneland' eine stauf.-frz. Achse entgegenzustellen. Um die engl. Ansprüche des Plantagenêt auf seine Gebiete abwehren zu können, unterstützte Philipp Augustus die auch von Papst→Innozenz III. getragene Kandidatur Friedrichs (II.), Kg. v. Sizilien, gegen den 1211 exkommunizierten Otto IV. Während des Treffens zw. dem Dauphin →Ludwig (VIII.) und →Friedrich II. bei V. wurde das stauf.-kapet. Bündnis geschmiedet. Friedrich versprach dem frz. Kg., niemals ohne dessen Wissen einen Frieden mit Otto IV. oder Johann 'Ohneland' zu schließen noch den Feinden von Philipp Augustus innerhalb seines Reiches Schutz zu bieten. Dem Staufer wurden 20000 Mark Silber zugesagt, die er zur Durchsetzung seiner Wahl (Dez. 1212) benötigte. Durch diesen Vertrag wurde die interne Reichspolitik unmittelbar mit dem frz.-engl. Konflikt verknüpft, und es wurden die Parteien gebildet, die sich 1214 bei→Bouvines gegenüberstanden.　　　　　　　　　　　　　　　　　H. Brand

Lit.: MGH Const. II, ed. L. Weiland, 1896, 55 – E. Kantorowicz, Ks. Friedrich der Zweite, 1964, 46–53 – A. Cartellieri, Philipp II. August, IV, 1969², 330–334 – W. Kienast, Dtl. und Frkr. in der Kaiserzeit, III, 1975, 555f. – J. W. Baldwin, The Government of Philip Augustus, 1986, 204f. – D. Abulafia, Herrscher zw. den Kulturen. Friedrich II. v. Hohenstaufen, 1991, 118–126 – W. Stürner, Friedrich II. Die Kg.sherrschaft in Sizilien und Dtl. 1194–1220, I, 1992, 127–134, 155f.

Vaud, Pays de (Waadt, -land), Landschaft in der Westschweiz (heute mit 3212 km² viertgrößter Kanton der Schweiz). Der Name Waadt/V. geht zurück auf germ. 'Wald', 765 'pagus Valdensis', 885 'comitatus Waldensis', 1230 'in terra de Walt', 1250 'in Vaut/in Whaut', 1284 'terra Waudi', 1352 'patria Vuaudi'. Die zw. Jura und Voralpen eingeschnürte Region liegt als offenes Durchgangsland im Kreuzungspunkt der großen Verkehrsachsen, welche die Einzugsbereiche von →Rhône und →Rhein, Italien und Nordgallien/Frankreich miteinander verbinden. Der ma. Territorialumfang war von dem des nz. Kantons durchaus verschieden; in der Karolingerzeit noch ein →Pagus mit unscharfen Grenzen (im S Genfersee, im N Neuenburgersee und Murtensee, im O bzw. W Aubonne und Jura bzw. Eau-Froide und Sarine), erfuhr die Region im 15. und 16. Jh. einen Territorialisierungsprozeß, in dessen Verlauf ihre Grenzen nach W vorgeschoben wurden: →Vevey und Villeneuve (mit der Burg →Chillon) gehörten in der Zeit der savoyischen Herrschaft zum Bailliage des Chablais. Der Umfang des P. de V. korrespondiert nicht mit dem Diözesangebiet v. →Lausanne, das weit darüber hinausreicht.

In prähist. Zeit (Siedlungsspuren seit ca. 35000 v. Chr.) konzentrierte sich menschl. Leben nahe den Seeufern. Mehrere wichtige Siedlungen gehen auf die kelt. Epoche zurück. Seit 58 v. Chr. wurde das Gebiet zunehmend der röm. Herrschaft unterstellt, mit →Avenches als Vorort der 'Civitas Helvetiorum'. Die Geschichte der Region ist bis ins 9. Jh. schlecht erhellt. Seit Mitte des 5. Jh. n. Chr. ging sie an die →Burgunder über und stand seit 534 unter der Herrschaft des →Frankenreiches. 843 (→Verdun, Vertrag v.) war die Landschaft Teil des karol. →Regnums v. →Lotharingien, um 888–1032 einen wichtigen Bestandteil des Kgr.es →Burgund zu bilden.

1032 dem 'Sacrum Imperium' eingegliedert (→Heinrich III.), wurde die militär. und polit. Struktur im 11. und 12. Jh. stark von einer Vielzahl adliger Herren geprägt; auch die Bf.e v. Lausanne und die →Zähringer als stärkste polit. Kräfte konnten eine Einigung nicht herbeiführen. Erst unter der Herrschaft der Gf.en v. →Savoyen, die ab 1207 vom Nordufer des Genfersees her vordrangen, gewann das Land im 14. Jh. stärkeren Zusammenhalt. Moudon erhielt als Sitz von Verwaltungs- und Gerichtsinstitutionen zentralörtl. Charakter; seit 1361 traten →*États généraux* zusammen, eigenes Weistumsrecht (Coutumiers) bildete sich aus. Die *Baronnie de V.* diente zw. 1285 und 1359 als eine →Apanage des Hauses Savoyen. Erreichte die savoy. Herrschaft im späten 14. und im 15. Jh. ihren Höhepunkt, so war das Land in den Burgunderkriegen der →Eidgenossen um so heftigerem Druck ausgesetzt: Plünderung 1475–76 durch die von →Bern und →Freiburg geführten Orte; 1536 Besetzung des gesamten P. de V. sowie der Bf.stadt Lausanne (die nie savoyisch gewesen war) durch Bern, unter Exilierung des Bf.s, welcher der Reformation weichen mußte. 1564 leistete der Hzg. v. Savoyen Verzicht auf alle Rechte am P. de V.

In kultureller und wirtschaftl.-demograph. Hinsicht trug die Errichtung zahlreicher cluniazens., zisterziens. und prämonstratens. Kl. im 12. Jh. neben der Intensivierung des Verkehrs und der Sicherung der Durchgangswege zu einem lebhaften Wachstum bei. Die Entstehung zahlreicher →'burgi' zw. 1150 und 1350 ist Zeichen des starken Aufblühens der Region. Seit der Mitte des 14. Jh. traten auch hier Stagnation und Niedergang ein, die sich noch bis ins 15. Jh. fortsetzten.　　　　　　　G. Coutaz

Bibliogr.: Encyclopédie illustrée du P. de V., t. 12: Bibliogr. vaudoise, 1987 – V. à livres ouverts. Bibliogr. 1987–95, 1996 – *Lit.*: La maison de Savoie en P. de V., hg. B. Andenmatten–D. de Raemy, 1990 – V. Durussel–J.-D. Morerod, Le P. de V. aux sources de son hist., 1990 – L. Hubler, Hist. du P. de V., 1991 – Le P. de V. verre 1300, hg. A. Paravicini Bagliani, 1992 (Cah. lausannois d'hist. médiév., 6) – Archéologie du MA. Le canton de V. du Ve au XVe s., 1994.

Vaudémont, Burg und Dynastie in →Lothringen (Ostfrankreich, dép. Meurthe-et-Moselle). Die schon auf die Zeit vor 1000 zurückgehende Burg, gelegen auf einem der lothring. Ebene vom Saintois bis in das Gebiet südl. v. Toul beherrschenden Bergsporn, wurde im 11. Jh. zum Stammsitz einer Gft., errichtet für Gerhard, den jüngeren Sohn Hzg. →Gerhards I. v. Lothringen (1048–70) und Begründer des ersten Hauses V. Dieses stand noch im Schatten des Herzogshauses und betrieb eine auf die →Champagne hin orientierte Heiratspolitik. Es stellte eine Äbt. v. →Remiremont (Judith, 1115–60) und zwei Bf.e v. →Toul (Odo, 1191–97; Gerhard, 1218). Im frühen 13. Jh. wechselten die V. aus der Lehnsabhängigkeit des Hzg.s v. Lothringen in die Vasallität des Gf.en v. →Bar über (Homagium 1206). Im 13. Jh. waren die Gf.en v. V. stark in die feudalen Kriege Lothringens verwickelt. 1314 kam die Gft. Heinrichs/Henris III. (1299–1347) mit Châtel-sur-Moselle wieder unter die Kontrolle des Hzg.s v. Lothringen; das Erbe fiel an seinen Enkel Henri de →Joinville (1347–65), dann – über dessen Tochter Marguérite – an Ferri v. Lothringen, den jüngeren Sohn von Hzg. →Johann I. v. Lothringen.

Auf Ferri geht das zweite Haus V. zurück, als dessen Oberhaupt Ferris Sohn Antoine (Anton) fungierte. Dieser bestritt →René I. v. Anjou die Erbfolge im Hzm. Lothringen. Trotz des Militärbündnisses mit →Burgund (Sieg bei Bulgnéville, 1431) konnte Antoine seinen Anspruch nicht durchsetzen. Es erfolgte schließlich die Vermählung des Sohnes von Antoine, Ferri v. V., mit der Tochter von René, Yolande v. Anjou, deren beider Sohn →René II. als Alleinerbe der Hzm.er Lothringen und Bar sowie der Gft.

V. (1473) am Beginn des frühneuzeitl. Hzm.s Lothringen stand.
M. Parisse

Lit.: M. François, Hist. des comtes et du comté de V., 1934 – M. Parisse, Austrasie, Lotharingie, Lorraine, 1990.

Vaudetar. [1] *Familie:* Eine aus Italien stammende Familie der Pariser Hochfinanz; bedeutendstes Mitglied war der kgl. Finanzier und Bibliophile Jean de V. Als Vertreter der ersten in Paris ansässigen Generation ist *Guillaume de V.* († 1372) zu nennen, welcher der Entourage des Kard.s Andrea Ghini, Bf. v. Florenz und Ratgeber Kg. Philipps VI., angehörte und seit etwa 1348 als kgl. Goldschmied und Hoffaktor bezeugt ist. Er trat Ende 1356 in den Dienst des Dauphins →Karl (V.), war dessen →*Valet de chambre* und Hüter der Privatschatulle (→*Trésor royal*), wachte in dieser Eigenschaft über die kgl. Münzreform (1369). Sein berühmter Sohn *Jean de V.* († Weihnachten 1414, ☐ St-Merry) war beim Tode des Vaters (1372) bereits Meister der Pariser Goldmünze, ebenfalls kgl. *Valet de chambre*, zusammen mit Gilles Malet, dem Aufseher der kgl. →Bibliothek. Für seine Dienste als vertrauter Ratgeber, Vermögensverwalter und Testamentsvollstrecker Karls V. wurde Jean de V. 1380 mit einer →Pension von 600 *livres parisis* belohnt. Nach dem Aufstand der →Maillotins 1383 kurze Zeit eingesperrt, aber rasch rehabilitiert, gehörte er seit 1386 der →Chambre des Comptes an (*maître lai* bis 1410, dann aus Altersgründen *extraordinaire*). Seit 1388 bekleidete er das hohe Amt des Generalsteuereinnehmers der →*Aides*. Als Ratgeber des →*Conseil royal* und *Maître des comptes* leistete er 1403 Kg. →Karl VI. den Treueid. Jean de V. war vermählt mit Perrenelle, der Tochter des einflußreichen Hoffinanziers Pierre des Landes aus Genua († um 1372). Von den sieben Kindern machten die Söhne im Kg.sdienst Karriere: *Pierre* war Valet de chambre, *Charles* gehörte dem →Parlement an, *Milet* diente im Heer (✗ 1420 vor Melun). Während des Bürgerkriegs der →Armagnacs et Bourguignons wurde *Jeannin*, der Sohn von Pierre de V., auf dem Schulweg von den Bourguignons als Geisel entführt, da Vater und Onkel des gegner. Armagnacs angehörten. Die V. verstanden es trotz der unruhigen Zeiten, ihren reichen Grundbesitz in und um Paris zu bewahren (Seigneurie Issy, Weinberge in Vanves, Burg Pouilly-le-fort, in der Pierre de V. den Dauphin →Karl [VII.] vor den Bourguignons versteckte). Die Nachfahren von Jean de V. gingen im besitzenden Pariser »Amtsadel« ('noblesse de robe') auf.

[2] *Die Vaudetar-Bibel:* Zu Beginn seiner Karriere, am 28. März 1372, dedizierte Jean de V. seinem Kg. Karl V. eine reich illuminierte frz. Historienbibel, ein Hauptwerk der →Buchmalerei des 14. Jh. (heute in Den Haag, Mus. Meermanno-Westreenianum, ms. 10 B 23). Schreiber des Textes war der Kopist Raoulet d'Orléans, der damit seine vierte frz. Bibel schrieb. Die 269 Illustrationen umfaßten u.a. drei große Malereien (Christus, von Evangelisten umgeben), vier Szenen aus dem Leben Salomons und vier aus der Kindheitsgesch. Jesu. Das Ensemble der Illustrationen stammt von einem Schüler des Meisters der Bibel des Jean de Sy. Berühmt ist aber v.a. die Doppelseite am Kopf des Werkes; sie enthält das berühmte →Dedikationsbild, auf dem der unter einem liliengeschmückten →Baldachin thronende Karl V. den Codex aus den Händen seines knienden Höflings Jean de V. empfängt. Die wie durch ein Fenster gesehene Szene zeigt in der Anwendung der →Perspektive (sichtbar anhand der Bodenfliesen) den it. Einfluß; die beiden in Grisailletechnik dargestellten Personen sind Ausdruck einer meisterhaften Porträtkunst (→Bildnis, II). Auf der gegenüberliegenden Seite enthält der Künstler, Jean de Bondol aus Brügge, durch eine Inschrift in goldenen Lettern seine Identität und nennt sich als 'pictor regis'. Er schuf auch die Kartons des großen Apokalypsenteppichs v. Angers (→Apokalypse, C).
F. Autrand

Lit.: G. Leclerc, Un fief de l'abbaye de St-Magloire de Paris. La seigneurie de V. à Issy (1117–1790), Mém. Soc. de l'hist. de Paris, 1882– L. Delisle, Recherches sur la librairie de Charles V, 1907–R. Delachenal, Date d'une miniature d'un ms. de Charles V, BEC, 1910 – F. Autrand, Naissance d'un grand corps de l'État. Les gens du Parlement de Paris 1345-1454, 1981–F. Avril, Buchmalerei am Hofe Frkr., 1978, 110f. – Les Fastes du Gothique, 1981, 331f. [F. Avril] – F. Avril, Notice biogr. sur Jean de V. et sa famille [ungedr.].

Vaux-de-Cernay (Notre-Dame et St-Jean-Baptiste des V.), Abtei in Nordfrankreich, westl. von Paris (dép. Yvelines, comm. Cernay-la-ville). 1118 schenkten Simon de Neauphle-le-Châtel, Familiar Kg. Ludwigs VI., und seine Gemahlin Eve der Abtei →Savigny Güter um Yvelines zur Gründung eines Kl., das 1147 (mit der Mutterabtei Savigny) an →Clairvaux affiliiert wurde. V. hatte schon vor seiner Übertragung an die →Zisterzienser reiche Schenkungen des Regionaladels (Marly, →Montfort) erhalten und genoß kgl. und päpstl. Schutz. Aus dieser Zeit stammen die eindrucksvolle Kirche und die Kl.bauten (nur Reste erhalten). Dem Kl. gehörte der Chronist des Albigenserkreuzzuges, →Pierre des V. († nach 1218), an. Der Wohlstand der Abtei im 12. und 13. Jh. wurde bes. durch das Abbatiat des hl. Theobald v. Marly, geistl. Ratgebers Ludwigs d. Hl.n, gefördert. Die Abtei gründete zahlreiche →Grangien (im 13. Jh. um die zehn). V. betrieb intensiven Anbau von Getreide (in der →Beauce) und Wein (Seinetal, bes. um Marly), →Teichwirtschaft und Mergelgruben.

Im 14. Jh. setzte jedoch ein Verfall ein, infolge von Streitigkeiten mit benachbarten Abteien (→Longpont) und örtl. Herren (Thomas de Bruyères), aber auch von Kriegsschäden und Pestepidemien; nach einer 'Inquisitio' (1462) lag V. damals bereits seit 36 Jahren weitgehend wüst. Ab 1624 erfolgte eine Reform; am Vorabend der Aufhebung der Abtei durch die Frz. Revolution (Verkauf des Besitzes: Febr. 1791) zählte sie um die zwölf Mönche.
L. Fossier

Q. und Lit.: Cart., ed. L. Merlet–A. Moutié, 2 Bde, 1857–58–Dom Cottineau, Rép. topobibliogr. des abbayes et prieurés, s.v. [Neudr. 1995] – M. Aubert, L'abbaye des V., 1931 – A. George, L'abbaye des V., Pays d'Yvelines... 14, 1969, 17–24 – S. Lefèvre, L'aménagement du sud de l'Ile-de-France par les établissements religieux, Mém. et doc. Soc. hist. et arch. de Corbeil..., 1993.

Vavřinec z Březové → Laurentius v. Brezova

Växjö, Bm. und Stadt im südl. →Schweden (Prov. Värend), schwed. Gründung v. 1164–70 trotz der Grenzlage zum dän. Blekinge, geprägt von der Kultüberlieferung des hl. →Siegfried (8. S.). Der doppeltürmige Dom ist eine erweiterte einschiffige Kirche des 12. Jh., ein Domkapitel bestand seit spätestens 1280, ein Franziskanerkl. erst seit 1480. Unter den Bf.en war Thomas (1343–75/76) eine treibende Kraft beim Bau des Kl. →Vadstena, Nicolaus Ragvaldi (1426–38) als Ebf. v. →Uppsala (1438–48) ein eindrucksvoller Vertreter Schwedens auf dem Konzil v. →Basel. Die Stadtprivilegien v. 1342 begünstigten das Bm. wirtschaftl. und stimulierten den Jahrmarkt an Sigfridsmeß (15. Febr.).
T. Nyberg

Lit.: V. domkyrka, Sverige kyrkor 136, 1970 – L.-O. Larsson, Det medeltida Värend, 1964 [1975] – Ders., V. stift under 800 år, 1972 – E. Åhman, V., Medeltidsstaden 46, 1983.

Veče. [1] *Begriff und Forschungsgeschichte:* V. bezeichnet die Volksversammlung (→Versammlung) in der ma. →Rus'.

Sie wurde in Bedarfsfällen einberufen, um Fragen von allg. Bedeutung zu beraten und zu entscheiden. Der zu aruss. *veščati* ('sprechen') gehörende Ausdruck ist verwandt mit russ. *sovet* ('Rat'). V.-Zusammenkünfte wurden in den Städten (→Stadt, K) abgehalten, doch nahmen an ihnen in zeitlich und räumlich unterschiedl. Ausmaß auch Bewohner des jeweils zugehörigen Herrschaftsgebiets teil. Das V. entschied u.a. über die Einsetzung und Vertreibung von Fs.en, über Krieg und Frieden oder Einzelmaßnahmen in Krisensituationen, wobei Vorschläge offenbar durch Zuruf der Mehrheit gebilligt wurden.

Der Ursprung, die soziale Zusammensetzung und die hist. Bedeutung des V. sind umstritten. Die meisten russ. Forscher bringen es in Zusammenhang mit den vorstaatl. slav. Stammesversammlungen. Im Gegensatz dazu entwickelte ZERNACK in Anknüpfung an KLJUČEVSKIJ die Auffassung, daß es erst in der Zeit der Fürstenfehden nach der Mitte des 11. Jh. als Organ städt. Interessenvertretung entstand. Die quellenmäßig gesicherte Gesch. des V. beginnt demnach mit einem Beleg für →Kiev zu 1068, während die ersten chronikal. V.-Erwähnungen zu 997 (Belgorod) und 1016 (Novgorod) als Rückprojektion eines späteren Autors bzw. nicht aussagekräftig erscheinen. Die traditionelle sowjet. Forschung hatte oft mit einer Instrumentalisierung des V. durch die »herrschende Klasse« gerechnet, und JANIN vertrat in Arbeiten über Novgorod sogar die Meinung, daß dort nur →Bojaren und einige weitere Reiche am V. teilnahmen. Dagegen gehen FROJANOV und seine Schüler im Rahmen einer neueren patriot. Überbetonung des demokrat. und kollektivist. Elements in der russ. Geschichte davon aus, daß die breite Bevölkerung am V. teilnahm, daß dieses in der vormongol. Zeit die entscheidende polit. Kraft in der Rus' bildete und später in breitem Umfang weiterbestand.

[2] *Soziale Zusammensetzung und politische Bedeutung:* In der Tat hatten alle freien Männer das Recht zur Teilnahme an den Versammlungen. Deren Besucher werden dementsprechend in den Chroniken ohne soziale Charakterisierung als 'Novgoroder', 'Kiever' usw. bezeichnet, und einzelne Q. bezeugen deutl. die Teilnahme auch von 'Schwarzen Leuten' (Kleinhändlern und Handwerkern) am V. Dessen Beschlüsse wurden allerdings von Angehörigen der Oberschicht vorbereitet und stark beeinflußt, was aber nicht die Bedeutungslosigkeit der sonstigen Teilnehmer zur Folge hatte.

Für das 12. Jh. ist eine starke Verbreitung des V. und seine wichtige Rolle als Vertragspartner der Fs.en zu konstatieren. Im 13. Jh. kam es jedoch zu einem Niedergang und zum weitgehenden Erlöschen des V.-Wesens, hauptsächl. infolge des Mongolensturms von 1237-40 mit seinen verheerenden Folgen gerade für das städt. Leben. In der nordöstl. Rus' vermochten sich die Städter nicht mehr gegenüber der erstarkenden Fs.engewalt zu behaupten, in der südwestl. Rus' dominierte der Bojarenadel, und auch in den nordwestruss. Städten, die unter die Herrschaft →Litauens kamen, wirkten sich die neuen Bedingungen zuungunsten des V. aus.

[3] *Das Veče in Novgorod und Pskov:* Abweichend von den sonstigen Verhältnissen gab es im peripheren →Vjatka keine eigenen Fs.en und in →Novgorod und →Pskov nur ein schwaches Wahlfürstentum, so daß sich dort das V. behaupten konnte, ja an Bedeutung gewann. Im wirtschaftl. starken und von Kiev früh unabhängigen Novgorod hatte das V. bereits seit dem 12. Jh. das wichtigste Verfassungsorgan gebildet. Da die Stadt nicht vom Mongolensturm erreicht wurde und sich bis zum 15. Jh. auch gegenüber fsl. Zugriffen behaupten konnte, erhielt hier die V.-Macht ihre stärkste und am deutlichsten faßbare Ausprägung. Das Novgoroder V. schloß mit den von ihm berufenen Fs.en und mit auswärtigen Mächten Verträge ab, es wählte mit den →Posadniki und →Tysjackie aus Angehörigen der Bojarenschicht die höchsten weltl. Amtsträger des Staates und seit 1156 aus Kreisen des Mönchtums auch den Bf. bzw. Ebf. Ferner vergab es der Stadt gehörende Ländereien. Einberufen wurde das in Novgorod häufig tagende V. von den republikan. Amtsträgern und Fs.en, nicht selten auch von sonstigen Einwohnern der Stadt. Die Zusammenkünfte verliefen mitunter stürmisch, von ihnen konnten Gewaltakte gegen mißliebige Amtsträger ausgehen. Neben dem gesamtstädt. V., das auf dem Jaroslav-Hof oder bei der Sophienkathedrale tagte, gab es in Novgorod auch V.-Versammlungen der einzelnen Stadtfünftel (*koncy*) und von Straßen, auf denen Älteste gewählt wurden, die Verwaltungsaufgaben wahrnahmen. Besonders wichtige Akte der V.-Versammlungen Novgorods und Pskovs bildeten die Verabschiedungen der grundlegenden 'Gerichtsurkunden' (*sudnye gramoty*) in den beiden Städten.

Als Novgorod, Vjatka und Pskov zw. 1478 und 1510 dem autokrat. regierten Gfsm. →Moskau einverleibt wurden, bedeutete dies das Ende des russ. V.-Wesens. Ihren symbol. Ausdruck fand diese Zäsur in der von den Moskauer Herrschern eilig befohlenen Abnahme der →Glocken, die in Novgorod und Pskov zu den Versammlungen gerufen hatten. N. Angermann

Lit.: V. I. SERGEEVIČ, V. i knjaz', 1867 – K. ZERNACK, Die burgstädt. Volksversammlungen bei den Ost- und Westslaven, 1967 – V. L. JANIN, Problemy social'noj organizacii Novgorodskoj respubliki, Istorija SSSR 1970, 1, 44–55 – HGeschRußlands 1, I, 388–394 [H. RÜSS] – I. JA. FROJANOV–A. JU. DVORNIČENKO, Goroda-gosudarst-va Drevnej Rusi, 1988 – O. V. MARTYŠIN, Vol'nyj Novgorod, 1992 – G. PICKHAN, Gospodin Pskov. Entstehung und Entwicklung eines Herrschaftszentrums in Altrußland, 1992.

Vechta. Am Flußübergang des Mühlbaches bauten die Grafen von Calvelage (später →Ravensberg) im 11./12. Jh. eine Burg (roman. Bergfried noch 1689 erhalten). Mit dem Nordbesitz der Gft. kam V. 1252 an das Bm. →Münster, das dem Burgmannenkollegium in V. (an der Spitze ein →Drost) die fakt. Herrschaft im sog. Niederstift Münster überließ. Sitze v. Burgmannen waren in der Stadt (Burgstraße) sowie zu Welpe, Buddenburg und Füchtel. Auf das herrschaftl. Zentrum deutet das Patrozinium der späteren Stadtpfarrkirche St. Georg. 1221 wurde die Pfarre V. aus dem osnabrück. Kirchspiel Langförden ausgegliedert. Augustinereremiten hatten im 14. Jh. in V. eine Terminei, später entstand das Kl. Mariendal (mit Heiligkreuzkapelle) desselben Ordens; Siechenkapelle (ð 10000 Ritter), Marienkapelle am Steintor, Kapelle St. Antonius mit Heiliggeistspital vor der Klingenhagenporte; Stadtrechtsverleihung (Osnabrücker Recht) zu unbekannter Zeit (Bürgermeister und Rat; 1461 Rathausbau). Um 1370 bestand V. aus der befestigten Altstadt, Neustadt und den Vorstädten Klingenhagen (um das Hospital) und Vörde. Der hans. Patrizierfamilie de V. entstammen Johann, Ebf. v. Riga (1284–94), und Konrad, Ebf. v. Prag (seit 1412). Der Jahrmarkt ('Stoppelmarkt'), 1452 'Kirchmesse', hat sich aus der Kirchweih entwickelt und geht bis in das 12. Jh. zurück, zu Ks. Friedrich II. 1216/20 die Verleihung von Zoll und Münze als unter seinen Vorgängern erfolgt erwähnt. Der Zoll ist kaum Transit-, eher Marktzoll gewesen. Ab 1298 Geleitbriefe der Drosten, die den Messecharakter des Marktes erkennen lassen. B. U. Hucker

Lit.: W. HANISCH, Südoldenburg. Beitr. zur Verfassungsgesch. der dt. Territorien, 1962 – B. U. HUCKER, Warum wurde V. 1252 münsterisch und nicht diepholzisch?, Jb. für das Oldenburg. Münsterland, 1991, 27–43 – Beitr. zur Gesch. der Stadt V., red. W. HANISCH, F. HELLBERND, J. KUROPKA, 4 Bde, 1992 – F. HELLBERND–J. KUROPKA, Gesch. der Stadt V. in Bildern, Plänen und Urkk., 1993 – B. U. HUCKER, Sophie und Jutta Gfn. v. V. (Westfalen in Niedersachsen, 1993), 354–357.

Vechta, Konrad v., Ebf. v. →Prag, † 25. Dez. 1431, seit Mitte der 90er Jahre des 14. Jh. bis 1413 im Dienst Kg. Wenzels IV. Als Münzmeister v. →Kuttenberg (1401/03) und Unterkämmerer (1405–12) besorgte er kgl. Finanzgeschäfte. Nach vergebl. Kandidatur für das Amt des Bf.s v. →Regensburg wurde er im Herbst 1399 als →Electus in →Verden providiert. Wenzel verhalf ihm 1408 zum Bm. →Olmütz und erhob ihn im Febr. 1413 zum Ebf. v. Prag. Auf Drängen des Konzils v. →Konstanz versuchte V. vergebens, die Bewegung der →Hussiten einzudämmen. Beim Ausbruch der Unruhen 1419 schlug er sich zuerst auf die Seite Kg. Siegmunds, akzeptierte dann aber am 21. April 1421 die Vier →Prager Artikel und trat zum Hussitentum über. 1426 wurde V. exkommuniziert, stand aber bis zu seinem Tod unter dem Schutz der Prager hussit. Regierung. F. Šmahel

Lit.: V. BARTŮNĚK, K. v. V. (Regensburg und Böhmen [= Beitr. zur Gesch. des Bm.s Regensburg 6], 1972), 173–219 – I. HLAVÁČEK, K. v. V. (Beitr. zur Gesch. der Stadt Vechta 4, 1974), 5–35 – F. SEIBT, K. v. V. (Von Soest – aus Westfalen, hg. H.-D. HEIMANN, 1986), 139–151.

Vecinos, Vollbürger (cives) in den Städten der Iber. Halbinsel (*ciudades, municipios*), die aufgrund ihrer Geburt, ihres festen, durch eine Herdstelle ausgezeichneten Wohnsitzes (in Aragón, Katalonien und Navarra über Jahr und Tag), ihres Besitzes an Immobilien und ihrer Zugehörigkeit zum städt. →Concejo völlige persönl. Freiheit (*franquicia*) genossen, der Schicht der *burgueses* angehörten und durch den lokalen →Fuero geschützt wurden. Diese Rechtsstellung konnten auch Zuwanderer aus dem frk.-frz. Raum als *francos de derecho* oder *de carta* durch eine bes. persönl. Privilegierung von Kg.sseite erhalten, während sie Adligen, Geistlichen oder Einwohnern, die sich nur vorübergehend niedergelassen oder das Bürgerrecht nicht bzw. nur z. T. erworben hatten, sowie gesellschaftl. Randgruppen nicht zukam. Entscheidungsbefugte Bürgerversammlung war der Concejo (institutionell vielleicht auf den westgot. conventus publicus vecinorum zurückzuführen), der Angelegenheiten der Stadt bzw. ihres Terminus (*alfoz*) beriet. Außer der Vollversammlung (*Concilio pleno*, später *Concejo abierto*), in der alle V. das direkte Stimmrecht ausübten, kannte man auch selektive Zusammenkünfte, an denen nur die bedeutendsten V. teilnahmen (*boni homines, probi homines, hombres buenos*), oder für die das Auswahlkriterium die Zugehörigkeit zu einer Pfarrgemeinde sein konnte. Im SpätMA wurde der Concejo abierto ersetzt durch den →Consejo, in dem die Vertretung der V. überging auf wenige Consejeros, v.a. aus den Reihen der →Caballeros und Hombres buenos, sowie auf einen aus städt. Amtsträgern gebildeten Magistrat, der sich aus Mitgliedern der aristokrat.-oligarch. Oberschicht zusammensetzte, um schließlich zum städt. Cabildo zu führen, in dem nur noch offizielle Magistrate und ggf. vom Kg. ernannte →Regidores saßen. L. Vones

Lit.: A. BO–M. DEL C. CARLÉ, Cuándo empieza a reservarse a los caballeros el gobierno de las ciudades castellanas, CHE 4, 1946, 114–124 – M. DEL C. CARLÉ, Boni homines y hombres buenos, ebd. 40, 1964, 133–168 – DIES., Del concejo medieval castellano-leonés, 1968 – L. GARCÍA DE VALDEAVELLANO, Curso de Hist. de las instituciones españolas, 1975⁴, passim – DERS., Orígenes de la burguesía en la España Medieval, 1975² – J. GAUTIER DALCHÉ, Hist. urbana de León y Castilla en la Edad Media, 1979 – A. ARRIAZA, The Castilian Bourgeoisie and the Caballeros Villanos in the Concejo before 1300, Hispanic American Historical Review 63, 1983, 517–536 – La ciudad hispánica durante los siglos XIII al XVI, T. I–II, 1985 – Concejos y ciudades en la edad media hispánica. II Congreso de Estudios Medievales, 1990.

Veckinchusen, Hildebrand, Kaufmann, * zw. 1365 und 1370 in Hessen oder Westfalen, † Juli 1426 in Lübeck. Neun Handelsbücher (Memoriale und »Kontobücher«) und etwa 450 Briefe sind erhalten. V. war Kaufmannsgehilfe in Livland, anschließend in Flandern; 1393, 1398 und 1417 Altermann des gotländ.-livländ. bzw. lüb. Drittels im Hansekontor zu →Brügge. Seit 1399 Lübecker Bürger, war er von 1402–26 fast ohne Unterbrechung in Brügge. Entsprechend der partnerschaftl. Struktur des hans. Handels waren – bei wechselnder personeller Zusammensetzung der einzelnen →Handelsgesellschaften – die wichtigen Einkaufs-, Umschlags- und Verkaufsplätze mit Verwandten und Freunden besetzt. Schwerpunkte seines von Brügge über fast den gesamten hans. Wirtschaftsraum betriebenen Handels waren Preußen und Livland. V. war außerdem Gesellschafter in der »venedyeschen selschop«, einer von 10 Lübecker Bürgern gegründeten offenen Handelsgesellschaft, die hauptsächl. über Land Direkthandel mit Venedig betrieb, deren Gesellschafter in Venedig, Brügge, Köln und Lübeck saßen. Vermutl. durch Überbeanspruchung ihrer Finanzkraft ging die Gesellschaft 1412 zugrunde. Das Schicksal V.s zeigt das Risiko des spätma. Kaufmannsberufs: Verluste aufgrund falscher Einschätzung des Marktes; ein gescheiterter Versuch, ein Salzmonopol in Preußen aufzubauen; ein »erzwungener« Kredit an Kg. Siegmund, den V. nicht zurückgezahlt bekam. Häufige Zahlungsprobleme führten zu zweifelhaften Wechseloperationen. Kredite bei den Lombarden in Brügge, deren hohe Zinsen ihn in noch höhere Verbindlichkeiten trieben, führten 1422 zur über dreijährigen Inhaftierung im Brügger Schuldturm; 1426 kehrte er nach Lübeck zurück. R. Hammel-Kiesow

Q.: W. STIEDA, H. V. Briefwechsel eines dt. Kaufmanns..., 1921 – M. P. LESNIKOV, Die Handelsbücher des hans. Kaufmanns V., 1973 – *Lit.:* F. IRSIGLER, Der Alltag einer hans. Kaufmannsfamilie im Spiegel der V.-Briefe, HGBll 103, 1985, 75–99 – Biogr. Lex. für Schleswig-Holstein und Lübeck IX, 1991, 358–364 [R. HAMMEL-KIESOW].

Vedastus (ndl. Vaast, frz. Gaston, engl. Forster), hl., Bf. v. →Arras (dép. Pas-de-Calais), stammte aus dem Périgord (nach später Überlieferung dagegen aus der Gegend v. Toul), † um 540, ▭ Arras, Kathedrale Notre-Dame; Translation (bald nach 642?) an die vor der Stadt gelegene Stätte seiner Zelle am Ufer des Crinchon, der späteren Abtei St-Vaast (→Arras, II). – Auf der Rückkehr von seinem Alemannensieg traf Kg. →Chlodwig in →Toul den hl. V., der den Kg. während der Reise nach Reims (zur Taufe durch den hl. →Remigius) katechisierte. Remigius weihte V. zum Bf. und entsandte ihn nach Arras, um dort die Christianisierung voranzutreiben; er starb hier nach vierzigjährigem Episkopat.

Eine erste Vita wurde von →Jonas v. Bobbio (BHL 8501–05) vor 642 in Arras abgefaßt, wahrscheinl. im Auftrag des Bf.s Autbert v. Cambrai-Arras. Anläßlich einer Wiederbelebung des Kultes bat Abt Rado v. St-Vaast seinen Freund →Alkuin um eine 'emendatio' der ursprgl. Vita; Alkuin verfaßte in Tours um 800 ein ganzes Dossier zum Ruhm des Hl.n: eigene Messe (verloren), Inschriften (→tituli) für Altäre und Kirchenwände, eine (später oft plagiierte) Homilie (BHL 8509), eine Vita (BHL 8506–08). Diese bildete den Ausgangspunkt für ein eigenes Heiligenoffizium des V., erhalten im →Antiphonar Karls d. K. (Paris, BN lat. 17436).

In der 2. Hälfte des 9. Jh. wurden die Reliquien wegen der Normanneneinfälle wiederholt geflüchtet (Vaux, dép. Somme, 879; Beauvais, 880; definitive Rückkehr nach Arras: 893). Zahlreiche Mirakelberichte entstammen dem 9. Jh. (BHL 8510–18), der Mitte des 12. Jh. (BHL 8518e) und dem 14. Jh. (BHL 8519). Das maßgebl. Reliquiar wurde während der Frz. Revolution zerstört, doch wurden geborgene Reliquien in der Kath. v. Arras reinstalliert. Ikonograph. Attribut ist der →Bär. Feste im Mart. Hier.: Depositio 6. Febr. (Bernensis), Translatio 1. Okt. (Wissemburgensis).   J.-C. Poulin

Q. und Lit.: Bibl.SS 12, 1969, 965–968 – Jonas Vitae ss. Columbani, Vedastis, Johannis, ed. B. Krusch, 1905 – L. Brou, L'ancien office de st. V., Études grégoriennes 4, 1961, 7–42 – I Deug-Su, L'opera agiografica di Alcuino: la »Vita Vedastis«, StM 21, 1980, 665–706 – C. Veyrard-Cosme, Typologie et hagiographie en prose carolingienne … Vita Vedasti (Écriture et modes de pensée au m. â, 1993), 157–186.

Veelderhande geneuchlijcke dichten, tafelspelen ende refereynen, De, Sammlung von 22 Verstexten und 2 Prosastücken, die miteinander durch passende Reime verbunden sind, gedr. 1600 durch die Nachkommen des verstorbenen Jan van Ghelen in Antwerpen. Sie sind für den Vortrag auf Festen und Gesellschaften bestimmt, einige geben vollständige Spiele wieder. Die Mehrzahl der Texte stammt aus der Zeit um 1500, einige sind noch älter. Von mindestens neun Texten steht ihre Verbreitung als Einzelblattdrucke fest. Satire und Ironie stehen im Vordergrund, v. a. in der Form von Spottpredigten, Gebetsparodien und Lügendichtungen. Derartige Texte gehörten zum Repertoire der in den Niederlanden mit großer Ausgelassenheit gefeierten Fastnacht. Eine eigene Gruppe ist den »Aernoutsbroeders« gewidmet, fahrendem Volk, das sich mit Quacksalberei und anderen Betrügereien durchs Leben schlug. Aber auch diese Texte sind ironisch gemeint und nur vorgeblich in der Welt dieser fröhl. Schmarotzer angesiedelt. In Wirklichkeit verkündet diese verkehrte Welt mit ihrer Antimoral eine sehr bürgerl. Botschaft von Ordnung und Anstand.   H. Pleij

Ed.: VGD, ed. Maatschappij der Nederlandsche Letterkunde, 1899 – Lit: H. Pleij, Het Gilde van de Blauwe Schuit, 1983 – Ders., Van Cocagne tot Luilekkerland, 1997.

Vega, Garcilaso de la, span. Dichter, * 1503 in Toledo, † 14. Okt. 1536 während des span.-frz. Krieges in Nizza an einer Verwundung, entstammte einem mit anderen großen kast. Familien des SpätMA (→Mendoza, →Guzmán u. a.) verwandten, weitverzweigten Adelsgeschlecht und diente Karl V. als gewandter Hofmann, Diplomat und Soldat (Comuneros-Aufstand, Italienkriege, Tunisfeldzug), doch war das Verhältnis zum Ks. zeitweilig getrübt (1530 Verbannung auf die Schüttinsel bei Wien). Seit 1532 lebte V. zumeist in Neapel am Hof des span. Vizekg.s und pflegte Kontakte mit it. und span. Humanistenfreunden. Sein postum (1543) veröffentlichtes, wenig umfangreiches, doch neue Maßstäbe setzendes Werk (höchsten Ruhm genießen die drei Eklogen und eine Reihe von Sonetten), in dem V. stilist. Elemente der it. Renaissancedichtung, insbes. der Bukolik (→Hirtendichtung), und neuartige, virtuos gehandhabte metr. Formen (Elfsilber: Lira) in die span. Lit. einführt, hat in seinem empfindsammelancholischen. Grundton die Dichtung des Siglo d'Oro stark beeinflußt.   U. Mattejiet

Ed.: Obras, 1543 [gemeinsam mit Werken von Boscán Almogaver] – T. Navarro Tomás, 1911, 1935 – C. Burell, 1961 – Lit.: A. Gallego-Morell, G. de la V., 1966 – →Span. Sprache und Lit.

Vega, Monasterio del, Kl. (Bm. León, Prov. Valladolid), gegr. z. Z. Kg. →Ordoños III. v. León (950–956), zählte seit dem 11. Jh. zum →Infantado v. León 1125 übertrugen Kgn. →Urraca v. Kastilien und Gf. Rodrigo González de Lara, der Gatte ihrer Schwester Sancha, zusammen das Kl. als →Seelgerätstiftung an die aquitan. Abtei →Fontevrault mit dem Auftrag, dort ein Haus des Ordens einzurichten. Erste Vorsteherin war Agnes, Gfn. v. Aixe; gemäß der Regel bestand neben dem Nonnenkonvent auch ein Brüderkapitel. 1133 garantierte Alfons VII. der Abtei Immunität. Das Kl. erhielt reiche Zuwendungen von Angehörigen des Leoneser Hofes. Die Infantin Sancha intervenierte wiederholt zu seinen Gunsten und veranlaßte ihre Nichte →Urraca 'la Asturiana', ein Kl. in Oviedo, das V. unterstellt sein sollte, an Fontevrault zu übertragen. Die Bindung an die Abtei in Frankreich bestand bis 1499, als Alexander VI. V. zur Abtei erhob und unmittelbar Rom unterstellte. 1532 erfolgte der Anschluß an die Kongregation v. →Valladolid.   U. Vones-Liebenstein

Q. und Lit.: Cartulario del M. de V. con documentos de San Pelayo y Vega de Oviedo, ed. L. Serrano, 1927 – L. García Calles, Doña Sancha, hermana del Emperador, 1972 – A. Martínez Vega, El M. de Santa María de la V. Colección diplomática, 1991.

Vegetabilia → Materia medica, II

Vegetius (Flavius V. Renatus), röm. Autor wohl des ausgehenden 4. Jh., dessen erhaltene Schriften Militärwesen und Veterinärmedizin behandeln.

[1] »Epitoma rei militaris«: In seiner wohl Ks. →Theodosius I. gewidmeten Schrift »Epitoma rei militaris« faßte V. in prakt. Absicht die Grundzüge des röm. Militärwesens u. a. nach →Frontinus handbuchartig zusammen und behandelte in vier Büchern die Abschnitte Taktik, Strategie und Poliorketik (Belagerungskunst). Er beschrieb diese Sachgebiete in Abweichung von takt. Schriften griech. Militärtheoretiker (Aelian). So entstand ein Gegensatz zw. griech. und röm. Militärschriftstellerei, der zur Ausbildung unterschiedl. Militärtheorien bis weit ins 18. Jh. beitrug. Bis zum Ende des 15. Jh. blieb die Wirkung der griech. Militärschriftsteller auf den byz. Bereich beschränkt, während sich die V.-Rezeption auf den Okzident konzentrierte.

Das Werk wird gegen Mitte des 9. Jh. faßbar. Im Westfrk. Reich noch wenig bekannt, wurde es von einigen Gelehrten als militär. Handbuch empfohlen: →Frechulf v. Lisieux widmete Ks. Karl d. K. ein (fehlerhaftes, von ihm selbst korrigiertes) Exemplar als Hilfe im Kampf gegen die Normannen; dieselbe Absicht verfolgte →Hrabanus Maurus (de procinctu Romanae miliciae Auszug aus B. I), während →Sedulius Scottus, der V. in seine Kollektaneen aufnahm, seinen Gönner Bf. →Hartgar v. Lüttich veranlaßte, dem Mgf.en →Eberhard v. Friaul ein Exemplar als Ratgeber für die Kämpfe mit Slaven und Sarazenen zu übersenden.

Bis ins 11. Jh. war V. wesentl. als Poliorketiker bekannt, während seine Bedeutung als Taktiker erst im 12. und 13. Jh. (→Johannes v. Salisbury, →Aegidius Romanus) erkannt wurde. Seit dem 14. Jh. kam es zu einer Welle volkssprachl. Versionen im Mittelengl., Mittelfrz., Mhd., Italien., Kast./Span.; auch eine hebr. Fassung liegt vor. Unter den Bearbeitern sind namentl. bekannt: Jean de →Vignay, Alain →Chartier, →Christine de Pisan, Gilbert (of the) Hay(e), Ludwig v. Hohenwang, Jean de Meun(g), Jean Priorat de Besançon. Die Übers.en von Chartier und Christine de Pisan wurden ihrerseits ins Mittelengl. übertragen und z. T. von William →Caxton gedruckt.

Durch V. wurde im Okzident das röm. Exerzieren als Modell der niederen Taktik bekannt und nachdrücklich zur Nachahmung empfohlen (Aegidius Romanus, Antonio →Cornazzano). Gleichwohl wurde es außerhalb Englands und Kastiliens nie konsequent durchgeführt; die Wirkung des V. auf die ma. Reiterei, bes. das →Turnier, ist umstritten. Für die Militäringenieure des 14. und 15. Jh. bot V. den Rahmen, in dem sie eigene Erfindungen techn. Geräts vorstellen konnten. So wurde dem Kölner Inkunabeldruck von 1475 ein waffentechn. Anhang beigegeben, der mit dem Original nichts zu tun hat. Ebenso verfuhr Roberto Valturio in seiner Militärschrift von 1472. In der V.-Ausg. von 1487 wurde neben anderem das Werk des Aelian lat. mitabgedruckt und so erstmals im Okzident bekannt gemacht. V. beherrschte die Militärtheorie des gesamten 15. und 16. Jh. Erst um 1600 kam die griech. Militärtheorie durch die Reformen der Oranier als eine Q. für das Bataillonsexerzieren und die Strategie wieder in Gebrauch. H. Kleinschmidt

[2] »Digestorum artis mulomedicinae libri«: Wie die Epit. rei milit. beruht auch das veterinärmed. Werk (→Tiermedizin, II) auf lit. Q. (neben Pelagonius und →Columella bes. dem sog. Chiron und Apsyrtus). Es scheint bereits im Altertum nicht sehr verbreitet gewesen zu sein und war auch im MA ziemlich selten (z. B. Reichenau, 821/822); der Text ist, abgesehen von einem Palimpsest-Frgm. in St. Gallen 908, nur durch Abschrift einer (angebl. unzialen, d.h. spätantiken, vielleicht aber doch erst frühma.) Hs. aus Corbie sowie etlichen jungen Hss. unbekannter Provenienz auf uns gekommen. Eine Wirkung im MA ist kaum nachgewiesen (ed. pr. Basel 1528; ed. E. Lommatzsch, 1903). F. Brunhölzl

Ed.: V., Epitoma rei militaris, ed. pr. 1473; C. Lang, 1885; A. Önnerfors, 1995 – *lat.-dt.*: F. Wille, 1986 – *lat.-engl.*: L. F. Stelton, 1990 – *engl. Übers.*: T. R. Philips, 1985 – *Bearb.*: *dt.*: Ludwig v. Hohenwang, Von der Ritterschaft, 1475 – *engl.*: Knyghthode and Bataille, ed. R. Dyboski–Z. M. Arend, 1935 [Nachdr. 1971] – Fifteenth-Century English Translations of Alain Chartier, ed. M. S. Blayley, 1974–80 – *frz.*: Jean de Meung, Li abregemenz noble homme Vegesce Flavie Rene..., ed. F. Löfstedt, 1977 – Li livres Flave Vegece ... par Jean de Vignay, ed. Ders., 1982 – Jean Priorat de Besançon, L'abrejance de l'ordre de chevalerie..., ed. U. Robert, 1897 – *andere Q.*: Aelianus tacticus, De instruendis aciebus, ed. pr. 1487; H. Köchly–W. Rüstow, 1, 1855, 201–471 – Roberto Valturio, De re milit. libri XII, 1472 – *Lit.*: W. Meyer, SBA. PPH 1885, 395 [zum sog. Chiron centaurus] – E. Dümmler, ZDA NF 3, 1872, 443ff. [zu Hraban. de procinctu Rom. mil.] – C. R. Shrader, The Ownership and Distribution of Mss. of the De re milit. before the Year 1300 [Diss. masch. New York, 1976] – Ders., A Handlist of Extant Mss. Containing the De re milit. of F. V. R., Scriptorium 33, 1979, 280–305 – The Earliest English Translation of V.' »De Re Milit.«, hg. G. Lester, 1988 – H. Kleinschmidt, Tyrocinium militare, 1989, 20–42.

Veghe, Johannes, * 1430/35 Münster, † 21. Sept. 1504 ebd. V.s Leistung für die →Brüder vom gemeinsamen Leben beruht auf zwei Ebenen: Die strukturelle Organisation sowie die spirituelle Leitidee hat er entschieden gefördert. Erstmals 1450 in den Matrikeln der Univ. Köln namentl. erwähnt, dürfte V. ein Jahr später den Brüdern vom gemeinsamen Leben in Münster beigetreten sein. Von dort aus wurde er mit der Einrichtung und Leitung des Rostocker Fraterhauses beauftragt. Seit 1475 stand er dem Münsterschen Fraterhaus zum Springborn vor, wo er erstmals 1476 ein sog. Colloquium als zentrale Instanz zur Ausübung von Verwaltung und Jurisdiktion einberief. 1481 zog er sich als *preister* und *rectoir* ins Kl. Niesing, dem Münsterschen Schwesternhaus, zurück, wo er jene 23 Predigten (»*collacien*«) hielt, die mit einem Predigtrapiar seine heute einzig erhaltenen Schriften darstellen. Darin vertritt er die Auffassung vom freien Willen und der Gottesebenbildlichkeit des Menschen. So richtet sich seine moral. Didaxe gegen sündiges Handeln, damit im Sinne der →Devotio moderna durch tugendhafte Lebensweise die Seele Gott als höchstes Gut schaue. Detailgetreue, aus dem Leben genommene Bilder und Vergleiche verbunden mit einer innigen Nähe zu Gott, unterscheiden V. von oberdt. Mystikern und den lat. schreibenden ndl. Vertretern der Devotio-moderna-Bewegung. Die vier Traktate des Ps.-Veghe (»Lectulus noster floridus«, »Wyngaerden der sele« etc.) weisen in sprachl. Mitteln und spirituellen Leitlinien Ähnlichkeiten zu den Predigten V.s auf, weshalb sie diesem Ende des 19. Jh. irrtüml. zugeschrieben worden waren. G. Drossbach

Ed.: F. Jostes, J. V. Ein dt. Prediger des XV. Jh., 1883 – *Ps.-Veghe*: H. Rademacher, Lectulus noster floridus, 1935 – Ders., Wyngaerden der sele, 1940 – *Lit.*: DSAM XVI, 343–347 [Ch. Mundhenk] – Verf.-Lex.² X, 1, 1996, 190–199 [D. Schmidtke; Lit.] – H. Trittlof, Die Traktate und Predigten V.s, 1904 – H. Junge, J. V., Sprache, Stil und Persönlichkeit [Diss. masch. Hamburg, 1955].

Vegio, Maffeo (Mapheus Vegius), Humanist, * 1407 in Lodi, † 1458 in Rom. Nach der Grundausbildung in Mailand, wo er 1418 die Predigten des hl. →Bernardinus v. Siena hörte, studierte er (seit 1422) in Pavia die Rechte. Dort schloß er Freundschaft mit Catone Sacco und L. →Valla, der ihn in dem Dialog »De vero bono« als Vertreter der Lehren Epikurs einführt. V. verfaßte verschiedene Kurzepen (Astianax, Velleris aurei libri quattuor) und das gewichtige »Supplementum Aeneidos«, das ihm Saccos Lob, aber auch den Vorwurf des Plagiats durch P. C. →Decembrio eintrug. 1433 widmete er dem Ebf. v. Mailand Bartolomeo Capra ein jurist. Lexikon, »De verborum significatione«. In Rom wurde V. von →Eugen IV., dem er die »Antonias« gewidmet hatte, zum Datar, später zum →Abbreviator und im Nov. 1443 zum Kanoniker von St. Peter ernannt. Seine umfassende klass. und patrist. Bildung kommt zum Ausdruck in dem pädagog. Traktat »De educatione liberorum« und in »De rebus memorabilibus basilicae Sancti Petri Romae«, Führer für Besucher und gleichzeitig Studie über das archäolog. Material im Licht der lit. Texte. M. Cortesi

Ed.: De educatione liberorum et eorum claris moribus, ed. M. W. Fanning–S. Sullivan, 1933–36 – B. Schneider, Das Aeneissupplement des M. V., 1985 – *Lit.*: A. Sottili, Zur Biographie Giuseppe Brivios und M. V.s, MJb 4, 1967, 219–242 [mit älterer Lit.] – R. L. Guidi, M. V. agiografo di S. Bernardino, Fratre Francesco 40, 1973, 3–34 – M. Cortesi, Il primo vocabolario giuridico umanistico: il 'De verborum significatione' di M. V., Studi senesi 88, 1976, 7ff. – G. Resta, V., Basinio e l'Argonautica di Apollonio Rodio (Misc. A. Campana, II, 1981), 639–669.

Veguer, lokaler, später regionaler Vertreter gfl. bzw. kgl. Herrschaft in →Katalonien. Im 9.–11. Jh. leiteten V.s im Namen der Gf.en oder Vizegf.en Rechtssprechung und Verwaltung einzelner Burgen und Burgbezirke. Während diese Funktion ab dem 11. Jh. zunehmend vom *Batlle* (→Bayle) bzw. *Castlà* (Kastellan; →Kastellanei) übernommen wurde, erlebte das Amt des V. im 13. Jh. eine Neubestimmung: als V.s wurden nunmehr kgl. Funktionsträger bezeichnet, die einem ausgedehnten, klar definierten Verwaltungsbezirk (*Vegueria*) vorstanden. Sie setzten, notfalls mit Gewalt, die Bestimmungen des Kg.s wie des örtl. Rates durch und wachten über Jurisdiktion und Administration, Regalien und öffentl. Ordnung. V.s verfügten über untergeordnete Amtsträger – Stellvertreter (*Sots-V.s*), Richter (*Jutges*), Steuerbeauftragte (*Procuradors fiscals*), Rechtsvertreter der Armen (*Advocats dels pobres*) – und eine eigene Schreibstube. In der Regel war die Amtszeit auf drei Jahre begrenzt; der V. wurde im SpätMA vom →Mestre Racional und an seinem Amtssitz vom städt. Rat kontrolliert. In Auseinandersetzung mit Bf.en und senioralen Geschlechtern, die vereinzelt eigene V.s ernannten, einten im SpätMA V.s und Bürgerschaft häufig gemeinsame Interessen, zumal sich Vegueria und kommunaler Einflußbereich oft deckten. Die Veguerias bildeten neben den Bm.ern die einzige flächendeckende Territorialeinteilung Kataloniens. Ab dem 15. Jh. trat das Amt des V. allmähl. hinter andere zurück, 1716 wurde es im Decreto de Nueva Planta abgeschafft. N. Jaspert

Lit.: Dicc. d'Hist. de Catalunya, 1992, 1101f. – J. LALINDE ABADÍA, La jurisdicción real inferior a Cataluña, 1966 – T. N. BISSON, Fiscal Accounts of Catalonia under the Earl Count-Kings, 2 Bde, 1984 – F. SABATÉ CURULL, El v. a Catalunya: anàlisi del funcionament de la jurisdicció reial del segle XIV, Butlletí de la Societat Catalana d'Estudis Històrics 6, 1995, 147–159.

Veilchen (Viola odorata L. u. a./Violaceae). Die Gattung mit etwa 25 in Mitteleuropa vorkommenden Arten zählt seit alters zu den volkstümlichsten Pflanzen. Die antiken Autoren verstanden unter dem V. jedoch nicht nur das Wohlriechende oder März-V., sondern bisweilen auch die Levkoje (Matthiola incana [L.] R. Br.) und den Goldlack (Cheiranthus cheiri L.), auf die man im MA ebenfalls Bezug nahm (Gart, Kap. 413). Med. Verwendung fand neben Blüten, Blättern und Wurzeln des *viols* oder der *viole* insbes. das V.öl, das u. a. bei Augenkrankheiten und Kopfschmerzen helfen sollte (Hildegard v. Bingen, Phys. I, 103; Albertus Magnus, De veget. VI, 464), sowie das *violsyropl* v. a. gegen bestimmte Fieber (Konrad v. Megenberg V, 85). Das V. wurde außerdem nicht nur als Blumenschmuck geschätzt, sondern galt auch als Zeichen der Demut und war der Maria zugeordnet. Darüber hinaus spielte es als Frühblüher eine Rolle in Frühjahrsmythen und -festen. U. Stoll

Lit.: MARZELL IV, 1155–1191 – DERS., Heilpflanzen, 137–140 – HWDA VIII, 1537–1539 – L. KROEBER, Viola odorata L., Das Wohlriechende V. in alter und neuer Betrachtungsweise, Die Pharmazie 1, 1946, 85–90.

Veit → Vitus

Veitstanz bezeichnet eine insbes. im SpätMA epidemisch auftretende, psychogene Tanzkrankheit (Tanzwut, Tanzsucht, Chorea) als massenhyster. Phänomen. Hierbei zogen Scharen von Dansatores, Chorisantes oder Chorisatores, Männer und Frauen, tanzend und springend, z. T. von Musikanten begleitet, oft tagelang bis zur völligen Erschöpfung durch Straßen und Kirchen, wobei sie St. Veit oder auch St. Johannes anriefen. Neben Krämpfen, Zuckungen, Hinstürzen und anderen pseudo-epilept. Erscheinungen traten kollektive Halluzinationen v. a. religiösen Inhalts auf. Vielfach kam es zu Auftreibungen des Unterleibs (Trommelsucht), die durch Einschnürung mittels Tüchern, oft unter Zuhilfenahme von gedrehten Stöcken, durch Faustschläge und Fußtritte angegangen wurden. Sexuelle Ausschreitungen und delinquente Übergriffe waren häufig mit dem orgiast. Auftreten der Tänzer verbunden. Die Tanzkrankheit galt allgemein als dämonisch verursacht; Umzüge, Messen, kirchl. Gesänge, das Aufsuchen von St. Veits- bzw. Johannes-Kapellen und der Exorzismus wurden als Heilungsversuche angewandt. Tanzepidemien sind bezeugt für die Jahre 1021 bei der Kl.kirche v. Kolbig, 1237 in Erfurt (Kinder!), 1278 auf der Moselbrücke in Utrecht sowie – in größerem Ausmaß – 1374 in Aachen, Köln, Metz, Lüttich, Maastricht, Utrecht, 1381 in Trier, 1418 und 1518 in Straßburg. Wahrscheinl. entstand die →Echternacher Springprozession im Zusammenhang mit den ma. Tanzepidemien. Im 16. Jh. klang die Tanzkrankheit allmählich aus. Gleichzeitig rückten rationalere ärztl. Bewertungen des Phänomens in den Vordergrund, so bei Paracelsus, der drei Arten des V.es unterschied: 1. Chorea imaginativa (aus Einbildung), 2. Chorea lasciva (aus sinnl. Begierde), 3. Chorea naturalis (aus körperl. Ursachen). Neuzeitl. bildl. Darstellungen der ma. Tanzsucht stammen von Pieter Brueghel d. D. (1564) und Hendrik Hondius (1648). W. Schmitt

Lit.: Realenc. für protestant. Theol. und Kirche, XIX, 1907³, 308f. – RGG VI, 1962³, 600f. – J. F. C. HECKER, Die großen Volkskrankheiten des MA, 1865, 143ff. – Vergleichende Volksmedizin, hg. O. v. HOVORKA – A. KRONFELD, II, 1909, 205ff. – K. MEISEN, Springprozessionen und Schutzhl.e gegen den V. und ähnl. Krankheiten im Rheinlande und in seinen Nachbargebieten, Rhein. Jb. für VK 2, 1951, 164–178 – H. H. BEEK, De geestesgestoorde in de middeleeuwen. Beeld en bemoeienis, 1969 – →Tanzlied v. Kölbigk.

Vela, kast. Adelsfamilie, die auch in Álava begütert war und aus der die v. a. am Hof Alfons' V. v. León einflußreichen Brüder Rodrigo und Íñigo, Söhne des von →Fernán González wegen eines Aufstands vertriebenen Gf.en V., stammten. Gemäß der von späteren, oft sagenhaften Zusätzen durchsetzten Überlieferung sollen sie am 13. Mai 1029 den Infanten →García Sánchez (9. G.), den letzten männl. Abkömmling des kast. Gf.enhauses, getötet haben. Die Brüder mußten wegen ihrer Tat fliehen, doch das Geschlecht scheint bis ins 12. Jh. seine Stellung behauptet zu haben. L. Vones

Lit.: R. MENÉNDEZ PIDAL, El 'Romanz del Infant García' y Sancho de Navarra Antiemperador (Studi litterari e linguistici dedicati a P. RAJNA, 1941), 41–85 – J. PÉREZ DE URBEL, El condado de Castilla, III, 1970 – G. MARTIN, Les juges de Castille, 1992 – J. RODRÍGUEZ FERNÁNDEZ, La monarquía leonesa de García I a Vermudo III (El Reino de León en la Alta Edad Media, III, 1995), 399ff.

Velasco, kast. Adelsfamilie, ursprgl. im Gebiet von Santander begütert, stieg unter den →Trastámara auf, profitierte von den →mercedes enriqueñas und dehnte den Besitz in Kastilien aus. A. Pedro Fernández de V., kgl. Kammerherr, erhielt von Heinrich II. Briviesca samt dem →Portazgo, Ländereien nördl. von Burgos, Medina de Pomar, konnte von Bertrand →Du Guesclin Arnedo erwerben und eine Territorialherrschaft aufbauen, zu der im 15. Jh. noch Salas de los Infantes, Santo Domingo de Silos, Haro, Belorado, Frias, u. a. hinzukamen. Kg.sdienst und die Treue im Kampf gegen die 'Infanten v. Aragón' (Schlachten v. →Olmedo [1445, 1467]) ermöglichten den Aufstieg des Geschlechts unter die →Ricos hombres. Die V. teilten sich in drei Linien auf (Haro, Roa, Siruela), ihre wirtschaftl. Grundlage war die Kontrolle des Baumwollexports von Burgos nach Bilbao. Sie heirateten in die →Mendoza-Familie und andere bedeutende Adelshäuser ein, wurden Gf.en v. →Haro, die zuerst (1469) den Gobernador der bask. Prov. en Álava und Guipzzcoa stellten und ab 1473 die Funktion des →Condestable v. Kastilien an sich zogen, bildeten verschiedene →Mayorazgos und fanden sich auch als Gf.en v. →Denia mit reichem Besitz um Alicante sowie als Hzg.e v. Roa. L. Vones

Lit.: J. R. L. HIGHFIELD, The Catholic Kings and the Titled Nobility of Castile (Europe in the Late MA, 1970), 358–385 – H. NADER, The Mendoza Family in the Spanish Renaissance, 1979 – E. GONZÁLEZ CRESPO, Elevación de un linaje nobiliario castellano en la Baja Edad Media: los V., 1981 – DIES., Los V. en el horizonte dominical de la nobleza castellana segn el 'Libro de las Behetrías', Anuario de Estudios Medievales 14, 1984, 323–344 – DIES., El patrimonio de los V. a través de 'El Libro de las Behetrías', ebd. 16, 1986, 239–250.

Velasquita, Kgn. v. León, T. d. galic. Adligen Ramiro u. d. Leodegundia, † vor 1036, ☐ Kl. S. Salvador de Deva; ∞ vor Okt. 981 – Vermudo II. (982–999), Sohn Kg. →Ordoños III. v. León, der kurze Zeit später von einer ptg.-galic. Adelspartei in Opposition zu →Ramiro III. zum Kg. erhoben wurde. In den folgenden Jahren stellte V. häufig gemeinsam mit Vermudo Urkk. zugunsten von Kirchen und Kl. aus. Als es nach Adelsaufständen in Galicien 988 zur Trennung kam, zog sich V. mit ihrer Tochter Christina nach Asturien zurück, und Vermudo heiratete im Nov. 991 →Elvira, die Tochter des Gf.en →García Fernández v. Kastilien. V. lebte im Kl. San Pelayo in Oviedo, dem Teresa, die Mutter des gestürzten Ramiro III., als Äbt. vorstand, und verheiratete ihre Tochter mit dessen Sohn, dem Infanten Ordoño Ramírez († vor 1120). Vor 1006 gründete sie das Kl. San Salvador de Deva und schenkte es der Kirche v. Oviedo.

U. Vones-Liebenstein

Lit.: A. Sánchez Candeira, La reina V. de León y su descendencia, Hispania 10, 1950, 449–505.

Velay, ehem. Gft., Landschaft in Mittelfrankreich, im S der →Auvergne, um die Bf.sstadt →Le Puy. Der karol. Komitat des V., die alte 'Civitas Vellavorum', wurde mit der benachbarten Auvergne in die Rivalitäten der um den Hzg.stitel v. →Aquitanien kämpfenden Fs.enhäuser v. Poitiers (→Poitou) und →Toulouse verwickelt. Im Zuge dieser Konflikte fiel die Region zunehmend aus dem Einflußbereich des westfrk./frz. Kgtm.s heraus: Le Puy blieb zwar kgl. Bm., doch wurden dem Bf. umfangreiche →Regalien zugestanden (924); die Bemühungen, die Vormacht des Kgtm.s im S wiederherzustellen (Heirat v. Ludwigs V., 980; Heerfahrt →Roberts d. Fr., 1020), scheiterten weithin. Das V. ging in die Hände großer Aristokratenfamilien über, die mächtige Burgen errichteten, v. a. an die Vicecomites v. Polignac. Der Niedergang der hzgl. und gfl. Gewalt erklärt, daß das V. zu einer Wiege der →Gottesfriedensbewegung wurde.

Im 12. Jh. überkreuzten sich im V. die konkurrierenden Mächte der Gf.en v. Toulouse, Gf.en v. Auvergne und der →Plantagenêt (Hzg.e v. Aquitanien). Das mit den Gf.en v. Auvergne verbündete und verschwägerte Haus Polignac verstärkte seine Übergriffe auf das Kirchengut, wurde aber durch Interventionen Kg. →Ludwigs VII. (1163, 1169), der die Bf.e in ihren Privilegien bestärkte (1146, 1158), in die Schranken gewiesen. Der Aufstand der *Capuchonnés*, einer Friedensbewegung, degenerierte bald zu einer antiseigneurialen Reaktion (1182–83).

Schließlich leistete Pons v. Polignac dem Bf. den Treueid (1213), gefolgt von zahlreichen anderen Seigneurs, so daß der Bf. 1305 den Titel eines Gf.en v. V. annehmen konnte. Doch war das V. inzwischen der →Krondomäne einverleibt worden (1229); ein kgl. Bailliage wurde errichtet, dessen →Baillis ihren Jurisdiktionsbereich kontinuierl. erweiterten.

Im 14. Jh. bemühten sich die →États, die zum Schutz der seigneurialen Privilegien gegen die kgl. Fiskalität entstanden waren, um die Verteidigung des Landes gegen die plündernden Söldnerbanden. Doch bereits am Ende des 14. Jh. hatte sich das Kgtm. der Institution der États bemächtigt, um sie zum Instrument seiner Steuererhebung zu machen.

G. Fournier

Lit.: E. Delcambre, Géographie hist. du V., BEC, 1937, 17–65 – Ders., Les états du V. des origines à 1642, 1938 – C. Lauranson-Rosaz, L'Auvergne et ses marges du VIIIe au XIe s., 1987.

Velbŭžd, Stadt in Westbulgarien an der Stelle des antiken Ulpia Pautalia (heute Kjustendil); erstmals im 11. Jh. als Bm. erwähnt. Hier besiegte der serb. Kg. →Stefan Uroš III. Dečanski am 28. Juli 1330 den mit Ks. Andronikos III. verbündeten bulg. Zaren →Michael Šišman, der, schwer verwundet, als Gefangener im Lager der Serben starb; eigtl. Sieger der Auseinandersetzung war der Thronfolger →Stefan Dušan. Stefan Dečanski und die bulg. Magnaten schlossen daraufhin ein Abkommen, demzufolge die Herrschaft in Tŭrnovo an Stefans Schwester Ana und deren Sohn Jovan Stefan fiel.

B. Ferjančić

Lit.: Jireček I – G. Škrivanić, Bitka kod Velbužda, Vesnik Vojnog muzeja 16, 1970, 67–77 – Istorija na Bŭlgarija III, 1982 – VizIzv VI, 1986, 335–340.

Veldeke, Heinric van → Heinrich von Veldeke (148. H.)

Veldenz (sw. Bernkastel/Mosel), Gf.en v., ein um 1113/34 durch Gf. Gerlach begründeter Zweig der Nahegaugf.en (Emichonen). Die zw. Mosel, Blies und Alsenz erfolgte Herrschaftsbildung der V.er gründete sich v. a. auf Lehen der Bm.er →Verdun (u. a. Burg V.), →Mainz und →Worms sowie auf Vogteirechte über einen Teil des Besitzes des Kl. →Tholey und (als Lehen der Pfgft. bei Rhein) über die Güter des Remigiuskl. (Reims) zw. Glan und Oster (Remigiusland); V.er Versuche, im 13. Jh. auch zu Lasten einiger Mainzer Kl. und der Abtei →Disibodenberg zu expandieren, scheiterten an der Intervention des Ebf.s v. Mainz. Herrschaftsmittelpunkte der Gft. waren im oberen Teil die auf Reimser Besitz gegr. Burg Lichtenberg bei Kusel, im unteren Teil Meisenheim am Glan, das als Pertinenz des ebfl. Truchsessenamtes v. Mainz zu Lehen rührte. Nach dem Erlöschen des gfl. Mannesstammes (1259) kam die Gft. über Agnes v. V. 1268/70 nahezu ungeschmälert in den Besitz der Herren v. Geroldseck aus der Ortenau, die das V.er Territorium im 14. und 15. Jh. noch bedeutend zu erweitern vermochten, zuletzt 1437 um Teile der Gft. →Sponheim; zwei Teilungen (1343/77, 1387/93) blieben Episoden. Nach dem Tod des letzten Gf.en v. V., Friedrich († 1444), gelangte die ganze Gft., mit Ausnahme der Sponheimer Anteile, über die Erbtochter Anna (∞ Pfgf. Stephan) an dessen Enkel Pfgf./Hzg. Ludwig (Zweibrücken).

K. Andermann

Q. und Lit.: W. Fabricius, Die Gft. V., Mitt. des Hist. Vereins der Pfalz 33, 1913, 1–91; 36, 1916, 1–48 – C. Pöhlmann, Reg. der Lehnsurkk. der Gf.en v. V., 1928 – H.-W. Herrmann, Die Gft. V. (Geschichtl. LK des Saarlandes, 2, 1977), 332–337.

Velehrad, Dorf nahe einer wichtigen Agglomeration von Siedlungen in →Mähren um die von Otakar Přemysl II. gegr. kgl. Stadt Ungarisch Hradisch (→Staré Město, Na Valách u. a.), 1141 erstmals als Besitz des Kapitels v. →Olmütz belegt. Von der Identifikation mit dem Hauptzentrum des frühma. mähr. Reiches, zugleich auch Grabstätte Methods (→Konstantin und Method), nahm die Forsch. ebenso Abstand wie von der Gleichsetzung mit in den Annales Fuldenses erwähnten Ortschaften, obgleich unbestritten blieb, daß V. im 9. Jh. eine wichtige Siedlung war. Um 1205 wurde bei V. ein Zisterzienserkl. gegr.; als Gründer gilt Mgf. Heinrich Vladislav v. Mähren (in V. bestattet), der im Einvernehmen mit seinem Bruder, Kg. Otakar Přemysl I., und mit dem Bf. v. Olmütz, dem engl. Zisterzienser Robert, handelte. Bf. Robert berief für die Neugründung Mönche aus dem böhm. Plass, wo er zuvor Propst gewesen war. Das Kl. galt als vornehmste und am reichsten dotierte Zisterze Mährens; sie wurde häufig von den Herrschern beschenkt. 1432 durch mähr. Hussiten zerstört, konnte das Kl. auch nach seinem Wiederaufbau seine alte Bedeutung nicht mehr erlangen.

I. Hlaváček

Q. und Lit.: M. Pojsl, V., 1990 [Lit.].

Veleten → Wilzen

Velho, Fernan, ptg. Dichter, * ca. 1255, † ca. 1284, illegitimer Sproß einer Familie des mittleren Adels zw. Douro und Minho, hielt sich wahrscheinl. ztw. am Hofe →Alfons' X. d. Weisen (10. A.) auf. Erhalten sind neun *cantigas de amor* in der prov. Tradition (→Cantiga [1]), eine *cantiga de amigo* (→Cantiga [2]) und ein Hohn- und Schimpflied (→Cantiga [3]).

W. Mettmann

Lit.: G. Lanciani, Il canzoniere di F. V., 1977.

Velleius im MA. Die »Historia Romana« des Velleius Paterculus (frühes 1. Jh. n. Chr., Zeit des Tiberius), ein Abriß der röm. Geschichte, eingeleitet durch eine Geschichte des alten Orients und Griechenlands, hat im Altertum nur schwache und unsichere Spuren (bei Tacitus?, Sulpicius Severus) hinterlassen und ist jedenfalls nicht sehr häufig gelesen worden. Ins MA gelangt ist das Werk offenbar nur durch ein einziges Exemplar; eine frühma. (angebl. 8. Jh.) Abschrift, die sich seit unbekannter Zeit in →Murbach befand, hat den Text bewahrt, der im MA sonst völlig unbekannt geblieben zu sein scheint. Ed. pr. des Beatus Rhenanus 1520 nach der Murbacher Hs., die anscheinend noch 1786 vorhanden war.

F. Brunhölzl

Lit.: SCHANZ-HOSIUS II⁴, 586ff. – A. ALLGEIER (Misc. G. MERCATI, VI [StT 126, 1946]), 457f. – L. D. REYNOLDS, Text and Transmission, 1983, 431ff. – M. v. ALBRECHT, Gesch. der röm. Lit., II, 1992, 849f.

Velletri, Stadt in Mittelitalien (Latium), am Südrand der Albanerberge gelegen. Die Volskerstadt »Velitrae« wurde 338 v. Chr. von Rom unterworfen. Nach Sueton (Aug. 94, 1) war V. Geburtsort des Augustus. Anfang des 5. Jh. wurde V. von Alarich, 455 von den Vandalen Geiserichs erobert. In den Gotenkriegen umkämpft, wurde es 554 von Byzanz zurückgewonnen, das V. wegen seiner bes. Loyalität zur ksl. Stadt erhob. Als im 8. Jh. jedoch der →Bilderstreit losbrach, trat V. auf die Seite des Papstes, der es mit reichen Privilegien belohnte. Die bes. Bindung V.s an die Päpste bestätigte sich in den folgenden Jahrhunderten und ermöglichte es V., die hegemonialen Ambitionen der Stadt Rom abzuwehren. In diesem Sinn müssen die Konzessionen Urbans II. an V. (1089) interpretiert werden, die er der Stadt für ihre Treue während des Investiturstreits ausstellte, oder die mehrmaligen Aufenthalte von Päpsten in V. Alexander III. weilte von 1179 bis 1180 in V., 1181 wurde dort als sein Nachfolger der Bf. v. V. zum Papst (Lucius III.) gewählt; dieser blieb zwei Jahre lang in V. und behielt die Titulatur des Bm.s bei. Gregor IX., früher Bf. v. V., löste die Stadt aus jeglicher formalen Abhängigkeit von Rom heraus. In einem seiner Briefe (1240) wird erstmals ein städt. Podestà erwähnt. 1299 bekleidete Bonifatius VIII. – der in V. einige Jugendjahre verbracht hatte – einige Monate lang dieses Amt. Als die Kurie nach Avignon auswich, mußte V. vor der mächtigen Nachbarstadt Rom kapitulieren (1312). Es folgten langanhaltende Spannungen zw. beiden Städten, die häufig zu Kämpfen führten. Als Rom 1347 die Autonomiebestrebungen V.s erneut ablehnte, brach ein jahrzehntelanger Krieg aus, der nur von kurzen Waffenstillständen unterbrochen wurde. Erst die Rückkehr der Päpste nach Rom setzte ihm ein Ende. Entscheidend war die Verfügung (1400), daß nur der Papst die Ernennung des Podestà vornehmen durfte. Im Lauf des 15. Jh. wurde V. von den verschiedenen Konflikten auf der Apenninenhalbinsel betroffen. Kurze Zeit war es in der Hand Ladislaus' v. Durazzo; 1482 standen die Veliterner im Heer Sixtus' IV. gegen Kg. Ferdinand v. Neapel. 1495 trafen sich in V. Kardinal Giuliano della Rovere, Bf. v. V. (der spätere Papst →Julius II.), und Kg. Karl VIII. v. Frankreich. Im 15. Jh. wurde V. zunehmend in die Strukturen des Kirchenstaates integriert und verlor damit z. T. seine frühere Selbständigkeit. A. Menniti Ippolito

Lit.: A. LANDI, Compendio delle cose della città di V., Ing. M. T. BONADONNA RUSSO, V, 1985 – G. FALCO, Studi sulla storia del Lazio nel Medioevo, I–II, 1988.

Velthem, Lodewijk van, mndl. Dichter-Geschichtsschreiber und Pfarrer, * um 1275 in Löwen oder Umgebung, † nach 1326. 1294 in Paris, möglicherweise zum Studium, um 1304 Kaplan in Zichem (Diest), um 1312 vom Löwener St. Pieterskapitel zum Pfarrer im benachbarten Veltem ernannt. V., selbst nicht von Adel, verkehrte in Kreisen der Brabanter Aristokratie (→Berthout und Berlaar). Bereits unter →Johann I. v. Brabant, den er persönl. kannte, war er in Kontakt mit dem Hzg.shof, an dem er vermutl. auch als Dichter auftrat. Seine Bedeutung als Historiograph beruht auf der Fertigstellung und Fortsetzung bis 1316 von →Jacob van Maerlants bis 1113 reichender Weltchronik, dem »Spiegel historiael«. 1315 wurde der erste, im Mndl. fragmentar., in einer mhd. Bearb. vollständig überlieferte, noch ganz auf →Vinzenz v. Beauvais fußende Teil bis ca. 1256 fertig, der für die mit den Berthouts verwandte Maria van Berlaar bestimmt war. Der folgende Teil, die »Voortzetting van de Spiegel Historiael«, wurde aus kompositor. Gründen als gesonderte – fünfte – 'partie' herausgegeben; Buch 6 reicht bis 1316 und wurde auch 1316 abgeschlossen. Kurz danach fügte er noch zwei für Gerard van Voorne, Burggf. v. Seeland, bestimmte Bücher hinzu.

In der »Voortzetting« (ca. 28 000 Vv.) behandelt V. eine breite Skala von Themen, die einer alles umfassenden Idee untergeordnet sind: die Regierungszeiten der dt. Kg.e bilden das Einteilungsprinzip für die Bücher 1 bis 6 (→Wilhelm v. Holland bis zu Ludwig dem Bayern). Buch 7 behandelt Endzeitprophezeiungen anhand von Daniel, Hildegard v. Bingen und Joachim v. Fiore; Buch 8 enthält eine Übers. von Vinzenz' Epilogus de ultimis temporibus. Das Werk spiegelt eine Mentalität wider, in der sich klerikale und ritterl.-höf. Elemente verbinden. Der Geschichtsverlauf der letzten sechs Jahrzehnte wird vor dem Hintergrund der Weltzeitalter und einer ausgesprochenen Endzeiterwartung beschrieben, wobei die gescheiterte Romfahrt Heinrichs VII. – das Thema von Buch 5 – eine entscheidende Rolle spielt. Neben Brabant, den angrenzenden Fsm.ern, England und Frankreich behandelt er auch Themen aus dem Artusstoff sowie, sehr ausführl., die Schlacht v. →Kortrijk. Auch als Literat war V. tätig: 1326 vollendete er die sog. Merlijn-continuatie als Fortsetzung eines von Jacob van Maerlant aus dem Frz. übersetzten Doppelromans. Laut einer Notiz auf dem letzten Blatt war V. Besitzer der Hs. der →Lancelot-Kompilation, und vermutl. war er es, der diese Hs. mit Vortragzeichen versehen hat. A. L. H. Hage

Ed.: H. VAN DER LINDEN u. a., 1906–38 – W. WATERSCHOOT, 1979 – *Lit.:* N. PALMER, Ntg 69, 1976 – A. L. H. HAGE, Sonder favele, sonder lieghen, 1989.

Velum, verschiedene in der Liturgie benutzte Tücher unterschiedl. Materials, die u. a. seitl. neben dem Altar aufgehängt, diesen im liturg. Raum abtrennen und dadurch auszeichnen sollten (Altarv.; als tetravela vier Tücher, deren vorderes nicht geschlossen wurde [im 8./9. Jh. in Rom sehr gebräuchl., dort bis ins 13. Jh. verwendet]; als cortina Seitenbehänge [im 14./15. Jh. in Frankreich, den Niederlanden, Dtl. und England verbreitet]; →liturg. Tücher), zum Verhüllen von Kreuzen, Bildern und Reliquiaren (Fasten- und Passionsvelen; s. ebd.) oder zum Anfassen und Abdecken liturg. Geräte. So wurde mit dem seit dem 13./14. Jh. bezeugten Ciborium-V. die Pyxis verhüllt, während mit dem Schulter-V., zunächst über die rechte, in späterer Zeit über beide Schultern gelegt, seit dem 8./9. Jh. der Akolyth, später der Subdiakon Kelch und Patene anfaßte; ein solches V. wurde aber auch von denjenigen getragen, die Stab und Mitra hielten oder dem Kirchenfs.en das Lavabo reichten. Das um 1400 belegte Sakraments-V. gebrauchte man v. a. bei theophor. Prozes-

sionen und beim sakramentalen Segen. Das Kelch-V. kennt das MA noch nicht, der Kelch wurde entweder unverhüllt oder in einem sacculus, einem Leinensack, zum Altar gebracht. Neben der Ehrfurcht – heilige Gefäße berührte man nur mit verhüllten Händen – werden v. a. prakt. Gründe, aber auch die Etikette den Gebrauch der V. gefördert haben.
B. Kranemann

Lit.: →liturg. Tücher – LThK² X, 655f. – F. Bock, Gesch. der liturg. Gewänder des MA, 3, 1871 – J. Braun, Die liturg. Paramente in Gegenwart und Vergangenheit, 1924, 197–200, 213f., 228–231, 233–236.

Venaissin → Comtat Venassin

Venantius Fortunatus, Lyriker und Biograph im Frankenreich, * vor 540 in Valdobbiadene b. Treviso, † um 600 als Bf. v. Poitiers. Venantius Honorius Clementianus Fortunatus (im daktyl. Metrum. Fortunatus, akrostich. III 5), studierte in Ravenna, wurde dort über einem Martin-Heiligtum von einem Augenleiden geheilt und gelobte, das Grab des Hl. aufzusuchen. Wohl 565 kam er über Augsburg und das Rhein- und Moselland in das Frankenreich (s. Praef. und VMart. IV 621ff, wo er den Libellus auf umgekehrtem Weg imaginär in die it. Heimat schickte, Leo 2 und 367ff.); bes. zu →Gregor v. Tours und der thür. Prinzessin →Radegunde, Witwe Kg. Chlothars I., und ihrer geistl. Tochter und Äbt. Agnes hielt er freundschaftl. Kontakt. Eine aus dieser Vertrautheit erwachsene Vita Radegundes steht neben Bf.sleben für Angers (Albinus), Avranches (Paternus), Paris (Germanus, Marcellus) und Poitiers (Hilarius), vielleicht auch Bordeaux (Severinus); aufgrund des Martindossiers des →Sulpicius Severus und nach→Paulinus v. Périgeux verfaßte er die hexametr. Vita Martini I–IV. Die 9 B. Carmina enthalten rund 230 Stücke; fast seriell produziert V. F. zu verschiedensten Gelegenheiten: auf frk. Kg.e und ihre Familien, Bf.e und ihre Höfe, zu Kirchenfesten- und -bauten, auf Geschenke, zu dramat. Einzelschicksalen, Reiseberichte. Drei Hymnen (II. 1.2.6; nach Ankunft von Ks. Iustinos II. erbetener Kreuzreliquien in Poitiers) fanden den Weg in die Liturgie: Crux benedicta nitet (9 Dist.), Pange lingua gloriosa (troch. Tetrameter) und Vexilla regis prodeunt (iamb. Dimeter, 8 ambros. Strophen). Buch 4 ist ganz Epitaphien vorbehalten, das 9. sammelt postum zauberhafte und für die Geschichte der Empfindsamkeit und einer dilectio spiritualis interessante Billets an Radegunde und Agnes. Die eleg. Distichen (anders zwei der Hymnen; nur V 7, VI 1 und die Carmina figurata hexametrisch, IX 7 in sapph. Strophen) sind mit vielen sprachl. Junkturen für die karol. Dichter vorbildlich geworden. Mit I 16 (de Leontio episc.) hat er die Tradition des kirchenpolit. abecedar. Psalmus, mit II 4.5 und V 6 (vielleicht auch Leo 381) die Kunst des Figuren-Gedichts und das Akrostichon gepflegt und diese Formen durch merowing. Zeiten gerettet. – Die Überlieferung der Werke ist insgesamt nicht gut; die Bücher und Viten für weitere Zuschreibungen offen; die zahlreichen Orts- und Personennamen sind ein unschätzbares Material der Namenforschung, die hist. Nachrichten ergänzen das Geschichtspanorama der Hist. Francorum des Gregor v. Tours höchst willkommen. →Paulus Diaconus pilgerte zum Grab des »Ausoniers in Gallien«, weiß um die geistige Wendigkeit und das Niveau des Dichters und resümiert knapp die Lebensspuren (Hist. Langob. II 13, auch Krusch 118) mit Epitaph inc. Ingenio clarus (6 Dist., auch MGH PP I 56f.).
R. Düchting

Ed.: MGH AA IV 1.2 F. Leo (opera poetica), 1881 – B. Krusch (opera pedestria), 1885 – J. Pla i Agulló, V. F., Poesies I: Llibres I i II, 1992 – M. Reydellet, V. F., Poèmes I: Livres I–IV, 1994 – *Hymnen*: W. Bulst, Hymni Latini antiquissimi LXXV. Psalmi III, 1956 – *Vitae in komm.*

Übers.: G. Palermo, 1985; St. Tamburri, 1991 (Martinus) – G. Palermo, 1989 (Hilarius, Radegundis) – *Lit.*: Manitius I – Brunhölzl I – Ch. Nisard, Le poète F., 1890 – W. Meyer, Der Gelegenheitsdichter V. F., 1901 – R. Koebner, V. F., 1915 – D. Tardi, F., 1927 – K. Langosch, Profile des lat. MA, 1965, 49–79 – L. A. Macchiarulo, The Life and Times of V. F. [Diss. Fordham Univ. 1986] – J. W. George, V. F. A Latin Poet in Merovingian Gaul, 1992 – V. F. tra Italia e Francia, Atti … Valdobbiadene/Treviso 1990, 1993 – *Zu einzelnen Problemen*: H. Elss, Unters. über den Stil und die Sprache des V. F., 1907 – G. M. Dreves, Hymnolog. Stud. zu V. F. und Rabanus Maurus, 1908 – A. Meneghetti, La latinità di V. F., 1917 – C. Hosius, Die Moselgedichte des D. M. Ausonius und des V. F., 1926 – S. Blomgren, Studia Fortunatiana, 1–2, 1933–34 – W. Schmid, Ein chr. Heroidenbrief des sechsten Jh., Stud. zur Textgesch. und Textkritik, 1959, 253–263 – W. Bulst, Radegundis an Amalafred (Bibliotheca docet [Fschr. C. Wehmer, 1963]), 369–380 – I. Vielhauer, Radegundis v. Poitiers, Castrum Peregrini 164/165, 1984, 5–40 – W. Berschin, Biographie und Epochenstil im lat. MA, 1, 1986, 277–291 – U. Ernst, Carmen figuratum, 1991, bes. 149ff. – M. Graver, Quaelibet audendi: F. and the Acrostic, Transactions and Proceed. of the American Philolog. Assoc. 123, 1993, 219–245 – M. Roberts, The Description of Landscape in the Poetry of V. F.: The Moselle Poems, Traditio 49, 1994, 1–22.

Venantius, Gualterius (Walter Hunt) OCarm, † 28. Nov. 1478 Oxford, Professor der Theologie ebd., gelehrter Humanist und Theologe, Teilnehmer am Konzil v. →Ferrara-Florenz an Disputationen mit Griechen und Armeniern; Verfasser zahlreicher Werke (Verz.: Tanner), die jedoch ungedruckt geblieben sind und als verschollen gelten, u. a. zu Florenz (»Contra Graecorum articulos«, »Acta Ferrariae et Florentiae«, »De processu sacri Concilii«) und zur Verteidigung der Universalgewalt des Papstes (»De Pontificum iurisdictione«, »De universali Pontificum dominio«) sowie zu dessen Superiorität über die Bettelorden (»De statu fratrum mendicantium«).
J. Grohe

Q. und Lit.: DNB X, 281 – J. Bale, Anglorum heliades, Cambridge 1536, Ms. Harley 3838, fol. 92 – Th. Tanner, Bibl. britannico-hibernica, London 1748, 423 – Bibl. Carmelitana I, Orléans 1752 [Nachdr. 1927], 579–581 – M. Harvey, Harley Ms. 3049 and two Questions of Walter Hunt, OCarm (Transactions of the Architectural and Archaeological Society of Durham and Northumberland, NS 6, 1982), 45–47 – Dies., England, the Council of Florence and the End of the Council of Basel (Christian Unity, hg. G. Alberigo, 1991), 211, 213.

Vence, Stadt und Bm. in Südfrankreich, östl. →Provence (dép. Alpes-Maritimes).

I. Bistum – II. Stadt.

I. Bistum: Die Grenzen des Bm.s vermischen sich mit denen der antiken Civitas. Erster gut bezeugter Bf. ist Severus (belegt 419–442). Im übrigen deuten die archäolog. Befunde (Errichtung der Kathedrale auf oder nahe dem Forum) auf eine Entstehung des Bm.s nicht vor Beginn des 5. Jh. hin. V. war der Metropole →Embrun unterstellt.

Wie die anderen Bm.er der frühma. Provence litt auch V. unter den →Razzien der Sarazenen aus →Fraxinetum. Nach deren Vertreibung durch die Gf.en Wilhelm und Rotbald (972) wurde das Bm. V. restauriert (Erwähnung eines Bf.s zu 987). Eine neue Kathedrale wurde über dem vorroman. Bau errichtet, wohl um 1030/50. In der 2. Hälfte des 12. Jh. vollzog sich eine erste erkennbare Besitzentwicklung, die um 1194 zur Trennung der Mensalgüter des Bf.s und des Kathedralkapitels führte; dieses besaß ein Viertel der Seigneurie v. V. Die Bf.e erweiterten ihren Besitz im Laufe des 13. Jh. und zu Beginn des 14. Jh. (bes. Gattières, 1247, sowie die in mehreren Etappen erworbene Hälfte der Seigneurie v. V.). Die geringe Ausdehnung des Bm.s (nur 26 Gemeinden mit 7000–8000 Einw. vor der

Schwarzen Pest) sowie die frühe Errichtung von Prioraten der Abteien St-Victor de →Marseille und St-Pons de Nice erwiesen sich als Hemmschuh für die Entfaltung eines örtl. Kl.wesens. Die von den Bf.en oft beklagte schlechte Ertragslage sollte u. a. durch die von Eugen IV. (Bulle, Juni 1432) gewährte (aber nicht verwirklichte) Eingliederung der Bm.s →Senez gebessert werden. Trotz seiner Armut sah V. auf seinem Bf.sstuhl mehrere bemerkenswerte Hirten, so den hl. Veranus (451–465/475), den hl. Lambert v. Bauduen (1114–54) und Raphael II. Monso (1463–91). Im ausgehenden 15. Jh. hatten Mitglieder der Familie →Vesc, Verwandte des einflußreichen Seneschalls Étienne de Vesc, das Bm. inne.

Im späten 14. Jh. spaltete der Unionskrieg v. Aix (→Provence, B. III) das Land v. V. in Parteigänger und Gegner →Karls v. Durazzo. Ein Resultat war die Teilung (1388) des Diözesangebietes in einen dem Gf.en v. Provence und einen (wie →Nizza) dem Gf.en v. →Savoyen unterstehenden Bereich (drei Gemeinden: Bouyon, Dos-Fraires, Gattières).

II. STADT: Fehlen auch archäolog. Spuren, so wird doch angenommen, daß die Stadt V. seit Beginn unserer Zeitrechnung am selben Platz besteht; sie war Civitas-Vorort der auf dem Tropaeum Alpinum v. La Turbie (7/ 6 v. Chr.) inschriftl. bezeugten Nerusii. Das auf einem (mit Ausnahme des sich im N öffnenden tiefen Lubianetals) ungeschützten Plateau am Fuße von Felsabstürzen (prov. *baus*) gelegene V. hatte als Vorgängersiedlung wohl ein hochgelegenes Oppidum (vorkelt. Wurzel *vin[t]* 'Höhe'), ist als röm. Stadt seit der Regierung des Ks.s Tiberius faßbar und gewann innerhalb der Prov. Alpes maritimae im 2. und bes. 3. Jh. n. Chr. eine gewisse Bedeutung.

Im 5.–10. Jh. war die Gesch. der Stadt weitgehend mit der des Bm.s identisch. Nach der Ausschaltung der Sarazenen kam V. mit seinem Umland wie Nizza an Anno v. Reillane und sein Geschlecht. Seine Tochter Odilie führte für das Vençois eine Teilung mit ihrem Bruder Amic I. durch. Dessen Nachkommen traten bis ins 3. Viertel des 13. Jh. als Mitherren (*coseigneurs*) v. V. hervor. Anders als in Nizza und Grasse bildete sich im wirtschaftl. schwächeren V. im 12. Jh. kein →Konsulat. Unter seinen *coseigneurs* unterstand V. der Oberhoheit der Gf.en v. Provence aus dem Hause →Barcelona. Doch übertrug Gf. →Raimund Berengar V. (nach erfolgreichem militär. Vorgehen gegen Grasse und Nizza und Unterwerfung eines Teils des Vençois, 1227–30) die oberherrl. Rechte an Romée de →Villeneuve, der etwas mehr als die Hälfte des 'dominium directum' erwarb (der Rest unterstand dem Kathedralkapitel und den Herren v. Malvans) und die Stadt befestigen ließ. Zw. dem 3. Viertel des 13. Jh. und 1315 verstanden es die Bf.e, sich in Verhandlungen mit den Villeneuve und den Malvans sowie mit dem Kapitel die eine Hälfte der Seigneurie zu sichern. V. hatte fortan zwei gleichstarke Stadtherren, die Herren v. Villeneuve und den Bf. Die der Stadt 1339 von Kg. →Robert v. Anjou zuerkannte Selbstverwaltung unter einem →Syndic mußte, oft in gewaltsamen Konflikten, gegen die Villeneuve verteidigt werden. Erst unter →René v. Anjou sicherten mehrere kgl. Entscheidungen (1439–59) den Sieg der städt. Sache.

Das nicht zur Domäne des Gf.en v. Provence gehörende V. konnte folgl. auch nicht als Sitz der (großenteils aus Diözesangebiet bestehenden) *Baillie du Vençois* fungieren; dieser am Ende des 13. Jh. aus der Viguerie v. Nizza herausgelöste Gerichtsbezirk wurde von Villeneuve (-Loubet), ab ca. 1370 von St-Paul (-de-Vence) aus verwaltet. Wegen der starken Rivalität mit St-Paul (das im Gegensatz zu V. im Unionskrieg Karl v. Durazzo unterstützt hatte) setzte V. vor 1471 seine Einbindung in die Viguerie v. Grasse durch.   A. Venturini

Lit.: Les dioc. de Nice et Monaco, hg. F. HILDESHEIMER, 1984, 62–68 (Hist. des dioc. de France, nr. 17) – Topographie chrétienne des cités de la Gaule, II, 1986, 89–91 [P.-A. FEVRIER] – C. VISMARA, PH. PERGOLA, J.-R. PALANQUE †, V. à l'époque romaine, 1989 – A. VENTURINI, Pages de l'hist. de V. et du Pays Vençois au MA, 1991 – Hist. de V. et du Pays Vençois, hg. G. CASTELLAN, 1992.

Vendôme, Stadt in Westfrankreich, am Loir (Bm. →Chartres, dép. Loir-et-Cher). V. war ein seit der Merowingerzeit belegtes 'castellum', Vorort eines →Pagus, als solcher Versammlungsort der Bewohner, etwa in den Kämpfen mit benachbarten Herrschaften wie →Blois oder →Châteaudun. Seit 889 tritt hier eine zur engen Anhängerschaft der →Robertiner/frühen →Kapetinger gehörende Gf.enfamilie mit Leitnamen 'Burchard' (Bouchard) auf, deren Rolle innerhalb des Herrschaftssystems von →Neustrien K. F. WERNER in eindrucksvoller Weise herausgearbeitet hat. Erst mit dem hochangesehenen →Burchard I. († 1005), einem der wichtigsten 'fideles' von →Hugo Capet, von diesem mit →Melun, →Corbeil und der Gft. →Paris ausgestattet, nennt sich dieses Geschlecht nach V. (ab 976). Von dieser Zeit an läßt sich anhand monast. Q. für den 'pagus Vindocinensis' die Existenz einer klass. Feudalgesellschaft näher beleuchten; diese bestand nach Ansicht des Verf. jedoch (zumindest in ihren Grundzügen) lange vor dem Auftreten dieser Q.nnachweise.

Der Pagus des *Vendômois* war ein Territorialensemble, das sich aufgrund der genannten Q. des 11. Jh. recht genau umschreiben läßt. Das Tal des Loir bildete die Grenzscheide zw. dem ö. Bereich ('Perche vendômois'; →Perche), während im SW der Forst v. Gâtine ein zum Vendômois gehörendes Einsprengsel zw. →Maine und →Touraine bildete. Die 'neuen Burgen', belegt bald nach 1000 (Mondoubleau, Fretéval, Château-Renault, Lavardin, Montoire), entstanden in den Grenzen der Pagi und am Rande bewaldeter Zonen; ihre seigneuriale Gewalt erstreckte sich nur auf kleinere Bezirke, meist →Forsten. Der Pagus des V. wurde durch die Ausbildung von →Kastellaneien zwar verkleinert, aber nicht verdrängt; zwei dieser Kastellaneien, Montoire und Lavardin, wurden zw. 1130 und 1218 von den nach W expandierenden Gf.en v. V. annektiert (um 1270 erfolgte noch der Erwerb von Trôo). Der gesamte Herrschaftsbereich blieb im wesentl. unter Lehnshoheit der Gf.en v. Anjou (→Angers). Die Wandlung von der »Pagus-Gft.« zur »feudalen Gft.« vollzog sich in Gestalt einer graduellen Evolution. Auch die soziale und verfassungsgeschichtl. Entwicklung des 11. Jh. war im V. und seinen Nachbarregionen nicht von tiefen Einbrüchen geprägt, sondern verlief in den bereits in der Zeit vor 1000 vorgezeichneten Bahnen. Die Grundhörigkeit (*servage*) dürfte im wesentl. auf die postkarol. Zeit zurückgehen; die 'milites' hoben sich nur wenig von den älteren 'vassi' ab. Eine Notiz aus der Abtei La Trinité de V. bietet um 1040 die erste Q.nachricht über einen ligischen Lehnseid (→Lehen, -swesen, III), doch dürften Begriff und Praxis schon lange vor diesem Beleg in Gebrauch gewesen sein. Auch bestand eine frappierende Kontinuität der adligen und ritterl. Familien vom 11. bis ins 13. Jh.; ein eigtl. Aufstieg von 'milites' ist nicht feststellbar, ihnen wurde schon »seit altersher« eine führende Stellung zugeschrieben.

Ein neues Moment bildete dagegen die große Abtei *La Trinité* (1040), gegr. vom Gf.en v. Anjou, Gottfried Martel, am Fuße der Burg v. V. Die Abtei gewann durch ihren bedeutenden Abt →Gottfried I. v. V. (1093–1129; 26. G.) hohes Ansehen und trug offenbar stark zur Entwicklung von →Burgi (*bourgs subcastraux*) bei. Sie baute eine kleine Kongregation auf und war Ziel einer Wallfahrt (Sancta Lacrima, 12. Jh.). 1097 werden in den Zeugenlisten die 'burgenses' von den 'famuli' abgehoben.

Als Zeit des Wandels kann das 12. Jh. gelten. Die Gft. wurde um 1056 von Gottfried Martel an seinen Neffen Fulco (Foulque l'Oison), einen Nachkommen Burchards I., gleichsam zurückerstattet; die nachfolgenden Gf.en stammten alle in direkter Linie (aber mehrfach über weibl. Erbfolge) von Fulco ab: 'Haus Preuilly' (1085–1218), 'Haus Montoire' (1218–1371), ab 1371 'Haus Bourbon' (→Bourbon-V.). Die genealog. Kontinuität hinderte aber nicht, daß die Gf.engewalt ihren Charakter änderte.

Die wichtigsten Mutationen seit dem 12. Jh. waren folgende: Die 'milites castri' verloren zunehmend den Charakter einer eigenständig verfaßten Gruppe infolge des Bedeutungsrückganges der lokalen Kriege der einzelnen Burgherren; demgegenüber berührte der große Konflikt zw. →Kapetingern und →Plantagenêt das Vendômois als umkämpfte Grenzzone (Schlacht v. Freteval, 1194). Die Burg V. wurde zum ausschließl. Besitz und Zentrum der Lehnsherrschaft der Gf., wohingegen sich die lokalen 'Barone' auf ihre ländl. Seigneurien zurückzogen; die Nachkommen Barthélemys v. V. († 1147) nannten sich »Sires du Bouchet« (Seigneurie, später: Le Bouchet d'Estouteville).

V. entwickelte sich zur Stadt im eigtl. Sinne, die zwar nicht als →Kommune verfaßt war und trotz eines gewissen Wohlstandes (Stiftung eines Hôtel-Dieu, 1203; Stadtmauer, 1230) über bescheidene Dimensionen nicht hinauskam (1250/76: 930 Haushaltsvorstände). Die aufgrund einer Urk. Burchards VI. v. 1354 bekannten städt. Gewerbe (Leder, Eisen, etwas Tuchmacherei) zeigen keine stärkere wirtschaftl. Dynamik. Ein weiteres kleines städt. Zentrum der Gft. war Montoire. Die Gf.en v. V. spielten auch nach der kapet. Eroberung Westfrankreichs durch Philipp II. Augustus (1204–05), der ihnen eine gewisse Autonomie beließ, eine bedeutende Rolle innerhalb des frz. Adels.

Die Zeit des Hauses Bourbon-V. und des →Hundertjährigen Krieges bedarf noch gründlicher Erforschung (reiches Q.material in den Archiven v. Blois und Paris). V. bildete seit 1428 einen wichtigen Stützpunkt für →Karl VII. und seine Anhänger; die Gf.en konnten als 'Fs.en v. Geblüt' ihren hohen Rang glanzvoll in Geltung bringen. Sie erwarben 1412 die Seigneurie Mondoubleau, erhielten 1484 freie Herrschaftsrechte im Anjou und wurden 1515 zu Hzg.en erhoben. Die Gf.en modernisierten ihre Verwaltung im zeitübl. Rahmen; seit dem späten 13. Jh. stiegen wohlhabende, nobilitierte Bürgerfamilien in die Reihen des Rittertums auf.

D. Barthélemy

Lit.: R. Barré de Saint-Venant, Dict. topogr., hist., biogr., généal. et héraldique du Vendômois et de l'arr. de V., 4 Bde, 1912–17 – K. F. Werner, Unters. zur Frühzeit des frz. Fsm., WaG 18, 1958, 256–299; 19, 1959, 146–193; 20, 1960, 87–119 – O. Guillot, Le comte d'Anjou et son entourage au XIe s., 2 Bde, 1972 – D. Barthélemy, La société dans le comté de V., de l'an mil au XIVe s., 1993.

Vendôme, Verträge v. (16. März 1227). Die Verträge sind das Resultat der geschickten Verhandlungen →Blancas v. Kastilien, Regentin v. Frankreich (1226–34) für →Ludwig IX., mit ihren wichtigsten Opponenten →Peter (Pierre Mauclerc), Hzg. der →Bretagne, und Hugo v. →Lusignan, Gf.en v. der →Marche. Beide Herren führten eine von Kg. Heinrich III. v. England unterstützte Koalition, die 1227 durch den Beitritt →Tedbalds (Thibauts) IV. v. d. Champagne verstärkt wurde. Nach dem Wechsel Tedbalds in das Lager der Regentin und angesichts des Ausbleibens militär. Unterstützung durch Heinrich III. ließen die Rebellen sich durch Heirats- und Lehnsbande an die frz. Krone binden. Peters Tochter Yolande sollte Johann, Bruder Ludwigs IX. und Erben v. →Maine und Anjou (→Angers), heiraten; Peter erhielt →Bellême, St-James und das Schloß La Perrière und bis zum zwanzigsten Lebensjahr Johanns die Städte Angers, Beaugé, Beaufort und Champocteau. Der Vertrag mit Hugo v. Lusignan beinhaltete die Verheiratung seines Sohnes mit Isabella v. Frankreich und seiner Tochter mit Alfons v. Poitiers, Geschwistern Ludwigs IX. Die ihm von Heinrich III. verliehenen Lehen Saintes und Ile d'Oléron wurden zur Mitgift seiner Tochter. Hugos Verzicht auf andere vorher empfangene Lehen wurde für zehn Jahre mit einer jährl. Rente von 10000 *livres tournois* kompensiert. Trotz der andauernden Opposition des Adels hatten die Verträge einen realen Machtgewinn der frz. Krone zur Folge.

H. Brand

Q. und Lit.: A. Teulet, Layettes des trésors des chartes (II), 1866, 119–121 – E. Berger, Hist. de Blanche de Castille, 1895, 78–87 – E. Martène–U. Durand, Veterum scriptorum et monumentorum historicorum, dogmaticorum moralium. Amplissima coll. (I), 1968[2], 1214–1217 – G. Sivéry, St. Louis et son siècle, 1983, 374–377 – Ders., Blanche de Castille, 1990 – J. Le Goff, St. Louis, 1996, 101f.

Vendôme, Matthaeus v. (V., Mathieu de), Abt v. →St-Denis, Ratgeber →Ludwigs IX. d. Hl.n und →Philipps III. v. Frankreich, * um 1222, † 25. Sept. 1286 in Beaune-la-Rolande. 1258 zum Abt gewählt, stellte er die Klosterzucht wieder her und ließ die im Jan. 1259 eingestürzte Kirche wiederaufbauen. Im Zusammenwirken mit Kg. Ludwig richtete er in St-Denis die 1281 vollendete kgl. →Grablege ein. Er mehrte den Besitz seiner Abtei und übernahm die Oberleitung der fortan von St-Denis betreuten Grandes →Chroniques de France (→Chronik, E). Einer der führenden Berater des Kg.s, wirkte V. seit 1258 als Richter am →Parlement. Im Febr. 1270 vertraute der Kg. vor seinem Aufbruch zu seinem letzten Kreuzzug (→Kreuzzug, B. VI) dem Abt gemeinsam mit Simon de →Clermont, Herrn v. Nesle, die Regentschaft des Kgr.es an (→Frankreich, A.V); die beiden Stellvertreter unterhielten eine rege Korrespondenz mit ihrem Kg., wobei sich V. der Sammlung der von Ludwig empfangenen Briefe annahm. Nach Ludwigs Tod bewahrte Kg. Philipp III. den beiden erprobten Helfern des Vaters sein Vertrauen, wenn er seine Gunst auch Pierre de →la Broce schenkte. V., der schon auf den jungen Kg. eingewirkt hatte, damit dieser nach dem Tode des Vaters schleunigst aus Tunis ins Kgr. zurückkehre, bemühte sich später nach Kräften, den leicht beeinflußbaren Kg. von weiteren militär. Abenteuern abzuhalten. V. kann wohl als Anreger zahlreicher kgl. →Ordonnanzen gelten und nahm teil an diplomat. Verhandlungen.

Der Abt hatte starken Anteil an der Kanonisation Ludwigs: Er setzte im Juni 1282 in St-Denis die Kommission zur Durchführung der berühmten 'Inquisitio' über Leben und Wunder des Kg.s ein und legte vor ihr selbst Zeugnis ab. V. wurde 1285 beim Aufbruch Philipps III. zu dessen →Aragón-Kreuzzug (einem von V. abgelehnten Unternehmen) nochmals zum Regenten ernannt und übte dieses Amt bis zum Regierungsantritt →Philipps IV. aus.

J. Richard

Lit.: L. Carolus-Barré, Le procès de canonisation de Saint Louis. Essai de reconstitution, 1994, 223–236 – J. Le Goff, Ludwig d. Hl., 1996.

Venedig (it. Venezia), oberit. Lagunenstadt, Seerepublik, Bm.

A. Stadtgeschichte – B. Wirtschaftsgeschichte

A. Stadtgeschichte

I. Die Anfänge – II. Die Provincia Venetica auf dem Weg zur Autonomie – III. Das 9. und 10. Jahrhundert – IV. Von der Zeit der Orseolo-Dogen zu den Kreuzzügen – V. Institutionelle Entwicklungen. Der 4. Kreuzzug und seine Folgen – VI. Die Stadt und der Staat auf der Terraferma. Bevölkerungsentwicklung.

I. DIE ANFÄNGE: Ursprgl. bezeichnete der Begriff Venetia einen ausgedehnten Verwaltungsbezirk auf dem Festland. Zusammen mit »Histria« bildete »Venetia« eine der Regionen, in die Ks. Augustus das ital. Reichsgebiet eingeteilt hatte: diese »Decima regio« wurde dann eine der Provinzen der »Italia annonaria«. Aus »Venetia«, das sich von den Alpen zur Adria und von Istrien zum Oglio (später sogar bis zur Adda) erstreckte, entwickelte sich in einem langen genet. Prozeß die Stadt und der Staat V., die uns vertraut sind. Das auch jetzt noch in der Historiographie aktuelle Problem der Ursprünge V.s stellte sich dem ven. polit. Schrifttum selbst mindestens seit dem Anfang des 11. Jh. Bereits der Chronist Johannes Diaconus bietet eine Theorie der Anfänge, die klar zw. dem »ersten Venetia« röm. Tradition, »das sich von Pannonien bis zur Adda erstreckte«, und dem lagunaren V. seiner Zeit unterschied, die das Gebiet zw. →Grado und Cavarzere unterschied, Orte, die auch in späterer Zeit das Territorium des ven. *Dogadum* eingrenzen sollten. Die Entstehung dieser neuen polit.-geogr. Einheit sollte der Mythos von den Anfängen aus wilder Wurzel erklären: Vor den Einfällen von Barbaren seien Gruppen von Flüchtlingen auf die Laguneninseln gezogen, die als unwirtlich und unbewohnt geschildert werden. Dieser Mythos hat evidente polit. Bedeutung. Ein Ursprung in der Wildnis bedeutet das Fehlen jeglicher, auch polit., Subordination. Der Mythos von der seit den Anfängen bestehenden Freiheit schützt vor dem Risiko eventueller Unterordnung. In Wirklichkeit waren die Lagunengebiete in das der röm. Tradition entstammende Ordnungssystem eingegliedert. Das Problem der Ursprünge darf jedenfalls nicht nur darin gesehen werden, wie dicht und auf welche Weise die Lagunengebiete bewohnt waren. Und der »Ursprung« selbst muß als ein mehrere Jahrhunderte umfassender genet. Prozeß verstanden werden. Der erste Aufschwung des neuen V. gewann in der Zeit der Völkerwanderung Gestalt, als die Laguneninseln Schutz vor den feindl. Einfällen boten. Die Landnahme der →Langobarden in der Terraferma bedeutete jedenfalls die entscheidende Wende. Was ursprgl. als temporärer Zufluchtsort gedacht war, wurde zum ständigen Wohnsitz roman. Bevölkerungsgruppen, deren Umsiedlung im übrigen nicht völlig ungeordnet verlief. Auf die Inseln zogen Vertreter der Führungsschicht und der kirchl. Hierarchie sowie Amtsträger der byz. Verwaltung. Seit 569 setzten sich die Ströme der Zuwanderer entsprechend dem Vorrücken der Langobarden auf dem Festland fort. Mit dem Fall von Oderzo, dem Verwaltungssitz der Provinz (639), zerfiel das alte byz. System und fast die gesamte Terraferma ging verloren. Dieser Faktor trug wesentlich zur Ausrichtung V.s auf das Meer hin bei. Als neue Provinzhauptstadt wurde Cittanova/Eraclea und die alten Zentren (wie →Aquileia, Concordia oder Altino) erlebten einen Niedergang oder verschwanden gänzlich.

II. DIE PROVINCIA VENETICA AUF DEM WEG ZUR AUTONOMIE: Entsprechend dem geläufigen Schema stand an der Spitze der nun zur Lagunenprovinz gewordenen Verwaltungseinheit ein Magister militum, der von dem in Ravenna residierenden Exarchen abhing, der seinerseits direkt dem byz. Ks. unterstand. Dem Magister unterstanden als lokale Machtträger die Tribune: Sie bildeten als fakt. Aristokratie zusammen mit den kirchl. Würdenträgern das Gerüst eines polit.-sozialen Systems, in dem die zivilen und militär. Funktionen in der Hand der gleichen Personen vereinigt waren. Die Venezianer (oder besser gesagt, die »Venetici«, um den jener Zeit besser entsprechenden Begriff zu gebrauchen), blieben im wesentl. Byzanz gegenüber loyal. Dies läßt sich auch aus dem Auftreten des Titels »Dux« (wovon sich Doge herleitet) erkennen (traditionsgemäß um 713–716), der sich auf die byz. Hierarchie bezieht. Durch die zunehmende Schwäche des Byz. Reiches entstanden jedoch in Italien autonome Freiräume. Dieser Prozeß wurde 726–727 durch die Reaktion auf die ikonoklast. Maßnahmen Ks. Leos III. d. Isauriers beschleunigt: Die venet. Provinz trat auf die Seite des Papstes; der anläßl. dieses Militäraufgebots gewählte *dux*, Ursus, repräsentierte eher den Willen der lokalen Machthaber als denjenigen der Zentralgewalt. Die Bindung an die byz. Machtsphäre blieb jedoch weiterhin aufrecht, so daß der Exarch Eutychios in der Lagune Zuflucht suchen konnte, als Ravenna zum ersten Mal in die Hände der Langobarden fiel. Die Entwicklung zur Selbstständigkeit setzte sich allerdings trotz gelegentl. gegenläufiger Tendenzen und der zeitweiligen Rückkehr zum Regime der Magistri militum (um 737–742) weiter fort. Die Verbindung zu Byzanz blieb aber auch nach der endgültigen Einnahme Ravennas durch die Langobarden und dem anschließenden Zusammenbruch des Exarchatsystems in Italien (751) und auch nach der Eroberung des regnum Langobardorum durch Karl d. Gr. (774) bestehen. Die Abhängigkeit vom fernen Byzanz lag eher im venet. Interesse als die viel drückendere Abhängigkeit von einem Herrscher in nächster Nähe. Zu einer gefährlichen Situation führte der Versuch der Karolinger, die Lagunen zu erobern (ca. 803–810). Die Truppen Kg. Pippins v. Italien drangen sogar in den Dogado ein, und es kam zur – letzten – direkten Intervention der byz. Flotte in der Lagune. Die Dogenwahl des Agnellus →Particiaco (811) und der Friede von Aachen (812) bestätigten den Verbleib der Venet. Provinz in der byz. Einflußsphäre, aber V. war einem Anschluß an den durch das Lehnswesen geprägten Okzident noch nie so nahe gewesen wie damals, dessen Verwirklichung seine Geschichte in ganz andere Bahnen gelenkt hätte. Ein Zeichen für die Bedeutung dieser Ereignisse ist auch die Verlegung der Kapitale des Dogado: nachdem der Regierungssitz von Eraclea 742 (nach der fünfjährigen Periode der magistri militum) auf Malamocco übergegangen war, wurde er nun zum Rialto (Rivus altus) verlegt, auf die Gruppe von Laguneninseln, die später das eigentl. V. bildete. Der Dogenpalast wurde an der gleichen Stelle, wo er sich heute befindet, errichtet: in unmittelbarer Nachbarschaft der Häuser der →Particiaco, der Familie, die in höchstem Grade die lokale philobyz. Haltung vertrat, gegen die sich eine »Partei« (oder besser Richtung) gebildet hatte, die mit größerem Interesse auf die frk. Terraferma blickte. Zur Zeit des Sohnes und Nachfolgers des Agnellus Particiaco, Justinianus (827–829), wurden die Reliquien des Evangelisten →Markus von Alexandria an den Rialto übertragen. Dieses für die polit. und spirituelle Identitätsfindung V.s einschneidende Ereignis sollte ursprgl. v.a. zur Lösung der durch die kirchl. Situation entstandenen Schwierigkeiten beitragen. Bereits im 6./7. Jh. hatte die Teilnahme am Schisma des →Dreikapitelstreits die Beziehungen mit Byzanz und mit Rom getrübt und den venet. Klerus dazu veranlaßt, seinen Blick auf die langob. Gebiete zu richten, wo sich die Dreikapitellehre entfalten konnte. Die Synode v. Mantua (827) versuchte den langen Streit um die rechtmäßige Nachfolge des alten Patriarchats Aquileia nach der Flucht des Patriarchen vor den Langobarden nach →Grado dahingehend zu lösen, daß sie Grado zur einfachen Taufkirche erklärte und Aquileia (das heißt, einem eng an das Regnum Italiae gebundenen Sitz auf dem Festland) unterstellte und damit eine kirchl. Subordination sanktionierte, die als Präzedenzfall für andere mögliche Subordinationen dienen konnte. V. antwortete darauf mit der Überführung der Reliquien des hl. Markus, des Gründers der Kirche v. Aquileia, auf den man sich in Mantua öfters berufen hatte, an den Rialto.

III. DAS 9. UND 10. JAHRHUNDERT: Im Rahmen der Abhängigkeit von der byz. Zentralgewalt – die jedoch immer ferner rückte – gewann V. im 9. Jh. anscheinend eine gewisse Autonomie. Die polit. Konstellationen waren jedoch schwierig. Im Inneren wurde die Gewalt des Dogen ständig durch die Gegensätze zw. den großen Familienclans in Frage gestellt. Zur Instabilität trug auch die Krise der tribuniz. Führungsschicht bei (die im Laufe des 9. Jh. völlig von der Szene verschwinden sollte), deren Interessen besser durch eine dezentralisierte Verwaltung gefördert wurden und mit der Machtkonzentration in der Person des Dogen, die sich seit einiger Zeit abzeichnete, kontrastierten. Nicht geringere Schwierigkeiten verursachten die äußeren Feinde. Die verringerte byz. Präsenz in der Adria, die schwankende Lage auf dem Balkan, die Expansion der Slaven auf den Küsten Dalmatiens und die wachsende Macht der Sarazenen machten den für V. lebenswichtigen Adriaraum unsicher. Die Konflikte intensivierten sich 827–828, als der Doge auf Verlangen von Byzanz eine Flotte gegen die Sarazenen sandte. Seit diesem Zeitpunkt stand V. bei dem Versuch, offenbar unaufhaltbare Offensiven abzuwehren, in vorderster Front: ca. 846 drangen die Slaven bis Caorle vor, 875 die Sarazenen bis Grado.

Um 880 war die krit. Phase überwunden und V. konnte nunmehr als regionaler Machtfaktor betrachtet werden. Die Wirtschaftskonjunktur gestaltete sich weiterhin günstig und die Beziehungen mit Byzanz nahmen immer stärker den Charakter einer Bündnispartnerschaft an. Die Situation war gegen Ende des 9. Jh. durchaus konsolidiert, so daß Schwierigkeiten wie die Angriffe der Ungarn (900) und die trag. Niederlage des krieger. jungen Dogen Petrus I. Candiano (der die den Frieden garantierenden Tributzahlungen an die slav. Seeräuber eingestellt hatte und im Kampf gegen die Narentaner Slaven gefallen war) überwunden werden konnten.

In den fünfzig Jahren nach etwa 880 hatten sich also allgemein die Strukturen V.s gefestigt. Auch die kirchl. Situation hatte sich konsolidiert. Was die Lagunenbm.er betrifft, ist die Kontinuität mit den prälangob. Bm.ern auf der Terraferma umstritten. Jedenfalls hatte sich zur Zeit des Dogen Orso (Ursus) I. Particiaco (864–881) die Lage stabilisiert: Neben dem Patriarchat in Grado und dem vor 864 im Rialtogebiet gegründeten Bm. Olivolo bestanden die Bm.er Equilo, Caorle, Eraclea, Malamocco und →Torcello. Gleichzeitig mit der endgültigen Reorganisation der Lagunenbm.er verstärkte sich auch die Präsenz des Benediktinerordens. Die ersten Kl. sind bereits seit dem Ende des 8. Jh. bezeugt: San Michele di Brondolo an der Brentamündung (vielleicht eine langob. Gründung), San Servolo, dessen Abt 819 die Dogen um Verlegung an einen geeigneteren Ort, die Sant'Ilario-Insel bei Mestre, bat, und wahrscheinl. das Kl. San Giorgio in Pineto, im Gebiet v. Jesolo, das nach der Zerstörung durch die Ungarn i. J. 1025 wiederaufgebaut wurde. Wie wichtig die Rolle der Kl. auch in polit. Hinsicht war, zeigte sich ganz deutlich 982, als der Versuch, die heftigen Familienfehden zu beenden, durch die Gründung der Abtei San Giorgio Maggiore sanktioniert wurde. Im übrigen standen die polit. Machthaber immer in enger und im wesentl. harmonischer Verbindung mit den kirchl. Institutionen, ohne jedoch zuzulassen, daß diese dem Staat Schwierigkeiten bereiten konnten.

Auf internationaler Ebene verstärkte sich V.s Funktion als Verbindungsschiene zw. den verschiedenen Machtblöcken und Wirtschaftsräumen Okzident, Byzanz und islamische Länder. An dieser Grundposition sollte V. auch in Zukunft festhalten, obgleich eine intensive innere Dialektik bisweilen zu einer verstärkten Westorientierung führte. Die Hinwendung zu der Feudalwelt der Terraferma war in bes. Maße unter den →Candiani spürbar, die den Dogat in fast ununterbrochener Folge von 932 bis 976 innehatten. Unter ihnen gewann V. die Hegemonie über die Adria nördl. der Linie Pula-Ravenna, war aber auch so stark in die Politik des Regnum Italiae verwickelt, daß innerhalb der Familie Konflikte entstanden. Ihr Höhepunkt erfolgte unter Petrus IV. Candiano (959–976): Der mit der Hocharistokratie des Regnum verschwägerte Doge verstärkte das militär. Engagement auf der Terraferma; in die Lagunenrepublik drangen sogar von der Ideologie des Feudalismus geprägte Formen von Vasallitätsverhältnissen ein. Die explosive Situation mündete in eine dramat. Revolte, die zusammen mit dem Dogen und der Macht der Candiani auch für immer ein polit. Projekt vernichtete, das dem traditionellen Bild V.s als Verbindungsschiene zw. Ost und West andere Züge verliehen hätte. Neue Gefahren drohten jedoch von dem unter dem otton. Kaiserhaus wiedererstarkten Reich, insbes. unter Otto II., der einen Eroberungskrieg gegen die Lagunenrepublik begann, der nur durch den – als göttl. Fügung empfundenen – Tod des Ks.s beendet wurde.

IV. VON DER ZEIT DER ORSEOLO-DOGEN ZU DEN KREUZZÜGEN: An der Jahrtausendwende war V. bereit für neue Entwicklungen. Die wirtschaftl. und gesellschaftl. Strukturen erwiesen sich als tragfähig; Unternehmungsgeist und Wohlstand waren für jene Zeit ungewöhnl. groß; einer Führungsschicht, die durch Geldgeschäfte und Handel nicht an Prestige zu verlieren fürchtete, stand eine Mittelschicht gegenüber, die ebenfalls Initiative und wirtschaftl. Kapazitäten besaß und ihre Präsenz in gewissem Maße geltend machen konnte. Die staatl. Institutionen und Strukturen festigten sich und konnten sogar die stärksten inneren Spannungen und Spaltungsbewegungen überwinden wie die blutigen Kämpfe zw. den beiden von den Familien Coloprini und Morosini geführten Faktionen, die von der Politik der Ottonenkaiser beeinflußt wurden. Der eigentl. Aufstieg V.s erfolgte unter dem Dogat des Petrus II. Orseolo (991–1008). Der innere Friede war wiederhergestellt und das Staatsgefüge von neuem gefestigt. In der Außenpolitik bestanden weiterhin enge Beziehungen zu Byzanz, die jedoch nur noch formal den Charakter einer Subordination hatten. Es begann eine sehr erfolgreiche Phase, wie sie bisher in der Vergangenheit keine Entsprechung hatte: bedeutend waren v. a. der Sieg über die Sarazenen, die das byz. Bari belagerten (1002–03), und der erfolgreiche Dalmatienfeldzug (1000 nahm der Doge den Titel »dux Veneticorum et Dalmaticorum« an). In dieser Zeit ging V. über die Bedeutung einer Regionalmacht weit hinaus und gewann – als Erbe von Byzanz – eine bestimmende Rolle im Mächtegleichgewicht der Adria. Natürlich bestanden weiterhin innenpolit. Spannungen, denen das Dogenamt im Zentrum des Spiels der Mächte stand. Auch an Auseinandersetzungen mit den traditionellen Gegnern fehlte es nicht, ebenso richtete das Reich weiterhin auf die Lagunenrepublik begehrl. Augen. 1026 wurde Otto Orseolo, der Sohn und Nachfolger Petrus' II., in einem Aufstand abgesetzt. Die Auseinandersetzungen mit Patriarch →Poppo v. Aquileia wurden mit Waffen ausgetragen; die Ansprüche Aquileias bildeten eine große Gefahr, da sie den Plänen Ks. Konrads II. entsprachen, der den Papst zur Anerkennung der Rechte Aquileias auf Grado drängte. V. vermochte jedoch nicht nur seine kirchl. Autonomie zu bewahren, sondern bewegte sich auch im →Investiturstreit mit beachtl. Geschick: Trotz der Pressionen der Päpste und des Reformeifers der Patriarchen v. Grado Domenico Marango und Pietro Badoer hielt es die nützl. Beziehungen zum Reich aufrecht. Eine kritischere Entwicklung nahm jedoch die Situation im Adriaraum. Die wachsende Präsenz des Kgr.es →Ungarn und der kroat. Könige in →Dalmatien, denen auf der anderen Seite eine Schwächung des Einflusses des verbündeten Byzanz gegenüberstand, gab Anlaß zu ernster Besorgnis. Als 1075 die dalmatin. Städte von den →Normannen Hilfe gegen die Kroaten erbaten, ließ dies für die Interessen V.s nichts Gutes erhoffen, zumal die Normannen sich päpstl. Unterstützung erfreuten. Sie beherrschten bereits Apulien; hätte sich ihr Einfluß auch auf die dalmatin. Küste und auf Albanien ausgedehnt, so wäre durch ihre Kontrolle des Adriaraumes V.s Entfaltung wohl ernsthaft gefährdet gewesen. →Robert Guiscards Pläne waren umfassend und konnten sich vom Balkan bis Byzanz ausweiten. Seit 1075–76 (unter den Dogen Domenico Selvo und Vitale Falier) verstärkte sich daher V.s militär. Engagement. Es begann für V. eine schwierige Periode, in der sich jedoch wieder seine Fähigkeit zeigte, Krisensituationen standzuhalten. Als Robert Guiscards Tod (1085) seinen großen Plan, die Kontrolle über den Adriaraum zu gewinnen, vereitelte, hatte V. nicht nur seine Positionen gehalten, sondern auch neue Vorteile für sich gewonnen, insbes. durch die Privilegien, die Ks. Alexios I. Komnenos der Seerepublik für die gegen die Normannen geleistete Hilfe gewähren mußte.

Die Furcht vor einer drast. Störung des für V. sehr günstigen Gleichgewichtsverhältnisses der Mächte erklärt das Mißtrauen, mit dem die Seerepublik die Kreuzzugsbewegung betrachtete, voll Sorge über die Auswirkungen auf die Märkte in Syrien, Ägypten oder sogar in Konstantinopel. Als direkte Konkurrenten wie →Genua und →Pisa jedoch begannen, aus der Teilnahme an den Kreuzzügen beträchtl. Vorteile zu ziehen, mußte auch V. sich auf den levantin. Meeren in einem komplexen Mächtespiel engagieren, in dem einerseits die heiligen Stätten der Christenheit und starke religiöse Motive, andererseits auch alte und neue Privilegien, Handelsplätze, Konkurrenten und für den Handel unerläßl. Brückenköpfe eine Rolle spielten. Um die Mitte des 12. Jh. zählte V. mit Sicherheit zu den stärksten Seemächten im östl. Mittelmeer. Seine Großmachtrolle trat 1177 offen zutage, als die Lagunenstadt als geeignetster Ort für das Treffen zw. Friedrich I. und Papst Alexander III. erschien, das den Konflikt zw. den beiden großen Universalmächten lösen (→Venedig, Friede v.) und den Weg zum Frieden v. →Konstanz (1183) zw. dem Reich und den it. Kommunen bahnen sollte.

V. INSTITUTIONELLE ENTWICKLUNGEN. DER 4. KREUZZUG UND SEINE FOLGEN: Dem Machtzuwachs auf internationaler Ebene im 12. Jh. entsprach im Inneren eine entscheidende institutionelle Wende durch die Begründung der Kommune. Während des Dogats des Pietro Polani (1130–48) begegnet neben dem Dogen und den traditionellen Judices ein »consilium sapientium«, dem der Populus durch Eid zum Gehorsam verpflichtet war. Beinahe gleichzeitig tritt der Begriff »commune Veneciarum« in Erscheinung. Dabei sind teilweise analoge Entwicklungen wie auf der Terraferma festzustellen, obgleich die Besonderheiten V.s erhalten bleiben: Charakterist. ist, daß an der Spitze der Kommune der Doge beibehalten wird, auf Lebenszeit gewählt und Symbol einer absoluten Gewalt, von deren Ausübung er jedoch in zunehmendem Maße ausgeschlossen wird, so daß er mit der Zeit wie eine hierat. Statue erscheint, wie das fleischgewordene Abbild der Herrschergewalt, sibi princeps, deren am meisten überwachter Untertan er selbst ist, bei allen seinen Handlungen der strengsten Kontrolle unterworfen und nicht einmal in der Lage, sein Amt niederzulegen. Die neue Definition der Rolle des Dogen war offenbar im 13. Jh. abgeschlossen und blieb in der Folgezeit im wesentl. stabil. Der »Consiglio dei Sapienti« (später »Maggior Consiglio«) trat an die Stelle der alten Volksversammlung mit legislativen und beschließenden Funktionen, der »Minor Consiglio« nahm neben dem Dogen die exekutiven Kompetenzen wahr. Der Schutz der Rechte des Staates und des Gesetzes oblag den »Avogadori di Comun«, die Kontrolle über die Korporationen und Zünfte hatten die »Giustizieri« inne. Die »Visdomini dei Lombardi«, »di Ternaria« und »del Mare« wachten über Handel und Zölle. In den ersten Jahrzehnten des 13. Jh. entstand die →Quarantia, zuerst ein Konsultationsorgan, später ein Appellationsgericht, das mit der Zeit zur höchsten Instanz der Rechtssprechung wurde. Die Bedeutung des »Consiglio dei Rogadi« (später als Senat bezeichnet) wuchs v. a. Ende des 13. Jh., als er sich mit der Quarantia zusammenschloß. Ein Gewirr weiterer Ämter und Magistraturen, deren Funktionen sich häufig überschnitten, vervollständigte den zusehends komplexer werdenden Verwaltungsapparat, der jedoch imstande war, die Staatsmaschine in Funktion zu halten.

Inzwischen faßten die neuen →Bettelorden Fuß. Seit dem 3. Jahrzehnt des 13. Jh. verstärkt sich die Präsenz der Franziskaner und Dominikaner in V.: 1234 schenkten die öffentl. Autoritäten den Dominikanern das weite Areal, auf dem der Klosterkomplex SS. Giovanni e Paolo entstehen sollte. Die Verbreitung anderer Orden (wie der Sackbrüder, der Karmeliter, der Augustinereremiten) bezeugt das große Interesse, das die neuen Formen der Frömmigkeit erweckten. Dennoch traf man strenge Vorsichtsmaßnahmen, um jede Einmischung des Klerus in öffentl. Fragen zu unterbinden. So setzte man dem Willen des Papstes, in V. die Inquisition zur Bekämpfung der Häretiker einzuführen, lange Zeit Widerstand entgegen. Erst 1298 wurde das Offizium eingeführt, dabei aber unter Kontrolle gehalten.

Noch stärker als von den internen Entwicklungen und institutionellen Veränderungen wurde das V. des 13. Jh. durch den Ausgang des 4. →Kreuzzugs geprägt. Spannungen im byz. Osten waren 1182 im Massaker der Lateiner in Konstantinopel kulminiert. V. machte sich zum finanziellen und organisator. Probleme des neuen Kreuzzugs zunutze und bewog unter dem Dogen Enrico →Dandolo die Kreuzfahrer zur Einnahme von →Zadar/Zara und danach von Konstantinopel (April 1204). Unter ven. Schutz entstand so das →Lateinische Kaiserreich. Der Doge nahm den Titel »dominator quarte partis et dimidie totius imperii Romanie« an, und es wurde eine Reihe von Stützpunkten zur Kontrolle der Meere und des Handels erworben. V.

nahm nun eine absolut privilegierte Stellung im Levantehandel ein; es begann hiermit die wohl blühendste Phase seiner ganzen Geschichte. Nicht einmal der Zusammenbruch des Lateinischen Ksr.es und die byz.-genues. Allianz, die dazu beigetragen hatte, konnten daran etwas ändern. So folgte auf die Neugründung des Byz. Ksr.es (1261) auch eine Konsolidierung der ven. Positionen, die jetzt auf →Kreta einen neuen Mittelpunkt fanden. Auch die Eroberung →Akkons durch die Mamlūken (1291), die das Ende der Präsenz der Kreuzfahrer und zugleich den Verlust des größten ven. Stützpunkts in der Levante bedeutete, führte keine substantiellen Schäden herbei. Man suchte den Schlag durch größere Aktivität in →Ayas, Zypern oder Byzanz zu parieren und richtete sein Interesse auf Kleinarmenien, Tābrīz, Persien und das Schwarze Meer. So lassen also weder die letzten Jahrzehnte des 13. noch die ersten Jahrzehnte des 14. Jh. die Zeichen einer echten Krise erkennen, obgleich sich neue Probleme und soziale Spannungen bereits am Horizont abzeichneten.

1297 kam es unter dem Dogen Pietro →Gradenigo zur sog. Serrata del Maggior →Consiglio, die einerseits die Teilhabe an der höchsten Magistratur durch die Aufnahme bedeutender Familien popularen Ursprungs ausdehnte, andererseits aber den Zutritt neuer Familiengruppen ausschloß: Im wesentl. bestätigte sie die Existenz einer de iure-Aristokratie (etwa 200 Familien), die im polit. Leben die führende Rolle spielten. Der Adel verstärkte seine Macht und überwand auch Ereignisse wie die von dem reichen Popolaren Marino Bocconio (1300) angeführte Verschwörung ohne größeren Schaden. Sein im wesentl. geschlossenes Gefüge hielt auch gewaltsamen Umsturzversuchen der Verfassung stand (wie den Verschwörungen des Baiamonte →Tiepolo, 1310, und des Dogen Marino →Falier, enthauptet 1355).

VI. Die Stadt und der Staat auf der Terraferma. Bevölkerungsentwicklung: Eine ernste Krise trat Mitte des 14. Jh. ein, als die →Pest einen starken Bevölkerungsrückgang verursachte. Genaue Daten lassen sich schwerlich ermitteln. Rein hypothetisch geht man von ca. 80000 Einw. aus, die um 1200 die Lagunenorte besiedelten; fundierter erscheint die Angabe von ca. 160000 i. J. 1338, als die Hauptstadt allein (die man noch immer als Rialto bezeichnen müßte) wohl ca. 110000–120000 Einw. hatte und somit eine der größten Metropolen der damaligen Zeit war. Neben V./Rialto waren auch andere Orte in der Lagune von Bedeutung: so →Grado und Murano und v. a. →Chioggia, das um 1330 ca. 15000 Einw. zählte. Durch die Pestepidemie d. J. 1348 kam es zu einem dramat. Bevölkerungsverlust von etwa der Hälfte oder drei Fünfteln der Bevölkerung, die auf 50000–60000 Einw. sank. Erst nach rund 150 Jahren, in den letzten Jahrzehnten des 15. Jh., war dieser Verlust wieder voll kompensiert und blieb (mit einem Wachstum auf 190000 Einw.) stabil bis zu der neuen Pestwelle 1575–77, der 47000 Menschen zum Opfer fielen. V. wurde im 14. Jh. aber nicht nur von der Pest und inneren Konflikten betroffen, auch auf internationaler Ebene zeigten sich Schwierigkeiten: Es verlor die Kontrolle über Dalmatien an Kg. Ludwig I. v. Ungarn; Probleme bereiteten auch die Nachbarmächte auf der Terraferma, v.a. setzte sich der hundertjährige Kampf gegen →Genua fort. Nach Beendigung einer konfliktreichen Phase fand die Republik V. ihre traditionelle Gegnerin im →Chioggiakrieg wieder, als Genua mit Unterstützung von Florenz, den da Carrara und dem Kg. v. Ungarn bis in die Lagunen eindrang (1379). Zwar schien der Friede v. Turin (1381) für V. ungünstig zu sein, Genua war jedoch durch interne Auseinandersetzungen so geschwächt, daß es die frühere traditionelle Gegnerschaft zu V. nicht mehr in gleichem Umfang aufrechterhalten konnte. Für den Lagunenstaat begann damit eine Aufschwungphase, deutlich erkennbar an seiner Politik, eine Herrschaft auf der Terraferma aufzubauen.

Die erste Eroberung, →Treviso (1339), blieb anfangs ein eher vereinzeltes Ereignis und wurde erst 1388 konsolidiert. Als nach dem Tode Gian Galeazzo Viscontis (1402) der Mailänder Territorialstaat vorübergehend in Schwierigkeiten geriet, vermochte V. jedoch seine eigene Herrschaft zu vergrößern. Seit 1404–1405 erstreckte sich V.s Kontrolle auf →Vicenza, →Verona, →Padua, seit 1420 auch auf →Feltre, →Belluno und das →Friaul. Im gleichen Jahr wurde →Dalmatien zurückgewonnen. Die Ausdehnung der ven. Herrschaft auf dem Festland bis zu den Flüssen Mincio und später Adda erregten in V. selbst die Besorgnis so mancher, die es für klüger hielten, weiterhin »das Meer zu pflügen und sich um das Land nicht zu kümmern«. Die Motive für diese Expansionspolitik eines Staates, der bisher nie nach umfangreichem Territorialbesitz gestrebt hatte, sind in der Forschung umstritten. Die Schaffung einer Herrschaft auf der Terraferma ist wohl weniger auf die Notwendigkeit, die Lebensmittelversorgung zu garantieren, oder auf die Furcht, daß die Eroberungen der Türken die ven. Präsenz im Osten behindern könnte, zurückzuführen, oder auch auf Veränderungen in den Lebensgewohnheiten vornehml. des Patriziats, das dem risikoreichen Handel nun das ruhige Leben des Grundbesitzers vorgezogen habe, sondern ist wahrscheinlich eher auf den Willen begründet, die Bildung eines starken Regionalstaates zu verhindern, der V.s lebenswichtige Verbindungen zum Festland blockieren könnte. Ende des 15. Jh. erreichte V. seine größte territoriale Ausdehnung und erregte damit bei den anderen Staaten so starke Befürchtungen, daß sich fast halb Europa in der Liga v. Cambrai gegen die Markusrepublik zusammenschloß, was schließlich zur katastrophalen Niederlage von Agnadello (1509) führte. Aber wie schon oft bewährte sich jenes außergewöhnl. Durchhaltevermögen, das den ven. Staat seit altersher charakterisierte.   G. Ortalli

Lit.: H. Kretschmayr, Gesch. v. V., 3 Bde, 1905–34 – F. C. Lane, Venice. A. Maritime Republic, 1973 – G. Zordan, L'ordinamento giuridico veneziano, 1980 [Lit.] – G. Cozzi-M. Knapton, Storia della Repubblica di Venezia dalla guerra di Chioggia alla riconquista della terraferma, 1986 – G. Rösch, Der ven. Adel bis zur Schließung des Großen Rats, 1989 – Storia di Venezia dalle origini alla caduta della Serenissima, 1992ff. (vol. I: Origini – Età ducale, hg. L. Cracco Ruggini, M. Pavan, G. Cracco, G. Ortalli, 1992; II: L'età di Comune, hg. G. Cracco-G. Ortalli, 1995; III: Il Trecento, hg. G. Arnaldi, G. Cracco. A. Tenenti [im Dr.]).

B. Wirtschaftsgeschichte

I. Die Anfänge – II. Am Kreuzungspunkt der See- und Landrouten – III. Investitionen und Monopole – IV. Geldverkehr und Bankwesen – V. Handelsrivalitäten und maritime Konflikte – VI. Die wirtschaftliche Rolle der Kommune – VII. Gewerbliche Tätigkeit.

I. Die Anfänge: Nach dem durch die Langobardeninvasion des späten 6. Jh. bedingten Rückzug romanischer Bevölkerungsteile des nordostit. Festlandes in die geschützten, aber zur agrar. Nutzung ungeeigneten Lagunengebiete ('lidi') um das frühe Zentrum Malamocco bildeten Fischerei (→Fisch) und Meersalzgewinnung (→Salz) die wichtigsten Wirtschaftszweige der Bewohner, die ihr Getreide aus der fruchtbaren Poebene, an die sie ihrerseits Salz und Pökelfisch lieferten, bezogen. Unter der Oberherrschaft des →Byz. Reiches (Dogat) wurde →Torcello zum 'emporium' des byz. Adriahandels (→Adria). Doch verlagerte die Bevölkerung ihren Siedlungsschwerpunkt auf die im Herzen der Lagune gelegenen, besser geschützten Inseln; hierher verlegte um 811 der →Dux seinen Sitz. Die aus Holz errichteten Häuser der bald befestigten, aufstrebenden Stadt reihten sich entlang der Hauptverkehrsader des Canale grande und verteilten sich auf drei große Siedlungskerne: im O den Bf.ssitz Olivolo, der später zum Zentrum des Gewerbes wurde (Werften, späteres →Arsenal); weiter westl. der Palast des Dux (→Dogen) mit der Kapelle S. Marco; schließlich das eigtl. Stadtzentrum, der Rialto, mit seinem kaufmänn. Leben.

II. AM KREUZUNGSPUNKT DER SEE- UND LANDROUTEN: Einige große Familien der 'maiores', z. B. die →Particiaco, die über reichen Grundbesitz in der 'terra ferma' verfügten, investierten ihr Kapital in den Seehandel. V. richtete seinen Blick längst auf den Osten und erlangte, als Gegenleistung für seine Flottenhilfe, vom byz. Ks. große Handelsprivilegien (Chrysobull v. 993); seine Flottenmacht sicherte die Seewege entlang der Küste v. →Dalmatien gegen die sarazen. und norm. Invasoren. Im Orient eröffneten die Venezianer einen lebhaften Handel mit den muslim. Kaufleuten in →Alexandria und im Maġrib (→Afrika, II), an die sie Holz, Eisen, Waffen sowie in den dalmat. Häfen erhandelte →Sklaven aus den slav. Balkangebieten verkauften. Der Doge regelte 1000 die Streitpunkte mit den Bf.en v. →Treviso und →Ceneda, die die große Straße nach Deutschland (durch das Piavetal) kontrollierten.

Am Ende des 10. Jh. hatte V. seine Position als Handelsdrehscheibe zw. Orient und Okzident gefestigt. Trotz anfängl. Konvergenz der wirtschaftl. Interessen V.s und des Byz. Reiches führten die im 12. Jh. aufflammenden Konflikte zw. Venezianern und griech.-byz. Bevölkerung, die über die Ausbreitung der Privilegien V.s und anderer it. Städte besorgt war, zum Bruch. Hatte sich V. dank der Kreuzfahrer (→Kreuzzüge, →Levante-, →Mittelmeerhandel) bereits im 12. Jh. Handelsprivilegien in den von den Christen eroberten Levantehäfen gesichert, so bemächtigten sich die Venezianer mit Hilfe der Kreuzfahrer 1204 der Hauptstadt →Konstantinopel (Errichtung des →Lat. Ksr.es). Der Doge sicherte sich im anschließenden Teilungsvertrag den Besitz der Ägäisinseln, →Kretas und der strateg. wichtigen Doppelstadt Coron und →Modon; damit entstand die ven. 'Romania', das Kolonialreich V.s im östl. Mittelmeer. Die Thalassokratie V.s riegelte den Orient gegenüber unerwünschten Konkurrenten ab. Andererseits vernachlässigte V. seine Handelsinteressen im Westen nicht. Es erwies sich als notwendig, für die über die Faktoreien der Levante importierten kostbaren Waren (→Gewürze, →Seide, →Baumwolle) in den west- und mitteleurop. Ländern ständige Abnehmer zu finden und Einfluß auf die Herren der Städte, die eine Schlüsselstellung an den nach Frankreich, Deutschland und Flandern führenden Routen einnahmen, zu gewinnen. Im Laufe des 12. und 13. Jh. nötigte V. durch Krieg und Diplomatie den benachbarten Kommunen sein Handelsmonopol auf (→Ravenna, →Ferrara, →Mantua, →Cremona, →Pavia, sogar →Mailand und →Como, →Verona, →Aquileia und →Triest). Seit dem frühen 14. Jh. schickte sich V. zur Eroberung naheliegender Städte und Territorien an (1339: Unterwerfung von Treviso).

III. INVESTITIONEN UND MONOPOLE: Seit dem Ende des 10. Jh. treten bestimmte Formen der Investition von Kapital innerhalb der kaufmänn. Tätigkeit deutlich hervor: »collegantia, rogadia, commendatione, prestito atque negotiis«. Der am besten bekannte Typ einer →Handelsgesellschaft, wie sie für das ven. Wirtschaftsleben bis ins frühe 14. Jh. charakterist. blieb, war die »Colleganza«, die in geschickter Weise zwei Geschäftspartner verband: der eine ('stiller Teilhaber') steuerte drei Viertel des Betriebskapitals bei, der andere ('aktiver Teilhaber') ein Viertel sowie seine Arbeitskraft; Gegenstand und Dauer der jeweiligen Unternehmung wurden mit einer für die Zeit unvergleichl. Präzision definiert. Nach Rückkehr von einer Geschäftsreise wurde der Profit zu gleichen Teilen zw. beiden Partnern aufgeteilt. Eine solche Vertragsform stärkte die Familienbindungen, insbes. die Zusammenarbeit zw. Brüdern, doch war der Kaufmann nicht genötigt, nur mit einem einzigen Partner abzuschließen, konnte vielmehr seine Profite während der Reise reinvestieren und so die kommerziellen Erträge und finanziellen Profite kumulieren. Die (stärker in →Genua als in V. verbreitete) Gesellschaftsform der »Commenda« war dagegen weniger ausgefeilt; hier hatte allein der am Ort verbleibende Kaufmann Kapitaleinsatz zu leisten, wohingegen der Schiffer nur seine Arbeit einsetzte. Zu Beginn des 14. Jh. verschwand die »Colleganza« aus dem Seehandel und behielt nur mehr im innerstädt. Geschäftsleben V.s ihre (begrenzte) Bedeutung, indem sie Ladenbesitzern und Handwerkern die nötige Kapitalausstattung zur Einrichtung ihres Gewerbes bereitstellte. Im Seehandel wurde jetzt die Gründung von »Societates« bevorzugt; in ihnen konnten mehrere beteiligte Kaufleute durch die neue Technik der doppelten Buchführung ('alla veneziana', →Buchhaltung, A. II) ihre Geschäftsentwicklung exakt verfolgen und gezielter Planung unterwerfen.

Die Handelstätigkeit wurde vom ven. Staat durchgängig gefördert. Seit dem 9. und 10. Jh. waren die Dogen bestrebt, das konkurrierende →Comacchio, das die Schiffahrt auf dem →Po kontrollierte, auszuschalten (933); die anderen Häfen der nördl. Adria, von Ravenna bis Triest und Pola (→Pula), legten die Venezianer durch Verträge an die Kette. Nachdem V. von den Karolingern und Ottonen bereits mehrfach Handelsprivilegien erwirkt hatte, krönte es seine Stellung durch die Einfügung einer neuen Klausel in die von Ks. Heinrich IV. erneuerten Privilegien: Die ven. Kaufleute durften auf Flüssen und Straßen das gesamte Imperium durchreisen und Handel treiben, den anderen Untertanen des Ks.s wurde zwar (in reziproker Weise) dasselbe Recht zugebilligt, aber nur bis zum Meer und nicht weiter (»per mare usque ad vos et non amplius«), d.h. der Ks. gestand den Venezianern nun das Seehandelsmonopol zu, so daß die Kaufleute aus dem übrigen Italien und aus Deutschland ihre Waren nach V. zu bringen hatten, um sie den Venezianern, die allein über das Recht der Weiterbeförderung zur See verfügten, zu verkaufen. Die Blüte des ven. Handels beruhte auf diesem doppelten Recht des →Stapels und des Umschlags, wohingegen die dt. Kaufleute an das →Fondaco dei Tedeschi, ihr Handelshaus am Fuße des Rialto, gebunden blieben. Auf der Grundlage des Monopols vollzog sich eine Reihe neuer Entwicklungen: Bis zum Ende des 13. Jh. konnten noch alle mit Eigenkapital ausgestatteten Venezianer am Seehandel partizipieren, dann aber führte die »serrata« (Abschließung) des Gran →Consiglio (1297), die einen Adel und dessen Herrschaft begründete, zur Eingliederung der Nichtadligen in den Stand der 'cives'. Diese wurden im Laufe des 14. Jh. in ihrer Handelstätigkeit immer mehr auf den Binnenhandel beschränkt; Mitglieder der meistbegünstigten Gruppe des Bürgerstandes, die das Bürgerrecht »de intus et extra« genoß, konnten in Handelsniederlassungen auch nur Kapitalien bis zur Höhe ihres steuerpflichtigen, im 'estimo' deklarierten Besitzes investieren. Damit vermochten nur noch die 'nobili' bei den Versteigerungen der Schiffe der Kommune mitzubieten. Die dominierende Position des handeltreibenden Adels wurde auch durch das gesamte Fiskalsystem verstärkt; Fremde, die aus V. Waren auf dem Landweg ausführten, zahlten eine als 'quarantesimum' bezeichnete Steuer von 2,5%, wohingegen Venezianer nur 1,25% ('octuagesimum') entrichteten.

IV. GELDVERKEHR UND BANKWESEN: V. verstand es, während des gesamten MA seinen erstrangigen Platz im internationalen Geldverkehr zu behaupten, dank der Stabilität seiner Währung (→Münze, B. III.7); der silberne →Grosso und der goldene →Dukat (1284) spielten auf den großen Geldmärkten eine dominierende Rolle, und die Venezianer vermochten die verschiedenen Ströme des Handels mit→Silber aus→Bosnien und→Böhmen zielbewußt auf den eigenen Markt zu konzentrieren. Die Verfügung über große Silbermengen war unabdingbar für die Bezahlung der in der (stark auf das 'weiße Metall' fixierten) Levante getätigten Einkäufe. In V. selbst arbeiteten ständig an die zehn private Banken (→Bankwesen), die durch den Geldtransfer zw. ihren Kunden einen bargeldlosen Zahlungsverkehr ('Bankgeld') begründeten (→Wechsel, →Giroverkehr). Die großen staatl. Institutionen, insbes. 'Getreidekammer' und 'Salzkammer' sowie das Amt der Prokuratoren v. S. Marco, denen die treuhänder. Verwaltung der Vermögen von Waisen des Patriziats oblag, fungierten als Depots privater Vermögenswerte und häuften die notwendigen Sicherheitsreserven an, die sie unmittelbar in Handelsgeschäften investierten oder durch Rückkauf von Staatsanleihen mittelbar in den Handelsverkehr einfließen ließen.

V. HANDELSRIVALITÄTEN UND MARITIME KONFLIKTE: Im Mittelmeerraum bestritt die große Rivalin →Genua den Venezianern immer wieder die Vorrangstellung (→Flotte, B. VI); von der Mitte des 13. Jh. bis zum Ende des 14. Jh. entbrannten vier große Seekriege, bei denen die beiden Kontrahenten sich auch auf Verbündete, insbes. Kreuzzugsmächte, stützten, auf die Krone →Aragón (d. h. katal. See- und Militärmacht) bzw. die Krone →Ungarn. V. ging aus dem Konflikt von 1381 (→Chioggiakrieg) letztendl. siegreich hervor und nahm dann, infolge der Unterbrechung seiner maritimen Expansion in der 1. Hälfte des 15. Jh., die systemat. Eroberung seines Festlandterritoriums, der 'terra ferma', in Angriff. Der »stato da terra« war die notwendige Verlängerung und Ergänzung des »stato da mar«. Durch die Beherrschung der Terraferma, die den Venezianern die lebenswichtigen Grundstoffe für den →Schiffbau (→Eisen, →Holz, →Hanf) lieferte, kontrollierte der ven. Staat die Zugangswege zu V. Die Metropole lebte von ihrer beherrschenden Rolle als Stapel- und Umschlagplatz, ihr Markt war ein europ.: Venezianer traten in →Brügge und →Nürnberg ebenso aktiv in Erscheinung wie in Alexandria und →Beirut; V. wurde aufgesucht von den dt. Kaufleuten, die verpflichtet waren, ihre Handelswaren, Tuche und Baumwollstoffe, Eisen und kostbare Metalle, Pelze, den ven. Handelsherren anzubieten, auf daß diese den Export nach 'Übersee' durchführten.

Den Kämpfen mit Genua folgten nach der türk. Eroberung →Konstantinopels (1453) die Kriege mit dem →Osman. Reich. Die Osmanen verstanden es, sich in Etappen des ven. Territorialbesitzes im östl. Mittelmeer zu bemächtigen und Fuß an der östl. Adriaküste (→Albanien) zu fassen. Das vorgebl. »Goldene Zeitalter« der ven. Renaissance war in der Realität überschattet von fast ständigem Krieg und permanenten Finanzkrisen, in deren Verlauf die Bevölkerung angesichts einer verschärften Politik der Zwangsanleihen und des fiskal. Drucks zunehmend verarmte. Diese Abwärtsentwicklung verschärfte sich durch die schwere demograph. Krise, die V. im Gefolge der →Pest (ab 1348) erschütterte.

VI. DIE WIRTSCHAFTLICHE ROLLE DER KOMMUNE: Der ven. Staat war darauf bedacht, die Sicherheit der Schiffahrtswege zu gewährleisten. Die Staatsgewalt beteiligte sich unmittelbar an den Geschäften durch kommunale Aktivitäten und regulierendes Eingreifen in allen Wirtschaftszweigen, bei denen eine rein private Führung als nicht erfolgversprechend galt. Das beste Beispiel für diese Kombination von privaten und staatl. Interessen bieten im 14. und 15. Jh. die sog. *mude*; dieser Begriff bezeichnet primär die (bewaffneten) Galeerenkonvois, die meistbietend an Privatleute verpachtet wurden, dann aber auch die durch Gesetz festgelegte Periode, in der bestimmte Waren auf diese Schiffe geladen werden mußten. In der Tat wurde die Handelstätigkeit der ven. Kaufleute in den Levantehäfen auf den →Messen von den ven. Geschäftsträgern (*balios;* →Balia) kontrolliert, ebenso die nach V. einzuführende Warenmenge auf ein bestimmtes Volumen beschränkt, um so die Überschwemmung des Marktes und den Preisverfall zu unterbinden. Das Element »planender« Handelspolitik trug zur Ausbildung eines rigorosen Terminkalenders bei, der auch den saisonalen Witterungsbedingungen (Befahrbarkeit des Meeres, Passierbarkeit der Alpenpässe) Rechnung zu tragen hatte, mußten doch die in V. entladenen Waren zeitgerecht an dt. Kaufleute weiterveräußert oder über Binnenschiffahrtsrouten und Landwege nach Flandern gebracht werden, um eine rasche »Verflüssigung« der Kapitalwerte, unter Vermeidung hoher Lagerspesen, zu sichern. Die vom ven. Handel erfaßten Hauptzonen waren zum einen die Gebiete des Ostens, der Levante (Adria, Schwarzes Meer, Konstantinopel und 'Romania', Ägypten, Palästina und Zypern), zum anderen die Gebiete des Westens, der Ponente (westl. Mittelmeer, Atlantikhäfen). Das System führte allerdings bisweilen zu kontraproduktiven Engpässen, da die Kaufleute, die gleichzeitig Einkauf in den Levantehäfen tätigten, die Preise in die Höhe trieben, wohingegen der gemeinsame Verkauf in V. oder in den Ponentehäfen zum Preisverfall führte. Der Staat subventionierte die Galeerenfahrten durch Prämien und Darlehen. Neben dem Einsatz staatl. Galeeren wurde auch Privatpersonen das Recht zugebilligt, Handelsschiffe zu besitzen, große Segler, die vom Staat zu militär. Zwecken requiriert werden konnten. Sie waren daher bewehrt. Die Unterhaltskosten solcher Schiffe waren hoch, doch übernahm der Staat für die Ladung eine Garantie und sicherte den Reedern den Transport des Salzes (das dem staatl. Monopolhandel unterlag) sowie weiterer Massengüter (Öl, Wein, Getreide, Baumwolle).

VII. GEWERBLICHE TÄTIGKEIT: V. war auch eine bedeutende Gewerbestadt; zum einen produzierte sie lebensnotwendige Güter für ihre nach spätma. Maßstäben gewaltige Bevölkerung (140 000 Einw. um 1300/40, vor der Pest), zum andern auch für den Export; V. verzeichnete eine rege Zuwanderung auswärtiger Handwerker und spezialisierter Arbeiter, die u. a. in Schiffbau und Schiffsausrüstung, Textil- und Metallwesen sowie in verschiedenen Zweigen des Luxusgewerbes (Leder, Pelze, hochwertige Tuche, Brokat, Juwelen, Galanteriewaren, erlesene Waffen, →Glas und Kristall) tätig waren. Diese hochwertige Eigenproduktion sollte auch einen gewissen Ausgleich der Handelsbilanz gegenüber dem Orient, der zahlreiche Luxuswaren, Seide und edle Gewürze lieferte, fördern. Die aus Syrien und Zypern eingeführte →Baumwolle wurde an Ort und Stelle verarbeitet (→Barchent), bevor sie zusammen mit Zucker und Seide, Öl und Wein nach Augsburg und Nürnberg weitervertrieben wurde. Die gewerbl. Tätigkeiten wurden von 52 Korporationen (*arti*) ausgeübt; diese stolze Zahl, die eine starke Aufsplitterung in Einzelgewerbe beinhaltete, war auch Ergebnis eines »Divide et impera«, das den Interessen der von den nobili dominierten Kommune entsprach und eine Machtballung in den Händen kraftvoller Zünfte, die etwa in →Florenz der Aristokratie die Herrschaft streitig machten, unterband.

Die ven. Herrschaft beruhte auf einer echten Osmose zw. Kaufleuten und Staat, die einander wechselseitig Hilfe boten. Tatsächl. aber funktionierte dieses System nur, solange keine starken Konkurrenten von außen auftraten. Mit dem Erscheinen der Portugiesen, die überseeische Waren nach →Antwerpen brachten, und der nördl. Flottenmächte (England, Holland), die nun in das Mittelmeer vordrangen, schwächte sich die ven. Vormachtstellung seit dem späten 15. Jh. ab. Doch konnte V. noch bis ca. 1750 eine solide Position halten, nicht zuletzt dank seiner florierenden Eigenproduktion (Tuch-, Seifen-, Glasmanufaktur; →Buchdruck). Der Seehandel allerdings war bereits im späten 16. Jh. zum defizitären Geschäftszweig abgesunken.
J.-C. Hocquet

Q.: TAFEL–THOMAS – R. PREDELLI – A. SACERDOTI, Gli Statuti marittimi veneziani fino al 1255, 1903 – R. MOROZZO DELLA ROCCA – A. LOMBARDO, Documenti del commercio veneziano nei secoli XI–XIII, 3 Bde, 1940–53 – *Lit.*: R. CESSI, Politica ed economia di Venezia, 1952 – G. LUZZATTO, Storia economica di Venezia dall'XI al XVI s., 1961 – DERS., Il debito pubblico della repubblica di Venezia dagli ultimi decenni del XII s. alla fine del XV, 1963 – L. BUENGER-ROBERT, The Venetian Money Market, 1150–1229, Studi veneziani 13, 1971 – F. C. LANE, Venice, a Maritim Republic, 1973 – Venezia e il Levante fino al s. XV, ed. A. PERTUSI, 2 Bde, 1973–74 – M. POZZA, I Badoer. Una famiglia veneziana dal X al XIII s., 1982 – G. RÖSCH, V. und das Reich. Handels- und verkehrspolit. Beziehungen in der Ks.zeit, 1982 – E. ASHTOR, Levant Trade in the Later MA, 1983 – F. C. LANE–R. C. MUELLER, Money and Banking in Medieval and Renaissance Venice, 2 Bde, 1985–96 – K. NEHLSEN-V. STRYK, Die ven. Seeversicherung im 15. Jh., 1986 – F. C. LANE, Studies in Venetian Social and Economic Hist., 1987 – I. FEES, Reichtum und Macht im ma. V. Die Familie Ziani, 1988 – J.-C. HOCQUET, Il sale e la fortuna di Venezia, 1990 – DERS., Chioggia, capitale del sale nel Medioevo, Sottomarina di Chioggia, 1991 – DERS., Anciens systèmes de poids et mesures en Occident, 1992 – D. STÖCKLI, Le système de l'incanto des galées du marché à Venise, 1995.

Venedig, Friede v. (1177). Nach der Niederlage Barbarossas bei →Legnano und dem Vorvertrag von →Anagni (1176) markiert der Friede v. V. die entscheidende Wende der stauf. Italienpolitik, die jetzt auf Interessenausgleich setzte. Das seit 1159 während Schisma wurde durch die Anerkennung Papst Alexanders III. beendet (22./24. Juli); die strittigen Territorialfragen sollten durch einen künftigen Gebietsaustausch geklärt werden, was gegenüber dem Vorvertrag eine Verbesserung der ksl. Position bedeutete. Mit dem Lombardenbund und dem Kgr. Sizilien wurde vom 1. Aug. an ein Waffenstillstand und Friedensvertrag auf sechs bzw. 15 Jahre geschlossen (befestigt in →Konstanz 1183). Der Ausgleich mit dem Papst befriedete zugleich die Reichskirche, z.B. durch Translation des abgesetzten Ebf.s Konrad v. Mainz (→26. K.) nach Salzburg.
T. Kölzer

Q.: MGH Const. I, Nr. 259–273 – MGH DD F. I. 687, 689, 694 (690, 693, 707, 712) – *Lit.*: J. RIEDMANN, Die Beurkundung der Verträge Friedrich Barbarossas mit it. Städten, 1973, 108ff. – W. GEORGI, Friedrich Barbarossa und die auswärtigen Mächte, 1990, 296ff. – F. OPLL, Friedrich Barbarossa, 1990, 120f., 180f., 184f., 210f. – O. ENGELS, Die Staufer, 1993[5], 80f.

Venenum → Gift

Vener, Job, * um 1370, † 9. April 1447 in Speyer. Die V. (»Fahnenträger«) sind ein altes (Schwäbisch-)Gmünder Geschlecht, das sich seit dem 14. Jh. der Gelehrsamkeit zuwandte. Als Sohn des polit. höchst aktiven Reinbold, bfl. Offizials in Straßburg († 1408), wurde Job als Niederkleriker nach Studium der Artes (in Paris und Heidelberg) Jurist, zu Bologna 1395/97 in beiden Rechten lizenziert. Den glänzend Examinierten nahm der eben (1400) gegen den abgesetzten Wenzel gewählte Kg. Ruprecht unter seine Protonotare auf, wo Job unter der Kanzlerschaft Rabans v. Helmstatt, Bf.s v. Speyer, ein Element der Verwissenschaftlichung der pfälz., von 1400–10 kgl. Kanzlei wurde, als Ratsmitglied und Gesandter der führende »Hofjurist« des pfälz. Kg.s wie nach 1410 des Pfgf.en →Ludwig III. Die Studienfreundschaft mit Raban und die traditionelle Verbindung von Pfalz und Hochstift Speyer führten Job auch in speyer. Ratsdienste. In Speyer ist er, wohlhabend und in den patriz. Familien hochgeachtet, gestorben. – Der reiche Nachlaß erlaubt es, Jobs Tätigkeit nachzuzeichnen. Neben anderen Heidelberger Professoren wirkte er in Angelegenheiten des Kg.s: Approbation durch den Papst, Romzug und bes. in einer Kirchenpolitik, welche gegenüber dem Konzil v. Pisa (1409) das Recht des röm. Papstes, Gregors XII., vertrat. Auf dem →Konstanzer Konzil beeinflußte Job offizielle Texte, zumal beim Rücktritt Gregors XII. In den Reformarbeiten war er so eifrig, daß dt. Papstwähler im Konklave von 1417 auch seinen Namen nannten. War seine Hauptleistung auf dem Konzil ein Entwurf der Reform der Kirche und des Imperiums, so riefen Hussitismus und Hussitenbekämpfung auf Reform zielende Schriften hervor, auch in dt. Sprache. Eine Übers. der Templerschrift →Bernhards v. Clairvaux zeigt das theol. Interesse des Juristen, das dieser schon in der Jugend als Autor eines Kommentars zu Bernhards Hohe Lied-Predigten bewährt hatte. Als sich 1430–35 und bes. auf dem →Basler Konzil im Streit um das Ebm. →Trier ein Exponent des Stiftsadels und Raban gegenübertraten, stritt Job als dessen führender Prokurator gegen den jungen →Nikolaus v. Kues.
H. Heimpel†

Lit.: P. MORAW, Beamtentum und Rat Kg. Ruprechts, ZGO 116, 1968 – DERS., Kanzlei und Kanzleipersonal Kg. Ruprechts, ADipl 15, 1969 – Acta Cusana 1, hg. E. MEUTHEN, 1976ff. – H. BOOCKMANN, Zur Mentalität spätma. gelehrter Räte, HZ 233, 1981 – H. HEIMPEL, Die V. v. Gmünd und Straßburg 1162–1447, 3 Bde, 1982.

Venetien → Venedig

Venette, Jean de, frz. Chronist, * um 1307, † nach 1368. Mit dem Namen 'J. de V.' wird traditionell der Autor einer lat. Chronik der Jahre 1340–68 bezeichnet, ein in Paris ansässiger Karmeliter aus dem Dorf V. (bei Compiègne); dies beruht auf einer (nicht gesicherten) Gleichsetzung des Chronisten mit einem anderen zeitgenöss. Autor, *Jean Fillous*, ebenfalls Karmeliter und aus V. stammend, jedoch mehr Theologe und geistl. Dichter (umfangreiches frz. Gedicht von knapp 40000 Versen über die Drei Marien, lat. Geschichtswerk über die Anfänge des Karmeliterordens). – Die Chronik des J. de V. wird in allen Hss. (mit einer Ausnahme) dem Geschichtswerk des Wilhelm v. →Nangis in etwas willkürl. Weise nachgestellt, um in der lat. Serie der Chroniken v. St-Denis eine Lücke zu füllen. Der Chronist berichtet in skrupulöser Weise von selbsterlebten oder ihm aus sicherer Q. zugetragenen Ereignissen von starkem öffentl. Interesse, bes. solchen aus der Pariser Region; ohne universitäre Bildung, schreibt er ein recht einfaches Latein. Die großen Unglücksfälle wie →Hungersnöte und →Epidemien (Schwarze →Pest v. 1348) sieht

er durch Weissagungen und Kometen angekündigt. Sein Mitgefühl gilt der einfachen Landbevölkerung, die er liebevoll mit dem Spitznamen 'Jacques Bonhomme' bedenkt. Andererseits steht er dem Versagen des Adels, der seine Bauern unterdrücke statt sie zu beschützen, mit unverblümter Antipathie und den Engländern mit offenem Haß gegenüber. Seine anfängl. Anteilnahme für Étienne →Marcel und →Karl v. Navarra schlägt bald in Enttäuschung um. Der lebensnah schildernde Chronist bietet einen schlaglichtartigen Einblick in die polit. Vorstellungswelt des Bauerntums, dem er offensichtlich entstammt.
P. Bourgain

Ed.: Chronique lat. de G. de Nangis, ed. H. GÉRAUD, 1843 (SHF, 2), 179–378 [cf.: E. LE MARESQUIER, Pos. Thèses Éc. Nat. des Chartes, 1969, 83–85] – *Lit.*: MOLINIER, IV, 3098 – A. COVILLE, La chronique de 1340–68 dite de J. de V. (HLF 38, 1949, 333–354 [354–404 zu Jean Fillous de V.] – DLFMA, 1992², 290f.

Vengeance Raguidel, La, frz. Artusroman von ca. 6100 Vv. aus der Schule des →Chrétien de Troyes aus dem ersten Viertel des 13. Jh., von einem gewissen Raoul, möglicherweise →Raoul de Houdenc verfaßt. Der Roman handelt von der Queste, in der →Gawain, Artus' berühmter Neffe, den Tod des Ritters Raguidel, dessen Leiche per Schiff zum Artushof kam, rächt. Erst nach einer Reihe Abenteuer gelingt es dem Helden, zusammen mit dem Ritter Yder die Rache zu vollbringen und den Mörder, Guengasouain, im Duell zu töten.

Wegen der iron. Haltung gegenüber der Hauptfigur spricht man auch von einem Anti-Gawainroman oder einer Parodie. Die Abenteuer außerhalb der Rachequeste, mit der von Liebe zu Gawain zerrissenen Pucele de Gautdestroit, die ihn mit einer Art Guillotine enthaupten will, und mit der treulosen Ydain, die ihn für einen anderen Ritter wegen dessen vermeintl. Superiorität auf sexuellem Gebiet im Stich läßt, bestätigen in erster Linie Gawains Ruf als 'chevalier as demoiseles', zeigen aber auch seine Unzulänglichkeit auf diesem Gebiet. Zugleich beherrscht Raoul das Spiel mit den Konventionen der Gattung. So finden sich z. B. humorist. Hinweise auf die Romane von Chrétien de Troyes. Von der V. besteht eine fragmentar. überlieferte mndl. Übers. aus dem 13. Jh. Eine auf dieser Übers. fußende Bearbeitung aus dem 14. Jh. ist in der Haager 'Lancelotkompilation' enthalten, einem Ms., in dem der Versübers. der afrz. Romane 'Lancelot en prose', 'Queste del Saint Graal' und 'Mort le Roi Artu' selbständige Artusromane inkorporiert sind. Der Bearbeiter der 'Lancelotkompilation' hat 'Die Wrake van Ragisel' nicht nur gekürzt, sondern auch dem größeren Ganzen angepaßt. Das führte u. a. zu einigen originalen Erweiterungen und Abänderungen sowie zu einem positiveren Bild der Hauptfigur.
M. Hogenbirk

Ed. und Lit.: Raoul de Houdenc, Sämtl. Werke, ed. M. FRIEDWAGNER, II: La V. R., 1909 – W. P. GERRITSEN, Die Wrake van Ragisel, 2 Bde, 1963 [mit Ed.] – K. BUSBY, Gauvain in Old French Lit., 1980 – B. SCHMOLKE-HASSELMANN, Der arthur. Versroman von Chrestien bis Froissart, 1980 – F. WOLFZETTEL (An Arthurian Tapestry, ed. K. VARTY), 1981.

Venier, ven. Familie. Schließt man die übliche legendäre Rückführung auf die Antike aus und vielleicht auch ihre Herkunft aus Vicenza, die von einigen ma. Chronisten erwähnt wird, so ist Chioggia, wo sehr früh Grundbesitz bezeugt ist, der wahrscheinlichste Ursprungsort der V. Jedenfalls ist die Familie bereits vor dem Jahr 1000 auch in Venedig präsent, beteiligte sich dort in wichtiger Funktion an den Versammlungen der Kommune und wurde eine der einflußreichsten »neuen« Familien. Nach dem 4. →Kreuzzug (1204) erhielten die V. Feudalbesitz im Osten, u. a. die Jurisdiktion über die griech. Inseln Cerigo (Kythera) und Paros. Ein Zweig der Familie ließ sich in Candia (Kreta) nieder. Der bedeutendste Vertreter der Familie im MA war *Antonio*, der vom 21. Okt. 1382 bis zum 23. Nov. 1400 das Dogenamt bekleidete; er befand sich als Flottenkommandant in Kreta, als er völlig überraschend als Kompromißkandidat gewählt wurde. Seiner Beliebtheit im Volk konnten die zahlreichen Katastrophen seiner Amtszeit, darunter verschiedene Seuchen und ein starkes Hochwasser 1396, keinen Abbruch tun. Er ließ Chioggia wieder aufbauen und die Pflasterung des Markusplatzes fertigstellen. Während seines Dogats betrieb Venedig eine aktive Expansionspolitik, es besetzte →Nauplion und Argos auf →Morea, →Skutari und Durazzo (→Dyrrhachion) in Albanien sowie die Insel Korfu, die dann vor türk. Gegenangriffen verteidigt wurden. Auf der Terraferma griff Antonio V. geschickt in die Auseinandersetzungen zw. den Signoren der Städte in Venetien ein: er übernahm die Vormundschaft über Niccolò d'Este, den illegitimen jüngeren Sohn des Hzg.s v. Ferrara, lieh ihm 50000 Dukaten und erhielt dafür zum Pfand den Polesine di Rovigo, der auf diese Weise später der Republik Venedig angegliedert wurde. In der Amtszeit des Dogen *Sebastiano* siegte Venedig (verbündet mit Spanien und dem Papst) in der Schlacht v. Lepanto (1571).
P. Preto

Lit.: P. MOLMENTI, Sebastiano V. e la battaglia di Lepanto, 1899, 1–9 – G. CRACCO, Società e stato nel Medioevo veneziano, 1967, passim – A. DA MOSTO, I dogi di Venezia nella vita pubblica e privata, 1977, 144–151, 564.

Venner (Banneret, Pannerherr; aus ahd. *faneri*, mhd. *venre, vener*). Der V. war in den meisten eidgenöss. Städten und Orten im Frieden Hüter sowie im Krieg Träger der Fahne, der letztere Aufgabe mit zunehmender Dauer des SpätMA vielerorts nur noch im Kampf selbst ausführte, ansonsten aber im allg. die Stellvertretung des obersten Hauptmanns übernahm, während ein Vorv. das →Banner trug. Abgesehen von der bleibenden Verbindung zum Militärwesen nahm das Amt örtl. eine sehr unterschiedl. Entwicklung, die ebenso zu Kollegialität, begrenzter Amtszeit bzw. Beschränkung auf die Heerführung wie zur Inhaberschaft des mit umfangreichen Kompetenzen verbundenen Postens auf Lebenszeit durch einen einzelnen V. führen konnte. Größte Bedeutung erlangte es nach 1294 in →Bern, wo die vier spätestens seit Beginn des 15. Jh. aus den Gesellschaften der Metzger, die auch in →Basel häufig den Pannerherrn stellten, Gerber, Pfister und Schmiede erwählten V. mit administrativen, finanziellen und militär. Aufgaben betraut wurden. →Bannerherr.
R. Neumann

Lit.: HBLS VII, 218 [Lit.] – A. BERNOULLI, Die Organisation von Basels Kriegswesens im MA, Basler Zs. für Gesch. und Altertumskunde 17, 1918, 121–161 – F. DE CAPITANI, Adel, Bürger und Zünfte im Bern des 15. Jh., 1982.

Venosa (Venusia), Stadt und Bm. in Süditalien (Basilicata). Straßenknotenpunkt an der Via Appia, Geburtsort von Horaz; war im 5.–6. Jh. Bf.ssitz und gehörte im frühen MA zum Hzm. →Benevent. Der Normanne →Drogo v. Hauteville machte die von ihm um 1040 eroberte Stadt wieder zum Bf.ssitz und gründete das OSB Kl. SS. Trinità, das 1059 von Nikolaus II. geweiht und dem Hl. Stuhl unterstellt wurde. Unter Abt Berengar v. St-Evroult-en-Ouche (1071–95) erlebte das Kl. seine Blütezeit; damals erfolgte wohl auch der Bau der unvollendeten neuen Kl.kirche (sog. »chiesa incompiuta«). Um 1140 wurde das Kl. durch Mönche aus Cava unter Abt Peter II. (1141–56) reformiert, ab Ende des 12. Jh. erlebte es einen

Niedergang; 1297 wurde es durch Bonifatius VIII. aufgelöst und seine Besitzungen an den Johanniterorden übertragen. Im MA Schrumpfung und Verlagerung des Stadtgebietes nach SW, so daß die frühchristl. Kathedrale außerhalb der Stadt lag. Sie wurde daher von Drogo v. Hauteville zur Kirche des Kl. SS. Trinità bestimmt, während am SW-Rand des Stadtgebiets eine neue Bf.skirche gebaut wurde. Diese mußte 1470 dem von Hzg. Pirro Del Balzo erbauten Kastell weichen, eine neue Kathedrale wurde im Stadtzentrum errichtet. 1277 wurde V. für 548 Feuerstellen besteuert, hatte also ca. 2500–3000 Einw., 1655 zählte es 3020 Seelen. H. Houben

Lit.: IP IX, 487–495 – N. Kamp, Kirche und Monarchie im stauf. Kgr. Sizilien, I, 2, 1975, 804–808 – H. Houben, Il libro del capitolo del monastero della SS. Trinità di V., 1984 – I. Herklotz, Die sog. Foresteria der Abteikirche zu V. (Roberto il Guiscardo tra Europa, Oriente e Mezzogiorno, hg. C. D. Fonseca, 1990), 243–282 – H. Houben, Die Abtei V. und das Mönchtum im norm.-stauf. Süditalien, 1995 – Ders., Mezzogiorno normanno-svevo, 1996, 319–336 – Ders., V. 1655, 1997.

Ventadour, Adelsfamilie des Limousin, ein Zweig der Vicomtes v. →Comborn, eines der drei vizgfl. Geschlechter, welche die Gf.en v. →Poitiers, die von der Gft. →Limoges Besitz ergriffen hatten, um 927 hier einsetzten. In der 2. Hälfte des 11. Jh. wurde einem der Söhne des Vicomte Archambaud (Arcambaldus) im Zuge einer Erbteilung der östl. Teil der Vizgft. Comborn übertragen; das Zentrum dieser Herrschaft bildete die Burg V. (dép. Corrèze, arr. Brive), etwa 60 km von Comborn entfernt. Nach dem ersten Inhaber der Herrschaft, Ebles I., trug der Älteste des Geschlechts bis zum Beginn des 14. Jh. stets den Leitnamen *Ebles.* Bis zum Ende des 15. Jh., über dreizehn Generationen, vollzog sich die Erbfolge ohne Schwierigkeiten, in der Regel in Sohnesfolge; es sind sechzehn Vicomtes v. V. belegt. Zwei jüngere Linien bildeten sich heraus: die *Ussel* (12. Jh.) und die *V.-Donzenac* (Ende des 13. Jh.). Mit dem Vicomte Ebles II. 'le Chanteur' (→Eble II.), einem Zeitgenossen →Wilhelms IX. v. Aquitanien, blühte die Burg V. zu einem Zentrum der Troubadourdichtung (→Troubadour) auf (mögliche Förderung von →Bernart 'de Ventadorn', 1147–70). Im 14. und 15. Jh. schlossen sich die V. eng an das vordringende frz. Kgtm. an. Der Vicomte Bernard (um 1325–90) erhielt als bewährter Helfer Kg. Philipps VI. v. Valois 1350 den Gf.entitel. Die Burg V. litt stark unter dem →Hundertjährigen Krieg; kein Geringerer als →Froissart spielt auf die ein Jahrzehnt (1379–89) dauernde Besetzung durch den Söldnerkapitän Geoffroy 'Tête Noire' an. Erst für das ausgehende MA lassen sich gesicherte Aussagen über den territorialen Bestand der Vicomté treffen; sie umfaßte eine Reihe von Kirchspielen und war gegliedert in acht Kastellaneien. Die in Resten erhaltene Burg weist Spuren mehrerer Baukampagnen des 12.–15. Jh. auf. Die Vicomtes errichteten zwar keinen 'Burgus' am Fuße ihrer hochgelegenen Burg, förderten aber die Entwicklung von vier städt. Zentren (Ussel, Egletons, Meymac und Neuvic), die seit dem 13. Jh. mit →Konsulat bewidmet waren. Mit dem Gf.en Louis im Mannesstamm erloschen, fiel V. über die Erbtochter Blanche an deren Gemahl Louis de Lévis de La Voulte (→Lévis), einen Adligen aus dem Vivarais (→Viviers), der nach dem Tode des Schwiegervaters (1500) die Erbfolge antrat (Haus Lévis-V.).
B. Cursente/B. Barrière

Lit.: N. Chassang, Hist. des V., Lemouzi, 1965–71, passim – L. Billet, V., 1978 – P. Marcilloux, Les quatre vicomtés de Limousin. Étude de géogr. féodale (XIVᵉ–XVᵉ s.) [Thèse Éc. Nat. des Chartes, 1991).

Ventaille (davon mhd. *fintâle*), Kinnlatz der hochma. Ringelkapuze, der links oder an beiden Seiten hochgebunden wurde. O. Gamber

Lit.: San Marte, Zur Waffenkunde des älteren dt. MA, 1867.

Ventimiglia, weitverzweigtes siz. Adelsgeschlecht ligur. Herkunft. Erster in Sizilien bekannter Vertreter ist im späten 13. Jh. *Enrico*, der väterlicherseits mit der Familie Lancia, also auch mit Kg. →Manfred v. Sizilien, mütterlicherseits durch die Familien Candida, Creon, Barnaville, Carreaux mit der norm. Kg.sdynastie verwandt war. Bei ihrer Installierung in Sizilien im 13. Jh. genoß die Familie die Gunst des letzten Staufers. Im Dienste Manfreds entwickelte Enrico auch intensive Aktivitäten auf dem it. Festland, wo er Vikar der Mark (→Ancona, Mark) war. Seine Teilnahme am Widerstand gegen →Karl I. v. Anjou (1266) trug ihm die Konfiskation seiner Güter ein. Wie die meisten Anhänger der Staufer verließ er das Kgr. und kehrte erst nach der Vertreibung der Anjou (1282, →Sizilianische Vesper) wieder zurück. Die Familie konsolidierte sich während der Anfänge der Herrschaft Friedrichs III. (1296), als sich ein Großteil des neuen siz. Militär- und Großgrundbesitzeradels bildete. Anfang des 14. Jh. fügte *Francesco* dem ererbten Titel »comes Iscle maioris« den Titel »comes Giracii« hinzu und herrschte so über weite Teile des Madoniemassivs mit zahlreichen bedeutenden Orten und Kastellen. In diesem Gebiet, das die V. auch in den folgenden Jahrhunderten beherrschten, waren auch die Besitzungen der mütterlichen Linie (das Territorium von Geraci war im 12. Jh. Apanage der Creon und der Candida) sowie die kgl. Konzessionen an Enrico konzentriert. Die Geschichte der V. im 14. Jh. wird im wesentl. durch die beiden Gf.en v. Geraci namens *Francesco* (s. u.) geprägt, die zu den bedeutendsten Vertretern einer der Faktionen wurden, die sich die Vormachtstellung im Regno streitig machten. Der Territorialbesitz der Familie vergrößerte sich beträchtlich durch den Erwerb weiterer Ortschaften und die Kontrolle der lokalen Domanialstädte. Nach dem Tod Francescos I. (1338) erbte sein gleichnamiger zweitältester Sohn einen Teil der Herrschaften mit dem Titel eines Gf.en v. Collesano, zu dem nach dem Tode seines Bruders Emanuele auch der Titel »Gf. v. Geraci« trat.

Durch die zahlreichen Nachkommen des ersten Gf.en verzweigte sich die Familie in der Nachbarschaft der Gft. (Sinagra, Resuttano) sowie in sehr entfernten, neu hinzugewonnenen oder bereits in Familienbesitz befindl. Orten (Buscemi, Ciminna, Sperlinga). Die Anfang des 15. Jh. konsolidierten Herrschaften über derartige kleinere Zentren erhielten sich bis in die NZ. Im Laufe des 14. Jh. erwarb zudem ein Sohn des ersten Francesco, *Enrico*, im westl. Sizilien die wichtige Stadt Alcamo und den Gf.entitel. Als Mitglied des Hochadels des Kgr.es nahm er an den Ereignissen teil, die im 14. Jh. dazu führten, daß die →Barone dem Kgtm. ihren Willen aufzwangen und es schließich nach dem Tode des letzten Herrschers der Dynastie, Friedrichs III. (1377), völlig entmachteten. 1392 rebellierte der Gf. v. Alcamo gegen den neuen Herrscher →Martin I. v. Aragón und verlor alle seine Güter. Während die Linie der Gf.en v. Geraci (*Enrico, Giovanni*) Treue gegenüber dem neuen Kg. bewiesen und daher im Besitz der Gft. blieben, wurde die mächtigere Linie der Gf.en v. Collesano (*Antonio*) von der Reduzierung des Vermögens und der polit. Stellung betroffen, die der siz. Adel im allg. erlitt. Unter der Anklage des Verrats wurde der Gf. gefangengesetzt. Durch Machenschaften der mächtigen Familie seiner zweiten Gemahlin, Elvira Moncada, verlor der Sohn aus erster Ehe, *Francesco*, sein Erbe; Elviras Tochter Costanza vermählte sich mit dem aus Valencia zugewanderten Ritter Gilabert Centelles. Der Erbe *Antonio V. Centelles* stieg unter Kg. Alfons V. im frühen 15. Jh. zu hohen Ehren empor: Wie viele andere Mitglieder der Familie unterstützte er den Kg. bei der Eroberung von →Neapel und wurde für seine Verdienste mit der Gft. →Catanzaro belohnt. In der Folge rebellierte er jedoch in Kalabrien, so daß er und damit die Familie definitiv die Gft. in Sizilien durch Konfiskation verlor (mit Ausnahme von Gratteri, deren Besitz seinerzeit Francesco bestätigt worden war). Die Nachkommen Francescos beanspruchten jedoch stets den Titel eines Gf.en v. Collesano. Die Linie Geraci war erfolgreicher: *Giovanni* erhielt durch Alfons den Mgf.entitel und wurde 1430–32 Vizekg. v. Sizilien. Ende des 15. Jh. gehörten die Marchesi v. Geraci aufgrund ihrer polit. Rolle und ihres Reichtums zu den höchsten Adligen des Kgr.es und gewiß zu denjenigen, die sich der längsten Ahnenreihe rühmen konnten. P. Corrao

Q.: G. L. Barberi, Il »Magnum Capibrevium« dei feudi maggiori, ed. G. Stalteri, 1993, 20–42 – *Lit.*: E. Mazzarese Fardella, I feudi comitali di Sicilia dai Normanni agli Aragonesi, 1974 – V. D'Alessandro, M. Granà, M. Scarlata, Famiglie medievali siculo-catalane, Medioevo 4, 1978, 105–134 – A. Mogavero Fina, I V., 1980 – Il Tabulario Belmonte, ed. E. Mazzarese Fardella, 1983 – Potere religioso e potere temporale a Cefalù nel Medioevo (P. Corrao, S. Fodale, H. Bresc, G. Stalteri, C. Filangeri), 1985 – H. Bresc, V. et Centelles, Anuario de Estudios medievales 17, 1987, 357–369 – P. Corrao, Governare un regno. Potere società e istituzioni in Sicilia fra Trecento e Quattrocento, 1991.

1. V. Francesco, † 1338, trug seit dem ersten Jahrzehnt des 14. Jh. den Gf.entitel v. Geraci, wahrscheinl. nach der Bestätigung der Investitur seines Vaters Enrico durch Karl v. Anjou 1300, die der neue Kg. v. Sizilien, Friedrich III., vornahm, um sich mit einigen aufständ. siz. Großen auszusöhnen. Sein ausgedehntes und in geograph. Hinsicht geschlossenes Herrschaftsgebiet umfaßte viele Ortschaften und landwirtschaftl. genutzte Gebiete auf beiden Hängen der nordsiz. Bergkette. Offenbar trug er auch den erbl. Titel »Maior Camerarius«, der auf eine wichtige Rolle bei Hofe hinweist. In polit. und militär. Hinsicht gehörte V. zu den bedeutendsten Protagonisten des neuen Kgr.es Sizilien und des Krieges gegen die Anjou v. Neapel. Er wurde in diplomat. Mission zu Papst Johannes XXII. gesandt, rüstete Kriegsschiffe aus, war einer der einflußreichsten Ratgeber des Herrschers und hatte sich mit hochrangigen Vertretern des Adels wie den Antiochia und den Rosso verbündet. 1315 ∞ eine Tochter des Gf.en v. Modica, Manfredi Chiaromonte, die er jedoch wegen Kinderlosigkeit verstieß, um sich mit Margherita Consolo zu verbinden. V. wurde daraufhin vom Gf.en v. Modica auf offener Straße tätlich angegriffen, konnte sich jedoch behaupten und den Gegner ins Exil treiben. In den Folgejahren entbrannte eine ähnl. Rivalität zu der aufsteigenden Familie Palizzi, die mit den Chiaromonte verbündet war und die Gunst des neuen Herrschers Peters II. genoß: V. wurde als Verräter verurteilt, in Geraci von Bewaffneten des Kg.s belagert und starb beim Versuch, zu flüchten. V.s Gft. wurde konfisziert und blieb bis 1354 in den Händen seiner polit. Gegner.

Die Herrschaftsgebiete der Gft. waren durch V. vergrößert und konsolidiert worden: Durch die Einheirat einer Tochter in die Familie Siracusa erwarb V. das wichtige Zentrum Collesano. Sein Einfluß auf den dortigen Bf. gewann ihm einen Teil des Kirchenguts von Cefalù und die Festung Pollina (1321). Er gründete Castellbuono als neue Residenz der Familie. Vor seinem trag. Ende hatte der Gf. die Erbfolge geregelt: aus dem kompakten Kern der Gft. wurde ein großes Gebiet rund um Collesano ausgegliedert, zur Gft. erhoben und dem zweiten Sohn Francesco anvertraut. Der älteste Sohn Emanuele erbte hingegen Titel und Gft. Geraci. P. Corrao

Lit.: →Ventimiglia, Familie

2. V., Francesco, † 1388, Gf. v. Collesano, später auch von Geraci. Zweitältester Sohn von 1, trat erst 1354 in den Besitz des väterl. Erbes, der neugegr. Gft. Collesano, als die polit. Gruppierung um Blasco Alagona bei Hof stärkeren Einfluß gewann die den V. feindl. Faktion der Chiaromonte und Palizzi. Obgleich sein älterer Bruder Emanuele das Kerngebiet der väterl. Besitzungen innehatte, erwies sich F. als die dynamischere Persönlichkeit: Er betrieb die Konzentration des Familienvermögens (seinen Bruder veranlaßte er zur Abtretung wichtiger Ländereien in den Petralie und erwarb die Kastelle des ligur. Zweiges der Familie) und versuchte mit den verbündeten Rosso eine Herrschaft über die Stadt Messina zu errichten. Seine polit. und militär. Stärke, die sich auch auf eine eigene Söldnertruppe stützte, wuchs nach dem Tode seines Bruders weiter an, da V. in dessen Titel und Hoheitsrechte eintrat und dadurch eines der größten Territorien der Insel kontrollierte. V. a. richtete sich sein Interesse auf die großen Kirchengüter um Cefalù und die Domanialstädte. Sein zunehmender Einfluß auf die kgl. Politik erwirkte ihm auf Lebenszeit Kapitanie und Kastellanei des wichtigen Zentrums Polizzi. Durch seine Machtstellung im Hügelland oberhalb von Cefalù konnte er auch die Bf.sstadt, in der er seit geraumer Zeit ein großes hospicium und reichen Grundbesitz besaß, unter seine militär. Kontrolle bringen; schließlich erwirkte er von dem schwachen Kg. Friedrich IV., der sich abwechselnd bei ihm und anderen Adligen seiner Faktion in »Obhut« befand, die Belehnung mit Termini, wodurch er einen Handelshafen für das auf seinen Gütern produzierte Getreide erhielt (1371). Durch die vom Bf. v. Cefalù erzwungene Abtretung des Kastells Roccalla (1385) erreichte er die völlige Kontrolle über einen Großteil der Nordküste der Insel. Als Spitzenvertreter einer der Faktionen nahm er an dem Friedensschluß unter den siz. Magnaten teil, der die Teilung des Kgr.es und seiner Institutionen in zwei Einflußsphären sanktionierte (1362). Als nach dem Tod des Herrschers der Vikar Artale Alagona die anderen Vertreter des Hochadels an der Regierung beteiligte, nahm V. auch den Titel »Vikar« an (1378). Aufgrund testamentar. Verfügung wurde die Madonie-Herrschaft zw. seinen Söhnen Enrico (Geraci) und Antonio (Collesano) aufgeteilt; der dritte Sohn Cicco erhielt das wichtige Feudum Regiovanni. P. Corrao

Lit.: →Ventimiglia, Familie.

Ventimiglia, Stadt und Bm. in Oberitalien (Ligurien), röm. Municipium (Albintimilium). Im FrühMA verlagert sich das Siedlungsgebiet von der Ebene auf den benachbarten Hügel. Im 10./11. Jh. bilden sich drei Siedlungskerne aus: Das castrum, die Burgussiedlung und das Gebiet um das Kl. S. Michele. Seit dem 7. Jh. ist V. Bf.ssitz, seit dem 10. Jh. Hauptort einer Gft., die zu der arduin. Mark v. →Turin gehörte, jedoch von einer autonomen Gf.endynastie verwaltet wurde. Nach der Auflösung der Mark Ende des 11. Jh. entwickelte die Kommune →Genua eine Expansionspolitik, die seit 1130 auch die Gft. V. erfaßte und nach zwei Jahrzehnten die Unterwerfung der Gf.en und der erstmals 1149 bezeugten Kommune bewirkte. In dieser Zeit verstärkte sich auch die Orientierung der Stadt auf Schiffahrt und Handel, gestützt auf den Kanalhafen. Fast hundert Jahre lang (von 1158 bis 1251) rebellierten die Kommune und die Gf.en wiederholt gegen die genues. Vorherrschaft und wurden dabei gelegentl. von den Ks.n unterstützt. Die kommunale Gesellschaft polarisierte sich in dieser Zeit in zwei Faktionen, die Saonese-De Curlo, die nach Unabhängigkeit von Genua strebten, und die progenues. De Giudici. 1251 wurden die Verträge geschlossen, die das Abhängigkeitsverhältnis zu Genua regelten und bis in die NZ Geltung hatten, aber noch im SpätMA bestanden in der Stadt auch autonomist. Tendenzen. An der Wende vom 13. zum 14. Jh. stand V. im Mittelpunkt der Spannungen zw. Genua und den Anjou sowie später mit den Savoyern; 1421 wurde es Teil der Herrschaft v. Mailand, der sich Genua unterwarf. In den folgenden Jahrzehnten bildeten sich in V. Signorien (Lomellino, →Grimaldi), es begann aber auch der Niedergang der Stadt, zu dem v.a. die fortschreitende Verlandung des Hafens beitrug.   L. Provero

Lit.: G. Rossi, Storia della città di V. dalle sue origini fino ai giorni nostri, 1859 – F. Rostan, Storia della contea di V., 1971 – G. Palmero, V. medievale: topografia e insediamento urbano, Atti d. Soc. ligure di storia patria, NS XXXIV, 1994, 7–153.

Ventrikellehre, Lehre von den spezif. Gehirnventrikeln, geht auf Herophilos und Erasistratos (4. Jh. v. Chr.) zurück. Das Gehirn als Zentralorgan des tier. Organismus hatte bereits Alkmaion v. Kroton (um 500 v. Chr.) aufgefaßt; seine Theorie der Sinne führte ihn über sieben 'Öffnungen' (Sinnesorgane) an 'Gänge', die zum Schädelinneren leiten. Die Lehre von den drei Hirnkammern (Ventrikeln) wurde mit den Hippokratikern und bei →Galen systematisiert, fand Aufnahme bei den arab. Arztphilosophen und begegnet in der lat. Scholastik (→Constantinus Africanus, →Wilhelm v. Conches, →Honorius Augustodunensis, Chirurgenschulen des 13. und 14. Jh.). Zahlreiche Hss. und Frühdrucke bringen graph. Darstellungen mit erläuternden Texten. Drei Grundfunktionen werden in den Gehirnkammern lokalisiert: »phantasia seu virtus visualis, cognitiva seu virtus rationalis, memorialis seu virtus conservativa« (Avicenna, Canon medicinae I, fen I, doctr. VI, 5). Die 'cellula phantastica' (auch 'imaginativa') befindet sich im Vorderhirn, ist ihrer Qualität nach trokken-warm und besitzt als Behälter der Bilder 'virtus receptiva' und 'potentia ingenialis'. Die 'cellula logistica' (oder 'rationalis') liegt im Mittelhirn und ist warm-feuchter Natur. Als Kühlkammer der Bilder (thesaurus sensus) ist der trocken-kalte dritte Ventrikel (cellula memorialis) zugleich auch die Schatzkammer der Erinnerung (virtus conservativa et recordativa). Der symbolträchtigen Reise der Bilder durch die Gehirnventrikel machte Leonardo da Vinci ein Ende, indem er (Quaderni d'anatomia V 7^{vr}) die Hirnkammern mit einer wachsartigen Masse infiltrierte und so erstmals eine plast. Darstellung der Innenräume des Schädels und ihrer Verbindungsstücke vermittelte.
H. Schipperges

Lit.: E. Clarke – K. Dewhurst, Die Funktionen des Gehirns, 1873 – K. Sudhoff, Ein Beitr. zur Gesch. der Anatomie im MA, 1908 – W. Sudhoff, Die Lehre von den Hirnventrikeln in textl. und graph. Tradition des Altertums und MA, 1913 – H. Schipperges, Die Entwicklung der Hirnchirurgie, Ciba-Zs. 75, 1955.

Venturinus v. Bergamo OP, * 9. April 1304 in Bergamo, † 28. März 1346 in Smyrna. V. trat knapp vierzehnjährig in den Dominikanerorden ein und studierte in Genua. Er wirkte als erfolgreicher Bußprediger in verschiedenen Städten der lombard. Ordensprovinz (Chioggia, Vicenza und bes. Bologna). Seinem Aufruf zur Bußwallfahrt nach Rom am 1. Jan. 1335 in Bergamo folgten (nach V.' Angaben) etwa 3000 Gläubige, Männer wie Frauen; bei Eintreffen des Pilgerzuges in Rom hatte sich die Zahl der Teilnehmer etwa verdreifacht. Die Büßer waren in ein weißes Gewand und einen dunklen Mantel gekleidet, trugen auf der Brust ein weißes und ein rotes Kreuz und das Abbild einer Taube sowie das apokalypt. Tau-Zeichen auf der Kopfbedeckung. Sie scheinen die Selbstgeißelung praktiziert zu haben, wenngleich nur im Inneren der Dominikanerkirchen. In einigen Städten wie Bologna und v.a. Florenz fanden sie gute Aufnahme, während andere wie Mailand und Ferrara ihnen sogar den Einzug verweigerten. In Rom stieß V. nach anfängl. Erfolg (er wurde zur Predigt auf das Kapitol berufen) offenbar auf den Spott und die Skepsis der Einwohner. Er betrat die Stadt am 21. März 1335 und verließ sie ohne Erklärung nach kaum 12 Tagen. Benedikt XII. schrieb an seinen Vikar »in spiritualibus«, er solle V. keinen Glauben schenken. Kann die Haltung des Papstes durch seine Furcht interpretiert werden, V. könne von dem polit. Vakuum infolge der Verlegung der Kurie nach Avignon profitieren – diese scheint der Dominikaner als Legitimitätsverlust des Papstes angesehen zu haben – so ist die Verurteilung V.' durch das Generalkapitel seines Ordens im Juni 1335 offensichtl. v.a. dem Wunsch zuzuschreiben, weitere Konflikte mit dem Papst zu vermeiden. In einem Prozeß in Avignon wurde V. die Möglichkeit, zu predigen und die Beichte abzunehmen, entzogen. In den folgenden Jahren stand V. in enger Verbindung mit →Humbert II., Dauphin des Viennois, und begann ein großes Kreuzzugsprojekt zu entwickeln, dem es an der Basis wahrschein. die Erfahrungen seiner Jugendjahre in der Kongregation der Fratres Peregrinantes OP den Anstoß gegeben hatten. 1344 betraute ihn →Clemens VI. mit der Kreuzzugspredigt in Italien. Er schiffte sich mit den anderen Kreuzfahrern ein, starb jedoch in Smyrna, kurz nachdem er die Küsten des Nahen Ostens erreicht hatte.   G. Barone

Lit.: LThK² X, 668 – APraed XXIV, 1954, 189–198 [T. Kaeppeli; Ed. eines Briefes] – C. Clementi, Il b. V. da B. dell'Ordine de' Predicatori, 2 Bde, 1904 [Briefe und Vita aus dem 14. Jh.] – Mortier, Hist. des maîtres généraux, 1907, 102–113, 204–217 – A. Altaner, V. v. B., 1911 – A. Sisto, Pietro di Giovanni Olivi, il b. V. da B. e Vincenzo Ferrer, Rivista di storia e lett. religiosa 1, 1965, 268–273 [Identifikation von zwei V. zugeschriebenen geistl. Opuscula als Werke des Petrus Joh. Olivi] – C. Gennaro, V. da B. e la peregrinatio romana del 1335 (Studi sul Medioevo cristiano [Fschr. R. Morghen, 1974]), 375–406 – R. Rusconi, L'Italia senza Papa (Storia dell'Italia religiosa, I, 1993), 444f.

Venus la déesse d'Amour, De, erweiterte Fassung des »Fabliau du Dieu d'Amour«, die eher als →Dit einzuordnen ist. Die in ovid. Tradition stehende allegor. Erzählung in 142 Quartinen monorimer *décasyllabes* ist um die Mitte des 13. Jh. entstanden. Sie ist in die Form eines Traums gekleidet: Die Dame wird von einer geflügelten Schlange entführt, aber der Liebesgott bringt ihren Geliebten zu ihr zurück und führt die beiden in sein Paradies. Der »Dieu d'Amour«, der die in den Texten des 13. Jh. häufigen pikardischen Spracheigentümlichkeiten aufweist, ist im ms. fr. 1553 der BN Paris (2. Hälfte des 13. Jh.) überliefert, »V.« findet sich im ms. 3516 der Bibl. de l'Arsenal, Paris.
A. Vitale Brovarone

Ed. und Lit.: W. Foerster, De V., la d. d'Amor, 1882 – I. C. Lecompte, Le fablel dou Dieu d'Amors, MP 8, 1910–11, 63–86 – D. Ruhe, Le Dieu d'Amours avec son Paradis. Unters.en zur Mythenbildung um Amor in Spätantike und MA, 1974 – M. M. Pelen, Form and Meaning of the Old French Love Vision: The Fabliau dou Dieu d'Amors and Chaucer's Parliament of Fowls, Journal of Mediev. and Renaiss. Studies 9, 1979, 279–305

Venzone, oberit. Stadt (Friaul); in der Nähe der Straße gelegen, die von Cividale del Friuli zum Paß von Tarvis hinaufführte, war V. aller Wahrscheinlichkeit nach bereits vor dem 10. Jh. ein fester Ort, als ein Diplom Berengars die »clusas de Albuitione quae pertinent de marchia Foroiuli« erwähnt, zumal die Spur langob. Besiedlung in dem Begriff »ficariam« (< fiuwaida) gesehen werden könnte, der in einem Diplom Ottos III. begegnet. Während des frühen MA war das Gebiet um →Gemona jedoch bedeutender, wo sich eines der castra befand, in dem sich die Langobarden während des Avareneinfalls von 610/611 verschanzten. V.s Geschichte im MA ist völlig von seinem Kampf mit der konkurrierenden Handelsstadt Gemona geprägt, der von beiden Seiten mit dem Willen, die Nachbarstadt zu zerstören, geführt wurde. V. war Lehen der Familie Mels, die es 1228 an den Patriarchen v. Aquileia abtrat, der seinerseits die Hzg.e v. Kärnten damit investierte, um sie als Bundesgenossen gegen die Visconti zu gewinnen. Von den Hzg.en v. Kärnten ging V. an die Gf.en v. Görz über, kam dann wieder unter die Herrschaft der Patriarchen und fiel schließlich an die Hzg.e v. Österreich. Am Ende des 14. Jh. verbündete sich V. mit Venedig gegen die da →Carrara und wurde 1420 dem Herrschaftsgebiet der Serenissima eingegliedert, die die gesamte Region befriedete. R. Cervani Presel

Lit.: V. JOPPI, Notizie della terra di V. in Friuli, 1871 – F. SCHNEIDER, Die Entstehung von Burg und Landgemeinde in Italien, 1924.

Vera icon (Veronica; lat./gr. vera eikon 'das wahre Bild'), streng frontale und genau symmetr. und somit Vollkommenheit des Göttlichen symbolisierende Darstellung des Antlitzes Christi, vom Typ des Acheiropoieton ('nicht von Menschenhand gemacht'). Meist auf einem Tuch abgebildet, mit bis auf die Schultern fallendem Haupthaar und in der Regel zweigeteiltem Kinnbart, vielfach ergänzt durch goldene →Mandorla oder mit Strahlennimbus. Vorbild ist vermutl. die in St. Peter, Rom, bewahrte Tuchreliquie. Ab etwa 1250 in der Miniaturmalerei, v. a. in England, als Brustbild vorkommend. Seit dem 14. Jh. nur noch als Antlitz dargestellt. Das Tuch erscheint für sich allein, wird häufig von Engeln oder den Aposteln Petrus und Paulus gehalten. V. a. jedoch ist es Attribut der hl. →Veronika (Meister der hl. Veronika, namengebendes Bild aus St. Severin, Köln, um 1420; München, Alte Pinakothek), hier manchmal in Verbindung mit der Kreuzigung, dem Kreuzweg, dem Schmerzensmann (Robert Campin, Innenseite der Trinität, um 1430; Frankfurt, Städel) oder als eines der Leidenswerkzeuge Christi (→arma Christi), vielfach im Rahmen des Bildthemas 'Gregorsmesse' (Die Messe Gregors d. Gr., Ausst.-Kat. Köln 1982, 85–91). Die unter dem Einfluß der älteren Überlieferung (Mt 9, 20ff.) entstandene milde, hoheitsvolle Darstellungsform nimmt ab 1400 zunehmend Leidenszüge an und tritt somit deutlicher in Bezug zur Passion Christi (Schweißtuch der hl. Veronika; Lk 23, 27–31). Bes. in dieser Form gehört die V. i. in zahlreichen Kunstgattungen (Malerei, Holz- und Steinplastik, Graphik [z. B. Meister E. S.] usw.) vertretene V. i. zu den beliebtesten →Andachtsbildern des SpätMA. M. Grams-Thieme

Lit.: Lex. der Kunst VI, [Neubearb. 1987–94], 560–562 – LThK² X, 728f. – RDK I, 732–742 [hl. Antlitz] – K. PEARSON, Die Fronica, ein Beitr. zur Gesch. des Christusbildes im MA, 1887 – L. v. DOBSCHÜTZ, Christusbilder, 1899.

Vérard, Antoine, Pariser Buchhändler und Drucker, aus Tours, † 1513 in Paris. V. leitete zunächst eine Kopistenwerkstatt, bis er sich dem neuen Medium des →Buchdrucks zuwandte, ohne ganz auf die Herstellung kostbarer Hss. zu verzichten (von Jean de Rély übersetzter Psalter für Kg. Karl VIII.; »Passion du Christ« für Kgn. Luise v. Savoyen). Zw. 1485 und 1512 publizierte V. über 250 Drucke, im wesentl. frz. Texte: historiograph. Werke zur antiken und nationalen Gesch., Erbauungsschriften (z. B. »L'art de bien vivre«, »L'Ordinaire des Chrétiens«), Ritterromane (»Tristan de Léonnois«, »Gyron le Courtois«), Werke von Hofdichtern wie Octovien de →St-Gelais, Jean Bouchet und André de La Vigne. V.s Spezialität war der Druck bibliophiler Unikate auf feinem Pergament (*vélin*) für den Kg. (ca. 20 Bände für Karl VIII.), andere Fs. en und gekrönte Häupter (Charles d'Angoulême, Heinrich VII. v. England) sowie hohe Herren des Parlement und der Hoffinanz. Gemäß dem Rang seiner Kunden ließ er sie durch Miniaturmaler in seiner Werkstatt mit (unterschiedlich zahlreichen) Illuminationen schmücken. Die mit Bordüren und ganzseitigen Buchmalereien (auf vorgefertigten Holztäfelchen) ausgestatteten Prachtbände tragen am Kopf Dedikationsbilder (Überreichung des Buches durch V. an den Empfänger) und besitzen manchmal einen Widmungsbrief des Übersetzers oder Autors, aber auch des Editors V., der (neben selbstverfaßten Texten) hierfür auch ungeniert fremde Texte in adaptierter Form verwendete. Als offizieller Hoffaktor lieferte V. dem Kg. auch Drucke seiner Kollegen, deren Namen er dann durch sein gemaltes Monogramm ersetzen ließ. A. Charon

Lit.: J. MACFARLANE, A. V., 1900 [Nachdr. 1971] – M. B. WINN, A. V.s Presentation Mss. and Printed Books (Mss. in the 50 Years after the Invention of Printing, Colloquium Warburg Institute. Papers, hg. J. B. TRAPP, 1983), 66–74 – DIES., Books for a Princess and her Son: Louise de Savoie, François d'Angoulême, and the Parisian librairie A. V. (Bibl. de l'Humanisme et Renaissance, 46, 1984), 603–617 – DIES., V.'s Hours of Febr. 20, 1489/90 and their Biblical Borders, Bull. du bibliophile 1, 1991, 299–330 – U. BAUMEISTER–M.-P. LAFITTE, Des livres et des rois. La bibl. royale de Blois, 1992 – M. B. WINN, A. V., a parisian publisher, 1485–1512. Prologues, poems and presentations [im Druck].

Verba seniorum, seit dem 17. Jh. (H. ROSWEYDE) gängige Bezeichnung für die lat. Übersetzungen der gr. →Apophthegmata patrum. Eine lat. Slg. von Aussprüchen der Wüstenväter, »Adhortationes sanctorum patrum ad profectum perfectionis monachorum«, wurde von dem röm. Diakon Pelagius (später Papst →Pelagius I.) begonnen, vom Subdiakon Johannes (Papst →Johannes III.) vor 556 fortgesetzt und von einem Anonymus beendet. Eine andere Slg., »Liber geronticon de octo principalibus vitiis«, übersetzte vor 556 →Paschasius v. Dumio im Auftrag seines Abtes →Martin v. Braga, der seinerseits eine kürzere Slg., »Sententiae patrum Aegyptiorum«, ins Lat. übertrug. Aus dem 6. oder 7. Jh. stammt die Slg. »Commonitiones sanctorum patrum« eines anonymen Übersetzers. – Die V. s., die im ganzen MA eifrig benutzt, abgeschrieben und exzerpiert wurden, erscheinen in den Hss. auch als »Vitae (sanctorum) patrum«, ferner u. a. als Admonitiones, Collationes, Dicta, Exhortationes oder Sententiae der Väter. J. Prelog

Ed.: A versão lat. por Pascásio de Dume dos Apophthegmata Patrum, ed. J. G. FREIRE, 2 Bde, 1971 – Commonitiones Sanctorum Patrum, ed. DERS., 1974 – *Lit.:* BHL Nov. Suppl. 6525ff. – DSAM XVI, 383–392 [Lit.] – C. M. BATLLE, Die »Adhortationes sanctorum patrum« (»V. s.«) im lat. MA, 1971.

Verbandstoffe, Materialien zum partiellen Abdecken der Körperoberfläche, therapeut. zum Decken von Wunden, Geschwüren und Dermatosen, zum Auffüllen bzw. Offenhalten von Gewebsdefekten, als Arzneistoffträger und zur Drainage sowie als Sonde benutzt. Aus dem antiken stabilisierenden Schutzverband haben sich erstarrende Verbände zur Knochenbruchbehandlung entwickelt, deren Tuchstreifen durch Beimengung von Harzen, Mehlkleister und Eiklar gehärtet wurden und die in ihrer fixierenden Wirkung durch das Einbinden von Ruten, Holzschindeln sowie das Anlegen einer hölzernen Lade verstärkt werden konnten. Als Grundmaterial diente zu Streifen zertrennte Leinwand. Derartige Binden kamen als Stützverband bei Unterschenkelgeschwüren (→Guy de Chauliac, Chir. magn. IV, II, 8) genauso zum Einsatz wie bei der Absicherung von reponierten Luxationen und behaupteten neben dem *lînîn tuoch* ihren führenden Platz in der Traumatologie. Dochtförmig zusammengedrehtes Leinen wurde in tiefe Gewebsdefekte eingeführt; flach zusammengefaltet wurde Leinen als Kompressen (»pressurae«, *biuschlîn*) aufgelegt. Als watteartiges Feinmaterial benutzte man gezupfte oder geschabte Leinwand (»[S]charpie«) bzw. Hanfwerg. – Wolle wurde nur selten für Verbände verwendet (frische Schurwolle, »lana sucida«, für Tamponaden; Wollbinden), →Baumwolle erfreute sich ab dem 13. Jh. wachsender Beliebtheit bei den →Chirurgen und verdrängte sogar die Gänsedaunen als Füllmaterial bei den polsternden »plumaceoli«: Bei Hirnoperationen dienten Baumwollbäusche als Operationsbesteck. – Seide ist seit →Roger Frugardi im Gebrauch; das *sîdîn tuoch*, mit »vrouwen milch« getränkt, wurde als unterste Lage des Drei-Stufen-Verbandes bei Schädelverletzungen über die Hirnhaut gebreitet (→Ortolf, 141, 2; →Peter v. Ulm, 136). – Lederriemen waren zum Fixieren der Glieder bei gestielter Ferntransplantation im Einsatz (→Heinrich v. Pfalzpaint); gefensterte Lederstücke mit Riemenansatz benutzten die »Schnitt-Ärzte« bei Hodenbruch-Operationen; Unterschenkelgeschwüre wurden mit weichen Lederlappen bedeckt und durch paßgenaue Ledergamaschen unter Druck gesetzt (H. v. GERSDORFF); frische Operationsstümpfe überzog man fäustlingsartig mit einer Rindsblase. – Eine siebartige Bleilamelle verordnete Peter v. Ulm (152) im Anschluß an Guy de Chauliac zum Abdecken therapierefraktärer Geschwüre. – Seitens dt. Chirurgen hat man große (Rot-)Kohlblätter als heilungsfördernde Wundauflage geschätzt. – Als Autosuturgerät war der »sëlp-haft« im Einsatz, beidseits des Wundspalts aufgeklebte, dicke Tuch- oder Filzstreifen, in denen der Wundarzt seine Nähte ausführte, ohne das Gewebe des Patienten zu tangieren (Peter v. Ulm, 130; Würzburger med. hist. Forsch. 35, 1986, 183f.). G. Keil

Lit.: J. STEUDEL, Der V. in der Gesch. der Medizin, 1964.

Verbannung, Exil. Mit dem Ausschluß aus dem Friedens- und Rechtsverband einer Gemeinschaft wurden im FrühMA zahlreiche Vergehen geahndet (→Acht, →Friedlosigkeit). Die Leges und die frk. Gesetzgebung kennen die V. (expulsio, exilium) als Beugemaßnahme oder Gnadenstrafe. Im HochMA begegnet die V. – verbunden mit dem Kirchenbann und der Verpflichtung zu einer Bußwallfahrt, ausnahmsweise aber nicht mit dem Verlust des Vermögens – z. B. im Urteil des Erfurter Reichstages vom Nov. 1180 gegen Hzg. →Heinrich d. Löwen; sein dreijähriges engl. Exil wurde wohl durch einen kgl. Gnadenakt beendet. Seit dem 12. bzw. 13. Jh. wurde die V. wegen ihrer Flexibilität, ihrer Reversibilität sowie ihrer schnellen und billigen Handhabbarkeit in den it. und zentraleurop. Städten zu einer zentralen Sanktion. Die Vielfalt der verwendeten Begriffe (bannire, excludere, *vorwisen, ut der stat driven* u. ä.) deutet dabei auf eine Pluralität von – häufig nur idealtyp. abgrenzbaren – Erscheinungen hin. So ist die V. als →Strafe gegen anwesende Personen von der Acht (→Verfestung, proscriptio) als Zwangsmaßnahme gegen abwesende Personen (Kontumazialurteil; →Kontumaz) unterschieden worden; in der Praxis überlagern sich beide Phänomene oft. Im Gegensatz zur Acht muß der V. nicht unbedingt ein formeller Gerichtsbeschluß zugrundeliegen, sie kann auch als arbiträre, »polizeiliche« Maßnahme erscheinen. V. a. die Sonderform der eidl. Selbstv. (abjurare civitatem) verweist auf die Gültigkeit eines von der Einwohnergenossenschaft selbst »verwillkürten« Statuarrechts neben der stadtherrl. Gerichtsgewalt. Die V. kann als Strafe für bestimmte Vergehen auf der Grundlage schriftl. fixierter Normen vollzogen werden. Sie kann als Ersatzstrafe im Fall der Insolvenz ebenso fungieren wie Gnadenstrafe für eigtl. verwirkte Leibes- oder Lebensstrafen; zunehmend wird sie im SpätMA mit Geldbußen wie mit Ehren- und Körperstrafen kombiniert. Schließlich muß der V. kein bestimmtes Vergehen vorausgehen, sie kann auch präventiv zum Einsatz kommen. Die zeitl. Bandbreite reicht von ewiger V. über eine bestimmte kürzere oder längere Zeitdauer bis hin zur V. auf Widerruf. Eine Aufhebung der V. war prinzipiell immer möglich, meist gingen ihr Fürbitten von Verwandten und Freunden, Geldzahlungen an die Stadt und/ oder Ersatzleistungen an Geschädigte voraus. Auch der räuml. Geltungsbereich der V. wurde oft differenzierend angegeben; in Basel z. B. konnte er sich auf den städt. Bezirk innerhalb der Kreuzsteine beschränken, im anderen Extrem das gesamte Gebiet diesseits der Alpen umfassen. Ordnungspolit. stellte der »Export« von Straftätern eine fragwürdige Problemverschiebung dar. Dennoch deutet sich in den Halsgerichtsordnungen des 15. Jh. die Ausweitung der V. zum Landesverweis an, der zu einer zentralen Sanktion des frühnz. Territorialstaates werden sollte. Zweifellos war die V. neben der Geldbuße bereits im SpätMA die häufigste Strafe. Sie wurde v. a. in Italien gegen polit. Gegner und Magnaten eingesetzt, konnte sich aber ebensogut gegen Vaganten und Bettler richten. Die Auswirkungen einer längeren V. hingen entscheidend vom sozialen Status der Exilierten ab. Am stärksten waren Angehörige der stadtsässigen Unterschichten betroffen, die weder bisher ein unstetes Vagantenleben geführt hatten noch, wie die Mitglieder wohlhabender Familienclans, ihr Herausgerissensein aus den gewohnten sozialen Bezügen durch ökonom. Kapital und weitreichende Beziehungen kompensieren konnten. G. Schwerhoff

Lit.: HRG II, 1436–1448 – R. HIS, Das Strafrecht des dt. MA, I, 1920, 533ff. – G. DAHM, Das Strafrecht Italiens im ausgehenden MA, 1931, 311f. – W. SCHULTHEISS, Einl. (Die Acht-, Verbots- und Fehdebücher Nürnbergs von 1285–1400, 1960), 56ff. – A. BOOCKMANN, Urfehde und ewige Gefangenschaft im ma. Göttingen, 1980, 42ff. – H.-R. HAGEMANN, Basler Rechtsleben im MA, I, 1981, 188f. – O. ENGELS, Zur Entmachtung Heinrichs d. Löwen (Fschr. A. Kraus, 1982), 45–59 – G. JÓNSSON, Waldgang und Lebensringzaun (Landesverweisung) im älteren isländ. Recht, 1987 – S. FOSTER BAXENDALE, Exile in Practice: The Alberti Family In and Out of Florence 1401–1428, Renaissance Quarterly 44, 1991, 720–756 – A. ZORZI, Tradizioni storiografiche e studi recenti sulla giustizia nell' Italia del Rinascimento (Storici americani e Rinascimento it., hg. G. CHITTOLINI [Cheiron 16, 1991]), 61ff. [Lit.] – P. SCHUSTER, Der gelobte Frieden, 1995.

Verberie (Vermeria). An der Oise in der zum Ebm. →Reims gehörigen Diöz. →Senlis gelegene →Pfalz wurde bes. von →Pippin III. besucht, für →Karl Martell und →Karl d. Gr. ist dagegen jeweils nur ein Herrscheraufenthalt zu verzeichnen, für →Karl d. Kahlen ab 850 dagegen wieder mehrere: 856 heiratete die Kg.stochter Judith dort Kg. Æthelwulf v. Wessex, 858 fanden Unterredungen mit den Normannen in V. statt. Daneben war die Pfalz Schauplatz mehrerer Synoden: 756 (Kapitular Pippins hauptsächl. zur Ehegesetzgebung, MGH Cap. 1, 39ff.), 853 (u. a. Entscheidung über die Wiedereinsetzung des krankheitshalber aus dem Amt entfernten Bf.s v. Nevers; MGH Conc. 3, 304ff.) sowie in der Auseinandersetzung →Hinkmars v. Reims mit seinen Suffraganen →Rothad II. v. Soissons (863) und →Hinkmar v. Laon (869).

M. Stratmann

Lit.: Brühl, Fodrum, 18, 40 – E. Ewig, Spätantikes und frk. Gallien, I, 1976, 390, 405 – W. Hartmann, Die Synoden der Karolingerzeit im Frankenreich und in Italien, 1989, 73ff., 250, 315f., 323f., 469ff.

Verbleiung, Rahmengefüge (»Bleinetz«) einer Bleiverglasung, deren einzeln zugeschnittene, ggf. auch bemalte und gebrannte Glasstücke (→Glasmalerei) mit biegsamen, an den Kreuzungspunkten miteinander verlöteten sog. Bleiruten eingefaßt und durch ein abschließendes Randblei zu einem Feld gerahmt sind. Das Bleinetz hat nicht nur technische, sondern auch ästhet. Funktion, da es die Hauptlinien der ornamentalen oder figürl. Komposition einer Bleiverglasung hervorhebt. Die Bleirutenführung wird deshalb schon in der Bildvorlage festgelegt (sog. Bleiriß). Die ma. V.stechnik war im Prinzip die gleiche wie heute, sieht man von einigen techn. Neuerungen wie maschinell gezogenen Bleiruten ab. Die sehr stabilen ma. Bleiruten stellte man in aufklappbaren Gußformen aus u. a. Holz oder Eisen her; Gußrückstände und Grate wurden abgeschnitten und glattgeschabt. Seit Ende des 15. Jh. ist in Deutschland die Verwendung eines Bleizuges (»Bleimühle«) nachweisbar (1484, Akten der Freiburger Glaserzunft), auf dem die Bleiruten nach dem Gießen zu dünneren Ruten ausgezogen (»gemahlen«) wurden. Anders als heutige Bleiruten mit flachem H-Profil haben ma. Bleie ein massiveres Halbrundprofil und sind oft verzinnt. Im 13. und 14. Jh. wurden doppelt geführte Bleiruten durch Einlegen von jungen Weidengerten stabilisiert, Randbleie durch Eisenrundstäbe. Das heute übliche Abdichten der Bleie mit Kitt praktizierte man im MA offenbar nicht. Über die Arbeitsweise der ma. Glaser unterrichtet als erster und am ausführlichsten →Theophilus Presbyter, der im 2. Buch seiner »Schedula diversarum artium« neben dem Bemalen auch das Verbleien von Gläsern sowie die Herstellung der Bleiruten beschreibt. Eine weitere wichtige Q. ist ein im ausgehenden 14. Jh. verfaßter Traktat des it. Glasmalers Antonio da Pisa.

U. Brinkmann

Q. und Lit.: Theophilus Presbyter, Schedula diversarum artium, 1. Bd., hg. und übers. A. Ilg (Quellenschriften für Kunstgesch. und Kunsttechnik des MA und der Renaissance, 7, 1874 [Nachdr. 1970]), 128–137 – S. Strobl, Glastechnik des MA, 1991, 112–125 – M. H. Caviness, Stained Glass Windows, TS 76, 1996, 55f.

Verbrechen
A. Westen. Rechte einzelner Länder – B. Kanonisches Recht – C. Byzanz

A. Westen. Rechte einzelner Länder
I. Deutsches Recht – II. Skandinavisches Recht – III. Englisches Recht – IV. Französisches Recht – V. Italienisches Recht – VI. Spanisches Recht.

I. Deutsches Recht: V. ist 1. materiellrechtl. eine Tat (Handlung oder pflichtwidrige Unterlassung) als Voraussetzung einer Sanktion (v. a.: der →Strafe), daher abhängig von deren Sinnbestimmung (vgl. →Kriminalität). Im Rahmen der unmittelbaren →Rache oder der bereits Regeln unterworfenen →Fehde wurde eine schädigende (also die Rechtsstellung der betroffenen Gemeinschaft [Sippe, Gefolgschaft] herabsetzende) Tat zwar auch negativ eingeschätzt und daher auf sie mit Empörung oder Haß reagiert, doch sollte mit dieser Sanktion nur das Rechtsverhältnis wiederhergestellt, nicht der Täter bestraft werden; deshalb konnte die Reaktion auch ein anderes Mitglied der Tätergemeinschaft (etwa deren besten Mann) treffen. Die Einführung des gerichtl. Kompositionsverfahrens änderte an dieser grundlegenden Einschätzung nichts Wesentliches: die Bußzahlung (bei Tötung etwa das →Wergeld) war von der Gemeinschaft des Täters zu erbringen. Deshalb empfiehlt es sich, von V. (mhd.: *missetat, laster, untat, übeltat*; in den lat. Q.: *excessus, forefactum,* crimen, maleficium, malefactum) erst für die Taten zu sprechen, in denen die Sanktion notwendig den Täter treffen sollte, weil er die Ordnung des Zusammenlebens »zerbrochen« hatte. Dies traf zunächst zu bei Verletzung der Position des Kg.s, auf die dieser mit einem rechtl. Racheverfahren reagierte, dann wesentl. seit dem Aufkommen der Friedensbewegung bei Verletzung (ostfäl.: *vredebrake*) des →Gottes-, →Land- und →Stadtfriedens. Zunehmend wurde nach der Schwere der Tat unterschieden zw. V. im engeren Sinne (mhd. *ungerihte*) und leichteren Vergehen (mhd. *unfuoge, unzucht, unrecht*). Anfangs stand sicherl. das äußere schädigende Geschehen der Tat im Vordergrund, wenn auch der Begriff »Erfolgshaftung« nicht das Wesentl. trifft; denn schon die frk. Zeit berücksichtigte jedenfalls die hinter einer solchen Tat stehende Niedertracht bei den sog. »Meintaten« (»Neidingswerke«). Unter Einfluß der kanon. Theorie wurde allmähl. auch die innere Tatseite (Wille, Schuldfähigkeit, Not) berücksichtigt, was auch die sprachl. Verbindung des V.s mit mhd. *frevel* zeigt; zugleich trat die Qualität des V.s als einer schweren Sünde in den Vordergrund, was auch zur Übernahme des →Dekalogs als Ordnungsprinzip führte. – V. im engeren Sinne wurden 2. verfahrensrechtl. als »causae maiores«, »enormes excessus«, *pinlike saken* oder *böse dinge* der Hochgerichtsbarkeit (daher: *hohe gerichte*) zugeordnet und blutig (peinl., also: an Leben und Leib, an Hals und Hand) bestraft (daher: »criminalia capitalia«), zunehmend geregelt durch die landesherrl. »Halsgerichtsordnungen«; dabei bildeten meist →Mord, Brand, →Raub, →Heimsuchung, →Notzucht, (schwerer) →Diebstahl und Ketzerei (→Häresie) eine noch engere Gruppe, für die manchmal eine Rügepflicht (→Rüge) der Schöffen vorgesehen war; manchmal wurde auch auf »gewaltige Sachen« (»Gewaltsachen«) bes. abgestellt, nämlich für sie eine Ahndung mit Geldbrüchen zugelassen. Die Vergehen wurden der Niedergerichtsbarkeit zugeordnet, mit Geldbrüchen (Bußen), Prügeln, Ehrenstrafen oder Stadtverweisung geahndet und von Satzungen der örtl. Obrigkeiten (v. a. der Städte – daher auch *borgerlike saken* genannt), zunehmend auch von Polizeiordnungen geregelt.

W. Schild

Lit.: HRG I, 17f., 989–1001, 1045–1049; III, 1803–1808; IV, 1516f.; V, 668–670 – R. His, Das Strafrecht des dt. MA, I, 1920, 37–61 – H. v. Weber, Der Dekalog als Grundlage der Verbrechenssystematik (Fschr. W. Sauer, 1949), 44–70 – H. Hirsch, Die hohe Gerichtsbarkeit im dt. MA, 1958² – E. Kaufmann, Die Erfolgshaftung, 1958 – K. S. Bader, Schuld, Verantwortung, Sühne als rechtshist. Problem (Schuld, Verantwortung, Strafe, hg. E. R. Frey, 1964), 61–79 – W. Engelmann, Die Schuldlehre der Postglossatoren und ihre Fortentwicklung, 1965² – H.-R. Hagemann, Vom V.skat. des altdt. Strafrechts, ZRGGermAbt 91, 1974, 1–72 – H.-P. Benöhr, Erfolgshaftung nach dem Sachsenspiegel, ZRGGermAbt 92, 1975, 190–193 – D. Willoweit, Die Sanktionen für Friedensbruch im Kölner Gottesfrieden v. 1083 (Recht und Kriminalität [Fschr. F. W. Krause, 1991]), 37–52 – F. Scheele, di sal man alle radebrechen, 1992 – K. S. Bader, Zum Unrechtsausgleich und zur Strafe im FrühMA, ZRGGermAbt 112, 1995, 1–63.

II. Skandinavisches Recht: Bereits zur Zeit der →Landschaftsrechte wurden bestimmte V. (*lagha brut, gærning, værk*), insbes. →Mord, →Totschlag, →Raub, Mißhandlungen, Verwundungen, Mordbrand, →Notzucht, Bruch eines Treueverhältnisses, als Kränkung der Rechtsgemeinschaft und des Rechtsfriedens angesehen. Dies bedeutete, daß die ältere Vorstellung von der alleinigen Kränkung des Geschädigten und seiner Familie teilweise aufgegeben wurde mit dem v. a. von Kirche und Kgtm. erklärten Ziel, den Umfang der →Blutrache weitgehend (außer etwa bei flagranter Tat oder bei vorausgegangenem Dingurteil) einzuschränken und durch →Bußen an den Geschädigten respektive dessen Familie, die Dinggemeinde und den Kg. zu ersetzen. Noch in älteren Rechten (etwa dem schwed. →Västgötalagh) galten V. innerhalb der Familie als reine Familienangelegenheit. Über das →Kanon. Recht fand die Auffassung von der persönl., sündhaften Schuld für eine Tat Eingang in das skand. Rechtsdenken. Zunehmende Bedeutung gewann der Aspekt der Tatmotivation. Man unterschied deutlicher zw. willentl., vorsätzl. V. (*viliaværk*) und unbeabsichtigten V. (*vapaværk*), für das dem Kg. keine Buße gezahlt werden mußte; dabei mußten bei grob fahrlässigen Taten etwas höhere Bußen als bei normalen *vapaværk* geleistet werden. Schwere V. wurden indessen immer als vorsätzl. angesehen. Auch spätere Folgen eines schweren V.s galten als vorsätzl. (etwa Mißhandlung mit Todesfolge). Ausschlaggebend für die Beurteilung eines V.s war grundsätzl. der angerichtete Schaden. Vorbereitete und versuchte V. wurden nicht oder nur im Rahmen des tatsächl. Schadens geahndet. Zunehmend gewann auch die Geisteshaltung des Täters bei der Einschätzung eines V.s an Bedeutung. Bes. niederträchtige und heimtück. V. (Angriff auf Wehrlose, Verrat/Landesverrat, heiml. Taten wie Mordbrand, Diebstahl, Zauberei sowie Vertuschungsversuche) konnten mit Bußen nicht mehr abgegolten werden (*urbotæmal*), sondern nur noch mit →Friedlosigkeit, Leibes- oder Todesstrafen. Von Frauen begangene V. wurden nach den älteren Rechten meist nachsichtiger behandelt als von Männern begangene V., nicht zuletzt, weil die Frau stets der Vormundschaft eines Mannes unterstand. In jüngeren Rechten wird die Frau dem Mann strafrechtl. gleichgestellt und ist für ihre Tat selbst verantwortl. (Verordnung v. Skara 1335, →Magnus Hákonarsons Landslög IV, 3). Notwehrhandlungen (→Notwehr) blieben in der Regel straflos. H. Ehrhardt

Lit.: KL V, 93ff. [Lit.] – K. v. Amira, Nordgerm. Obligationenrecht, I, 1882, – Ders., Grdr. germ. Rechts, 1913 – R. Hemmer, Studier rörande straffutmättningen i medeltida svensk rätt, 1928 – P. Gædeken, Retsbrudet og Reaktionen derimod i gammeldansk og germansk Ret, 1934.

III. Englisches Recht: Die Listen der Straftaten in den ags. Gesetzen belegen das Fehlen eines geschlossenen Konzeptes vom V., da in Anlehnung an bibl. Vorbilder Sünden und moral. Fehlverhalten (Völlerei, Ehebruch, Zauberei) Taten wie Mord und Raub gleichgestellt wurden, die ihrerseits neben Betrug, Nichtbeachtung des Fastengebots oder Geiz erscheinen. In der Praxis wurden V. jedoch nach ihrer Art und Schwere unterschieden, wie die spätestens Mitte des 10. Jh. hervortretende Differenzierung in bußlose und durch Geld sühnbare Taten zeigt, wobei generell zw. der Entschädigung des Opfers (*bot*) und der dem Gerichtsherrn zufallenden Strafe (*wite*) unterschieden wurde. Anfang des 12. Jh. wird unter den schwersten Straftaten auch »felonia«, ursprgl. der durch den Vasallen am Lehnsherrn verübte Verrat, aufgeführt. In der Folgezeit werden die mit Leib- oder Lebensstrafe sowie Besitzverlust geahndeten V. unter diesem Begriff zusammengefaßt (→*felony*). Es handelte sich dabei in der Regel um Mord, Raub, Diebstahl, Einbruch, Verstümmelung und Zufügung schwerer Wunden, Vergewaltigung und Brandstiftung, aber auch um Fälschung. Motive und Absicht des Täters spielten bei der Einordnung der Tat eine große Rolle. Der verbrecher. Charakter der Tat mußte bei der Anklage formal durch die Worte »nequiter et felonice« zum Ausdruck gebracht werden. Bei Tötungen war festzustellen, ob überhaupt ein V. vorlag. Allerdings war seit 1278 auch bei Tötung aus Notwehr eine kgl. Begnadigung für die Freilassung erforderl. Auch die Wegnahme von →Fahrhabe nur »cum animo furandi« war ein V. Hochverrat (→*treason*) wurde 1352 durch das »Statute of Treason« als schwerste Form des V.s definiert. Schwere V. wurden – mit Ausnahme einiger Immunitätsbezirke – generell durch die Krone verfolgt. Die Anklage erfolgte durch das Opfer bzw. die Angehörigen oder durch Geschworene. Wenn die Tat nicht in die enge Kategorie der felony fiel, konnte seit dem 13. Jh. eine Klage wegen →*trespass* vorgebracht werden, die hauptsächl. auf Entschädigung abzielte, den Aspekt des V.s aber noch in der Anklageformel »cum vi et armis« und in schweren, vor kgl. Gerichten zu verhandelnden Fällen auch »contra pacem regis« enthielt. →Strafe, C. V. J. Röhrkasten

Lit.: F. Pollock–F. W. Maitland, Hist. of English Law..., II, 1898² [Neudr. 1968], 462–543 – J. Baker, An Introduction to English Legal Hist., 1990³, 596–608.

IV. Französisches Recht: Die Gesch. des V.s und seiner Bekämpfung im westfrk./frz. Bereich vom 5.–15. Jh. gibt Aufschluß über den komplexen hist. Prozeß der (zunächst nur partiellen) Übernahme der Aufgaben öffentl. Rechts- und Friedenswahrung (Aufrechterhaltung des *ordre public*) durch den monarch. Staat (→Monarchie), der damit auf die Bedürfnisse der Gesellschaft reagiert. Vor dem 13. Jh. läßt sich dieser Entwicklungsprozeß nur anhand der normativen Q. und Prozeßformulare sowie einiger narrativer Q. (d. h. eher grobflächig) erfassen, da erhaltene Serien von Gerichtsakten noch weithin fehlen.

In den germ. Reichen des 5. Jh. und im frühen Frankenreich der Merowinger traten die röm. Rechtstechniken und die Anfänge kirchl. Rechtes (Konzils- und Synodalbeschlüsse: Kanones, entstehendes Kanon. Recht) stärker zugunsten der auf gewohnheitsrechtl. Grundlage beruhenden sog. 'Barbaren-' oder 'Volksrechte' zurück (→Abschnitt, I; →Leges). Charakteristisch für die V.sverfolgung der germ. Rechte sind (bei Fortdauer der →Blutrache) zumeist archaische, formalisierte und ritualisierte Verfahrensweisen wie das (sakrale, aus heut. Sicht irrationale) Ordal (→Gottesurteil) und insbes. das System der Kompensationen (→Buße, weltl. Recht; →Wergeld). Ein V. wurde im allg. nur dann gerichtlich verfolgt, wenn Geschädigte (vielfach ein [familiärer] Personenverband) ihre →Klage vorbrachten, wobei der →Richter im wesentl. auf die Rolle des Schiedsrichters beschränkt war (→Urteil).

Im Gegensatz zu dieser frühma. Situation, die in der Karolingerzeit durch weltl. und kirchl. →Gesetzgebung (→Kapitularien) sowie im 11. und 12. Jh. durch die Friedensgesetzgebung (→Gottesfrieden, →Landfrieden) bereits modifiziert wurde, besitzen wir für die Zeit seit dem 13. Jh. wesentl. aussagekräftigere Q. (Archive der örtl. Gerichte, des →Parlement, kgl. *lettres de remission*; →litterae), die einen eingehenderen Blick auf die Gesch. der →Kriminalität, ihre soziale Rolle und ihr Umfeld ermöglichen. Die allg. rechtsgesch. Entwicklung tendiert vom alten Schiedsrichtertum (arbitrium) zum eigtl. Richteramt (iudicium), von der Rache zur Sanktion, von der privaten Klageerhebung zum öffentl. →Inquisitionsprozeß.

Diese Entwicklung vollzog sich freilich nicht widerspruchsfrei. Die Justiz konnte in bestimmten Gebieten eine Strafverfolgung nur dann einleiten, wenn ein auf frischer Tat (→Handhafte Tat) ertappter Delinquent durch den Ruf des 'haro', des öffentl. Ausrufers, bezeichnet wurde. Nach bestimmten →Coutumiers (→Philippe de Beaumanoir) konnte der Richter sich 'ex officio' eines Täters bemächtigen und ihn zwingen, sich der 'inquisitio' zu unterwerfen, auch ohne daß ein Kläger gegen ihn aufgetreten war (Ansätze zum 'Offizialdelikt'). Die Intervention der hohen kgl. Justizbeamten (*gens du roi*), des →Procureur und →Avocat du roi, bei den Gerichtshöfen (Ordonnanz v. 1302) markiert die Ausbildung der öffentl. Justiz. In einer auf den Regeln und Gesetzen der →Ehre beruhenden Gesellschaft verschwanden dessenungeachtet die private Rache und Selbsthilfe nicht. Eine starke Anzahl von V. entging der gerichtl. Verfolgung durch Erwirken eines kgl. Gnadenbriefes (*rémission*). Der Kg., dem die Landfriedenswahrung oblag, hatte das Recht zu verzeihen wie zu strafen. Die moderne Verfahrensform des Inquisitionsprozesses kam im 13. Jh. unter dem Einfluß des gelehrten Rechts auf (→Gemeines [röm.] und →Kanon. Recht), nachdem das IV. →Laterankonzil die Gottesurteile als vernunftwidrig verdammt und die Regeln der förml. 'inquisitio' (frz. *enquête*) aufgestellt hatte. Die unter stärkerem Einfluß des röm. Rechtes stehenden südfrz. Weistumsrechte (*Coutumes*) der Zeit nach 1220 zeigen, daß der gerichtl. →Zweikampf im Midi (→Pays de droit écrit) bereits außer Gebrauch gekommen war. Im 'Pays de droit coutumier', dem durch Gewohnheitsrecht geprägten nordfrz. Bereich, trat eine entscheidende Zäsur ein, als Kg. →Ludwig d. Hl. durch sein Mandat vom Febr. 1261 den gerichtl. Zweikampf in der gesamten Krondomäne und für alle Arten von Prozessen verbot und an seine Stelle die 'inquisitio' mit Zeugen- und Urkundenbeweis setzte. Für die 'ordentl. Prozesse' wurde ein komplexes und aufwendiges Inquisitionsverfahren geschaffen. Nur die »cas énormes et spéciaux«, bes. schwere Kapitalv., wurden, bevorzugt am →Châtelet de Paris, als Offizialdelikte unter Geheimhaltung, Anwendung der →Folter und Herbeiführung eines Geständnisses verhandelt. Der Inquisitionsprozeß entsprach dem Wunsch einer Öffentlichkeit, die einerseits die entschiedene Repression von V., andererseits das Wort vor Gericht (durch die Zeugenaussage) verlangte. Dem Widerstand des Adels gegen diese strafrechtl. Neuerungen wurde insofern Rechnung getragen, als ihm noch bis 1306 das Privileg des gerichtl. Zweikampfes zugestanden wurde. Auch darüber hinaus kam es bei Prozessen über Gewaltv., die sich durch Zeugen- oder Urkundenbeweis nicht klären ließen, noch vereinzelt zum Zweikampf, der gleichsam als die Folter des Adligen galt. Der letzte gerichtl. Zweikampf fand 1549 statt.

An der Spitze der Hierarchie der V. standen die »cas énormes«, die ausschließl. von der Hochgerichtsbarkeit abgeurteilt wurden und durch →Todesstrafe, →Verbannung oder sehr hohe Bußen bzw. Konfiskationen geahndet wurden, aber auch den Straferlaß durch kgl. Begnadigung kannten. Der →Mord war in dieser Kategorie von V. nicht das schwerste. Nach einem Jahrhundert tastender Versuche wurde um 1450 das polit. V., das →Majestätsv. (*lèse-majesté*), mit eigenem Profil versehen.

Unter den schwersten V. rangierten (neben der gegen den Lehnsherrn verübten →Felonie) aber auch die Verletzungen der geheiligten, der religiösen Sphäre (→Sakrileg, →Blasphemie, →Häresie, →Meineid), die Vergehen gegen das Leben und die sittl. Normen (Entführung, an einer Jungfrau begangene →Notzucht, →Abtreibung, Kindestötung, →Ehebruch) sowie gewalttätige Eigentumsdelikte (→Raub, →Brandstiftung). Alle diese an die Grundfesten der Gesellschaft rührenden V. waren dem Gericht des Kg.s vorbehalten (→cas royaux). Die Rolle der Gewalttat und des V.s in der frz. Gesellschaft des 14. und 15. Jh. ist statistisch und sozial nicht »meßbar«; die Kriminellen konnten sich in der Regel als »normale Leute« und nicht als 'Randständige' (→Randgruppen) fühlen, abgesehen von den beschäftigungslosen, plündernden Söldnerhaufen (→Kompagnie). F. Autrand

Lit.: A. LAINGUI–A. LEBIGRE, Hist. du droit pénal, 2 Bde, 1979–80 – C. GAUVARD, »De grace especial«: Crime, État et société en France à la fin du MA, 2 Bde, 1991.

V. ITALIENISCHES RECHT: Im FrühMA führten nach der got. Periode die Langobarden in Italien ein Gewohnheitsrecht ein, das die *faida* (→Fehde) bzw. den betroffenen →*fara*-Verbänden als gewalttätige Reaktion auf ein V., das den sozialen Frieden gewalttätig gestört hatte, zur Basis nahm. Mit der Zeit wurde die faida durch die Zahlung einer Geldsumme (compositio; bei Mord und Totschlag →Wergeld) abgelöst. Innovativ führte das →Edictum Rothari ein festes Tarifsystem für jede Art von V. ein, das höhere Summen ansetzte, als zuvor üblich. Die faida verschwand zwar nicht völlig, ihre legitime Ausübung wurde jedoch reduziert (zu im langob. Recht vorgesehenen Strafen vgl. Strafe, C. II). Bei der Bewertung der Straftat bzw. des V.s ist im langob. Recht eine Entwicklung festzustellen, die – wenn auch nur in eigens definierten Fällen – die Gemütsverfassung des Täters rechtfertigende Motive, die Umstände der Tat, Fahrlässigkeit etc. berücksichtigt. Auch die Berücksichtigung verschiedener Vorstadien eines V.s durch das Gesetz (z. B. Roth. 139–141 bei Giftmord), die mit einer geringeren Strafe belegt wurden als das begangene V. (eine singuläre Vorwegnahme des Begriffs »Tatversuch«, der im Gemeinen Recht eingehender definiert werden sollte), zeigt eine erhöhte Sensibilität für die inneren Beweggründe der menschl. Handlungen. Die Anordnungen der langob. Edikte, die mit den Ergänzungen der frk. Kapitularien in der »Lombarda« und im »Liber Papiensis« gesammelt sind, bildeten die Rechtsgrundlage des Regnum Italiae, während in den byz. Gebieten das römische Recht weiterlebte, das in der →Ekloge modifiziert und verschärft wurde. Seit dem 12. Jh. setzte sich das römische Recht als ius commune durch, konkurrierte aber vor Ort mit Gewohnheiten und Statuten, deren Normen teilweise auf das langob. Recht zurückzuführen sind, das in einigen Gebieten (z. B. in der Lombardei) ausdrückl. in Geltung blieb. Auf diese Tradition läßt sich z. B. die starke Verbreitung des Systems der Geldbußen zurückführen, das auch bei V. an Personen zur Anwendung kam. Im Vergleich zum langob. Recht sehen die Statuten einen weit umfangreicheren Strafenkatalog vor. Neben den Geldbußen, die zunehmend öffentl. Charakter erhielten, da sie an die Kommune und nicht an das Opfer des V.s oder seine Familie geleistet werden mußten, findet sich in den Statuten auch die Todesstrafe, die für bestimmte Gewalttv., z. B. für Mord, mit der Zeit an die Stelle einer Geldstrafe tritt; außerdem war eine große Zahl unterschiedlichster Körperstrafen einschließlich Verstümmelungen vorgesehen, ferner Ächtung, Güterkonfiskation, Exil und Verbannung, Verbot des Zugangs zu öffentl. Ämtern für V. von Amtsträgern. Die Festsetzung der Strafe für V. oblag zumeist dem Podestà. Die Statuten ließen auch dem Gewohnheitsrecht von →Sühne und →Urfehde bzw. der Familie des Täters und der des Opfers Raum, das in verschiedenen Fällen (v. a. bei V. an Personen) eine Aussetzung (seit dem Ende des 13. Jh. nur eine Minderung) der Strafe bewirkte. Die Praxis der privaten →Rache konnte nicht völlig eliminiert werden, wie in vielen Statuten präsente Verbote zeigen. In den lokalen Rechtsslg.en läßt sich eine Tendenz feststellen, den sozialen Frieden zu sichern und eine strenge Kontrolle der V.sbekämpfung mittels der Strafgesetzgebung zu gewährleisten, wozu bei Gericht die zunehmende Ausbreitung des →Inquisitionsprozesses gegenüber dem →Akkusationsprozeß beitrug. Gegenüber dem Gemeinen Recht setzen die lokalen Rechte neue Rechtsnormen fest, nicht nur im Hinblick auf die einzelnen V.sarten und ihre Strafen, sondern auch in bezug auf Deliktfähigkeit, Umstände, Entlastungsfaktoren, Mittäterschaft, V.shäufung. Diese und andere aus der Praxis stammende Elemente wurden von den Rechtslehrern aufgegriffen, was zu einer Gegenüberstellung der Prinzipien des Gemeinen Rechts und der lokalen Rechtsnormen führte und Lücken auffüllte. G. Chiodi

Lit.: Enc. del. diritto XXXII, 1982, 739–752, 752–770 [G. DIURNI] – Enc. diritto penale it., hg. E. PESSINA, I, 1905 [P. DELL GIUDICE]; II, 1906 [C. CALISSE] – A. PERTILE, Storia del diritto it., V, 1892 – J. KOHLER, Das Strafrecht der it. Statuten, 1897 – G. DAHM, Das Strafrecht Italiens im ausgehenden MA, 1933 – T. GATTI, L'imputabilità, i movimenti del reato e la prevenzione criminale negli statuti it. dei sec. XII–XVI, 1933 – A. CAVANNA, La civiltà giuridica longobarda (I Longobardi e la Lombardia, Saggi, 1978), 1–34.

VI. SPANISCHES RECHT: Als V. religiösen Charakters beunruhigte die →Apostasie wegen der →Konversionen zum Judentum die kath. Westgoten, wegen der Übertritte zum Islam das chr. Spanien. Bald trat jedoch das Problem der →Häresie stärker in den Vordergrund. Als polit. V. galt primär der Verrat, der bei den Westgoten zum öffentl., im chr. Spanien des HochMA jedoch als heimtück. Vergehen zum privaten Bereich gezählt wurde. Erst im SpätMA sollte wieder zw. Verrat als öffentl. und heimtück. Vergehen als privatem V. unterschieden werden.

Als V. in Ausübung öffentl. Funktionen wurden Bestechung und Amtsmißbrauch (→Korruption) angesehen, wobei häufig Kompensationsstrafen – bei den Westgoten wie auch im chr. Spanien – verhängt wurden. Die in den →Siete Partidas als *mudamiento de verdad* ('Wahrheitsverdrehung') genannten Fälschungsdelikte umfaßten eine ganze Reihe von Straftaten wie →Falschmünzerei, Verfälschung von Edelmetallen, Urkk.fälschung (→Fälschung), Fälschung von Maßen und Gewichten, Gesetzesfälschung sowie falsche Angaben über die persönl. Identität. Ebenso galten verbotene Spiele (→Spiel, A. II), Grabschändungen und V. gegen das Gemeinwohl als öffentl. Verbrechen.

Gewaltv. sind am häufigsten belegt, zuallererst →Totschlag, der unterschiedl., je nach dem Stand des Opfers oder der Art der Ausführung, geahndet wurde, bis hin zum heimtück. Mordanschlag (Assassinat; →Mord). Auch →Abtreibung mit Hilfe mechan. Mittel wurde bestraft. Zu den Gewaltv. wurden auch Sittlichkeitsv. wie Entführung, →Notzucht, →Blutschande und Sodomie gezählt. Ehrverletzenden Handlungen (Beschimpfung, →Beleidigung) wurde eine bes. Bedeutung zugemessen.

Unter den Eigentumsdelikten sind zu nennen: v.a. →Diebstahl (*hurto*) und →Raub (*rapiña*) bei den Westgoten, wobei der erste Begriff auch im chr. Spanien verwandt, der zweite jedoch durch *robo* ersetzt wurde. Auch Betrug und Beschädigung fielen unter diese Kategorie.
J. Lalinde Abadía

Lit.: J. ORLANDIS ROVIRA, Sobre el concepto del delito en el Derecho de la Alta Edad Media, AHDE XVI, 1945, 112–192 – J. GARCÍA GONZÁLEZ, Traición y alevosía en la Alta Edad Media, AHDE XXXII, 1962, 323–345 – B. GONZÁLEZ ALONSO, Los delitos patrimoniales en el Derecho pirenaico local y territorial, AHDE XLI, 1971, 237–334 – A. IGLESIAS FERREIRÓS, Hist. de la traición. La traición regia en León y Castilla, 1971 – R. ROLDÁN VERDEJO, Los delitos contra la vida en los fueros de Castilla y León, 1978.

B. Kanonisches Recht
V. bezeichnete im kanon. Recht sowohl die Straftat (*crimen*) als auch jenes Ehehindernis (*impedimentum criminis*; →Ehe, B. II. 2), das eine Heirat zw. Personen nicht zuläßt, die durch ein V., d.h. die Verletzung der ehel. Treue, diese intendierten.

[1] Entsprechend der von Augustinus in Abgrenzung zur Sünde (*peccatum*) aufgestellten Definition galt als V. ein schweres und mit einer entsprechenden Strafe bedrohtes Unrecht (→Schuld, II). Seit Petrus →Abaelardus bemühte sich die kanonist. Wiss. um eine deutlichere Begriffsklärung. Uneinigkeit über das V.sverständnis Gratians ließ die →Dekretisten erkennen, daß zwar jedes *crimen* ein *peccatum*, nicht aber jedes *peccatum* ein *crimen* sei. Erst für die →Dekretalisten war der V.sbegriff eine gegebene Sache. Im Unterschied zum →Decretum Gratiani, das noch keinen bes. strafrechtl. Teil aufwies, behandelten die Dekretalen die einzelnen Straftaten im 5. Buch (→Corpus iuris canonici). Mit Tatstrafen belegte V. fanden in der →Abendmahlsbulle »In coena Domini« eingehende Regelung (→Strafe, A).

[2] Das Hindernis des V.s entstand aus der rechtl. Qualifikation erschwerender Umstände des →Ehebruchs (B. II), der in der frühen Kirche neben →Mord und →Apostasie zu den schwersten Vergehen zählte. Die Synode v. Meaux (845) stellte den Ehebruch in Verbindung mit Gattenmord (C. 31 q. 1 c. 5), die Synode v. Tribur (895) jenen mit Eheversprechen (C. 31 q. 1 c. 4) als trennendes Ehehindernis auf. Gratian hält daran fest (Dict. p. C. 31 q. 1 c. 3). Die Päpste Clemens III. und Coelestin III. fügen den Ehebruch mit versuchter Eheschließung (X 4. 7. 4 und 5), Coelestin III. den Gattenmord allein (X 3. 33. 1) hinzu. Die Bestimmungen aus X 4. 7 gingen weithin in den CIC (1917) ein. Beim öffentl. bekannten Gattenmord dispensierte die Kirche nie, beim geheimen nur aus gewichtigen Gründen. W. Rees

Lit.: zu [1]: ST. KUTTNER, Kanonist. Schuldlehre von Gratian bis auf die Dekretalen Gregors IX., 1935 – W. REES, Die Strafgewalt der Kirche, 1993 – zu [2]: DDC IV, 764ff. – L. SMISNIEWICZ, Die Lehre von den Ehehindernissen bei Petrus Lombardus und bei seinen Kommentatoren, 1917, 115–125 – J. LINNEBORN, Grdr. des Eherechts nach dem Codex Iuris Canonici, 1933[5], 257ff. – W. PLÖCHL, Das Eherecht des Magisters Gratianus, 1935, 89–93 – F. SCHÖNSTEINER, Grdr. des kirchl. Eherechts, 1937[2], 374–380.

C. Byzanz
In den byz. Rechtsbüchern (→Byz. Recht) gab es keine Einteilung der Vergehen bzw. V. nach bestimmten Kategorien. Die Forsch. unterscheidet dagegen, auf der Grundlage sowohl der jurist. als auch der erzählenden Q., drei Hauptkategorien von V.: private, staatl. und kirchl.

Der Bereich der privaten V. umfaßt im wesentl. →Mord und andere Gewalttaten, durch welche einer Privatperson eine phys. Verletzung und/oder eine →Beleidigung zugefügt wurden, familiäre und sexuelle Delikte (→Sexualität, II), widerrechtl. Aneignung fremden Guts (→Diebstahl, →Raub) und Vertragsbruch. Nach einer →Novelle Ks. Manuels I. v. 1166 sollte ein Mörder, der sein V. in der Provinz begangen hatte, in Ketten nach Konstantinopel abgeführt werden. Als bes. Fall galt die Ermordung (v.a. durch Gift) eines Ehegatten. Zwei weitere, mit dem Mordbegriff zusammenhängende Rechtsprobleme wurden in Byzanz diskutiert: →Abtreibung wurde als krimineller Akt gewertet, obwohl die →Ekloge nur die Abtreibung eines Embryos, das eine verheiratete Frau von einem Fremden empfangen hatte, als strafbare Handlung wertete. Der Krieger auf dem Schlachtfeld galt nicht als Mörder, sondern wurde als Held gefeiert (Ks. Nikephoros II. regte an, vor dem Feind gefallene Soldaten zu Hl. zu erklären), andererseits aber auch als Übertreter des bibl. Gebotes gesehen (→Basilius d. Gr.). Gegenüber familiären Konflikten (→Familie, D) verhielt sich das byz.

Recht gewöhnl. zurückhaltend, wenn auch eine exzessive Ausübung der väterl. Gewalt bekämpft wurde (etwa der Verkauf von Kindern als →Sklaven, nicht aber die Kastration von Söhnen; →Eunuchen). Die Haltung gegenüber →Notzucht schwankte; Faktoren wie ein mögl. Konsens des Opfers, dessen Alter und Jungfräulichkeit, ein mögl. kollektives Begehen der Tat, die Bedrohung mit einer Waffe usw. wurden mit in Betracht gezogen. →Homosexualität und Sodomie wurden ebenso wie →Blutschande und →Ehebruch verdammt und geahndet.

Diebstahl wurde vom Justinian. Recht als privates Delikt gewertet. Nicht jede unbefugte Aneignung fremden Besitzes galt als schweres V.: In manchen Fällen durften Nachbarn und selbst Fremde ein Grundstück betreten, um dort Früchte für den eigenen Bedarf zu ernten, Kastanien und Heu zu sammeln, zu fischen usw.; auch die Urbarmachung und Bewirtschaftung fremden (ungenutzten) Landes oder die Aneignung der Ladung gestrandeter Schiffe (→Strandrecht) konnte unter bestimmten Umständen vom Gesetz geduldet werden. Die Gültigkeit von →Verträgen wurde durch spezielle Klauseln, die bei Vertragsbruch sowohl weltl. Bußen als auch kirchl. Sanktionen vorsahen, geschützt, doch konnte die Nichtbezahlung einer →Schuld auch Gefängnis nach sich ziehen.

Die staatl. V. umfaßten die Beleidigung des Ks.s (→Majestätsv.), Verrat, Verstöße gegen die öffentl. und soziale Ordnung (→Revolte; Raub), die Weigerung, den staatl. Pflichten nachzukommen (Militärdienst, Steuern), den Bruch öffentl. Verträge und die Mißachtung der Gewerbeordnung.

Die kirchl. V. betrafen zunächst moral. Verfehlungen und die Überschreitung ritueller Normen, ebenso aber auch →Häresie, unerlaubte Kontakte mit Ungläubigen (→Apostasie) und die Verwicklung in verbotene Praktiken der →Magie und Hexerei.

Die Grenzlinie zw. den drei Kategorien war nicht immer klar definiert: Die Kirche strebte danach, die →Ehe zu kontrollieren; manchmal wurde Diebstahl (und nicht nur Mord) als V. gegen den Staat betrachtet. Die Verfolgung von Häretikern war sowohl staatl. als auch kirchl. Verpflichtung.

Die Kirche übte ihre Strafgewalt durch vielfältige Formen der Kirchenbuße aus; das private V. wurde im wesentl. durch Geldbußen gesühnt. Der Staat praktizierte unterschiedlichste Arten von →Strafen: Aberkennung der Ehre (damnatio memoriae; Schur des Haupthaares), Konfiskation, Exil (→Verbannung) und Internierung in einem Kl.; Gefangenschaft und Zwangsarbeit (Minen, staatl. Werkstätten), Leibesstrafen, sowohl temporärer (Prügelstrafe) als auch irreversibler Art (Handabschlagen, Gesichtsverstümmelung, Blendung), die →Todesstrafe (die röm. Hinrichtungsart der Kreuzigung war zwar aus religiösen Gründen verboten, der →Galgen [furca] und selbst die Verbrennung bei lebendigem Leibe dagegen möglich). Die soziale Stellung konnte die Art der Strafe beeinflussen: So sah die Ekloge für einen armen Straftäter bei demselben Delikt die Prügelstrafe vor, für einen wohlhabenderen dagegen eine Geldbuße. Die byz. Gesellschaft übernahm das System kollektiver Verantwortung: Nachbarn mußten für die von verlassenen Bauernstellen zu erhebenden Steuern aufkommen, und Andronikos I. dehnte die Verantwortlichkeit für begangene Straftaten über den einzelnen hinaus auf dessen Familie aus.

Es bestanden staatl., kirchl. und private Organe der V.sverfolgung. Die Hauptstadt hatte eine →Polizei vorrangig zum Schutz des Ks.palastes, aber auch der (nächtl.) Straßen; sie unterstand dem →Drungarios der 'vigla', belegt seit dem 8. Jh., der im 11. Jh. zum Präsidenten des ksl. Gerichtshofes aufstieg. Die Rechtsprechung war von der administrativen Autorität nicht getrennt: Vielfältige fiskal. und militär. Amtsträger hatten ihre Gerichtshöfe. Höchste richterl. Autorität war der Ks., der auch als oberste Appellationsinstanz für Urteile anderer Gerichte angerufen werden konnte. Bfl. Gerichte urteilten über Familienstreitfälle und Sittlichkeitsdelikte. Private Herren waren anerkannt als Schiedsrichter über (niedrigere) Mitglieder ihrer Familien und Klientelverbände wie über Sklaven und »Mietlinge« (*misthioi*), doch bemühte sich der Staat, ihr Recht zur Verhängung von Leibesstrafen einzuschränken. Rechtl. →Immunität ist nur in spätbyz. Zeit bezeugt. Das byz. Recht bot manche Möglichkeit, Bestrafungen zu mildern oder gar förml. aufzuheben (ksl. Begnadigung und Amnestie, Rechtsvorstellung der oikonomia ['Konzession, Kompromiß'], in gewisser Entsprechung zum westl. Rechtskonzept der →aequitas); das →Asylrecht bewahrte einen Straftäter, der in einer Kirche nahe dem Altar Schutz suchte, zeitweilig oder auf Dauer vor Verfolgung. Im 13. Jh. begegnet das »barbar.« →Gottesurteil (Eisenprobe), das einem Verdächtigen u. U. zur Straffreiheit verhalf.   A. Kazhdan

Lit.: Ph. Koukoulès–R. Guilland, Études sur la vie privée des Byzantins, 1. Voleurs et prisons à Byzance, REG 61, 1948, 118–136 – H. Evert-Kappesowa, Formy zesłaniaw państwie bizantyńskim, Harvard Ukrainian Stud. 7, 1983, 166–173 – M. Th. Fögen, Ein heißes Eisen, Rechtshist. Journal 2, 1983, 85–96 – E. Patlagean, Byzance et le blason pénal du corps. Du châtiment dans la cité, 1984, 405–426 – D. Simon, Die Bußbescheide des Ebf.s Chomatian v. Ochrid, JÖB 37, 1987, 235–275 – K. Simopoulos, Βασανιστήρια καὶ ἐξουσία, 1987, 206–307 – J. Koder, Delikt und Strafe im Eparchenbuch, JÖB 41, 1991, 113–131 – S. Troianos, Die Strafen im byz. Recht: eine Übersicht, JÖB 42, 1992, 55–74 – Consent and Coercion to Sex and Marriage in Ancient and Medieval Societies, hg. A. Laiou, 1993 – A. Kazhdan, Some Observations on the Byz. Concept of Law (Law and Society in Byzantium, Ninth-Twelfth Centuries, hg. A. Laiou–D. Simon, 1994), 199–216 →Strafe, Strafrecht, B.

Verbum (lat. 'Wort'). Die scholast. V.-Theorien hatten ihre Grundlagen in sprachphilos. und trinitätstheol. Lehren Augustins (bes. De trin.; In ev. Ioa.). In ihnen war von der antiken Sprachphilosophie die Ansicht übernommen worden, daß das menschl. Denken und Erkennen ein inneres Sprechen und das vom Denken Hervorgebrachte und Erkannte ein inneres Wort zu nennen sei, um den Manifestationscharakter des Erkennens bes. stark zum Vorschein kommen zu lassen. Parallel u. kontrastiv zu Bestimmungen d. göttl. Wortes (v. divinum; vgl. Joh 1, 1; →Logos, Wort) unterschied man am menschl. Wort. Wort (v. humanum) das 'äußere, gesprochene Wort' (v. vocale, vox verbi) vom 'innerlich vorgestellten Wort' (v. mentis) bzw. 'inneren Wort des Herzens' (v. interius, v. cordis). Zentrale Themen der ma. V.-Spekulationen, die zw. 1250–1320 in erster Blüte standen, waren die intra mentale Hervorbringungsweise des V., die dazugehörigen Strukturmomente, der ontolog. Status des V., psycholog. Aspekte und trinitätstheol. nutzbare Analogiebildungen. Erste traktathafte Ausführungen, in denen v. a. Differenzpunkte des göttl. und menschl. V. erörtert wurden, findet man bei Alexander v. Hales, Qu. disp. 'antequam esset frater', q. 9 BFS XIX, 79–104; S. theol. I, q. 62, ed. Quar. 610–619. Entgegen der augustinisierenden Bestimmung des V. als eines Aktes des erkennenden Intellekts und dem griech.-arab. Verständnis des V. als eines Akzidens der Seele stellte erstmals Thomas v. Aquin (vermutl. in Fortführung modist. Sprachlogik; Martinus v. Dacien, Simon v. Dacien) mit systemat. Weite den spezif. Seinsmodus des Gedachten heraus. Das V. ist als etwas inkomplex oder auch satzhaft Erkanntes im Erkennenden; sein Sein besteht nach Thomas in seinem Erkanntwerden (vgl. bes. S. c. G. IV, 11; ferner In I Sent., dist. 27, 2, 2f.; De Ver. IV, 1–8; S. th. I, 34, 1–3; Comp. theol. I, 37, 45f., 85). Um dem für eine Ontologie des Gedachten als unangemessen empfundenen aristotel. Substanz-Akzidens-Schema zu entkommen, benannte Heinrich v. Gent, Summa 33, 2 Op. omn. 27, 151f., erstmalig die intramentale Seinsweise des V., sofern es als Gedachtes vom menschl. Erkennen konstituiert und mit Bestimmtheit manifestiert ist, als objektive Präsenz. Hervaeus Natalis, Tract. de verbo, in: Qdl. cum tract., ed. 1513, ND 1966, 10r–24r, und auch noch Petrus Aureoli, In I Sent., d. 27, knüpften an diese sprachontolog. Überlegungen an. Bei Joh. Duns Scotus, Ord. I, d. 27, 2 Ed. Vat. VI, 89, und Wilhelm v. Ockham, In I Sent., d. 27, 2 OTh IV, 225, wurde dagegen in reaugustinisierender Umdeutung das V. nurmehr als Akt des Intellekts aufgefaßt, dem keine objektive, sondern real-subjektive Seinsweise zukomme, insofern das V. eine kategoriale Qualität des menschl. Geistes sei. – Die unterschiedl. erkenntnistheoret. Positionen beeinflußten auch den Gang der scholast. Diskussion im 13./14. Jh., ob in der 'visio beatifica' (Schau Gottes) Gott unvermittelt in und durch sich selbst oder in einem reflexiv gewonnenen kreatürlichen 'v. mentis' geschaut werde. – Heinrich v. Gent, Summa 59, 2 Badius 140 vD–142 rH, nutzte die bei Aug., De trin. XV, 15, nur angedeutete, innerscholast. bis dahin nur spärlich rezipierte Lehre von einem präreflexiven 'v. formabile' bzw. 'v. nondum formatum' zur Erklärung einer primären apriorischen, wenn auch konfus allgemein gehaltenen Gotteserkenntnis des menschl. Geistes.

M. Laarmann

Lit.: Hb. theol. Grundbegriffe II, 835–876 [H. Krings, H. Schlier, H. Volk] – P. Glorieux, La litt. quodl., II, 1935, Table idéol. s. v. [Textverz. der scholast. Qdl.-Lit.] – H. Paissac, Théol. du Verbe. S. Augustin et S. Thomas, 1951 – H. J. Müller, Die Lehre vom 'v. mentis' in der span. Scholastik [Diss. Münster i. W. 1968], 39–124 [zu Augustinus, Thomas v. Aquin, Bonaventura, Petrus Joh. Olivi, Rich. v. Mediavilla, Heinrich v. Gent, Joh. Duns Scotus, Durandus a S. Porciano, Wilhelm v. Ockham, Joh. Capreolus, Caietan] – T. Kobusch, Sein und Sprache, 1987, 82–86, 91–96, 365–374 – Vruchtbaar woord. Wijsgerige beschouwingen bij een theol. tekst van Thomas van Aquino [S. c. G. IV, 11], hg. R. A. te Velde, 1990 [Beitr. J. A. Aertsen, H. Berger, C. Steel, B. Vedder, R. A. te Velde] – Ch. Trottmann, La vision béatifique. Les disputes scolastiques, 1995 – M. Laarmann, Deus, primum cognitum [Diss. Bochum 1997; v. informe].

Vercelli, Stadt und Bm. in Oberitalien (Piemont). Das seit dem 1. Jh. v. Chr. bedeutende röm. Municipium (Vercellae) wurde wahrscheinl. in den ersten Jahrhunderten der Kaiserzeit mit Mauern umgeben, da Tacitus es unter die »firmissima Transpadanae regionis municipia« einreiht (hist. I 70). Hieronymus (epist. I 3) erwähnt 371 nach einem Besuch die frühere Größe der Stadt. Als Bollwerk des nikän. Glaubens wurde V. in der Mitte des 4. Jh. zum wichtigsten Bf.ssitz Norditaliens; Bf. →Eusebius nahm durch seine im Exil in Skythopolis verfaßten Briefe Einfluß auf zahlreiche christl. Gemeinden in den Nachbarstädten. Deshalb intervenierte →Ambrosius nach dem Tode des Eusebius bei der Wahl von dessen Nachfolger Limenius, um die zentrale Stellung Mailands als größtes Bm. der Poebene zu betonen. Dies minderte die Bedeutung von V., dessen Diözese – wie neuere archäol. Grabungen gezeigt haben – bereits eine gut entwickelte Struktur von Taufkirchen mit Priestern und Klerikern in den größeren Orten auf dem flachen Land (wie Naula, Rado, Biandrate und Mediliano) besaß. Aus langob. Zeit sind wenige Nachrichten über die Stadt bekannt. Sie war sicher Sitz eines Hzg.s. Die Kirche von V. erhielt als Schenkung Kg. →Liutprands die Ortschaft Torcello. Während der Regierungszeit Kg. →Desiderius' wurden in V. Münzen geschlagen (Goldtremissis mit der Aufschrift »Flavia Vircelli« (h. Chur, Mus.). In karol. Zeit regierten neben den öffentl. Funktionsträgern die Bf.e der Stadt, von denen einige hochangesehene polit. Ämter ausübten. Bf. →Liutward war Erzkanzler Karls III., von dem er 882 ein bedeutendes Präzept für seine Kirche erwirkte. Die Bindungen des Bf.s an den Ks. trugen der Stadt jedoch 886 die Plünderung durch die berittenen Truppen Berengars I. ein. Umfassende Hinweise auf die Entwicklung der Stadt in karol. und nachkarol. Zeit enthält das Präzept Berengars I. vom 26. Jan. 913 für die Kanonikerstifte S. Maria und S. Eusebio mit Schenkungen des Ortes »qui olim Curtis Regia dicebatur« und von zwei Mühlen am Rivofreddo. Wichtig für die Geschichte der Kirche von V. war der Episkopat des →Atto (924–964), eines der größten Intellektuellen des 10. Jh. In der 2. Hälfte des 10. Jh. erlitt die Kirche von V. Einbußen durch Verschenkungen ihrer Güter durch Bf. Ingo und erlebte eine dramat. Krise unter Bf. Petrus, dessen Streit mit →Arduin v. Ivrea 997 in einen Vergeltungsschlag des Mgf.en und seiner Vasallen-»Milites« gegen die Stadt mündete, in dessen Verlauf der Bf. getötet wurde. Die Kirche von V. gewann durch ihr Bündnis mit Otto III. neue Macht: Bf. →Leo, der mit den wichtigsten Vertretern der otton. »Renovatio imperii« wie →Brun v. Querfurt, →Heribert v. Köln, →Bernward v. Hildesheim, →Adalbert v. Prag und →Gerbert v. Aurillac eng zusammenarbeitete, ging im Kampf gegen Arduin als Sieger hervor. Seine Nachfolger, der Mailänder Ardericus und der Piacentiner Gregorius, waren beide mit den polit. Gruppierungen auf seiten Konrads II. und Heinrichs III. verbunden, so daß 1051 Leo IX. Bf. Gregorius exkommunizierte, der nicht an der Synode v. V. (Sept. 1050) teilgenommen hatte (→Abendmahlsstreit). Während des Pontifikats →Gregors VII. wurde die Exkommunikation Bf. Gregorius', der sich als »Vercellensis episcopus et comes« betitelte, aufgehoben. Machtkämpfe innerhalb des Klerus nach dessen Tod schwächten die polit. Gewalt der Kirche in V. und im Territorium der Gft. und Diözese. 1141 sind erstmals Consules der Kommune belegt, die aus den capitanealen Familien hervorgingen, die durch Lehnsbande an den Bf. gebunden waren. Seit 1208 investierte der Bf. regelmäßig Podestà mit der Herrschaft über die Stadt. 1243 erwarb die Kommune vom päpstl. Legaten →Gregor v. Montelongo die weltl. Jurisdiktion, welche die Kirche von V. im Gebiet zw. Po, Dora und Sesia besaß. 1170–94 wurde eine Erweiterung des Mauerrings mit Einschluß der Vororte notwendig. In dem auf diese Weise gewonnenen Stadtareal ließ der verselles. Kard. Guala →Bicchieri zw. 1219 und 1227 die Kirche und das Regularkanonikerstift S. Andrea erbauen, eines der frühesten und eindrucksvollsten Denkmäler der lombard. Gotik. 1228 wurde durch die Initiative der Kommune eine »Universitas magistrorum et scholarium« gegründet, die teilweise Studenten aus Padua umfaßte. Die zweite Hälfte des 13. Jh. war geprägt durch lange Machtkämpfe zwischen den Faktionen Bicchieri-Tizzoni und Avogadro. 1335 wurde die Stadt der Signorie der →Visconti unterstellt, die ihr Verteidigungssystem durch die Errichtung der Zitadelle verstärkten (1368–72). 1427 trat Filippo Maria →Visconti die Stadt V. und ihren Verwaltungsbezirk an Hzg. →Amadeus VIII. v. Savoyen ab. Im Lauf des 15. Jh. wählten die Hzg. e. v. Savoyen V. als Residenz, v. a. durch die Initiative →Amadeus' IX. († 1472 in V.) und seiner Gemahlin Yolande (Violante), die das Stadtschloß erweiterten.

G. Andenna

Lit.: V. MANDELLI, Il Comune di V. nel Medioevo, I–III, 1857–61 – E. COLOMBO, Iolanda duchessa di Savoia, Misc. di Storia It., s. II, vol. XVI, 1894 – G. C. FACCIO, Le successive cinte fortificate di V., 1963 – C. D. FONSECA, Ricerche sulla famiglia Bicchieri e la società vercellese dei sec. XII–XIII, Contrib. Ist. Storia medioev. Univ. Milano, I, 1968, 192–234 – R. ORDANO, La zecca di V., 1976 – L. AVONTO, V. guelfa e ghibellina, 1978 – H. KELLER, Adelsherrschaft und städt. Ges. in Oberitalien 9. bis 12. Jh., 1979 – S. FONAY WEMPLE, Atto of V., 1979 – L. AVONTO, Castello, fortificazioni e torri di V., Da V. da Biella tutto intorno, 1980, 47–60 – R. ORDANO, Storia di V., 1982 – C. FROVA, Il »Polittico« attribuito ad Attone vescovo di V., BISI 90, 1982–83, 1–75 – G. ANDENNA, Per lo studio della società vercellese nel XIII sec. Un esempio: i Bondoni (V. nel sec. XIII, 1984), 205–225 – A. SETTIA, Gli Ungari in Italia e i mutamenti territoriali fra VIII e X sec. (»Magistra barbaritas«, 1984), 189–200 – L. MINGHETTI, Alberto vescovo di V., Aevum 59, 1985, 258–274 – G. GANDINO, L'imperfezione della società in due lettere di Attone di V., Boll. stor.-bibliogr. subalpino 86, 1988, 5–37 – G. FERRARIS, Ricerche intorno ad una famiglia di cives vercellesi tra XII e XIII sec: i Carraria, Boll. Stor. Vercellese 19, 1990, 20–40.

Vercelli-Codex, Vercelli-Homilien. Beim »V.-Book« handelt es sich um eine Slg. religiöser Prosa und Verse, die von Paläographen normalerweise um 975 datiert wird. C. SISAM plädiert jedoch für ein späteres Datum auf der relativ unsicheren Basis, daß ein Text eine angebl. Anspielung auf Wikingerüberfälle am Ende des 10. Jh. beinhaltet. Das »V.-Book« wurde im SO Englands verfaßt. Federstriche am Blattrand belegen, daß es einige Zeit als Kopiervorlage diente. Es erreichte seine heutige Heimat in N-Italien vor dem Ende des 11. Jh., gemäß einem Psalmenzitat mit eindeutig it. Textvarianten, die auf ein freies Feld auf Fol. 24v. geschrieben wurden. Die an der Pilgerroute von England nach Rom gelegene Stadt →Vercelli war Durchgangsort der neu gewählten engl. Ebf.e, die zur Palliumsverleihung zum Papst reisten. Die Prosatexte, die normalerweise als →Homilien bezeichnet werden, sind eine Mischung von Predigten zu allgemeineren Themen und Erzählungen mit wenig ausdrückl. homilet. Inhalt, die auf die Bibel und auf lat. Hl.nviten zurückgehen. Die sechs Versstücke, von denen →»Andreas«, →Cynewulfs »The Fates of the Apostles« und →»Elene« sowie →»Dream of the Rood« am bekanntesten sind, beinhalten Hl.nviten und Erzählungen. Sie sind auf drei Stellen innerhalb der Prosastücke verteilt. Offensichtl. unterschied der Kopist nicht zw. Prosa und Vers, denn die Slg. scheint ungeordnet zusammengestellt worden zu sein. Es handelt sich um eine Slg. zur frommen Lektüre.

Wenn man die frühe Datierung des Ms.s übernimmt, stellt das »V.-Book« die früheste Slg. homilet. Texte dar, die aus dem Ae. erhalten ist. Viele der allesamt anonymen Homilien erscheinen in vollständiger, adaptierter oder exzerpierter Form anderswo in späteren Abschriften. Es gibt keine zuverlässigen Beweise für die Datierung der Prosastücke, obwohl einige wie Nr. XIX, XX und XXI offensichtl. relativ spät entstanden sind. Mit Ausnahme dieser drei Stücke stammen die Texte mit großer Sicherheit von verschiedenen Autoren. Einige (wie Nr. III) sind einfache Übers.en lat. Homilien, andere wurden in freierer Form auf Engl. verfaßt (wie Nr. X). D. G. Scragg

Ed. und Lit.: M. FÖRSTER, Die V.-Homilien (BAP 12, 1932) – K. SISAM, Studies in the Hist. of OE Lit., 1953 – D. G. SCRAGG, The Compilation of the V. Book, ASE 2, 1973, 189–207 – The V. Book, ed. C. SISAM, EEMF 19, 1976 [Faks.] – M. MCGATCH, Preaching and Theology in Anglo-Saxon England, 1977 – The V. Homilies and Related Texts, ed. D. G. SCRAGG, EETS 300, 1992 – DERS., An OE Homilist of Archbishop Dunstan's Day (Words, Texts and Manuscripts, Studies pres. to H. Gneuss, ed. M. KORHAMMER, 1992), 181–192.

Verdammung. Auch wenn die Lehraussagen über die V. sich mit denen über die →Hölle vielfach überschneiden, läßt sich doch eine Verschiedenheit der Aspekte feststellen. Während beim Thema von der Hölle vornehml. die Existenz, die objektive Beschaffenheit und der Ort des unseligen Endstandes zum Ausdruck kommen, geht der Blick bei Erörterung der V. und der damnati mehr auf das subjektiv-personale Moment der Unseligkeit, und zwar sowohl in Relation zum Handeln Gottes als auch zum Erleiden des Menschen. Entsprechend stellt die ma. Lehre von der V. die Quintessenz der Grundsätze der Gottes- und Prädestinationslehre, der Doktrin über die Sünde und Strafen und der anthropolog. Grundvorstellungen dar. Nach dem Ende des Streites über die →Prädestination ging die allg. Auffassung dahin, daß die Vorherbestimmung zur Strafe sowohl dem göttl. Wissen als auch dem zulassenden Willen Gottes zugehört (Anselm, Op. II 243–288). Dies verschärfte die die ganze Epoche beschäftigende Frage nach dem Ausgleich von Gottes Gerechtigkeit und Barmherzigkeit bei Verurteilung der damnati. Das vorherrschende Argument, wonach der in seiner Lebenszeit (»in suo aeterno«) Unbußfertige ewige Strafe verdiene (Robert v. Melun, Quaest. de div. pag. q. 65), vertieft die Hochscholastik mit der Begründung, daß der Mensch bei einer schweren Sünde ein Geschöpf zu seinem letzten Ziel nimmt, sein Leben so auf die Sünde ausrichtet und ihr nach dem Tod unbeweglich zugewandt bleibt (Thomas, Sent. 4, d. 46 q. 1 a 3). Ergänzend tritt hinzu, daß der Sünder die zur Schuldtilgung notwendige Gnade nach dem Lebensende nicht mehr erlangen kann. →Johannes Duns Scotus nimmt eine begriffl. Differenzierung vor, die besagt, daß die Ewigkeit nicht formell dem Begriff der Strafe zugehört, wohl aber wegen der Ewigkeit der gestraften Person hinzutritt (ebd. q. 4 a 1 7 20). Die Unmöglichkeit der Umkehr leitet er aus einer freien Anordnung Gottes ab. Die dabei auch immer waltende göttl. Barmherzigkeit wird von der ma. Theol. auf voneinander abweichenden Wegen erklärt: →Petrus v. Poitiers vertritt die These, daß die Barmherzigkeit nur dann gehalten werden könne, wenn Gott unter Gebühr straft, d. h. die gebührende Strafe vermindert (Sent. III 9), welche Ansicht auch →Hugo de Sancto Caro übernimmt (Sent. 4, d. 46 Cod. Vat. lat. 1098 fol. 200 rb–201 ra), während →Albertus Magnus mit der Unterscheidung zw. »befreiender« und »nachlassender Barmherzigkeit« operiert (ebd., d. 46 a. 3), wogegen →Thomas v. Aquin die Unterscheidung von Form und Materie heranzieht, um zu begründen, daß das Formale auf seiten des gebenden Gottes (die Barmherzigkeit) immer größer ist als das Materiale (die Gerechtigkeit) auf seiten des Empfangenden, das unter dem geschuldeten Strafmaß bleibt (d. 46 q. 2 a qc. 3).

Die Frage nach der Bestrafung der Sünder erfährt bereits in der Frühscholastik eine weitere Differenzierung, insofern auch die läßl. Sünden in Betracht gezogen werden und über die Art ihrer Nachlassung in der V. diskutiert wird, wobei eine Reihe von Lösungsvorschlägen erwogen werden. Unter ihnen erscheint die Annahme favorisiert, daß der läßl. Sünde, absolut genommen, die zeitl. Strafe entspricht und ihr bedingungsweise (bei Hinzutreten einer Todsünde) ewige Strafe gebührt (LANDGRAF IV, 2, 253). Mit dem immer auch andrängenden Problem einer Milderung der ewigen Strafe durch Gottes Barmherzigkeit kommen Versuche auf, wenigstens für die verdammten Christen theoret. eine Befreiung von der V. zu ermitteln. Thomas schneidet solche Versuche mit der Begründung ab, daß vom Menschen die fides formata verlangt ist, die nicht durch den bloßen äußerl. Empfang des Sakramentes erlangt wird (Sent. 4, d. 46 q. 2a qc. 3).

In der Fülle der unter Heranziehung von Schrifttexten mit den Mitteln der Psychologie und der Vernunft erhobenen Aussagen über die sinnl. Strafen der Verdammten, die mit Erwägungen über ihr Willens- und Erkenntnisleben verbunden sind (vgl. S. th. III q. 98), bleibt der eigentl. personale Charakter der Strafen der V. als Verlust der Anschauung Gottes gewahrt (poena damni). Nach einer Abhandlung der Schule v. →Laon entbehrt der Verdammte der »gloria Dei« (F. BLIEMETZRIEDER, 153). Nach →Petrus Lombardus sind die Verdammten vom Licht der göttl. Majestät getrennt (Sent. IV, d. 50 c. 2). In der Spätscholastik bezeichnet →Johannes Capreolus den Entzug der Gottschau als die hauptsächl. Strafe der Verdammten (ebd., d. 49 q. 4). Andererseits wird auch mit metaphys. Begründungen daran festgehalten, daß die damnati sich nicht gänzl. außerhalb Gottes befinden, der alles im Sein erhält (Albert, ebd., d. 50 a. 6). Entsprechend wird auch das Streben der Verdammten nach dem Nichtsein beurteilt. Robert v. Melun legt dem »verzehrenden Feuer« nicht die Fähigkeit bei, die damnati zu vernichten (Quaest. de epist. Pauli, Hebr. 10, 27). Der Wunsch nach dem Nichtsein wird in ihnen freilich als gegeben angesehen (S. th. III q. 98 a 3). Differenzierter geht Duns Scotus vor, wenn er annimmt, daß die damnati bei gewährter Wahlmöglichkeit eher das Nichtsein wählen würden (Sent. 4, d. 50 q. 2 n. 14).

Trotz des Einflusses mancher volkstüml. Vorstellungen, die sich in Dichtung und Kunst weiter auswirkten, beruht die Lehre von der V. wesentl. auf theol. Prinzipien, die freil. das ma. Weltbild zum Hintergrund haben.

L. Scheffczyk

Lit.: →Hölle, →Prädestination – F. BLIEMETZRIEDER, Anselms v. Laon systemat. Sentenzen, 1919 – H. DOMS, Ewige Verklärung und ewige Verwerfung nach dem hl. Albertus Magnus, DT 10, 1932, 143–161 – P. KIENZLE, Thomas v. Aquin und die moderne Eschatologie, FZPhTh 8, 1961, 109–120 – A. ADAM, Lehrbuch der Dogmengeschichte II, 1968 – H. STOEVESANDT, Die letzten Dinge in der Theol. Bonaventuras, Basler Stud. zur hist. und systemat. Theol. 8, 1969 – C. POZO, La doctrina escatológica del »Prognosticon futuri saeculi« de S. Julian de Toledo, Estudios ecclesiásticos 45, 1970, 173–201 – Hb. der Dogmen- und Theologiegesch., I, hg. C. ANDRESEN, 1982.

Verden, Bm. und Stadt. Der Ort, an einem Allerübergang gelegen, hatte in karol. Zeit überregionale Bedeutung, wofür auch der Aufenthalt Karls d. Gr. i. J. 810 anläßl. eines »placitum« spricht. Wahrscheinl. gehen in etwa auf die damalige Zeit die Anfänge des Bm.s zurück. Die ersten Bf.e, Missionsbf.e, waren Äbte der kg.snahen Kl. →Amorbach und Neustadt a. Main, von denen allein der Name Haruds († 829) einen datierbaren Anhaltspunkt bietet. Er ist auf einer Mainzer Provinzialsynode nachzuweisen, was zugleich die frühe Einbeziehung des Bm.s in den Mainzer Metropolitanverband belegt. (Die Annahme, daß der Bf.ssitz der Diöz. zunächst in →Bardowick gelegen habe, eine Annahme, die sich nur auf eine kuriale Überlieferung des 12. Jh. stützen kann, dürfte inzwischen als widerlegt gelten.) Als Kg. Ludwig d. Dt. 849 der V.er Kirche Kg.sschutz und Immunität gewährte, erscheint das Bm. konsolidiert; diese Kg.surk. kann aber auch ein Ausgleich dafür gewesen sein, daß die zw. den Bm.ern V. und Bremen (→Hamburg–Bremen) umstrittenen Diözesangebiete n. der Elbe dem Ebm. übertragen worden waren. Obwohl 985 der V.er Kirche Zoll-, Münz- und Marktrecht sowie die Gf.enrechte im Sturmigau übertragen wurden, blieb die materielle Ausstattung des Bm.s vergleichsweise gering. Auch deswegen wurde es nur indirekt in den Verband der otton. →Reichskirche einbezogen; es erscheint unter den billung. Bf.en Amalung (933–962) und Brun (962–976) fast als ein Hausbm. dieser Familie. Die Nähe zu den →Billungern wird auch in der Folgezeit immer wieder sichtbar und tritt noch unter dem Erbe billung. Macht, unter Ks. Lothar III., deutl. in dem Episkopat Bf. Thietmars II. (1116–48) in Erscheinung. Um so auffallender ist es, daß unter Heinrich d. Löwen die V.er Bf.e eng an den stauf. Hof gebunden waren, im Reichsdienst ihre wichtigste Aufgabe sahen. Bei Bf. Hermann (1148–67), der aus der welf. Vasallität stammte, kann dieses noch auf das Einvernehmen zw. Friedrich I. und Heinrich d. Löwen hinweisen, bei seinem Nachfolger Hugo (1168–80), der am ksl. Hof eingesetzt wurde, zeigt sich hingegen bereits der massive ksl. Einfluß im Elbe-Weser-Raum. Hugos Nachfolger Tammo (1180–88) scheint sich den Machtrivalitäten entzogen zu haben, aber er fand in Bf. Rudolf (1188/89–1205) einen Nachfolger, der dezidiert auf stauf. Seite stand. Bf. Iso (1205–31), aus dem Hause der Gf.en v. →Wölpe, verfolgte eine Politik der Verselbständigung des Bm.s gegenüber den Welfen. Dieses Bemühen um Eigenständigkeit war bereits mit der Wahlkapitulation v. 1205 durch die Domherren vorgezeichnet worden und drückte sich auch in der erfolgreichen Sicherung der materiellen Ausstattung des Bm.s, sichtbar z. B. in der ersten Stadtummauerung V.s, aus. Bf. Isos Bemühungen lassen zwar die Konturen des Hochstifts erkennen, zeigen aber auch, daß V. stets ein armes Bm. bleiben sollte. Selbst die kleine Bf.sstadt V. konnte gegenüber dem Stadtherrn große Freiheitsrechte gewinnen (Stadtrecht 1259 mit Beschränkung bfl. Vogteirechte; 1330 erstmals bezeugte Ratsverfassung), so daß schließlich seit der 2. Hälfte des 14. Jh. Rotenburg a. d. Wümme als Residenz der V.er Bf.e dienen mußte. Schon mit dem Episkopat des päpstl. Leibarztes Johann (Hake) v. Göttingen (1331–41) wurde V. in die avign. Provisionspolitik einbezogen mit der Folge, daß nur ausnahmsweise die Bf.e überhaupt in der Diöz. residierten. Wenn in der Zeit des Gr. →Abendländ. Schismas Namen bedeutender Gelehrter als V.er Bf.e erscheinen – →Konrad v. Soltau (1399–1400 bzw. 1402–07) und Ulrich v. Albeck (1407–17) –, so lag das an der bes. Provisionspraxis, die es dem Kgtm. gestattete, Vertrauenspersonen mit dem als Pfründe aufgefaßten Bm. zu versorgen. Mit den päpstl. →Provisionen waren innere Wirren verknüpft gewesen, in deren Folge der Hochstiftsbesitz völlig zerrüttet worden ist. In einem langen Episkopat gelang es zwar Johann v. Assel (1426–70), viele Pfandschaften wieder auszulösen, aber das Hochstift blieb schwach und geriet im 16. Jh. in Abhängigkeit der Hzg.e v. Braunschweig-Wolfenbüttel.

E. Schubert

Lit.: TH. VOGTHERR, Bm. und Hochstift V. bis 1502 (Gesch. des Landes zw. Elbe und Weser, hg. H.-E. DANNENBERG–H.-J. SCHULZE, 1995), 279–320 [Lit.] – E. SCHUBERT, Gesch. Niedersachsens vom 9. bis zum ausgehenden 15. Jh. (Gesch. Niedersachsens, 2/1, hg. DERS., 1997), bes. 61–63, 138–143, 259–263, 427–431, 688–696, 817–820 [ältere Lit.].

Verden, »Blutbad v.«. Die sog. Einhard-Annalen berichten z. J. 782, daß an einem einzigen Tag 4500 Sachsen auf Befehl →Karls d. Gr. in V. enthauptet worden seien. Die Annalen, an dieser Stelle eine Erweiterung der substantiell mit ihr übereinstimmenden Reichsannalen bietend, sind über die Feldzüge dieses Jahres in →Sachsen ungewöhnl. gut informiert, so daß an dem Q.wert der Nachricht nicht zu zweifeln ist. Bedenkt man zudem, daß die geogr. Kenntnisse der frk. Annalisten weitgehend auf den westfäl. Raum beschränkt bleiben, so dürfte die genaue Lagebestimmung des »Blutbades« im entfernten ö. Sachsen auf zuverlässigen Informationen beruhen. Die wuchernden wiss. Spekulationen, dieses Ereignis zu relativieren, scheitern an der klaren Aussage der Q., die auch eine Begründung für die Strafaktion nahelegt, näml. Reaktionen Karls auf die Niederlage in der Schlacht am →Süntel und den Rückzug →Widukinds zu den Dänen. Die Vermutung, daß die im Herbst vollzogene Strafaktion zugleich eine Einschüchterung der Sachsen in Wigmodien sein sollte, das im Winter schwer zugängl. war (C. Mossig), ist nicht von der Hand zu weisen. Ob V. ein karol. Militärlager war, ist nicht mit Sicherheit zu sagen; ein archäolog. erschlossener Befestigungsgraben kann ebenso in karol. wie in otton. Zeit zurückgehen. Die Strafaktion (ein Gerichtstag gehört in den Bereich der Fabel) geht nach den Worten des Annalisten unmittelbar auf einen kgl. Befehl zurück, steht somit auch im Zusammenhang mit Karls Versuchen in eben diesem Jahr, Sachsen durch die Einführung der Gft.sverfassung und eine kgl. Gesetzgebung (→»Capitulatio de partibus Saxoniae«) seinem Reich einzugliedern. Die Strafaktion steht singulär in der langen Gesch. der Sachsenkriege. Möglicherweise ist i. J. 785 die »Neugestaltung der Arnulf-Legende« als des hl. Sünders, dem Gnade verheißen wird (ein »Selbstzeugnis Karls i. J. der Taufe Widukinds« [K. HAUCK]), ein büßendes Gedenken an die Hinrichtung vieler Sachsen.

E. Schubert

Lit.: C. MOSSIG, Das Zeitalter der Christianisierung (Gesch. des Landes zw. Elbe und Weser, hg. H.-E. DANNENBERG–H.-J. SCHULZE, Bd. 2, 1955), 23–42 – Die Eingliederung der Sachsen in das Frankenreich, hg. W. LAMMERS, 1970.

Verdienst (meritum, demeritum). Geht die V.-Problematik des MA auf bibl. Vorstellungen vom Ergehen des Menschen als Lohn oder Vergeltung seines Tuns zurück, so beerbt sie zum Teil auch deren Aporetik; denn hier wie dort sollte ein letztl. eschatolog. Zusammenhang zw. Tun und Ergehen des Menschen vor ihrer völligen Beziehungslosigkeit und vor dem Schein der blanken Willkür Gottes (Theodizee) dadurch gerettet werden, daß Gottes Souveränität und zugleich seine Beachtung menschl. Geschichte bejaht werden (ausdrucksstark in apokalypt. Texten). Somit berührt die V.-Problematik auch jene vor dem Hintergrund eines letzten Gerichts mit unterschiedl. Ausgang erschlossene, schwerl. aufzulösende Dialektik von →Prädestination und →Freiheit. Nach eher sporad. Auftreten des Terminus in der frühen Patristik erfuhr er bei Tertullian und Cyprian eine themat. Verdichtung. Ab 397 folgten Rufins umstrittene Übersetzungen des Origenes, wo zwar der V.-Begriff zur Begründung der jeweiligen Gerechtigkeit unterschiedl. Urteile beim individuellen und allgemeinen Gericht mehrfach begegnet (De principiis, I praef. 5; II 9, 8f.), wo aber auch die Asymmetrie von schlechten und guten Verdiensten in bezug auf die Mitwirkung Gottes bzw. wo die eigene Problemhaftigkeit einer irgendwie geschuldeten Belohnung des auf Gott selbst stärker zurückzuführenden Guten gegenüber jeder debita poena pro mercede iniquitatis herausgearbeitet wird (vgl. In Rom. 4, 1–5: MPG 14, 963f.; 6, 23: ebd. 964; 10, 38: ebd. 1287). Es gelang erstmals Augustinus, v. a. in seiner Auseinandersetzung mit pelagian. Gegnern, den Problemgehalt des nun terminolog. fixierten Begriffs in der Form auszudrücken, die – eher punktuell, als kontinuierlich – auf das MA einwirkte. Ohne die Gegebenheit von guten V.en in Frage zu stellen, ist Augustinus bedacht, diese (selbst den Menschen vor dem Sündenfall) als erst durch Gottes Verheißung (zur Vorstellung einer gewissen Selbstbindung Gottes vgl. Sermo 158, 2: MPL 38, 863) bzw. durch seine innerlich unmittelbar wirkende Gnade ermöglicht zu begründen. In den eschatolog. Bildern bleibend, sei Gottes Krönung menschl. V.e nur die Krönung seiner eigenen Geschenke (Epist. 194, 19: MPL 33, 880f.). Daß eine solche gnadenhafte Ermöglichung des V.es die Fragen nach dem Verhältnis von Freiheit und Prädestination verschärfen mußte, zeigte sich sowohl im eigenen Spätwerk Augustins (De praedestinatione sanctorum/De dono perseverantiae) als auch in jener weitergehenden Auseinandersetzung zw. Anhängern des Augustinus (→Prosper Tiro v. Aquitanien, →Fulgentius v. Ruspe, →Caesarius v. Arles) und des →Pelagius (→Faustus v. Riez als Hauptvertreter des sog. →Semipelagianismus; vgl. aber bereits →Julianus v. Eclanum und Caelestius), welche nach den antipelagian. Beschlüssen des Konzils v. Ephesus in der diesbezügl. Bestätigung des Konzils auf der II. Synode v. Orange 529 gipfelte.

Der stark eingeschränkte Kenntnisgrad des semipelagian. Streites im MA begünstigte den Verlust des erreichten Problemniveaus sowie bisweilen auch prakt. wie theoret. Überschätzung der Tragweite menschl. Leistung, nötigte aber auch andererseits zu neuen, wenn auch oft zu kurz greifenden Überlegungen. Der V.-Gedanke wurde von der röm. Liturgie – etwa bei den Orationen oder dem abschließenden Altarkuß (Reliquien) – in verschiedene, meist im Konjunktiv gehaltene (»merear precor«, ... u.ä.), an die breiteren, außertheolog. (z. B. hofsprachl.) Bedeutungen erinnernde Bittkontexte aufgenommen. Jene metapherfreudig und dialekt. überspitzte Frage, welche das vor dem 12. Jh. entstandene, auf 1019 datierte, sog. »testamentum« des Kl.- und Reliquienstifters →Bernward v. Hildesheim stellt, »qua meritorum architectura quove rerum pretio possem mercari celestia« (K. JANICKE, Urkk.buch des Hochstifts Hildesheim und seiner Bf.e, I, 1896, 56), wird zwar durch wiederholte Hinweise des Textes auf jene die geschaffene Gottesneigung noch intensivierende Gnade (ebd.: »divina tactus gratia«; vgl. 55, 1. 36ff.) etwas gemildert, erinnert dennoch vom Zweck her zugleich an eine mit dem V.-Gedanken verbundene und oft überschätzte Praxis der Reliquienverehrung.

In theoret. Schriften wurde die V.-Problematik nach den Aspekten des jeweiligen Subjekts (V. Christi, Mariae, der sonstigen Hl.n, der Kirche, des christl. oder vorchristl. Individuums, der Engel oder der leibberaubten Seelen) oder Objekts des V.es stark differenzierend artikuliert (auf ewiges Leben, Bekehrung, Gnadenzuwachs, zeitl. Güter, künftige Umkehr oder die Beharrung im Glauben hin, auch jeweils danach, ob als für sich oder für andere verdient). Abgetan wurde bisweilen ein V. Christi für sich selbst aus christolog. Gründen als seiner unwürdig (wegen der implizierten Endlichkeit des V.es im Fortschritt von weniger auf neue Würde: →Robertus Pullus, mit der naheliegenden Konsequenz bei →Hugo v. St. Cher auch für die in der caritas bereits vollendeten Seligen); umgekehrt konnte das hoch veranschlagte V. der heiligmachenden Glaubensgnade für andere Christus allein vorbehalten werden (Porretanerschule).

Die frühscholast. Gliederung des V.es in mehrere denkbare Unterarten diente nicht nur einer Senkung der Hemmschwelle zu einer V.sprache, sondern auch und programmat. der Reproblematisierung des V.es, so wie bei →Petrus Cantor, der neben dem meritum ex condigno als V. im strikten Sinn auch V.arten im uneigentl. Sinn namhaft machte: merita ex promisso; ex amminiculo (im Gebet um die Rechtfertigung anderer); comparatione in bono assignata resp. congrua (jene im Vers »quia quem meruisti portare ... resurrexit« angesprochene Konvenienz); quasi pro exigentia (wie im Vers »felix culpa, ... quae ... meruit habere redemptorem«); sowie die als unzulängl. erkannten Bußleistungen des bewußten Sünders und die passive Fähigkeit, daß für einen Sünder von der

Kirche fruchtbar gebetet wird. Gerade die »Würde« Mariens zur Gottesmutterschaft sollte als das Paradigma des meritum congruitatis den paradoxen Charakter dieser V.art verdeutlichen (wie es diesbezügl. in der Schule um Stephen →Langton hieß: »Non enim hoc efficit merito, quia hoc fuit supra omnia merita«). Selbst →Robert v. Melun, der zur Fortführung →Abaelards den Begriff des meritum de congruo vorbereitet, sieht darin eine Art, »ex misericordia iuste« belohnt zu werden. Auch das sog. meritum occasionale (gratiae) oder das (selbst die bestmögl. Taten außerhalb der eingegebenen caritas einschließende) meritum interpretativum läßt diese bewußt dialekt. Tendenz erkennen. Weitgehende Übereinstimmung über Notwendigkeit und Unverdienbarkeit der ersten, jedes eigentl. V. begründenden Gnade verhinderte nicht die Ausformulierung des der Sache nach bereits bei →Anselm v. Canterbury grundgelegten, in der ersten Hälfte des 13. Jh. geläufigen (bei Wilhelm und Herbert v. Auxerre, →Roland v. Cremona, →Hugo v. St. Cher, Joh. v. Treviso u. a.) Axioms »facienti quod est in se Deus non denegat gratiam«, führte jedoch stets auch zu dessen Problematisierung (→Alanus ab Insulis, Porretanerschule, Stephen Langton, →Gottfried v. Poitiers, →Paganus v. Corbeil u. a.: das meritum gratiae sei hier allenfalls als congruitas, habilitas, occasio oder eine in der Regel erforderl. causa sine qua non für die Gnade zu verstehen), wie das geläufige Beispiel der Beleuchtung eines Zimmers durch die Sonne erst nach – aber nicht durch – Öffnung des Fensters verdeutlichen sollte (e. g. bei →Wilhelm v. Auxerre und →Richard Fishacre); selbst diese Vorbereitung sei aber durch noch nicht habituell gewordene Gnade angeregt.

Das Frühwerk des →Thomas v. Aquin (vor 1260) spiegelt die dialekt. Absichten der damaligen V.lehre wider, verlagert aber zunächst die Spannung zw. der congruitas und der condignitas menschl. V.e weitgehend in eine Spannung zw. den Vorstellungen einer iustitia commutativa und der bei Gott einzig anzunehmenden iustitia distributiva, die selbst gegenüber einem menschl. V. im strengeren Sinn die Gratuität der Gnade wahren soll. Der in erster Bearbeitung ca. 1257 abgeschlossene Sentenzenkomm. (vgl. In I Sent. 17 und 41, 1, 4; v. a. In II Sent. 27f.; aber auch In III. Sent. 4, 3, 1 und 18f.; sowie In IV Sent. 15, 1, 3) konzediert das Axiom »facienti« im Sinne eines die Liberalität Gottes betonenden V.es ex congruo, ist aber bemüht, ein meritum condigni der ersten Gnade im Sinne der Vertragsgerechtigkeit zurückzuweisen, während andererseits ein solches V. im abgeschwächten Paradigma der bloßen Verteilungsgerechtigkeit zur Abwehr des Scheines einer Willkür Gottes zugelassen wird. Insofern die Leugnung der V.es im strengeren Sinn bzw. die Bejahung bloß kongruenter V.e die Freiheit göttl. Gnade oder die Unzulänglichkeit des V.es eines jeden Menschen (außer Christus) für andere zum Ausdruck bringen will, komme auch ihr ein Wahrheitsmoment zu; in diesem Sinn begegnet meritum ex congruo sporad. auch im thoman. Spätwerk. Nach seiner intensivierten Rezeption der Spätwerke Augustins (wohl weniger der I. Synode v. Orange) betonte Thomas ab ca. 1260 (vgl. aber auch bereits die vor 1259 abgeschlossenen Q. D. De ver. 29, 6ff.) zunehmend die radikale Unverdienbarkeit der ersten Gnade (Konversion), der Ausharrung in Gnade und Glauben sowie eines evtl. Neuanfangs nach künftigem Abfall (vgl. v. a. S. th. I–II 114); daher setze jedes Sich-Disponieren für die Gnade bzw. das Axiom »facienti« bereits die Initiative Gottes voraus, der (mit der gratia operans in Unterschied zur gratia cooperans) zuerst ohne unsere Mitwirkung einen Bekehrungsprozeß in Gang setze (vgl. S. th. I–II 109ff.).

Nach erteilter Gnade habitueller und heiligmachender Art (hier doch weitgehend auf einer Linie mit In II Sent. 27, 1, 3–6) könne in bezug auf die Mitwirkung auf das eigene Heil oder auf den Gnadenzuwachs hin) doch vom meritum ex condigno die Rede sein, wenn dabei die Gnade des Hl. Geistes gemeint sei, welche die freundschaftl. Teilnahme am göttl. Leben setzt; in bezug auf die menschl. Freiheit bestehe aber auch hier allenfalls eine congruitas des V.es. Wo solche streng von Gott her ermöglichte Teilnahme fehlt, fehlt menschl. Taten auch ihr V.charakter; wo aber Gott menschl. V.e hervorbringt, macht er mit sapientieller Absicht seine eigene Herrlichkeit offenbar. Die Bemühung der Vorstellung von Verteilungsgerechtigkeit tritt nun zurück, obgleich der damit verbundene Hinweis auf eine gegenüber strenger Gleichheit abgeschwächte Form bloßer Proportion zw. V. und Belohnung bleibt.

Die Relativierung der Rolle freiheitl. Selbst-Praedisposition des Menschen sowie jene Betonung der göttl. Initiative, die hier nun im thoman. Spätwerk die Grundlage der V.lehre bildet, läßt auch die Prädestinationsfrage wieder deutl. hervortreten; dies gilt umsomehr, als V.e erst aufgrund der ordinatio bzw. der praeordinatio Dei möglich seien (z. B. S. th. I–II 114, 1 co. et ad 3; 2 co. et ad 1 und des öfteren; vgl. aber die acceptatio divina bzw. die Selbstbindung des verheißenden Gottes bereits In II Sent. 27, 1, 3 co. et ad 3). Während diese göttl. Anordnung bei Thomas auch zur habituellen Gnade und zur caritas als Grundform des V.es führen soll, steigert jene nach der Sicht des →Johannes Duns Scotus in der potentia Dei ordinata beschlossene acceptatio gewisser Taten als verdienstvoll noch mehr die Freiheit Gottes, lockert aber wieder auch den gesuchten Zusammenhang zw. »Tun« und »Ergehen« des Menschen. Eine in der Folgezeit oft damit verbundene Dissoziierung von gratia infusa und V. erleichterte zugleich jene Rehabilitierung des Axioms »facienti«, die bei Gabriel →Biel deutl. ist (u. a. in seiner vom vorreformator. Luther geschätzten Lectura super canone missae), während Gabriel andererseits die caritas als ein meritum de condigno aufgrund eines von Gott in äußerster, an die Grenze der Willkür reichender Freiheit gesetzten Versprechens betrachten kann (In II Sent. 27). Die hist. Erforschung des V.begriffs und seiner vielfältigen Problemkontexte wurde durch die systemat. Vorgaben seiner kontroverstheolog. und ökumen. Behandlungen vorangetrieben, aber auch spürbar affiziert.

S. a. →Gnade; →Johannes Duns Scotus; →Vergeltung; →Werke. R. Schenk

Lit.: DThC X/1, 574–785 – J. RIVIÈRE, Sur l'origine des formules »de condigno«, »de congruo«, BLE 7, 1927, 75–88 – DERS., S. Thomas et le mérite »de congruo«, Rev. des Sciences Relig. 7, 1927, 641–649 – H. BOUILLARD SJ, Conversion et grâce chez saint Thomas d'Aquin, 1944 – J. AUER, Die Entwicklung der Gnadenlehre in der Hochscholastik 2. T., 1951, bes. 58–111 – LANDGRAF, Dogmengeschichte – J. CZERNY, Das übernatürl. V. für Andere. Eine Unters. über die Entwicklung dieser Lehre von der Frühscholastik an bis zur Theol. der Gegenwart, SF, NF 15, 1957 – M. SECKLER, Instinkt und Glaubenswille nach Thomas v. Aquin, 1961 – W. DETTLOFF, Die Entwicklung der Akzeptanz und V.lehre von Duns Scotus bis Luther, 1963 – O. H. PESCH, Die Lehre vom »V.« als Problem für Theol. und Verkündigung (Wahrheit und Verkündigung, hg. L. SCHEFFCZYK et al. [Fschr. M. SCHMAUS, II, 1967]), 1865–1907 – H. J. MCSORLEY, Was Gabriel Biel a Semipelagian?, ebd., 1109–1120 – B. HAMM, Promissio, Pactum, Ordinatio. Freiheit und Selbstbindung Gottes in der scholast. Gnadenlehre, BHTh 54, 1977 – J. WAWRYKOW, God's Grace and Human Action. »Merit« in the Theology of Thomas Aquinas, 1995.

Verdier, domanialer Verwalter eines →Forstes, so im Hzm. →Normandie (13.–15. Jh.). Dieser Typ des herrschaftl. Forstmeisters begegnet, je nach der Region, unter unterschiedl. Bezeichnungen (in der Île-de-France etwa bevorzugt als *gruyer*). In der spätma. Normandie stand das Amt des v. in Kontinuität zur machtvollen hzgl. Forstverwaltung ('forestarii') des 11.–12. Jh. Angesichts der Bedürfnisse des Kgtm.s (Jagd, Versorgung mit Holz u. a. Forstprodukten) erfuhr die Forstverwaltung am Ende des 13. Jh. eine Vervollkommnung. Unter den Kapetingern wurde im Amt der →Eaux et Forêts (1287) eine von den jeweiligen →Baillis unabhängige kgl. Forstbehörde geschaffen. Der v. unterstand den 'maîtres et enquêteurs' der Eaux et Forêts; er gebot seinerseits über ein nachgeordnetes Personal (*lieutenant, sergents*). Der v. wurde vom Kg. oder vom Großmeister der Eaux et Forêts ernannt und war absetzbar. Er war residenzpflichtig und empfing Bezüge sowie umfangreiche Naturaleinkünfte, wodurch das Amt für den Adel äußerst begehrenswert wurde. Auf administrativem Gebiet führte der v. in seinem Bereich die Weisungen der kgl. Behörde aus, kontrollierte die von seinen Untergebenen durchgeführte wirtschaftl. Ausbeutung der ihm anvertrauten Forsten, überwachte insbes. die Anwendung des Gewohnheitsrechts (der ansässigen Gemeinden) und war beteiligt am Holzverkauf (→Holz), bei dem er aber eine insgesamt sekundäre Rolle spielte. Auf jurisdiktionellem Gebiet übte der v. eine kleine Gerichtsbarkeit über Forstfrevel aus (bis zur Buße von 60 *sous*), die er als Reiserichter wahrnahm. Auf finanziellem Gebiet legte er seinen Vorgesetzten über Einnahmen und Ausgaben sowie Verwaltungs- und Gerichtstätigkeit Rechenschaft ab. Die *v.s fieffés* (Lehnsforstmeister) bildeten – trotz vergleichbarer Amtsbefugnisse – eine eigene Kategorie. Sie übten ihre Verwaltung auf erbl. Grundlage (als Amtslehen) aus und leisteten einen Lehnseid. Einige von ihnen wurden zu Eigentümern der ihnen übertragenen Forsten, die damit aus der kgl. Domäne ausschieden. A. Renoux

Lit.: M. Devèze, La vie de la forêt française au XVᵉ s., 1961 – La vie de la forêt normande à la fin du MA. Le coutumier d'Hector de Chartes, 2 Bde, hg. A. Roquelet–F. de Beaurepaire, 1984–95 – →Forst, I [bes. H. Rubner, 1965].

Verdun, Stadt und Bm. in Ostfrankreich, →Lothringen (dép. Meuse).
I. Stadt – II. Bistum und Hochstift.

I. Stadt: Auf einem Sporn über der →Maas am Flußübergang der Römerstraße Reims–Metz bestand seit der Spätantike ein mit ca. 10 ha recht kleines Castrum, an den Ausfallstraßen, insbes. auf dem Mont St-Vanne im W an der Straße nach Reims, lagen zudem Gräberfelder und frühchr. Oratorien. Die Römerstraße wie die Lage an Maasarmen (mit zahlreichen Inseln) prägten wesentl. die topograph. Entwicklung. Wohl seit dem 4. Jh. Bf.ssitz, in einigen Q. und auf Münzen wird V. auch als »Urbs Clavorum« bezeichnet.

Auf dem Mont St-Vanne sind seit dem 7. Jh. (Testament →Adalgisel Grimos) eine geistl. Gemeinschaft und ein Hospital bezeugt, aus der später die Abtei OSB St. Peter/ St-Vanne hervorging. Diese stand im hohen MA in Konkurrenz zur Kathedrale und beanspruchte, der älteste Bf.ssitz der Stadt gewesen zu sein. Die urspgl. Kathedrale befand sich jedoch schon immer bei St. Marien innerhalb des Castrums, allerdings verfügte St-Vanne über zahlreiche Gräber als hl. verehrter Bf.e wie auch hochrangiger Laien (insbes. des 10. und 11. Jh.), wogegen sich seit dem ausgehenden 10. Jh. der Mariendom als bevorzugte Grablege der Bf.e etablierte, aber erst rund zwei Jahrhunderte später endgültig durchsetzte.

Zu den bedeutendsten frühma. Bf.en zählen Agericus (566–588), dessen engen Beziehungen zu →Childebert II. das spätere Hochstift erhebl. Besitzzuwachs (u. a. Weinbesitz an der Untermosel) verdankte, sowie Paulus (belegt 634–647). Die Lage an der Maas war ausschlaggebend für die Wahl V.s (bzw. der Orte seines engeren Umlandes) zum Herrschertreffen v. 843 (→Verdun, Vertrag v.). Unter Bf. Hatto (847–870) wurden der Temporalbesitz der Bf.skirche ausgebaut und entlegene Besitzungen kultisch an die Kathedralstadt angebunden. Diese Politik setzte sich unter Bf. Dado (880–923) fort, während dessen Amtszeit 916/917 die Stadt und die Archive durch Brand zerstört wurden, nachdem V. von Angriffen der Normannen offenbar verschont geblieben war.

Spätestens seit dem 10. Jh., für das ein 'negotiatorum claustrum' auf der Maasinsel zu Füßen des Dombergs bezeugt ist (984), erlebte die Stadt eine wirtsch. Blüte, jedoch belegen Münzfunde weitreichenden →Fernhandel auch schon für das 7.–9. Jh. Eine der Grundlagen der Prosperität war offenbar der Sklavenhandel (→Sklave) nach Spanien, der sich nach Mitte des 10. Jh. auch in das chr. Nordspanien fortzusetzen scheint. Hinzu kommt die intensive Erschließung des Umlandes durch die bedeutenden geistl. Grundherrschaften: die Kathedrale St. Marien, das in den 870er Jahren zu einem Stift konstituierte und 951/952 durch Bf. Berengar in ein Benediktinerkl. (Ausstrahlung des Reformklosters St-Evre in →Toul) umgewandelte St-Vanne und das 972 durch Bf. Wigfried (959–982) gegr. St. Paul, das in seiner Anfangsphase enge personelle Verbindungen zu Tholey aufwies.

Wesentl. Impulse erfuhren die Stadt, die geistl. Institutionen und das Umland im 11. Jh. durch die Reformpolitik des Abtes →Richard v. St-Vanne und des Bf.s Haimo (989–1025). Dieser, ein Schüler →Notkers v. Lüttich, baute V. nach durch →Lüttich inspiriertem Bauprogramm zur 'hl. Stadt' aus: Die Kathedrale wurde neu gebaut; die Frauengemeinschaft St. Johannes/St. Maurus (an der ältesten Bf.sgrablege der Stadt), das Stift St. Maria Magdalena (die erste Kirche im Abendland mit diesem Patrozinium) und das Heiligkreuzstift gegründet. Bis auf die letztgenannte, die wirtschaftl. schwach blieb und St-Maur unterstellt wurde, erlebten alle anderen kirchl. Gründungen einen raschen Aufschwung. Es gelang dem Magdalenenstift, nicht zuletzt durch die weitgespannten Beziehungen seines ersten Propstes Ermenfried und dessen Beziehungen zum Ks.haus, beträchtl. Temporalbesitz aufzubauen. Die geistl. Institutionen verfügten in Stadt und Umland über reichen Besitz und wichtige Einkünfte (St-Vanne: Salzhandelsmonopol, Markt, eigener Bannbezirk, Maaszoll; Madeleine: Kornwaage, Torzoll; St-Maur: Marktzoll usw.) und investierten in hohem Maße in infrastrukturelle Einrichtungen in der Kathedralstadt (Mühlen, Ausbau des Hafens, Pfarrkirchen). Spätestens seit Haimos Episkopat verfügten die Bf.e auch über Markt, Münze und Zoll. Unter Haimo ist zudem eine verstärkte Ausrichtung auf das Reich zu konstatieren, nachdem zuvor Reimser Einfluß dominierend gewesen war. Die V.er Gf.enrechte waren lange Zeit zw. dem Haus →Ardenne und den Bf.en strittig, wobei je nach persönl. Autorität und überregionalen Machtverhältnissen teils die eine, dann wieder die andere Seite dominierte.

Richard v. St-Vanne wirkte als Reformer oder Gründer in zahlreichen Abteien in Nordfrankreich und im heut. Belgien, sein bedeutendster Schüler →Poppo v. Stablo auch jenseits der Sprachgrenze. Die Kl.reform hatte auch beträchtl. Auswirkungen auf V. selbst: Neubau des Kl. (bei dem offenbar erstmals die cluniazens. Zweiturmfassade im Reichsgebiet Einzug hielt), Aufbau eines »Gewerbegebietes« mit zahlreichen Mühlen an der Scance. Unter Abt Richard, der enge Beziehungen zum Haus der Ardennergf.en (Familiengrablege Anfang des 11. Jh.) und zu Ks. Heinrich II. unterhielt, gewann die Abtei durch Erwerb und Erhebung von Bf.sgebeinen und anderen Reliquien auch kultisch an Stellenwert. Vom 10. bis ins 12. Jh. war St-Vanne das bedeutendste kulturelle Zentrum der Maasstadt. Hier entstanden auch die Bf.sgesten und die Chronik →Hugos v. Flavigny. 1037 gründete Bf. Rambert das OSB-Kl. St-Airy, welches nach kurzer kultureller Blüte im 11. Jh. meist im Schatten von St-Vanne und St. Paul und auf recht schwacher wirtschaftl. Basis stand.

1047 wurden Stadt und Kathedrale durch Hzg. →Gottfried den Bärtigen brandzerstört. Bf. Dietrich (1049–89) spielte eine bedeutende Rolle im Investiturstreit und geriet so in Gegensatz zu St-Vanne, das wohl durchgehend auf seiten der Kirchenreform stand. Der Einfluß der Bf.e auf die Abtei war seit dem Investiturstreit gering. Unter Dietrichs Nachfolgern wurde die Position der Bf.e zunehmend geschwächt, obwohl diese seit 1099 formal im Besitz der Gft. V. waren. De facto besaßen jedoch die Gf.en v. →Bar und der Abt v. St-Vanne sowie auch Teile der städt. Führungsgruppen eine starke Position. Die Krise der Bf.sherrschaft (sowie zahlreicher geistl. Institutionen) in den 1120er Jahren wurde mit dem Amtsantritt Alberos v. →Chiny (1131–56) überwunden. Auf ihn gingen die Umwandlung St. Pauls in ein Prämonstratenserkloster (1135) und die Festigung der territorialen Position der Bf.e zurück. Der wirtschaftl. Aufschwung setzte sich fort: Ausbau der Infrastruktur (Mühlen, Walkmühle, Errichtung einer steinernen Maasbrücke und des Hospitals St. Nikolaus durch ein Kaufmannsehepaar vor 1144, roman. Kathedralneubau), insgesamt vier Hospitäler, aufblühendes Tuchgewerbe, zugleich Schließung der V.er Münze zugunsten der Währung v. Châlons-en-Champagne. Die städt. Wirtschaft war im hohen MA wesentl. durch die geistl. Institutionen und die Lage an der Maas geprägt.

Schon seit dem 11. Jh. gab es Hinweise auf Beteiligung der städt. Führungsgruppen an der Bf.sherrschaft, seit dem frühen 12. Jh. Ansätze zu eigenständigem Handeln. Seit den 1120er Jahren häufen sich die Schöffenbelege; 1131 wirkten die V.er Führungsgruppen bei der Bf.swahl mit, ab 1141/42 ist das 'ius civitatis' belegt, auch besaß V. ein sehr frühes Stadtsiegel (wahrscheinl. vor 1144, sicher vor 1155).

Seit Albero v. Chiny rekrutierten sich die Bf.e vorwiegend aus dem lokalen Adel, letzter aus dem dt. Sprachraum stammender Bf. war Heinrich v. Blieskastel (1181–87), oft folgten enge Verwandte einander auf dem Bf.sstuhl nach. 1208 eskalierte der Konflikt zw. den geistl. Institutionen und Teilen der städt. Führungsgruppen, ebenso in den 1220er Jahren. Seit Anfang des 13. Jh. beherrschten wie in Metz die großen Familienverbände (lignages) das städt. Herrschaftsgefüge. Unter den Zünften nahmen die Tucher eine herausragende Stellung ein. Lombarden sind seit 1285 belegt. 1236 verpfändete Bf. Rudolf v. Thourotte (1224–45) die Vizegf.enrechte an die Stadtgemeinde, ebenso 1248 Bf. Johann v. Esch (1247–53). Die Gemeinde verfestigte sich zunehmend institutionell, jedoch kam es seit der 2. Hälfte des 13. Jh. nicht mehr zu wesentl. strukturellen Veränderungen im städt. Herrschaftsgefüge. Seit den 1220er Jahren war der Einfluß der Päpste und der frz. Kg.e auf Bf.sbesetzungen stark, es kam zu zahlreichen schismat. Bf.swahlen und häufigen Bf.sabsetzungen. Die bfl. Finanzen konsolidierten sich seit der Mitte des 13. Jh., v.a. unter dem vom Papst eingesetzten Bf. Robert v. Mailand (1255–71). Trotz der weiterhin starken Position der Gf.en v. Bar festigte sich im 13. und v.a. frühen 14. Jh. (bis zu Bf. Heinrich v. →Apremont, 1306–50) die Bf.sherrschaft, die militär. Erfolge errang (1246) und eine vermittelnde Rolle in innerstädt. Auseinandersetzungen wahrnahm (1286, Charte de Paix von 1292).

Um 1220 gründete Bf. Johann v. Apremont (1217–24) das Chorherrenstift St-Nicolas-du-Pré. 1228 werden erstmals Beginen erwähnt. Weitere Kl.gründungen des 13. Jh.: 1220er Jahre (?) Dominikaner und Minoriten; Frauengemeinschaft Tilly (vor 1250 Reuerinnen, ab 1256 Regularkanonissen des Ordens v. St-Victor, 1396 Umwandlung in Männerpriorat St-Airy); 1260er Jahre Sackbrüder, an deren Stelle zu Beginn des 14. Jh. Augustinereremiten traten; 1292 Klarissen. Die Zahl der geistl. Gemeinschaften blieb für den Rest des MA konstant. Der Mauerring wurde im 13. Jh. kontinuierl. ausgebaut und erreichte im frühen 14. Jh. seine größte Ausdehnung (ca. 70 ha, Einbeziehung der Abteisuburbien und der elf städt. Pfarreien, die auch das engere Umland der Stadt versorgten).

Generell verlor seit dem 13. Jh. die Stadtentwicklung an Dynamik, seit dem 14. Jh. und verstärkt im 15. Jh. kam es zu wirtschaftl. Stagnation und Rückzug aus dem Fernhandel. V. erlebte einen Niedergang als Finanzmarkt, die Verkehrswege verlagerten sich. Auch die geistl. Institutionen gerieten in die Krise und verhinderten zugleich die Investition bürgerl. Kapitals im Umland. In seinen Außenbeziehungen geriet V. zunehmend in die Defensive, was seinen Niederschlag v.a. in den zahlreichen Schutzverträgen der Stadt und ihrer geistl. Institutionen mit Adligen des Umlandes fand, insbes. ab 1246 mit dem Gf.en v. Bar und 1302 mit dem Kg. v. Frankreich. Die Stadtbevölkerung besaß demgegenüber nur noch wenig Handlungsspielraum.

II. BISTUM UND HOCHSTIFT: Mit rund 3000 km^2 war das Bm. V. das kleinste der Suffraganbm.er v. →Trier; es bildete jedoch einen sehr homogenen Raum, der etwa einem Umkreis von 30 km um V. entsprach und auch mit der Gft. weitgehend kongruent war. Besitz des Hochstifts konzentrierte sich zunächst v.a. im O des Bm.s. Das V.er Umland (mit Konzentration im Maastal und längs der O-W-Straße) war schon im frühen 11. Jh. auffallend dicht besiedelt und mit infrastrukturellen Einrichtungen (Kirchen, Mühlen) erschlossen.

Unter Bf. Dado kam es zur Aufteilung des Kathedralbesitzes in Sondervermögen. Seit dem 10. Jh. sind vier Archidiakone belegt, denen später (?) vier Raumeinheiten des Bm.s entsprachen. Eine Archidiakonatswürde war an die Dompropstei, eine an das Magdalenenstift, eine an das im Bm. Reims liegende, aber zum Temporalbesitz der V.er Bf.e gehörende Stift Montfaucon, die vierte an eine weitere Dompfründe gebunden. Ebenfalls seit dem 10. Jh. sind Kanzler und Dompropst belegt. Seit der Mitte des 12. Jh. bauten die Pröpste ihre Position im Domkapitel aus und wurden im späten 13. Jh. zu einem bedeutenden Machtfaktor in Stadt und Bm.

Das Bm. präsentierte sich als Kulteinheit, die Bf.e betrieben offenbar eine gezielte »Patrozinienpolitik« und banden geistl. Institutionen über Prozessionen in die Bm.sorganisation ein. Lokale Kulte griffen kaum über das Bm. hinaus aus, Stephanus als Kathedralpatron der Nachbarbm.er war hier kaum vertreten, die Bm.spatronin Maria erschien im 11. Jh. mehrfach auf V.er Münzen und im 12. Jh. auf dem Banner der Kathedrale. Versuche der Bf.e um die Jahrtausendwende, überregionale Hl.nkulte an Stelle der lokalen frühma.en Bf.e zu plazieren, scheiterten im wesentlichen.

Die Besitzungen des Hochstifts wiesen im frühen MA eine eindeutige Ausrichtung nach O auf und griffen erst im 8. Jh. über das Maastal hinaus nach W aus. Zu territorialen Verlusten kam es zu Beginn des 12. Jh. Bf. Albero v. Chiny betrieb jedoch eine erfolgreiche Politik der Grenzsicherung und Raumerschließung durch Gründung von geistl. Institutionen an den Grenzen und Förderung der neuen Orden. Dennoch hielt das Hochstift in der Folgezeit der Expansionspolitik adliger Territorialherren (Gf.en v. Bar, Gf.en v. Champagne, Herren v. Apremont) und der Kg.e v. Frankreich nicht stand.

Das engere Umland V.s war wirtschaftlich eng mit der Stadt verflochten, ebenso hinsichtl. der kirchl. Administration; sämtl. Pfarreien lagen in Händen der V.er Klöster und Stifte. Das ganze MA hindurch entstanden keine zentralen Orte höherer Stufe und nur wenige Märkte außerhalb der Kathedralstadt. Die geistl. Institutionen, die zunächst wesentl. zur Raumerschließung beigetragen hatten, erwiesen sich als Kräfte des Beharrens und instrumentalisierten das kanon. Recht zur Durchsetzung ihrer Herrschaftsansprüche. Dagegen entstanden an der von laikalen Herrschaftsträgern beherrschten Peripherie mehrere Städte, die seit dem 13. Jh. zunehmend an Bedeutung gewannen (→St-Mihiel innerhalb, Bar-le-Duc, Dun-s.-Meuse, Briey, Marville außerhalb des Bm.s). Wichtige Außenbesitzungen der Domkirche waren das Kl. →Tholey und das Stift Dieulouard.   F. G. Hirschmann

Q.: Gesta epp. Virdunensium, MGH SS IV – Laurentii de Leodio gesta epp. Virdunensium, MGH SS X – Chronicon Hugonis, MGH SS VIII – *Lit.*: H. Clouet, Hist. de V., 1867–70 – H. Dauphin, Le Bienh. Richard, 1946 – N. Gauthier, L'évangélisation des pays de la Moselle, 1980 – Hist. de V., hg. A. Girardot, 1982 – F. R. Erkens, Die Trierer Kirchenprov. im Investiturstreit, 1987 – A. Girardot, Le droit et la terre, 1993 – F. G. Hirschmann, V. im hohen MA, 1995.

Verdun, Vertrag v. Auf ihrer Zusammenkunft bei →Verdun Anfang Aug. 843 beendeten die drei überlebenden Söhne Ks. Ludwigs d. Frommen, Ks. Lothar, Kg. Ludwig »d. Dt.« und Kg. Karl d. Kahle, die seit 829 heftig ausgefochtenen Auseinandersetzungen innerhalb der karol. Kg.sfamilie um die Teilung des →Frankenreiches und schufen im Konsens mit ihrem Adel eine Reichsordnung mit langer Wirkkraft in der europ. Geschichte. Im Gegensatz zur →Ordinatio imperii v. 817, in der Ludwig d. Fr. den Ks.gedanken im Vorrang des ältesten Sohnes Lothar vor den jüngeren Brüdern Ludwig und Pippin gefestigt und das Ksm. mit der Herrschaft über das ganze Frankenvolk verknüpft hatte, erhielten im Vertrag v. V. alle Brüder einen ungefähr gleichen Reichsteil und v. a. Herrschaft über das frk. Reichsvolk, vordergründig eine Rückkehr zum überkommenen frühma. Teilungsbrauch.

Ermöglicht wurde diese Schmälerung Lothars durch das Zusammenwirken seiner jüngeren Brüder Ludwig und Karl, der den Anteil des 838 verstorbenen Bruders Pippin I. beanspruchte und die Nachfolge von dessen Sohn Pippin II. in →Aquitanien ablehnte. Nach dem Tod Ludwigs d. Frommen (20. Juni 840) verbündeten sich seine jüngeren Söhne gegen Lothar, schlugen ihn am 25. Juni 841 bei →Fontenoy (Auxerrois) vernichtend, erzwangen die Lösung des Paktes mit seinem Neffen Pippin II. und bekräftigten ihr Bündnis in den →Straßburger Eiden vom 14. Febr. 842. Um überhaupt noch einen Anteil am nordalpinen Frankenreich zu erhalten, mußte sich Lothar auf Verhandlungen und schließlich im Juni 842 auf ein Treffen mit den Brüdern (unter Hinzuziehung einer jeweils gleichen Anzahl von Gefolgsleuten) auf einer Saône-Insel bei Mâcon einlassen: Jede Partei bestimmte dort 40 Bevollmächtigte, die eine Reichsteilung vornehmen sollten und im Sept. in Koblenz, im Nov. in Diedenhofen zusammenkamen. Als Grundlage der gleichmäßigen Teilung wie der endl. erzielten Eintracht der Brüder (concordia) diente die umfassende Beschreibung von nutzbaren Rechten und Einkünften (de regni portionibus) durch eine Kommission von primores, deren Ergebnisse zur divisio regni durch den Adel führten und bei Verdun in einem rechtsverbindl. Freundschaftsbund der Brüder (amicitiae foedus) beschworen wurden: Die Grenzziehung orientierte sich nicht an geogr., ethn., sprachl. oder kirchl. Voraussetzungen. Lothar, dem als dem Ältesten der erste Zugriff auf einen der Reichsteile zustand, erhielt neben Italien ein von den Westalpen bis nach Friesland reichendes Mittelreich zw. dem ö. Reich Ludwigs und dem w. Karls und damit die Herrschaft über die vornehmsten karol. sedes →Aachen und →Rom. Die Grenze nach W bildeten ungefähr die Flüsse Schelde, Maas, Saône und Rhône, nach O Rhein und Aare, dazu erhielt Ludwig »d. Dt.« noch das linksrhein. Land um Mainz, Worms und Speyer; eine exakte Grenzbeschreibung ist wegen des Fehlens offizieller Vertragsurkk. schwierig und teilweise nur durch Nachrichten über die spätere Aufteilung →Lotharingiens von 870 (→Meerssen) möglich. Die Beschreibung nutzbarer Rechte und Einkünfte der Kg.e zum Zweck der Zuteilung von aequae portiones verdient in ihrer Rationalität wie v. a. wegen der Bedeutung des herrschaftsbegründenden Zusammenwirkens von Kgtum. und Adel Beachtung. Der Vertrag v. V. überschritt damit klar den Rang einer innerdynast. Abmachung oder eines bloßen Interessenausgleichs unter Brüdern und bekräftigte ein konsensuales Herrschaftsverständnis von Kg.en und fideles, das sich schon in den Promulgationen der Nachfolgeregelungen Karls d. Gr. von 806 (→Divisio regnorum) und Ludwigs d. Fr. von 817 abzeichnete und fortan immer geschichtsmächtiger wurde. Dem entsprach im Reich Karls d. Kahlen neben der äußeren Grenzziehung im Vertrag v. V. der noch im gleichen Jahr erreichte Ausgleich mit den Großen in →Coulaines (Classen). Doch auch für die Reiche Lothars und Ludwigs wäre der consensus fidelium noch genauer zu gewichten, der im 9. Jh. für die allmähl. Auflösung der engen karolingerzeitl. Verknüpfung von rex und →regnum bei zunehmendem Einfluß von Adelsverbänden sorgte.

Deutlicher hat die neuere Forsch. den hist. Rang des Vertrags v. V. für die Entstehung Dtl.s und Frankreichs erkannt: Die Zeitgenossen mochten die zw. Kg.en und Adel 842/843 erzielten Vereinbarungen nur als Glied in der langen Kette frk. Reichsteilungen beurteilt haben. Erst aus der Rückschau werden – nicht zuletzt wegen der langen Dauer der Kg.sherrschaften Ludwigs »d. Dt.« († 876) und Karls d. Kahlen († 877) und ihrer gesicherten Sohnesfolgen – erhebl. Folgen für die karol. und nachkarol. Reiche deutlich. Nach dem Ende des 855 nochmals geteilten Mittelreiches (erbenloser Tod von Lothars Söhnen: Kg. Karl v. d. Provence 863, Kg. Lothar II. 869 und Ks. Ludwig II. 875) in den Verträgen v. Meerssen (870) und →Ribémont (880) entstanden aus bloßen dynast., polit. und geogr. Bildungen in einem langgestreckten Prozeß die ma. Nationen Dtl. und Frankreich. Doch erst spätere Gesch.sschreiber des 12. Jh. wiesen dem Vertrag v. V. seine Rolle als entscheidende Zäsur zw. imperium und regnum zu. Ihnen folgten manche modernen Historiker, während neuerdings auf die anhaltende frk. Prägung der karol. Nachfolgereiche verwiesen wird. Freilich entstand seit 843 – ohne daß dies von den Zeitgenossen intendiert oder zunächst erkannt wurde – eine neue polit. Ordnung in West- und Mitteleuropa. Sie verdankte ihre polit. Wirk-

kraft dem Konsens von Kgtm. und Adel in den regna, dem Anspruch auf eine gemeinsame frk. Gesch. und schließlich der Umformung frk. Traditionen in Ost- und Westfranken.
B. Schneidmüller

Q. und Lit.: RII 1103a – HRG IV, 797-799 – DÜMMLER² I, 189-215 – Der Vertrag v. V. 843, hg. TH. MAYER, 1943 – P. E. HÜPINGER, Der Vertrag v. V. und sein Rang in der abendländ. Gesch., Düsseldorfer Jb. 44, 1947, 1-16 – F. L. GANSHOF, Zur Entstehungsgesch. und Bedeutung des Vertrages v. V. (843), DA 12, 1956, 313-330 – P. CLASSEN, Die Verträge v. V. und Coulaines als polit. Grundlage des westfrk. Reiches, HZ 196, 1963, 1-35 – R. SCHNEIDER, Brüdergemeine und Schwurfreundschaft, 1964 – P. CLASSEN, Karl d. Gr. und die Thronfolge im Frankenreich (Fschr. H. HEIMPEL, III, 1972), 109-134 – E. MAGNOU-NORTIER, Foi et fidélité, 1976 – K. F. WERNER, Les origines (Hist. de France, 1, 1984), 404ff. – W. KIENAST, Die frk. Vasallität, 1990 – R. SCHIEFFER, Die Karolinger, 1992, 140ff. – J. FLECKENSTEIN, Le traité de V. (L'Esprit de l'Europe, I, 1993), 56-63 – C. BRÜHL, Dtl. – Frankreich. Die Geburt zweier Völker, 1995², 353ff.

Vere, de, engl. Adelsfamilie. Ihr Gründer in England war *Aubrey de V. I.* (ca. 1040-1112), dessen Familie aus der Nähe von Coutances in der Normandie stammte. Ihm wurden Ländereien in Essex und Suffolk von Wilhelm d. Eroberer übertragen, und diese Ländereien blieben das Kernstück des Familienerbes während des gesamten MA. Hauptresidenz der de V. war Castle Hedingham in Essex, und Grablege der Familie wurde das in der Nähe gelegene Priorat Colne, das von Aubrey I. gegr. worden war. Dessen Sohn *Aubrey II.* (um 1090-1141) diente Kg. Heinrich I. Er bekleidete eine hohe Stellung innerhalb Heinrichs Verwaltung und genoß kgl. Förderung. 1133 wurde er zum →Chamberlain of England ernannt, ein Amt, das in der Familie künftig erbl. blieb. Als Heinrich 1135 starb, entschied er sich für Stephan v. Blois, aber nach seinem Tod 1141 wechselte sein Sohn *Aubrey III.* (um 1110-94) zu Ksn. Mathilde über. Diese ernannte Aubrey III. zum Earl of →Oxford, aber ohne ihm Ländereien in der Gft. zu übertragen. Wie andere Anhänger Mathildes söhnte er sich gegen Ende von Stephans Regierung mit diesem aus, und sein Titel wurde von Stephan und dann von Kg. Heinrich II. anerkannt, dem er für den Rest seines langen Lebens loyal diente. Im 13. und 14. Jh. setzte die Familie de V. ihren Dienst für die Krone fort, obwohl *Robert*, der 5. Earl (1240-96), Simon v. →Montfort unterstützte, doch wurde er durch das »Dictum of →Kenilworth« (1266) in seine Besitzungen wiedereingesetzt. Während dieser Jahre vergrößerte sich der Erbbesitz der Familie durch Heirat, aber das Kernstück blieben weiterhin die ursprgl. Ländereien in Essex und Suffolk. Der Wert des Familiengrundbesitzes blieb im Vergleich zu anderen Mitgliedern des einen Titel führenden Hochadels verhältnismäßig bescheiden. Die spektakulärste, aber kurze Episode in der Geschichte der Familie ereignete sich unter der Regierung Kg. Richards II., als der 9. Earl *Robert* (1362-92) der führende Günstling des Kg.s wurde und dieser ihn mit Ländereien in England, der Macht eines Pfgf.en (*palatine*) in Irland und den Titeln eines Marquis of Dublin (1385) und eines Duke of Ireland (1386) belohnte. Die Stellung de V.s am Hof war ein wichtiger Grund für die Entstehung der Opposition gegen Richard II. in den 80er Jahren des 14. Jh., und nach seinem erfolglosen Versuch, den Lords →Appellant mit einer Streitmacht in der Schlacht v. →Radcot Bridge (20. Dez. 1387) entgegenzutreten, floh er aus England und starb in Löwen 1392, doch wurde sein Leichnam 1395 in dem Priorat Colne beigesetzt, eine Zeremonie, die von Richard II. veranlaßt worden war. Sein Onkel und Erbe *Aubrey* wurde in den ererbten Ländereien der Familie und in das Earldom (1393) wieder eingesetzt, aber nicht in das Amt des Chamberlain. Aubreys Sohn *Richard*, der 11. Earl (1385-1417), diente in →Agincourt (1415) und an der Seine (1416), aber durch seinen vorzeitigen Tod konnte er keine Rolle bei der Eroberung und Einnahme der Normandie spielen. Das Leben seines Sohnes *John* (1408-62) wurde beherrscht von dem Konflikt zw. Lancaster und York, wobei er die Partei der Lancaster ergriff. Nach der Thronbesteigung Eduards IV. wurden John und sein ältester Sohn wegen Verrats hingerichtet, aber sein zweiter Sohn *John*, der 13. Earl (1442-1513), erhielt 1464 die Familienbesitzungen wieder zurück. Die Familie war aber nie völlig mit der Herrschaft der Yorkists einverstanden, und John unterstützte die Rebellionen des Earl of Warwick gegen Eduard IV. (1469-71). Mit dem Thronantritt Heinrichs VI. kehrte er in die kgl. Gunst zurück, und 1471 verhinderte er erfolgreich Eduards IV. beabsichtigte Landung in Cromer, mit der er sein Kgr. zurückgewinnen wollte. Nachdem Eduard IV. seine Opponenten in der Schlacht v. →Barnet (April 1471) besiegt hatte, floh de V. auf den Kontinent, aber aus Loyalität gegenüber der Partei der Lancaster unternahm er einen fehlgeschlagenen Versuch einer Intervention in England 1473. Er wurde gefoltert, blieb in den folgenden Jahren der Herrschaft der Yorkists im Gefängnis und verlor 1475 seine Rechte. Aber 1485 konnte er fliehen, sich mit Heinrich VII. verbünden und auf seiner Seite in der Schlacht v. →Bosworth kämpfen. Earl John wurde in alle Recht wieder eingesetzt und bekam jetzt die Belohnung für die Loyalität seiner Familie gegenüber der Lancaster-Partei. Der Verlust von 1473 wurde wieder rückgängig gemacht, er erhielt erneut das Amt des Chamberlain und empfing Zuwendungen Heinrichs VII. Dafür diente er Heinrich loyal, bes. in der Schlacht gegen die Rebellen in →Stoke (1487) und gegen die corn. Rebellen 1497. Sein Neffe *John*, der 14. Earl (1499-1526), war der letzte Earl der direkten Linie. Das Erbe ging auf einen 2. Cousin über, der Titel blieb bis 1703 in der Fam. A. Tuck

Lit.: G. A. HOLMES, The Estates of the Higher Nobility in Fourteenth Century England, 1957 – A. TUCK, Richard II and the English Nobility, 1973.

Verecundus, Bf. v. Junca (Prov. Byzacena), Autor, † wohl 552 in Chalkedon. V. wurde 551 wegen seiner Opposition gegen die Politik Justinians im →Dreikapitelstreit nach Konstantinopel bestellt, sah sich dort, gemeinsam mit Papst Vigilius, gezwungen zu fliehen und zog sich nach Chalkedon zurück. Verf. von allegor. Kommentaren zu neun atl. Liedern in origen. und augustin. Tradition (Commentarii super cantica ecclesiastica) und eines »Carmen de satisfactione paenitentiae« (Hexameter), möglicherweise auch des »Carmen ad Flavium Felicem de resurrectione mortuorum et de iudicio«; unsicher ist die Zuschreibung der »Excerptiones de gestis Chalcedonensis Concilii«. Nicht zu seinen Werken gehören »Exhortatio paenitendi«, »Lamentum paenitentiae« und »Crisiados libri«.
E. Grünbeck

Lit.: CPL 869-871 – Dict. enc. du Christianisme ancien II, 1983, 2520 [Ed., Lit.] – DSAM XVI, 397-401 [Lit.].

Vereja → Wereja

Verfangenschaft, von mhd. *ver-vâhen,* 'erfassen', 'fangen', 'Beschlag legen auf', bedeutet grundsätzl., daß der Inhaber eines Guts nicht frei darüber verfügen kann. Im ma. Ehegüterrecht (→Ehe) verstand man darunter, daß das liegende Gut im Interesse der Erhaltung des Ehevermögens den Kindern gesichert war. Das V.srecht war v. a. in West- und Süddtl. sowie Österreich, bes. in den Ländern des frk. Rechts, verbreitet. Bei Gütertrennung wie auch Gütergemeinschaft wurden bei Auflösung einer beerbten Ehe zwei Vermögensmassen unterschieden. Die Fahrnis (→Fahrhabe) fiel als freies Gut an den überlebenden Ehegatten, sämtl. Immobilien, eingebrachte wie in der Ehe erworbene, waren den Kindern aus dieser Ehe verfangen, nicht jedoch der Erwerb im Witwenstand (→Witwe). Dem überlebenden Ehegatten stand lebenslängl. die ausschließl. Nutzung und Verwaltung der verfangenen Güter zu (Beisitz), die Kinder waren auf ihr Anwartschaftsrecht beschränkt (Wartung). Veräußerungen und Belastungen bedurften daher der Zustimmung der Kinder, ausgenommen im Fall der 'echten Not', der die Veräußerung insoweit zuließ, als es der Notstand erforderte. Bei neuerl. Eheschließung nahm der überlebende Elternteil die verfangenen Liegenschaften mit in die neue Ehe, dies änderte jedoch nichts am V.srecht. Es kam weiterhin ausschließl. den erstehe. Kindern zu; auf Vermögen aus der zweiten Ehe hatten sie keinen Anspruch. Eine Möglichkeit, die mit der Ungleichbehandlung der Kinder aus verschiedenen Ehen verbundenen Härten zu mildern, bot das sog. Teilrecht, die Vermögensteilung zw. dem überlebenden Ehegatten und den Kindern aus erster Ehe. Einbezogen in die Teilung waren nicht nur die verfangenen Güter, sondern auch die Mobilien und der Erwerb im Witwenstand. Der nach der Abteilung der Kinder verbleibende Anteil ging ins freie Eigentum des überlebenden Ehegatten über. Ab dem 15. Jh. (z. B. Verbot des Beisitzes in Wien 1420) verlor das V.srecht weitgehend an Bedeutung.   E. Berger

Lit.: G. Sandhaas, Frk. ehel. Güterrecht, 1866, 256–463 – R. Schröder, Das frk. ehel. Güterrecht im MA, 1871, 180–209 – A. Heusler, Institutionen des Dt. Privatrechts, II, 1886, 457–467 – O. Stobbe, Hb. des Dt. Privatrechts, IV, 1900, 121, 140–148 – E. Mayer-Homberg, Stud. zur Gesch. des V.srechts, I, 1913 – Schröder–Künssberg, 810f. – W. Brauneder, Die Entwicklung des Ehegüterrechts in Österreich, 1973, 349–352 [Beisitz] – R. Hübner, Grundzüge des dt. Privatrechts, 1982, 679–685.

Verfassung (Gemeindev.). Konkurrierend mit den umfassenderen Begriffen Dorf- und Stadtv. werden mit dem Kunstwort 'Gemeindev.' weder einheitl. noch überwiegend die »Selbstverwaltungsgremien« der dt. Land- und Stadtgemeinden in MA und früher NZ bezeichnet (→Dorf, →Stadt). Gemeindev. setzt den komplexen, zw. Herrschaft und (Eid-) Genossenschaft vollzogenen Prozeß der Gemeindebildung (→Kommune) voraus bzw. verlief diesem mit sachl., regionalen und zeitl. Unterschieden parallel. Elemente der vom Hoch- zum SpätMA eingetretenen Wandlung der ländl. Gemeinde vom rechtsfähigen Personenverband zur Gebietsgemeinde waren ein gewohnheitl., »gewiesenes« (→Weistum) und gewillkürtes, auch schriftl. fixiertes und ggf. weiterverliehenes Dorf- oder Gemeinderecht, einschließlich Steuererhebung, Siegelführung und vor allem Selbstverwaltungsorganen. Aufbauend auf den mannigfachen Formen der Nachbarschaft und den Funktionen personaler Teilverbände mit Zunftcharakter war das grundlegende Organ der dörfl. Selbstverwaltung die Gemeindeversammlung, zu welcher alle vollberechtigten »freien« Bauern (= Hofstättenbesitzer) mindestens einmal jährl. an gelegener Stätte zusammentraten. Sie kontrollierte den Gemeindehaushalt, bestimmte die Anbauordnung im Rahmen der Dreifelderwirtschaft, befand über Dorfrecht, -befestigung etc. und wählte die Amtsträger. Während der ihr und dem Dorfgericht vorstehende Schulze (→Schultheiß), →Bauermeister, Zender, →Ammann, →Vogt oder →Heimbürge zwar meistens Gemeindemitglied war, jedoch vielfach vom Ortsherrn ernannt wurde, wählte die Gemeindeversammlung überwiegend das meist nach seiner Mitgliederzahl bezeichnete Kollegium der Geschworenen (»Vierer«, »Fünfer«, »Zwölfer« usw.), welches außer vielfältigen Aufgaben in der Gemeindeverwaltung in der Regel die Urteilerbank im Dorfgericht bildete. Dieses bestand in Gebieten mit Schöffenv. meist aus dem vorsitzenden Schultheißen und zwölf →Schöffen und war dort wie sonst nicht nur Gerichtsinstanz für kleinere Privat- und Strafprozesse, sondern auch Verwaltungsorgan (z. B. Beurkundungen, Katasterführung). Je nach der Größe des Dorfes und dem Grad der Differenzierung umfaßte die Gemeindev. eine Anzahl niederer Ämter, namentl. Bannwart (Flurschütz, Flurhai), Forstwart (Forster, Waldschütz), Untergänger, →Büttel sowie (ggf. Ober- und Unter-)Hirte(n).

Die Entstehung der →Landesherrschaft zu Lasten der →Grundherrschaft im SpätMA hat sich auf die Gemeindev. regional unterschiedl. ausgewirkt. Wie in Norditalien gab es auch n. der Alpen neben dem Verlust jegl. Autonomie die »modernisierungsförderl.« Integration der Gemeindev. in den flächigen »Staatsaufbau«. Abgesehen von Schlesien, wo sich wegen der Umschließung von Stadt und Land durch das →Weichbild(-recht) keine freie Gemeindev. ausgeprägt hatte, wurden in den ostelb. Kolonisationsgebieten die Organe der Gemeinde, die seit dem 12. Jh. obrigkeitsähnl. Gewalt über alle Dorfbewohner ausgeübt hatten, im Zuge der Ausbildung der →Gutsherrschaft zurückgedrängt. Die von unten aufgebaute (ost-)fries. Freiheit (= Landesgemeinde) mit ihrer *redjeva*-V. wurde seit dem 14. Jh. durch eine ämterbezogene (Häuptlings-)V. ersetzt. Während auch die durch eine »Vielfalt von Einzelformen« (Droege) gekennzeichnete, aber in →Burschaft, →Go, →Mark und Kirchspiel einen gemeinsamen Kern besitzende Gemeindev. im NW »staatl.« entwertet wurde, gewannen die Dorf- und Landgemeinden im frk. und sw. Altsiedelland im 15. Jh. durch geordnete Rechnungslegung, Wahlordnungen, Kompetenzfixierung, Einrichtung von Gemeindekanzleien etc. besondere institutionelle Konturen und wurden vielfach zur Grundlage der Territorialordnung. Am Mittelrhein begegnen die Gemeinden im 15. Jh. als fehdeführende Gemeinschaften. In den bayer. Landgerichtsbezirken blieb die Selbstverwaltung in genuin bäuerl. Materien bestehen, auf der Ebene der Hofmarken gab es sporad. Mitentscheidungsrechte, wenn nicht sogar die Immunität einiger Dorfgerichte gegenüber dem Landrichter. Auch in Tirol wahrten die untergliederten Gerichtsgemeinden im Schutz des Landesfs.en ihre weitgehende Selbständigkeit gegenüber dem Adel und wurden sogar landtagsfähig.

In den Städten ordnete sich im Laufe des 13. Jh. der →Rat alle anderen Organe der Gemeindev. unter, die im HochMA neben der Gemeinde selbst ggf. eine repräsentierende Gruppe (discreti, nominati, Genannte, Wittigheit), v. a. aber Bürgermeister (magistri civium), Schöffenkolleg, Geschworene(nausschüsse) (iurati, coniurati communionis) und untergeordnete Organe (servientes communionis) ausgebildet hatte. Das urspgl. reguläre, ggf. jährl. auszuübende Recht der Ratswahl vermochte die Gemeinde ggf. durch einen von ihr gebildeten Wahlausschuß nur dort zu wahren, wo sie der Oligarchisierungstendenz des Rates standhielt. Ohne institutionelle Verankerung verlor die Gemeinde alsbald das außergewöhnl. Gelegenheiten vielfach durch Glockengeläut zusammengerufene Vollversammlung (parlamentum, civiloquia, →Bursprake, →Morgensprache, →Einung) an Periodizität und Einfluß. Durch ihre Einberufung zu Schwörtagen im Falle von V.sänderungen und bei der Ratsumsetzung sowie zur Publikation von Ratserlassen o. ä. behielt sie mancherorts

eine Funktion bei der Legitimation von Ratshandeln und der Herstellung inneren Konsenses. Im Rahmen der Gerichtsv. hatten regional mitunter bis zum Ende des Alten Reiches das ungebotene →Ding, das alte →Echteding – vielfach zugleich Bursprake – ebenso Bedeutung wie die →Sondergemeinden mit eigenen Vorstehern sowie mit eigenen gerichtl. und außergerichtl. Versammlungen auf der Ebene der Parochien oder einer weltl. Stadtstruktur (→Stadtviertel, -quartiere, →Burschaften). Auch die →Gilden und →Zünfte nahmen über ihre engere Korporation hinaus Aufgaben in den Stadtvierteln wahr. Ggf. befragte der rechtsetzende Rat (→Willkür) deren Führer als Repräsentanten der Gemeinde statt der Bürgerversammlung. Der z. T. in gewaltsamen Konflikten zw. Rat, Zünften und Gemeinde (→Bürgerkämpfe) artikulierte Anspruch wirtschaftl. aufgestiegener (Zunft-)Kreise auf Partizipation am Regiment wurde v. a. im 14. Jh. durch Differenzierungen der Ratsv. befriedigt. Als integratives, konsensuales und legitimierendes Element wurde vielerorts durch Vertrag (Bürger-, Verbund-, Schwörbrief o. ä.) ein »Großer Rat« etabliert, in welchen die zünft. organisierte Gemeinde ihre direkt gewählten Zunftmeister entsandte. Insofern zu dessen wichtigsten Aufgaben die Beratung und die Kontrolle der Finanzverwaltung gehörten, bildete er ein v.srechtl. Korrektiv zu dem polit. entscheidenden »Kleinen« Rat, der in der Regel »patriz.« dominiert war.
P.-J. Heinig

Lit.: HRG II, 981–987 – Die Grundherrschaft im späten MA, hg. H. PATZE, 2 Bde (VuF 27, 1983) – G. DROEGE, Gemeindl. Selbstverwaltung und Grundherrschaft (Dt. Verwaltungsgesch., I, hg. K. G. A. JESERICH u. a., 1983), 193–209 – Landgemeinde und Stadtgemeinde in Mitteleuropa, hg. P. BLICKLE–A. HOLENSTEIN, 1991 – E. SCHUBERT, Die Ausbildung der Gemeindv. (Einf. in die Grundprobleme der dt. Gesch. im SpätMA, 1992), 86–93 – R. v. FRIEDEBURG, »Kommunalismus« und »Republikanismus« in der frühen NZ?, ZHF 21, 1994, 65–91 – P. BLICKLE, Begriffsverfremdung..., ZHF 22, 1995, 246–253.

Verfassungslehren. [1] *Früh- und Hochmittelalter:* Anders als Antike und Moderne hat das MA keinen einheitl. Begriff für Zustand, Ordnung, Charakter und institutionelle Form staatl. Ordnungen ausgebildet. In der polit. Theorie traten sehr verschiedene Traditionen in diese Lücke, insofern kann allenfalls von ma. V.n (im Plural) die Rede sein. Früh- und HochMA halten sich, der rudimentären Abstraktion in ihrem polit. Denken entsprechend, mit allg. Aussagen sehr zurück. Immerhin konnte im 10. Jh. →Atto v. Vercelli in seinem »Polipticum« aus der Grundunterscheidung legitimen und illegitimen Herrschaftsgewinns eine fast mechanist. Theorie des moral. und polit. Verfalls einer Verfassung entwickeln, wenn durch Usurpation einmal die schiefe Bahn betreten ist, auf der ein Staat aus gottgewollter Ordnung (in welcher Herrschaft durch göttl. Berufung, Volkswahl oder Erbrecht übertragen wird) in ein allg. Chaos versinkt, wo Unfriede, Habsucht, Gewalt und Not sich folgerichtig zum Verhängnis verketten. Noch im 12. Jh. hat →Johannes v. Salisbury in seinem »Policraticus« (5. 1ff.) die polit. Ordnung in Anlehnung an die angebl. aus der Spätantike stammende »Institutio Traiani« (Ps. Plutarchs), in welcher er »cuiusdam policae constitutionis (...) sensum« ausgedrückt findet, das Staatswesen als einen Organismus aufgefaßt, in welchem sich verschiedene Funktionen ausdrückl. mit bestimmten Organen gleichsetzen lassen (der Fs. mit dem Haupt, der Senat mit dem Herzen, Richter und Provinzvorstände mit Augen, Ohren und Zunge, Amtleute und Ritter mit den Händen, die Großen mit den Seiten, die Hof-Dienerschaft mit den Eingeweiden, die Bauern mit den Füßen), woraus die traditionelle Forderung der Kooperation aller Teile abgeleitet wird: angeleitet vom Fs.en, im Dienste der gottgewollten Gerechtigkeit (→aequitas) müssen so alle gemeinsam ihr jeweiliges Amt im Gehorsam gegen kirchl. Weisung erfüllen. Diese V. ist ersichtl. noch aus der im FrühMA vorherrschenden Form polit. Theorie entwickelt, die (v. a. in den →Fürstenspiegeln) dem Herrscher Zügel durch eine polit. Ethik anzulegen versuchte. Sie vermochte aber bereits, analyt. institutionelle Argumente einzusetzen. Durch verschiedene weitere Rezeptionsschübe antiken (Staats-)Denkens wurde diese Bewegung immer wieder neu angestoßen und beschleunigt, auch in Richtung und Ausprägung beeinflußt.

[2] *Rezeption des römischen Rechts:* Insbesondere spielt (seit dem 11. Jh.) die Rezeption des röm. Rechts eine wichtige Rolle. Ihre Wirkungen sind nicht allein von den unmittelbar am Corpus iuris civilis orientierten »Legisten« vermittelt worden, da an den europ. Univ.en auch die Kanonisten – in lebhaftem Austausch mit diesen – die Amtskirche, ihre Organe und die Rechtsbeziehungen der Glieder in der Christenheit untereinander scharfsinniger (und keineswegs allein am Zivilrecht ausgerichteten) Analyse unterwarfen. Wesentl. Züge eines jurist., mit jurist. Mitteln überprüfbaren Verständnisses einer institutionellen Gesamtordnung (hier der Kirche als eines rechtl. geordneten Verbandes) wurden richtungweisend für die spätere Erfassung des weltl. Bereichs ausgearbeitet. Die Rolle eines obersten Richters und Gesetzgebers, eine Hierarchie der Rechtsq., die Unterscheidung von positivem und nichtpositivem, aber übergeordnetem Recht, eine korporative Amtsauffassung, Kompetenzbestimmung und -begrenzung, der Begriff des »status ecclesiae« (der sich auf gemeinen Nutzen stützt), die Notwendigkeit, bestimmte, nicht hintergehbare prozedurale Vorschriften einzuhalten, ja sie zu den höherrangigen Rechtsvorschriften zu zählen (bis hin zu deutl. Vorformen der Forderung nach einer Verfahrensgarantie, etwa einer »kraft Naturrecht« gesicherten Möglichkeit der Verteidigung im Prozeß, z. B. bei →Oldradus de Ponte, u. a.), all das ist noch nicht eigentliches »Verfassungsdenken«, es stellt aber wesentl. Voraussetzungen des späteren Verfassungsbegriffs zur Verfügung. Auch daran, daß in ganz Europa im lebhaften Austausch mit den gelehrten Rechten (→Gemeines Recht) seit dem 13. Jh. sich verschiedentl. Ansätze zur Verdeutlichung der allg. Rechtsgrundlagen durch gesetzgeber. Kodifikation oder private Rechtsaufzeichnungen (die anschließend allg. Geltung erreichen konnten) bemerkbar machen, erweist sich diese Tendenz. Solche Kodifikation hat nicht ausschließl. (wenn gewiß auch überwiegend) die herrscherl. Bestimmungshoheit gefördert, vielmehr auch die Mitwirkungsrechte des Landes fixiert und zur Anschauung gebracht. Schon im 13. Jh. hat →Henricus de Bracton unter die »Gesetze Englands« nur aufnehmen wollen, »quidquid de consilio et consensu magnatum et rei publicae communi sponsione, auctoritate regis sive principis praecedente, iuste fuerit definitum et approbatum« (De legibus et consuet. Angliae, Introd.). In vielen Ländern kam im SpätMA die Vorstellung auf (am deutlichsten in Frankreich mit den »lois fondamentales«), daß bestimmte Gesetze dem üblich werdenden Verfahren gewöhnl. Gesetzesänderung entzogen und entweder gar nicht oder nur qualifizierter Abänderung zugängl. seien. Freilich blieb auf der anderen Seite ein nachgerade positivist. Gesetzesverständnis möglich, das dem frühmodernen absoluten Fs.enstaat vorarbeitete.

[3] *Spätmittelalterliche Lehre von den Herrschaftsformen:* Eine allgemeinverbindl. V. wurde bei den Juristen im MA

nicht erreicht. Auch die philos.-theol. Staatsformenlehre wurde nicht überall akzeptiert, hat aber das Bewußtsein für institutionelle Zusammenhänge geschärft: mit der Rezeption der prakt. Philosophie des Aristoteles (seit dem 13. Jh.) gewann das polit. Denken eine klass. Ausprägung antiker Herrschaftsformenlehre als Vorbild, wo die Herrschaft eines Einzelnen, einiger weniger oder der Vielen, in ihren zuträgl. wie entarteten Formen in geschlossenem Entwurf zu Verfügung stand. Die Namen, die Aristoteles diesen sechs Formen gegeben hatte (Monarchie, Aristokratie, Politie, Tyrannis, Oligarchie, Demokratie), bestimmten die zukünftige Theorieentwicklung. Schon →Thomas v. Aquin stellte wenigstens die Frage, wie durch institutionelle Vorkehrungen die Entartung der »besten« Monarchie zur »schlimmsten« Tyrannei verhindert werden könne, ohne freilich eine definitive Antwort zu skizzieren (»De regno« I.6). Er hat auch, für die Zukunft folgenreich, als erster wieder eine Mischverfassung zur Sicherung gegen Verkehrung erörtert (S.th. II-1.105.1 u.ö.). Zwei Wege, eine eingehende Formenlehre der Herrschaftsverfassungen und die Hoffnung, durch Mischung der Typen Gefahren zu begegnen, werden künftig immer wieder erprobt; →Aegidius Romanus, →Johannes v. Paris, →Marsilius v. Padua, Nikolaus v. (Nicole) →Oresme und viele andere beteiligen sich an diesen Bemühungen. Auf die Juristen →Bartolus de Saxoferrato und →Baldus de Ubaldis hat diese Tradition stark eingewirkt. Wenn auch im allg. an Erstrangigkeit und Wünschbarkeit der Monarchie kein Zweifel bestand, fanden sich doch auch vereinzelt Stimmen, die – zumindest für Sonderfälle – einer republikan. Verfassung das Wort reden (etwa →Bartholomaeus v. Lucca). In der großen Strukturkrise der spätma. Kirche, während des →Abendländ. Schismas und des →Konziliarismus, wurden, zunächst für die Kirche, diese Gedanken am frühesten in einen einheitl. Diskussionszusammenhang eingebracht, freilich hat der Streit um die Superiorität von Papst oder Konzil auf die späteren Debatten um Ständerecht und Mitwirkungsanspruch in der frühen NZ keine allzu greifbaren Nachwirkungen gehabt. Die Lehre von der Kirche ist auch sonst auf dem Umweg über die Säkularisierung in vielfacher Weise für das Verfassungsdenken für staatl. Ordnungen maßstabsetzend geworden.

Nicht alle Wirkungen der Staatsformenlehre auf das polit. Bewußtsein sind damit freilich genannt. Die Erfahrung polit. Verfassungswandels, v. a. in den durch raschen Umsturz instabilen Stadtrepubliken, doch auch in den größeren regna, konnte sich mit Hilfe aristotel. Kategorien der Situation analyt. versichern: eine eingehende Typologie von Ursachen und Formen des Verfassungswandels ist von Gelehrten entwickelt, bisweilen sogar ist Verfassungsänderung programmat. gefordert worden (etwa für die Kirche von →Wilhelm v. Ockham: Dialogus III.1.2.20). Von Politikern und Chronisten wurden Änderungen dann rechtfertigend oder krit. so angesprochen. Die V.n des SpätMA sind damit ebensosehr Resultat der theoriegeschichtl. Entfaltung wie der hist. Erfahrung von Veränderung. Sie teilen damit das Schicksal polit. Theorie und polit. Bewußtseins bereits im MA. →Souveränität, →Staat, →Tyrann, -enmord.   J. Miethke

Lit.: Geschichtl. Grundbegriffe VI, 1990, 831–899 – O. v. Gierke, Das dt. Genossenschaftsrecht III, 1881 [Neudr. 1954] – W. Berges, Die Fürstenspiegel des hohen und späten MA, 1938 – T. Struve, Die Entwicklung der organolog. Staatsauffassung im MA, 1978 – A. Black, Council and Commune, 1979 – B. Tierney, Religion, Law, and the Growth of Constitutional Thought, 1982 – J. Miethke, Polit. Theorien im MA (Polit. Theorien von der Antike bis zur Gegenwart, hg. H.-J. Lieber, 1991), 47–156 – J. M. Blythe, Ideal Government and the Mixed Constitution in the MA, 1992 – K. Pennington, The Prince and the Law 1200–1600, 1993 – U. Meier, »Molte rivoluzioni, molte novità«, Gesellschaftl. Wandel im Spiegel der polit. Philosophie ... des späten MA (Sozialer Wandel im MA, hg. J. Miethke–K. Schreiner, 1994), 119–176 – J. Canning, A Hist. of Medieval Political Thought 300–1450, 1996 – A. Wolf, Gesetzgebung in Europa 1100–1500, 1996² – J. Miethke, Die Anfänge des säkularisierten Staates in der polit. Theorie des späteren MA (Entstehen und Wandel des Verfassungsdenkens, hg. R. Mussgnug) [im Dr.].

Verfestung (mhd. *vervestunge*, mnd. *vorvestinge, vestinge*, lat. *proscriptio*), im MA ein prozessuales Zwangsmittel bei Ladungsungehorsam (contumacia) des Beklagten vornehml. im sächs. und lüb. Recht. Die V. ähnelt insofern dem karol. Vorbann (forisbannitio). Nach sächs. Recht setzte sie regelmäßig voraus, daß der eines Verbrechens Beschuldigte (Sachsenspiegel Ldr. I 68 § 1) trotz dreimaliger Ladung nicht vor Gericht erschienen war (ebd. I 67). Bei →handhafter Tat konnte die V. auch schon mit der ersten Ladung verhängt werden, wenn der Beschuldigte übersiebnet wurde (ebd. I 70 § 3; →Übersiebnen). Die V. galt nur für den Gerichtsbezirk des verfestenden Richters. Sie gab dem Kläger ein Festnahmerecht, machte den Verfesteten aber nicht völlig rechtlos (ebd. III 63 § 3). Der Verfestete konnte sich mit freiwilligem Erscheinen vor Gericht aus der V. 'herausziehen' (ebd. II 4 § 1). Wurde er gewaltsam dorthin gebracht, mußte ihn der Kläger nach lüb. Recht nur der V., nach sächs. Recht auch der Missetat überführen (ebd. I 68 § 5). Bei fortdauerndem Ladungsungehorsam konnte die V. zur →Reichsacht und – nach →Jahr und Tag – zur unlösl. Oberacht gesteigert werden (so z. B. bei Heinrich d. Löwen). Der Oberächter wurde rechtlos und verlor Eigen und →Lehen. In den Städten wurden die V.en in sog. V.sbüchern aufgezeichnet.
   K.-M. Hingst

Lit.: HRG V, 718f. [Lit.] – Amira-Eckhardt, II, 135f. – O. Göschen, Die Goslar. Statuten, 1840, 471–485 – O. Francke, Das V.sbuch der Stadt Stralsund, 1875, mit Einl. v. F. Frensdorff, Die V. nach den Q. des lüb. Rechts (Hans. Gesch.sq. 1) – A. Feuring, Die V. nach dem Sachsenspiegel und den Q. des Magdeburger Rechtskreises, 1995.

Vergeltung (remuneratio, retributio) entspricht als theol. Ausdruck (in allen Weltreligionen) dem spezifischen Gottes- und Glaubensverständnis. In der (jüd.) atl. Überlieferung bewältigt der Schriftsteller die Ereignisse der Heils- und Unheilsgeschichte in der Acht auf Lohn- und Straf-V., Verheißung und Drohung (Ex 20, 12; Dt 28). Die Propheten (Am 4, 6–11; 5, 15; Hos 11, 8f.) haben V. als Gottes souveränes Handeln begriffen und verkündet. V. ist ebenso kollektiv (Gen 19, 2; Dtn 5, 9f.) wie individuell (in den späten bibl. Zeugnissen: Ez 18; 33, 10–20). Sie ist diesseits orientiert und erlangte in der eschatolog. Verheißung messian. Bedeutung (Jes 60–62; Dan 12). In den Weisheitsbüchern wurde V. vergeistigt (Weish 1–5) und als jenseitige vorgestellt (Lohn der »Unsterblichkeit«). Die spätbibl. Gesetzesfrömmigkeit (v. a. der Pharisäer) hatte einen starren und strengen V.sglauben zur Folge, der im NT von Jesus Christus entschieden abgelehnt wurde. In der ntl. Reich-Gottes-Predigt ist ewigkeitl. V. identisch mit dem ewigen Leben (bzw. der ewigen Strafe) (Mt 25, 46; Mk 8, 35; 9, 43. 45). Die ntl. Botschaft kennt keine kollektive V.: jedem einzelnen wird nach seinem Werk vergolten (Röm 2, 6; 2 Kor 5, 10; Offb 20, 12). Der Lohn ist immer Gnadengabe Gottes, reich, unvergleichlich und unberechenbar. Das Handeln aus dem Glauben ist frei von Lohnspekulation, aber das geisterfüllte Tun des Menschen findet Gottes Gutheißung, Segnung und Anerkennung (Mt 25, 21. 23). Solches in der Gnade Gottes gesegnetes, gutes Handeln des Menschen ist doppelt geschenkt als

Gabe und als Aufgabe. – Zum bibl. Befund vgl. »misthos« (Lohn), Theol. Wb. zum NT 699–736 [H. Preisker]; LThK² X, 699–701 [V. Hamp, W. Pesch]. Neben den angrenzenden Begriffen →Gericht, Lohn, →Verdienst hat V. in der patrist. und scholast. Sprach- und Begriffswelt noch keine umfassende Darstellung gefunden. Die Bibelauslegung (die Psalmen- und Römerbrieferklärung), der Wegweis der prakt. Theologie und die systemat. Ausführungen in den Dialogen und Summen müssen befragt werden. Die vielen Psalmen, die Gottes Erbarmen und Gerechtigkeit (Wahrheit) zusammen ansprechen, gaben den Auslegern die Frage nach der V. auf. Zu Ps 111 (112), 4: »misericors, et miserator et iustus«, erklärte Petrus Lombardus in der Glossa: »Der Herr ist von Natur aus barmherzig, indem er zuwartet, der Erbarmer im Erweis (der Geschichte), und indem er rechtfertigt, ist er gerecht in der V.« (MPL 191, 1013A). Auch Gottes rechtfertigende Gerechtigkeit ist vergeltende Gerechtigkeit. Im Römerbriefkommentar erklärte Abaelard die Gottesgerechtigkeit zur Rechtfertigung aus dem Glauben, Röm. 1,17 als »iusta remuneratio« (ed. M. M. Buytaert, CChrCM 11, 65). Die Rechtfertigung aus dem Glauben an Jesus Christus ist nicht weniger Sache der gerechten V. Gottes, als die Gnade des (rechtfertigenden) Glaubens in der Kraft der Liebe wirksam und fruchtbar ist (vgl. R. Peppermüller, 121–127). Die »Allegoriae in Novum Testamentum«, die Robert v. Melun nahestehen, können zur Erklärung der Gerechtigkeit Gottes (Röm 1,17) die philos. und bibl. Definition von »iustitia« nebeneinander stellen (MPL 191, 882). Im »Dialogus« (ed. R. Thomas, 143f.) machte Abaelard das Unterscheidende der christl. V. in der Auseinandersetzung mit dem jüd. und philos. Verständnis des Summum bonum deutlich. Mit Augustinus geht er davon aus, daß das Jetzt des Lebens die Zeit des (gnadenhaften) Verdienstes ist, das Jenseits des Ewigen Lebens aber dessen V. ist. Hier mühen wir uns um des Guten willen um dessen Verdienst, dort empfangen wir aller Verdienste V. Jener Lohn macht uns selig und gut, weil er nicht mehr Verdienst sein muß. Die dankbar vergoltene Freundschaft vertieft die gegenseitige Liebe, schafft aber kein zusätzl. Verdienst neu zu erwerbender Liebe. In der prakt. Theologie des Liber »Scivias« der Hildegard v. Bingen (ed. A. Führkötter, CChrCM 43, 43A) wird die V. (Lohn und Strafe) als geistl. Erfahrung im Glauben angesprochen. Der Lohn der V. bleibt nicht verborgen oder verschlossen; er wird offenbar im Erweis der Größe und Güte Gottes (p. 3 vis. 6 c. 34, Ed. 459). Die Güte Gottes gilt nicht nur als objektiver Wert, sie vergilt zugleich ihre Größe und Schönheit im Widerschein des Erhöhens und Leuchtens. Der Sohn Gottes Jesus Christus geht mit seinem Willen im guten Wollen der Erwählten auf zum Lohn und zur V. (p. 3, vis. 8, c. 13, ed. 495f.). Der Ruf der Reue ist die Symphonie der Stimme Gottes im Einklang des Herzens, der Lockruf des Hl. Geistes, der erhebt und aufatmen läßt in lohnend belohnter Buße (p. 3 vis. 13, c. 13, ed. 631f.). Ebenso muß auch die Gesetzlosigkeit im letzten Gericht in strenger V. erfahren werden (p. 3, vis. 5, c. 2, ed. 412). V. ist der Aufweis der Herrlichkeit und Liebe Gottes in Lohn und Strafe. In den Sentenzenlesungen waren die Dozenten in der 46. Distinktion des 4. Buches mit der Frage der V. befaßt, und zwar im Kontext der Diskussion über Barmherzigkeit und Gerechtigkeit Gottes im Gericht. Da alle Werke Gottes in ihrer Art und Weise höchste Einheit, Wahrheit und Güte bezeugen, gehören nach Bonaventura (Sent. IV d. 46, a. 2, q. 1–4) Gerechtsein und Erbarmen in Gott zusammen. Diese Idee der Entsprechung (ebd. q. 4 contra d) von Wahr-, Recht- und Gut-Sein hat Bonaventura im »Breviloquium« (p. 7 c. 7) zum (hermeneut.) Schlüssel der Erklärung der jenseitigen »gloria paradisi« gemacht. Schöpfung, Weltregierung (Vorsehung), Erlösung, V. und Vollendung entsprechen sich, so daß der Himmel die V. alles Geschehens der Geschichte ist. Thomas v. Aquin (Summa contra gentes IV c. 91) beschäftigte sich mit der V. im doppelten Gericht (im Tode des Einzelnen und im Endgericht der Menschheit). Sie verhalten sich wie das Innen und Außen eines komplexen Geschehens, wie Seele und Leib eines Ganzen. Jene V. geschieht »sigillatim singulis«, diese »simul omnibus«. Die Gottesschau im Himmel ist der überreiche Lohn der Verheißung und der Segen der Verdienste. Dem Lebensweg des Menschen ist die Fülle des Guten vorgegeben als Verheißung und als Lohn (ebd. III c. 90, 149, 150). Weil Gott im freien Wollen des Menschen das Gute schenkt und wirkt, ist die V. Segen und Lohn zugleich. L. Hödl

Lit.: →Verdienst, →Satisfaktionstheorie, →Genugtuung – Landgraf, Dogmengeschichte, II. 1: Die Gnadenlehre (bes. 7–40, 75–110) – H. Denifle, Die abendländ. Schriftausleger bis Luther über »Justitia Dei« (Rom 1,17) und »Justificatio«, 1905 – R. Peppermüller, Abaelards Auslegung des Römerbriefes, BGPhThMA 10, 1972 – G. Plasger, Die Not-Wendigkeit der Gerechtigkeit. … zu »Cur Deus homo« von Anselm v. Canterbury, ebd. 38, 1993.

Verger, Le, Vertrag v., geschlossen am 20. Aug. 1488 in einem zu Seiche (bei Baugé, dép. Maine-et-Loire) gelegenen Herrenhaus des bret. Hochadligen Pierre de →Rohan, Sire de Gié. Der Vertrag beendete den seit Mai 1487 andauernden Krieg (sog. →'Guerre folle') zw. der vom alternden und gebrechl. Hzg. v. →Bretagne, →Franz II., geführten Fs. enallianz und dem jungen Kg. v. Frankreich, →Karl VIII. – Der Sieg der überlegenen frz. Partei bei →St-Aubin-du-Cormier (28. Juli 1488) nötigte die (auch durch Verrat in den eigenen Reihen) völlig geschwächte bret. Seite zu Verhandlungen, wohingegen führende frz. Politiker (so das mächtige Regentenpaar →Peter und →Anna v. →Beaujeu) die unverzügl. militär. Besetzung des gesamten Hzm.s favorisierten. Der Kanzler Guillaume de →Rochefort verstand es jedoch, Karl VIII. mit vorwiegend jurist. Argumenten zu einer milderen Haltung zu bewegen. Der Kg. empfing persönlich die Gesandten Franz' II., den Gascogner Odet d'Aydie, Sire de Lescun, und den Gf.en v. Dunois, traf aber ohne den Rat seiner Schwester Anna v. Beaujeu und ihrer Klientel keine Entscheidungen.

Der (im Herrenhaus Couëron bei Nantes umgehend ratifizierte) Vertrag rettete zumindest für den Augenblick die Autonomie des Hzm.s Bretagne, das sich aber zur Abrüstung verpflichten mußte (Entlassung aller fremden Söldner in ihrer Heimatländer); die Vermählung der bret. Erbtochter durfte nur mit Zustimmung des (selbst an der Erbfolge interessierten) Kg.s durchgeführt werden. Als Pfand verblieben (bis zur Regelung der Sukzession) eine Reihe fester Plätze in der Hand des Kg.s (→Dinan, →Fougères, →St-Aubin, →St-Malo); dagegen wurden die kgl. Truppen aus den anderen eroberten Städten abgezogen und keine Kontributionen erhoben. Le V. läutete das Ende der bret. Unabhängigkeit ein; Franz II. überlebte die Schmach nur um wenige Wochen und ließ seine Tochter, die zwölfjährige →Anna v. Bretagne, in einer verzweifelten Situation zurück. Diese suchte die Selbständigkeit durch ihre (mit d. Abmachungen v. Le V. nicht zu vereinbarende) Prokura-Ehe mit →Maximilian v. Habsburg (Dez. 1490) noch einmal zurückzugewinnen. J.-P. Leguay

Lit.: Y. Labande-Mailfert, Charles VIII et son milieu, 1975 – J.-P. Leguay, Fastes et malheurs de la Bretagne ducale, 1982 – Die frz. Kg.e des MA, hg. J. Ehlers, H. Müller, B. Schneidmüller, 1996, 368f. [N. Bulst].

Vergerius (Vergerio, Pier Paolo), d. Ä., it. Humanist, * 1370 in Capodistria/Koper, † 1444 in Budapest. Studierte Grammatik in Padua (Schüler des Giovanni Conversini), lehrte Dialektik und Logik in Florenz, Bologna und Padua; 1405 in Padua Dr. utriusque iuris. In Florenz schloß er Freundschaft mit →Franciscus Zabarella, mit C. →Salutati und L. →Bruni, der ihm die »Dialogi ad Petrum Histrum« widmete, und studierte bei →Chrysoloras Griechisch. 1405–09 im Dienst der röm. Kurie, nahm er 1414–18 im Gefolge Kard. Zabarellas am Konzil von →Konstanz teil; von dort folgte er Ks. Siegmund nach Ungarn und trug als Referendar dort zur Verbreitung humanist. Gedankenguts bei. Aus dieser Zeit, in der er offenbar dem humanist. Prälaten →Vitéz nahestand, sind nur wenige Nachrichten überliefert. *Werke:* In Bologna verfaßte er in freien iambischen Senaren die erste Humanistenkomödie »Paulus« (1390), im Goliardenmilieu angesiedelt, die nur geringe Einflüsse von Terenz zeigt, aber vielleicht von Petrarcas »Philologia« inspiriert ist. Der pädagog. Moralismus, der sich in ihr ausdrückt, findet seine volle Entfaltung in »De ingenuis moribus et liberalibus studiis adulescentiae« (1400–02), dem ersten humanist. Erziehungstraktat, der dem Sohn des Signoren v. Padua, Francesco Novello da →Carrara, Ubertino, gewidmet ist. V.' Erziehungsprogramm bezieht viele Anregungen von den antiken Autoren (v. a. von Aristoteles, Seneca und Cicero; eigenständig scheint die starke Berücksichtigung der natürl. Begabungen und Vorlieben der jungen Menschen. Das Werk hatte großen Erfolg und wurde im 15. und 16. Jh. in Hss. und Drucken weit verbreitet. Einige Belege in V.' hochinteressanten Briefen zeigen ihn als ersten Vertreter eines lit. Ciceronianismus (ep. 15), aber auch, im Gefolge Salutatis, als Verteidiger eines Cicero, der für die republikan. Freiheiten kämpfte (Antwort auf Petrarcas Brief an Cicero, 1394). Nicht zu leugnen ist jedenfalls, daß V. sich schließlich auf monarchist. Positionen zurückzog (so verfaßte er auch die »Historia principum Carrariensium«). Unter weiteren hist. Werken ist »De re publica veneta« zu nennen. In Zusammenarbeit mit Zabarella entstand der Traktat »De re metrica«, ferner verfaßte er Reden und Übers. aus dem Griechischen. Seiner Edition der »Africa« des Petrarca (1395/96 in Padua) schickte er eine Vorrede »De vita moribus et doctrina illustris poete Francisci Petrarce et eius poemate quod Africa inscribitur« voraus, die sich auf Petrarcas Brief »Posteritati« stützt. D. Coppini

Ed.: Epistolario, ed. L. SMITH, 1934 [Nachdr. 1972] – De ingen. mori., ed. C. MIANI, Atti e mem. della Soc. Istriana di Archeol. e Storia patria, NS, 20–21, 1972–73, 183–251 – Paulus, ed. A. PEROSA (AA. VV, L'Umanesimo in Istria, 1983), 321–356 – *Lit.:* D. ROBEY, Humanism and Education in the Early Quattrocento: the De ingen. mor. of P. P. V., Bibl. d'Humanisme et Renaissance 42, 1980, 27–58 – V. ZACCARIA, Niccolò Leonardi, i suoi corrispondenti e una lettera inedita di P. P. V., Atti e mem. dell'Acc. Patavina di Sc., Lett. ed Arti. Memorie, CL. di Sc. Mor., Lett. ed Arti 95, 1982–83, 95–116 – J. MC MANAMON, Innovation in Early Humanist Rhetoric: the Oratory of P. P. V. the Elder, Rinascimento 22, 1982, 3–32 – D. ROBEY, Aspetti dell'Umanesimo vergeriano (AA. VV., L'Umanesimo in Istria, 1983), 7–18 – V. FERA, Antichi editori e lettori dell'Africa, 1984, 83–104 – T. KLANICZAY, Das Contubernium des Johannes Vitéz (Fschr. A. T. SZABÓ und Zs. JAKO, II, 1988), 228–235 – A. BOLLAND, Art and Humanism in Early Renaissance Padua: Cennini, V. and Petrarch on Imitation, Renaissance Quarterly 49, 1996, 469–485.

Vergewaltigung → Notzucht, →Sexualdelikte

Vergi, La Chastelaine de, kurze Verserzählung (948 paarweise gereimte Octosyllabes, Ms. Paris, BN fr. 375; wahrscheinl. um 1240 entstanden) über die heimliche Liebe der Kastellanin von V. zu einem Ritter. Als dieser fälschlich von der von ihm zurückgewiesenen Hzgn. v. Burgund eines Verführungsversuchs bezichtigt wird, muß er, unter dem Siegel der Verschwiegenheit, dem Hzg. die Wahrheit offenbaren; dieser bewahrt das Geheimnis seiner Frau gegenüber jedoch nicht; die Kastellanin glaubt an einen Verrat ihres Geliebten und sucht den Tod. Der Ritter stürzt sich in sein Schwert, und der Hzg. tötet mit dem gleichen Schwert die Hzgn. Die Erzählung exemplifiziert in lebhaften Farben die höfische Tugend der Verschwiegenheit und die unheilvolle Wirkung der Verleumdung. Die Sprache dieses Textes (der als narrativer Lai angesehen werden könnte) bleibt im Rahmen der höf. Tradition und gibt lyr. Elementen Raum (so führt er z. B. eine Strophe des Châtelain de Couci an). STUIP schreibt die Verfasserschaft einem Autor aus der Picardie zu; die wenigen sprachl. Hinweise dafür, die der Text bietet, sind plausibel, aber nicht unumstößlich. Die Hss.verbreitung (vier aus dem 13. Jh., fünf aus dem 14., acht aus dem 15. Jh.) bezeugt die ununterbrochene Beliebtheit des Textes. Dazu kommen noch, im frz. Raum, die »Histoire de la chastelaine du Vergier et de Tristan le chevalier« (Paris, BN, n. a. fr. 6639), eine Kurzfassung aus dem 15. Jh., vielleicht für eine theatral. Aufführung (»La chastelaine du vergier, livre d'amours du chevalier ed de la dame du vergier«, überliefert in einem Druck von 1540), und die 70. Novelle des »Heptameron« der Margarethe v. Navarra. Die lit. Vorzüge der Erzählung und die Zweckdienlichkeit dieser einfachen Geschichte von Liebe und Tod zur Illustration der höf. Tugend haben der »Ch. d. V.« weite Verbreitung auch außerhalb Frankreichs gesichert. Dazu beigetragen hat auch, daß der Text eines der Konzepte der Liebeskasuistik thematisiert und am Erfolg größerer Werke teilnahm wie dem »Roman de la Rose«, mit dem er, nicht zuletzt wegen seines schmalen Umfangs, häufig verbunden wurde.

Fast gleichzeitig entstanden eine ndl. Übersetzung, danach ein it. Cantare (»La dama del Verzù [oder del Vergiere]«), das von Boccaccio am Ende des 3. Tages des »Decameron« erwähnt wird, sowie die Bearbeitungen von Matteo Bandello u. a. Wegen ihrer sprichwörtl. Tugend wurde die Kastellanin in vielen Verzeichnissen berühmter Liebender genannt (z. B. Eustache Deschamps, Froissart etc.) und fand umfangreiche bildl. Darstellungen, v. a. auf Elfenbeinkästchen, die häufig als Hochzeitsgeschenke verwendet wurden (»Minnekästchen«). Als Beispiel der Wandmalerei sei das Fresko (Ende 14. Jh.) in einem Saal des Palazzo Davizzi Davanzati in Florenz genannt. Der Erfolg des Stoffes (stärker als der des Originaltextes) dauerte bis in das 19. Jh. an (volkstüml. Drucke, Vertonungen von Mercadante und Donizetti).

A. Vitale Brovarone

Ed. und Lit.: G. RAYNAUD – L. FOULET, La Ch. d. V., 1987⁴ – R. E. V. STUIP, L. Ch. d. V., 1970, 1985 – E. LORENZ, Die Kastellanin v. V. in den Lit.en Frankreichs, Italiens, der Niederlande, Englands und Deutschlands, 1909 – J. FRAPPIER, La Ch. d. V., Marguerite de Navarre et Bandello, Publ. de la Fac. de Lettres de Strasbourg 105, 1945 – P. LAKITS, La Ch. d. V. et l'évolution de la nouvelle courtoise, StR 2, 1966 – P. ZUMTHOR, De la chanson au récit: La Ch. d. V., Vox Romanica 27, 1968, 77–95 – B. SCHMOLKE-HASSELMANN, La Ch. d. V. auf Pariser Elfenbein-Kästchen des XIV. Jh., Romanist. Jb. 27, 1976 – R. E. V. STUIP – T. J. VAN THUJIN, Interférences entre La Ch. d. V. et le Roman de la Rose, Neophilologus 70, 1986.

Vergier, Le Songe du → Songe du Vergier, Le

Vergil im MA

A. Überlieferung, Kommentare, Viten, Rezeption – B. Ikonographie

A. Überlieferung, Kommentare, Viten, Rezeption

I. Lateinische Literatur – II. Romanische Literaturen – III. Deutsche Literatur – IV. Englische Literatur.

I. LATEINISCHE LITERATUR: Bei keinem anderen heidn. Autor der Antike waren die Möglichkeiten, eine intensive Wirkung ins MA und in die NZ hinein zu entfalten, in einem solchen Maße gegeben wie bei V. Gegenüber der komplizierten Rezeptionsgeschichte →Ovids bildet die V.s ein beständiges Kontinuum. Insofern ist es mißverständlich, mit TRAUBE vom 8. und 9. Jh. als der Aetas Vergiliana zu sprechen: Er ist, darin nur von der Hl. Schrift und allenfalls wenigen weiteren christl. Texten übertroffen, allgegenwärtig. Kurz nach dem Tode des Dichters setzt mit Q. Caecilius Epirota die Erklärung im Schulunterricht ein, gegen Ende des 1. Jh. empfiehlt ihn Quintilian (Inst. 1, 8, 5) als lat. Anfangslektüre neben Homer für das Griechische, nachdem schon Properz (3, 34, 65f.) die entstehende »Aeneis« über Homer gestellt hatte. So ist denn V. mindestens seit dem Beginn des 2. Jh. unbestrittener Leitautor, nicht nur für eine antiquar. archaisierende Richtung, für die er, nach den Autoren der republikan. Zeit, Zeuge alten Römertums ist. V.s Dominanz im Unterricht ist daran ablesbar, daß er immer wieder vor Cicero und Terenz als kanon. Autor genannt wird (Commodian Apol. 583) und daß er die hauptsächl. Q. für Stilmuster ist; so stellt am Ende des 4. Jh. Messius Arusianus seine Exempla elocutionum (Cassiod. Inst. 1, 15, 7 quadriga Messii) aus den Musterautoren V., Sallust, Terenz und Cicero zusammen. Wertet man die Autorenzitate der lat. Grammatiker (Gesamtindex von KEIL GL 7, 579–668) aus, so erscheint V. mehr als viermal so oft wie der nächsthäufige Terenz, zehnmal so oft wie Cicero und Horaz. Damit ist eine Fülle vergil. Wendungen und metr. Versatzstücke in indirekter Tradition jedem lat. Dichter verfügbar.

Die Stellung V.s als Schulautor bringt die philolog. Behandlung und Kommentierung mit sich (FUNAIOLI). Der Kommentar des großen Grammatikers Aelius →Donatus, Lehrer des Hieronymus, ist zwar nur mit der Einleitung, der Vita und der Einleitung zu Buc. direkt überliefert, doch ist er von →Servius benutzt und v. a. in die sog. Scholia Danielis zu dessen Kommentar eingegangen; dazu kommt der gegen Ende des 4. Jh. verfaßte, die rhetor. Aspekte hervorhebende Kommentar des Tib. Claudius →Donatus. Im 4. oder 5. Jh. ist schließlich der Komm. des Mailänders Iunius Philargyrius, der Donat und Servius verwendet, verfaßt (s. u.). In ein weiteres Feld führt die allegor. Ausdeutung. →Theodulfs (Carm. 45, 19ff.) Rechtfertigung der Lektüre heidn. Autoren aus dem Gedanken heraus, unter dem – oft anstößigen – Wortsinn verberge sich tiefere Wahrheit, fand für V. ihre Stütze in der »Expositio Vergilianae continentiae« des Mythographen →Fulgentius (um 500). Die beträchtl. Wirkung beruht nicht zuletzt auf der Fiktion, V. persönlich deute dem Verfasser die Mythen unter dem Aspekt sittl. Vervollkommnung. Diese Linie ganzheitl. Interpretation führt zum Aeneiskommentar des →Bernardus Silvestris. Die spätantike Kommentierung macht den Dichter nicht nur zum stilist. Musterautor, sondern auch zur Autorität in allen Sachfragen. Für Servius (zum Anfang von Aen. 6) ist er im Besitz uralten Weistums, →Macrobius nennt ihn (zu Somn. Scip. 1, 15, 12) disciplinarum omnium peritissimus und verbreitet in den »Saturnalia« dieses V.bild.

Integraler Bestandteil der philolog. Einleitung (→Accessus) zu den Autoren, für die gerade der V.kommentar des Servius ein Muster bot, sind die erhaltenen V.viten. Sie setzen ein mit der vor der Einleitung zu Buc. überlieferten Vita des Aelius Donatus, die im wesentl. auf Sueton zurückgehen dürfte (NEUMANN). Deren Angaben, angereichert aus dem Kommentar des Servius, bilden das Fundament für die Ausgestaltungen des ma. V.bildes; dabei hatte die ir. Tradition (Philargyrius, Berner Scholien) entscheidende Bedeutung. Die bes. bei Macrobius hervortretende Charakteristik V.s als Inhaber aller weltl. und bes. auch esoter. Weisheit erweitert sich schon am Ausgang der Antike. Schon Ende des 1. Jh. erfuhr der künftige Ks. Hadrian aus der als Stechbuch benutzten »Aeneis« von seiner Erhöhung, und seit dem Ende des 2. Jh. ist dieses Verfahren für einige Tempelorakel bezeugt. Seit dem 4. Jh. wird V. zum Künder christl. Wahrheit. →Eusebios v. Caesarea überliefert eine Rede Ks. Konstantins, die dieser 323 vor einer Kirchenversammlung gehalten und u. a. auf die durch die 4. Ekloge bezeugte Prophezeiung der cumäischen Sibylle bezogen habe. →Lactantius, Prinzenerzieher am Hofe Konstantins, sah im Werk V.s erahntes christl. Gedankengut; um 330 stellt →Iuvencus der »Aeneis« das erste christl. Großepos an die Seite, um die Mitte des Jahrhunderts zwang →Proba in ihrem V.cento den Dichter dazu, den Christenglauben verkündet zu haben: Vergilium cecinisse loquor pia munera Christi. Die Stellung der großen Kirchenlehrer gegenüber dem Dichter ist ambivalent und im Laufe ihrer Entwicklung wechselnd: →Hieronymus zitiert ihn in seinen frühen Schriften häufig, im Gefolge seiner Hinwendung zum mönch. Leben meidet er die heidn. Autoren, kehrt aber mit dem Einsetzen seiner großen lit. Produktion (386) zu ihnen zurück; →Augustins Weg hingegen führt von Verehrung zu Distanzierung und Gegnerschaft. (Bei →Alkuin begegnen wir diesem Zwiespalt wieder, vgl. Carm. 32. 34 und 78.) Auch in den Zeiten des Verfalls des antiken Geisteslebens reißt die V.-Tradition nicht ganz ab; →Gregor v. Tours bringt »aus den ersten 8 Büchern der Aeneis ... eine Fülle von Zitaten« (BUCHNER), wobei etliches aus zweiter Hand, den Kirchenvätern, stammen dürfte. Entscheidend für die Verbreitung der V.kenntnis auf dem Festland seit der karol. Bildungsreform ist der Weg über die Inseln gewesen; das wird bes. deutlich am Text des Philargyrius-Kommentars, dessen beide Rezensionen über Irland gelaufen sind, deren eine (a) irische Glossen und die Erwähnung eines Adamnan (von Iona?) aufweist. Entscheidender ist die Wirkung, die sich von den ags. Bildungszentren und der Tradition →Bedas in die karol. Bildungsreform überträgt. Signifikant ist, daß ein Begleiter der ersten, noch unbeholfenen Bemühungen Karls d. Gr., →Petrus v. Pisa, zunächst in seinem Lehrbuch der Grammatik keinen Unterschied zw. dem röm. Dichter und dem ir. Grammatiker Virgilius Maro kannte. Die spätantike Überlieferung (PECERE) umfaßt, abgesehen von geringfügigen Fragmenten auf Papyrus, sieben Luxushss., darunter die beiden berühmten illustrierten, den Vaticanus (Vat. lat. 3225) und den Romanus (Vat. lat. 3867). Es ist nicht unwahrscheinlich, daß die eine oder andere der Luxushss. über die Hofbibliothek Karls d. Gr. gegangen ist, so der Pal. lat. 1631, der von da nach Lorsch gelangt wäre (BISCHOF, 3, 155). Bemerkenswert ist, daß mit dieser Hs. in enger textl. Verwandschaft der Gudianus 70 (9. Jh., aus Lyon) steht und sie ergänzt. Die Bekanntschaft karol. Gelehrter mit dem Capitalis rustica spätantiker Luxushss. zeigt sich auch in dem Terminus Litterae Virgilianae (BISCHOFF 1,4); man verwendete sie als Auszeichnungsschrift. Die Aufnahme der insularen V.studien des 7./8. Jh. in den karol. Zentren etwa seit dem Beginn des 9. Jh. läßt sich ablesen an der seit der Mitte des Jh. und v. a. in Frankreich anschwellenden Zahl der erhaltenen Hss. nicht nur der Texte, sondern v. a. auch der Kommentare. Die ältesten Bibl.skataloge (Reichenau 821/822, St. Riquier

831, St. Gallen um die Mitte des 9. Jh.) zeigen, daß man hauptsächl. die christl. Epiker las, und sich daneben als einziger Heide V. behauptete. Von den Kommentaren besitzen wir ein Fragment des Servius auctus, das seinem Schriftcharakter nach in den Umkreis des Bonifatius weist (BISCHOFF, 3, 224); die volle Überlieferung des Servius wird für uns mit dem um 800 in Corbie geschriebenen Leidensis BPL 52 greifbar. Für die Bibl. seines Heimatkl. York (Pont. Ebor. 1553) nennt Alkuin als heidn. Poeten V., Statius und Lucan, wie denn überhaupt seit Beda bei den Angelsachsen eine beachtl. V.kenntnis einsetzt. Von den drei Textzeugen der Interpretationes des Claudius Donatus schließlich ist eine, der Laurentianus, zu Alkuins Zeit in seiner Abtei Tours entstanden. Gegenüber der Präponderanz des Kanons pascua rura duces treten nicht nur die Dichtungen der Appendix Vergiliana in der Überlieferung zurück (MUNK-OLSEN, 42ff.) – allenfalls Culex wäre zu beachten (PREAUX), wenn auch die Nachweise im Register von MGH PP. 4 wertlos sind, mit der Ausnahme der Copa in Notkers I. Vita s. Galli –, auch die Zahl der Pseudepigrapha ist, gemessen etwa an der Häufigkeit der Pseudo-Ovidiana, gering. Immerhin hat →Ademar v. Chabannes das gemeinhin Alkuin zugeschriebene bukol. Gedicht »Conflictus veris et hiemis« unter V.s Namen gestellt, und die Totenklage um Ks. Heinrich III. »Cesar, tantus eras« verdankt ihre Verbreitung dem Umstand, daß sie als Klage V.s um Augustus galt. Bemerkenswert ist eine Hs. vom Ende des 8. Jh. und dem Umkreis von Lorsch (Paris. Lat. 5018 + 7906; BISCHOFF, 3, 8), die offensichtl. im Hinblick auf die trojan. Abkunft der Franken zusammengestellt ist: Aen. bis 5, 734; Dares Phrygius, Gesta Francorum. Mit der Expansion der karol. Bildungsreform wird V. allgegenwärtig; alle spätantiken Ansätze werden wieder lebendig. Wieder äußert sich die Hochschätzung in der Zusammenstellung mit Homer: so die Dedikationsverse eines Bertoldus für Bf. →Jonas v. Orléans (MGH PP. 4, 1060); Ioh. Scot. Carm. 2, 1f.; Gesta Bereng. prol. 3f.; das geht durch bis zu J. C. Scaligers »Poetice« (1561), die die Kunst V.s als Vollendung der homerischen über diese stellt. So ist es denn nur selbstverständlich, daß für →Rupert v. Deutz (In Math. 5; MPL 168, 1424) V. als der größte Dichter neben Sallust als dem größten Historiker und Cicero als dem größten Redner rangiert. Wesentlicher als die Erwähnungen V.s als Unterrichtsstoff und seine Präsenz in den Florilegien ist seine Rolle als direktes Vorbild, sei es für einzelne Formulierungen (exzessiv z. B. im Waltharius: WAGNER), sei es als Urbild der Großepik bis hin zu Petrarcas »Africa« oder der Bukolik (KLOPSCH, 1985). Noch wichtiger ist es, daß sich die Dichtungstheorie, ausgehend von der spätantiken Auffassung, V. habe sämtliche Bereiche des menschl. Lebens beherrscht, an dessen drei kanon. Werken orientiert: Die Vita Donatiana und danach Servius setzten diese in Beziehung zu den drei Stilebenen des niedrigen, mittleren und hohen Stils; dazu trat bei Donat der Bezug auf drei Stufen der menschl. Kulturentwicklung: Hirtenleben, Landbau, Kampf um das Land. Der Kommentar des Servius setzt in der Einleitung zu den Eklogen an die Stelle dieses hist. Aspektes einen ständischen pro qualitate negotiorum et personarum. Die Beziehung der Stilebenen auf die Werke V.s ist über →Johannes Scottus, →Remigius v. Auxerre und die V.viten fester Bestandteil des Unterrichts geworden (KLOPSCH, 1980); die materiale, an die soziale Ebene gebundene Stilauffassung erreicht ihre letzte Ausformung durch die graph. Darstellung (Rota Virgilii) in der Parisiana poetria des →Johannes de Garlandia. Als Kenner aller Teile der Philosophie erscheint der Dichter seit der Vita Vossiana: physica in Bucolicis ... ethica in Georgicis ... logica in Aeneidis. Mit dem Bilde des Gelehrten verbindet sich das des Propheten Christi, so gegen Ende des 9. Jh. Christian v. Stablo, in Matth. 20, 30 (MPL 106, 1427 B), und seither immer wieder. Mit dem Bilde des Propheten V. überlagert sich das des Zauberers (s. a. Abschnitt II). Es ist bereits in der Spätantike, nicht erst in der neapolitan. Volkssage (USSANI), greifbar und breitet sich seit dem Ende des 12. Jh. aus, wobei das schnell wachsende Interesse an der Astrologie, dem Bindeglied zw. Prophetie und Magie, eine Rolle gespielt haben dürfte: Johannes de Alta Silva (1184), Konrad v. Querfurt (1194), Alexander Neckam (um 1200). Gerade der »Dolopathos« in seinem krausen Gemenge aus Septem Artes, Astrologie und Zauberei gibt eine Zusammenfassung der Möglichkeiten des ma. V.bildes; auch die Wendung zum Christentum fehlt nicht: Allerdings ist es V.s Schüler Lucinius, der, von einem Jünger Jesu bekehrt, sich von dem heidn. Zauberwesen seines Meisters abwendet. Ein Jahrhundert später begegnet →Dante ein zur reinen Gestalt des Künders und Dichters geläuterter V. »Es ist die Begegnung der zwei größten Lateiner. Historisch: die Besiegelung des Bundes, die das lateinische MA zwischen Antike und moderner Welt gestiftet hat.« (CURTIUS, 363). P. Klopsch

Bibliogr.: W. SUERBAUM (Aufstieg und Niedergang der röm. Welt, Bd. 31/2, 1981), 3–358, 1163–1165 – *Lit. [allg.]*: V. USSANI, Al margine del Comparetti, 1932 – D. COMPARETTI, Virgilio nel medio evo (Nachw. G. PASQUALI), 1937–41 u. ö. – Lectures médiév. de Virgile, 1985 [Beitr. v. DRONKE, HOLTZ, KLOPSCH, MUNK-OLSEN s. u.] – *Lit. [spez.]*: L. TRAUBE, Vorlesungen und Abh., 2, 1911 – G. FUNAIOLI, Esegesi Virgiliana antica, 1930 – H. WAGNER, Ekkehard und V., 1939 – CURTIUS, 1963[4] – R. BUCHNER, Gregor v. Tours, 1964 – V.: Hirtendichte, o. J. hg. H. NEUMANN–B. BISCHOFF (Ma. Studien, 1–3, 1966–81) – G. GLAUCHE, Schullektüre im MA, 1970 – J. PREAUX, Du »Culex« de Virgile à son pastiche par Thierry de Saint Trond, 1978 – G. RAUNER-HAFNER, Die V.interpretation des Fulgentius, 1978 – P. KLOPSCH, Einf. in die Dichtungslehren des lat. MA, 1980 – N. WRIGHT, Bede and Virgil, 1981 – W. SUERBAUM, Von der Vita Vergiliana über den Accessus Vergiliani zum Zauberer Virgilius: Probleme-Perspektiven-Analysen (Aufstieg... [s. o.]), 1981 – B. HAGENDAHL, Von Tertullian zu Cassiodor, 1983 – P. DRONKE, »Integumenta Virgilii«, 1985 – L. HOLTZ, La redécouverte de Virgile aux VIIIe et IXe s. d'après les mss. conservés, 1985 – P. KLOPSCH, Mlat. Bukolik, 1985 – B. MUNK-OLSEN, Virgile et la renaissance du XIIe s., 1985 – R. EDWARDS, The Heritage of Fulgentius, 1990 – O. PECERE, Antichità tarda e trasmissione dei testi: Qualche riflessione, 1991.

II. ROMANISCHE LITERATUREN: Die zentrale Bedeutung V.s im MA läßt sich unter drei, eng miteinander verbundenen Aspekten darstellen: 1. die gute und kontinuierl. Hss.überlieferung seiner Werke, die vorwiegend zusammen mit den Kommentaren des Servius und des Donat auf uns gelangt sind (und ihr Einfluß auf Epos, Erzähllit. und lyr. Dichtung in den roman. Literaturen); 2. die »Christianisierung« des vergil. Erbes (vorwiegend die messian. Dichtung der 4. Ekloge); 3. die sagenhafte Umgestaltung seiner Person zum »Zauberer und Nekromanten V.«.

[1] *Überlieferung und Einfluß*: Aus dem 9. bis ca. zum 12. Jh. sind entsprechend den Untersuchungen von MUNK-OLSEN 179 Aeneis-, 120 Georgica- und 111 Bucolica-Hss. erhalten. Ebenso verbreitet sind die Biographien des Dichters, v. a. die »Vita virgiliana« des Aelius Donatus, die an den Anfang der Bucolica gestellt wird (vgl. Abschnitt A. I). V. gilt im ganzen MA sowohl in philos.-religiöser als auch in poet. Hinsicht als der Autor schlechthin. Für das Fortleben V.s in den volkssprachl. Literaturen besaß die Mittlerrolle des →Prudentius große Bedeutung, wie die jüngsten Arbeiten von MORRA-LEBRUN zur Epik und zum Roman gezeigt haben. Prudentius spielt sowohl in inhaltl. Hinsicht durch seine »Psychomachia« mit ih-

rem Gegensatz von positiven und negativen Kräften als auch auf der Ebene der Rhythmik mit »Contra Symmachum« (einer wichtigen Etappe auf dem Weg, der Musikalität der vergilischen Hexameter auch in den volkssprachl. Metren, v. a. im *décasyllabe* nahezukommen) eine bestimmende Rolle. Kann man auch nicht von einer direkten Abhängigkeit der →Chansons de geste von der »Aeneis« sprechen, so ist doch eine Osmose von Themen, Motiven und formalen Elementen von dem lat. Epos zu den volkssprachl. Werken nicht zu leugnen.

Bei der Entstehung des Romans bildet die »Aeneis«, v. a. dank des »Roman d'Eneas« und des »Roman de Troie« (→Trojadichtung), einen obligator. Bezugspunkt, obgleich die frz. Autoren den Text V.s durch den Filter der Werke Ovids, insbes. der »Heroides«, in einer neuen Sicht lesen. Komplexer ist die Situation in der lyr. Dichtung: erst mit den Werken →Dantes und →Petrarcas kann man dort von einer echten »Neuschöpfung« vergilischer Verse sprechen. Die →Troubadour- und →Trouvère-Dichtung sowie die sog. Sikulo-Toskaner sind zwar nicht völlig ohne jede Kenntnis der vergilischen Version des Dido-Stoffes oder des Namens des lat. Dichters, wie man immer wieder behauptet hat (Rossi, 1989), häufiger sind aber die Anspielungen auf die Sage vom »Zauberer Vergil«.

[2] *»Messianische« Deutung Vergils:* Bereits der Komm. des Servius hatte behauptet, V. umfasse alles Wissen, was Macrobius übernahm und bekräftigte; Konstantin d. Gr. las die 4. Ekloge (»Iam nova progenies caelo demittitur alto«) als messian. Weissagung und sah in dem dort besungenen Knaben das Osterlamm oder den Guten Hirten; er steht damit am Anfang der Tradition, die Vergils Carmen IV als christl. Prophezeiung deuten will, wie es auch Lactantius und Augustinus tun, Hieronymus jedoch schroff ablehnt. Obgleich sich seit dem 12. Jh. eine elitäre Schicht von Lesern von dieser als »anachronistisch« betrachteten Interpretation abwendet, hält sie sich in metaphor. Gewand in zahlreichen kleineren Werken und taucht in frz. und it. pastoralen Texten des 14. und 15. Jh. wieder auf.

[3] *Der Zauberer und Nekromant V.; weitere Novellenmotive:* Von der Vorstellung eines mit wunderbarer Bildung, ja geradezu mit Allwissenheit ausgestatteten V. war es nur ein kleiner Schritt zu dem Philosophen-Alchemisten, der techn. Wunderwerke erfindet (z. B. eine bronzene Fliege, die die anderen Fliegen aus Neapel vertreibt, ein Gebäude, in dem das Fleisch nicht verdirbt, ein Glockenturm, der mit den Glocken mitschwingt, usw.). Die Erfinder dieser legendären Figur eines Nekromanten V. entstammen vorwiegend dem ags. Klerus des 12. Jh. und schreiben ihre Werke in Latein: v. a. Gervasius v. Tilbury (in den »Otia imperialia«), Konrad v. Querfurt, Alexander Neckam und Johannes v. Salisbury; neue Geschichten (Konstruktion wunderbarer Bäder und die sog. salvatio Romae) führen Vinzenz v. Beauvais und Walter Burleigh (Burley) ein. Diese Sagen werden in Italien von Cino da Pistoia, Cecco d'Ascoli und vom Verfasser der »Cronaca di Partenope« übernommen. So werden Novellenmotive verschiedener Herkunft und Verbreitung auf die Gestalt V.s übertragen und ihr Schauplatz in Neapel oder Rom angesiedelt.

Das zweite mit V. verbundene Novellenmotiv ist »der von einer Frau verhöhnte Philosoph«. Getrieben von rasender Leidenschaft läßt sich der Weise in einem Korb zum Balkon seiner Schönen hinaufziehen, wird von ihr jedoch – zum Gespött der Straßenpassanten – auf halbem Weg hängen gelassen. Zu diesem Motiv tritt als Zusatz die Racheaktion des »Zauberer-Philosophen«, der u. a. in ganz Rom das Feuer verlöschen läßt und die Römer zwingt, es am Hintern der Frau, die ihn verhöhnt hat, wieder anzuzünden ... Diese beiden Themen sind im »Fedet Joglar« des Troubadours →Guiraut de Calanson nur angedeutet, finden sich in Kurzform im »Libro de Buen Amor« des Juan →Ruiz und breiter ausgeführt im »Myreur des histors« des →Jean d'Outremeuse (Lüttich, 1339–1400). In Italien haben sie in der Novelle »De recte amore et justa vindicta« des →Sercambi eine Neubearbeitung gefunden und werden kurz von Antonio →Pucci in zwei Texten (»Contrasto delle donne« und »Zibaldone«) erwähnt. Diese Sagen, ebenso wie »Aristoteles, der einer Frau als Reittier dient«, wurden auch in den Bildenden Künsten dargestellt (s. Abschnitt B). L. Rossi

Lit.: Enc. Virgiliana, 5 Bde, 1988 – D. COMPARETTI, Virgilio nel Medio Evo, 2 Bde, 1896 [Nachdr. hg. G. PASQUALI, 1937] – A. DRESSLER, Der Einfluß des afrz. Eneas-Romanes auf die altfrz. Lit., 1905 – G. FUNAIOLI, Chiose e leggende virgiliane del medio evo, StM 5, 1932, 154–163 – W. SPARGO, Virgil the Necromancer. Stud. in Virgilian Legends, 1934 – W. ZILTENER, Chrétien und die Aeneis. Eine Unters. des Einflusses von V. auf Chrétien de Troyes, 1957 – M. LEUBE, Fortuna in Carthago. Die Eneas-Dido Mythe in den roman. Lit.en vom 14. bis zum 16. Jh., 1969 – A. EBENBAUER, Carmen historicum: Unters.en zur hist. Dichtung im karol. Europa, 1978 – B. MUNK-OLSEN, V. i middelaldern, Museum Tusculanum 32–33, 1978, 82–116 – A. VERNET, Virgile au MA, Académie des inscriptions et Belles Lettres, Comptes rendus des séances de l'année 1982, 761f. – B. MUNK-OLSEN, L'ét. des auteurs class. aux XIe et XIIe s., 3 Bde, 1982–89 – J. BLANCHARD, La pastorale en France au XIVe et XVe s., 1983 – R. HOLLANDER, Il Virgilio dantesco: tragedia nella »Commedia«, 1983 – P. COURCELLE, Lecteurs païens et lecteurs chrétiens de l'Énéide, 2 Bde, 1984 – Lectures médiév. de Virgile. Actes Coll. École Française Rome, 1985 – La fortuna di Virgilio, Atti Conv. Internaz., 1986 – L. ROSSI, Noch einmal: die Trobadors und V., Vox Romanica 49, 1989, 58–76 – B. MUNK-OLSEN, I Classici nel canone scolastico altomediev., 1991 – D. BOUTET, La chanson de geste, 1993, 34–98 – F. MORRA-LEBRUN, L'Énéide médiév. et la naissance du roman, 1994 – Ovidius redivivus, hg. M. PICONE–B. ZIMMERMANN, 1995.

III. DEUTSCHE LITERATUR: Im FrühMA beeinflußte V. im dt. Sprachraum hauptsächl. lat. Werke. Sämtl. Schriften V.s wurden breit rezipiert und waren bes. wichtig für den Grammatik- und Rhetorik-Unterricht, wovon zahlreiche ahd. →Glossen zeugen. →Notker III. v. Sankt Gallen erwähnt in seinem berühmten Brief an Bf. Hugo II. v. Sitten (um 1020) u. a. eine Übers. der Bucolica (nicht erhalten). Ansonsten ist bis ins 12. Jh. eine dt. V.-Rezeption nur in Spuren nachzuweisen. Für die dt.sprachige Lit. erlangte V. erst ab dem HochMA Bedeutung, wobei die Aeneis im Zentrum der Rezeption steht. Vor 1190 vollendete →Heinrich v. Veldeke am Thüringer Lgf.enhof seinen Eneasroman, der direkt auf eine anglonorm. Bearbeitung (vor 1160) zurückgeht. Das lat. Original war Veldeke vermutl. bekannt, doch hielt er sich inhaltl. sehr genau an die Vorlage und adaptierte die Lavinia-Handlung, die bei V. nur angedeutet ist.

Nach Veldeke lassen sich direkte Rückgriffe nur schwer ausmachen. In der Lyrik zeigen sich bei einzelnen Bildern Bezüge auf V., präsent ist er in der dt. Lit. allerdings v. a. als Figur des mächtigen Zauberers (Märenlit., Spruchdichtung, →Wartburgkrieg).

Eine umfassende V.-Rezeption beginnt im 15. Jh. durch den Humanismus, erste dt. V.-Übersetzungen entstanden im 16. Jh. 1502 übersetzte Adam Werner v. Themar die achte und zehnte Ekloge, 1515 Thomas Murner die Aeneis in Knittelversen (unter Einbeziehung des von →Vegius hinzugedichteten 13. Buches). 1585 erschien die erste Gesamtübertragung der Georgica durch Stephanus Riccius. U. Kocher

Lit.: HWDA VIII, 1665-1672 – Verf.-Lex.² X, 1. Lfg., 1996, 274-284 – H. LOHMEYER, V. im dt. Geistesleben bis auf Notker III., 1930 – E. SEMRAU, Dido in der dt. Dichtung, 1930 – F. J. WORSTBROCK, Dt. Antikenrezeption 1430-1550, T. I, 1976 – V. 2000 Jahre. Rezeption in Lit., Musik und Kunst. Ausstellung der Univ.sbibl. Bamberg und der Staatsbibl. Bamberg 1982-83, hg. W. TAEGERT, 1982 – N. HENKEL, 'Aeneis' und die ma. Eneas-Romane (The Classical Tradition in the MA and the Renaissance, hg. C. LEONARDI–B. MUNK OLSEN, 1995), 123-141.

IV. ENGLISCHE LITERATUR: Bereits der Brite →Gildas (6. Jh.) zitiert V. Auch im ags. England war V. offenbar schon früh bekannt; Anklänge finden sich z. B. bei lat. schreibenden Autoren wie →Aldhelm (ca. 640-709), →Beda (672/673-735) und →Alkuin (ca. 730-804). Einfluß der »Aeneis« hat man aber auch in der ae. →»Beowulf«-Dichtung sehen wollen – dies ist jedoch nach wie vor unsicher. Übereinstimmungen bestehen sowohl im ganzen, etwa in der ep. Großform, die es in der weltl. germ. Dichtung vor »Beowulf« offenbar nicht gab, oder in Themen wie der Rettung eines Volkes durch einen Helden, als auch in Einzelheiten, z. B. wenn zwei Männer unter einem Schild kämpfen (»Aeneis« X. 800; »Beowulf« 2675). All dies könnten aber auch unabhängige Parallelen sein. Viele der me. Autoren kannten V.s Werk ebenfalls, z. B. der Schotte →Barbour in seinem »Bruce«; unsicher ist dagegen, ob →Laʒamon die »Aeneis« benutzte. Manche der lat. Chronisten spielen auf V. an, z. B. Ranulf →Higden in seinem »Polychronicon«, das dann von John →Trevisa ins Engl. übersetzt wurde. Indirekt haben einige von V.s Eclogen (etwa die 3.) die Gattung der me. →Dialoge (IX) und →Streitgedichte (V) beeinflußt. Die Gesch. von Dido und Aeneas, die wesentl. von V.s Darstellung in der »Aeneis« (Bücher 1-4) geprägt war (daneben auch von →Ovid), findet sich u. a. in →Chaucers »Legend of Good Women« (924-1367) und »House of Fame« (HF; 143-465, mit einer Zusammenfassung der gesamten Handlung der »Aeneis«), ferner in →Gowers »Confessio Amantis« (CA; IV. 77-146), wobei Gower auch den V.-Komm. des →Servius kannte. Chaucers Darstellung der Fama im HF ist ebenfalls der »Aeneis« verpflichtet. Eine apokryphe Gesch. über V. (V.s Spiegel) bietet Gower in CA V. 2031-2224. Gegen Ende des MA (ca. 1513) schuf Gavin →Douglas (ca. 1474/75-1522) die erste engl. Übers. der »Aeneis« (in Versen). William →Caxtons »Eneydos« (1490) war dagegen eine Übers. des frz. »Livr des Eneydes«. H. Sauer

Bibliogr.: ManualME 4.X, 1973, 988-1001, 1182-1193 – *Ed.:* Bede's Ecclesiastical Hist., ed. B. COLGRAVE–R. A. B. MYNORS, 1969 – The Riverside Chaucer, ed. L. D. BENSON, 1987 – *Lit.:* T. B. HABER, A Comparative Study of the Beowulf and the Aeneid, 1931 – A. BRANDL, Beowulf-Epos and Aeneis in systemat. Vergleichung, Archiv 171, 1937, 161-173 – B. SMALLEY, English Friars and Antiquity in the Early Fourteenth Century, 1960 – B. NOLAN, Chaucer and the Tradition of the Roman Antique, 1992 – C. BASWELL, V. in Medieval England, 1995.

B. Ikonographie

Nach den spätantiken, zykl. illustrierten V.-Hss. des 5. und 6. Jh. (Rom, Bibl. Vat., cod. vat. lat. 3225 und 3867) setzte die ma. Illustration von V.s Werken im 10. Jh. (Neapel, Bibl. naz., Cod. 6) zunächst mit historisierten Initialen ein (z. B. Rom, Bibl. Vat., Reg. lat. 2090, um 1100, Süditalien; Paris, BN., ms. lat. 7936, um 1200; Rom, Bibl. Vat., cod. vat. lat. 2761, 14. Jh., beide Nordfrankreich); die erst im 15. Jh. beginnende Ausstattung mit Bilderzyklen (z. B. Lyon, Bibl. municipale, ms. 27, Anfang 15. Jh., Frankreich; Den Haag, Bibl. Royale, Fol. 76 E 21, um 1470, flämisch; Florenz, Bibl. Riccardiana, N. 492, ca. 1450/65, Miniaturen des →Cassone-Malers Apollonio di Giovanni) wird auch von der Drucküberlieferung (Straßburg: Grüninger, 1502) übernommen. Unabhängig von der lat. »Aeneis«-Ikonographie entstehen seit dem 13. Jh. Bilderhss. der volkssprachl. Versionen (»Roman d'Énéas«: z. B. Paris, BN, ms. fr. 784, ca. 1275, Italien; ebd. ms. fr. 60, Anfang 14. Jh., Frankreich; →Heinrich v. Veldeke, »Eneit«: Berlin, mgf 282, 1210/20; Heidelberg, Cpg 403, 1419; Wien, Cod. 2861, 1474). V. a. die Aeneas-Dido-Geschichte – in der spätma. und frühnz. Druckgraphik (z. B. Kupferstiche von Sebald Beham und Albrecht Altdorfer) bevorzugt Didos Tod – wird außer in Hss. (Carmina Burana, 1. H. 13. Jh., München Cgm 4660/4660a) auch in der übrigen Bildkunst behandelt (z. B. Palermo, Palazzo Chiaramonte, Deckengemälde, 1377-80; Andrea →Mantegna, Didos Tod, um 1490, Montreal, Mus. des Beaux Arts, Cassoni des 15. Jh.). Während antike Bildnisse V. als Dichter vorstellen (z. B. V. zwischen zwei Musen, Mosaik aus Hadrumetum, Tunesien, 3. Jh.), wird er im MA vorwiegend als heidn. Prophet des Messias exemplarisch, so in Reliefs der Wurzel Jesse (Laon, Kathedrale, Nordportal, 13. Jh.; Orvieto, Kathedrale, Fassade, frühes 14. Jh.), in der Tafelmalerei (z. B. Altar aus Wormeln bei Warburg, 14. Jh., Berlin, Staatl. Museen: mit Albumasar den Thron Salomonis flankierend) oder auf Chorgestühlschnitzereien (z. B. Jörg →Syrlin d. Ä., Ulm, Münster, 1469/74). Szenen aus der »Aeneis« flankieren Luca →Signorellis V.-Medaillon in Orvieto, Brizio-Kapelle, 1499-1503; dichtend unter einem Baum zeigt ihn Simone →Martinis Frontispiz in →Petrarcas V.-Hs. (Mailand, Bibl. Ambrosiana, S. P. 10.27). Neben der seltener dargestellten sog. Ehebrecherfalle (z. B. Lucas Cranach) wird seit dem 14. Jh. die auch literarisch weit verbreitete Geschichte des im Korb hängenden, dem Gespött der Öffentlichkeit ausgelieferten Liebhabers V., oft mit weiteren Minnesklavendarstellungen zyklisch verbunden, ikonograph. tradiert (z. B. Caen, St. Pierre, Kapitell, zerstört; Konstanz, Haus zur Kunkel, Fresken; Freiburg, Augustinermus., sog. Malterertappich). Die spätma. und frühnz. Druckgraphik fügt der Szene mit V. im Korb zuweilen die pikante Bestrafung der den Dichter narrenden Geliebten hinzu (z. B. Lucas von Leyden, Georg Pencz, Albrecht Altdorfer). N. H. Ott

Lit.: E. PANOFSKY–F. SAXL, Classical Mythology in Medieval Art, 1933 – F. SAXL, The Troy Romance in Medieval Art (DERS., Lectures, 1957), 125-138 – J. SCHNEIDER, Die Weiberlisten, ZAK 20, 1960, 147-157 – M. R. SCHERER, The Legends of Troy in Art and Lit., 1963 – G. DE TERVARENT, Présance de Virgile dans l'art, 1967 – J. COURCELLES, Lecteurs paiens et lecteurs chrétiens de l'Énéide, I: Les mss. illustré de l'Énéide du Xe auch XVe s., 1984 – N. H. OTT, Minne oder amor carnalis? Zur Funktion der Minnesklaven-Darstellung in ma. Kunst (Liebe in der dt. Lit. des MA, hg. J. ASHCROFT u. a., 1987), 107-125 – A. FINGERNAGEL, Kunsthist. Kommentar (Heinrich von Veldeke. Eneas-Roman. Vollfaks. des Ms. germ. fol. 282, 1992), 59-131.

Vergleich. Höchstwahrscheinl. hat sich das →Gerichtsverfahren in den meisten Kulturen überhaupt aus gütl. Vereinbarung entwickelt, jedenfalls im germ.-frk. Bereich aus dem Sühneverfahren (→Sühne, II). Ob hier ein Einfluß röm. Güter- und Schiedseinrichtungen vorliegt, ist unsicher. Es ist jedenfalls zu trennen zw. gütl. Streitbeilegung außerhalb eines (Gerichts-)verfahrens und als Abschluß eines solchen. Die Streitbeilegung durch gewählte Schiedsrichter steht zw. diesen Positionen, wobei alle Mischformen vorkommen (→Schiedsgericht). Aus dem röm. Recht gelangt die transactio in das ma. ius commune. Entstanden ist sie aus archaischen Formen der Sühnevereinbarung und entwickelt sich als Unterart des pactum (de non petendo). Damit erzeugt sie zwar eine exceptio, aber keine actio. Seit der Diokletian.-Konstantin. Reichsreform begünstigen chr. Gedanken die Tendenz zur gütl. Streitbeilegung. Die ma. Glossatorenlit. greift in die überlieferte Kontraktlehre nicht unerhebl. ein und bereitet die Einordnung der transactio in das schon in byz. Zeit angelegte System der Innominat(real-)kontrakte vor. Hier entwickelt sich aus im Grunde konditionenrechtl. Ansätzen die Lehre, daß die Wirksamkeit des V.s ein Nachgeben erfordere. Die Kanonistik steuert diesen Lehren den Gedanken der amicabilis compositio bei, entzieht aber v. a. die spiritualia den vergleichsfähigen Sachen, weil das Nachgeben als Gegenleistung in einen Zusammenhang mit der →Simonie gebracht wird. Die Erzwingbarkeit des V.sinhalts im übrigen ist hier wegen der grundsätzl. Klagbarkeit der pacta nuda kein Problem. Für das nordgerm. Recht hat v. AMIRA das Vorhandensein des V.s, der namentl. unter dem Gesichtspunkt der Schuldentilgung erscheint, festgestellt. Das Dt. Recht des 12.-15. Jh. problematisiert, erkennbar v. a. in den dt. Rechtsbüchern, ausgehend vom Sachsenspiegel, Fragen des V.s auf mehreren Ebenen. Die Zulässigkeit des V.s wird in Beziehung gesetzt zu den Grenzen eines Klagezwanges überhaupt und erreicht hier Grenzgebiete zum sich herausbildenden öffentl. →Strafrecht. Innerhalb von Prozessen, in denen kein Klagezwang oder schon das Offizialverfahren herrschte, kann über den Streitstoff frei verfügt werden, soweit nicht ein Klagedurchführungszwang besteht. Nicht monokausal auf kanon. Recht zurückzuführen ist der seit dem 12. Jh. erkennbare obligator. Güteversuch durch den Richter. Für Form- und Beweisfragen gelten die allg. Grundsätze. Die Frage der Wirkung des V.s auf das ursprgl. eventuelle Rechtsverhältnis der Parteien (z. B. als Problem der urteilsgleichen Wirkung des V.s) ist jedenfalls für das Dt. Recht des MA nicht sinnvoll gestellt, kann doch von einem definitiven Prozeßende nur bedingt gesprochen werden. Im Laufe des 15. und 16. Jh. verbinden sich materiell- wie prozeßrechtl. Lehren der Kanonistik und Legistik mit dem überlieferten Recht des V.s, wie das durchweg für die national werdenden Rechte des kontinentalen ius commune gilt.   F. Ebel

Lit.: K. v. AMIRA, Nordgerm. Obligationenrecht, II, 1895, 833 ff. – F. EBEL, Berichtung, transactio und V., 1978.

Vergöttlichung (gr. théosis, lat. deificatio). »Gott will Dich zu Gott machen« – nicht mit Bezug auf die Natur, sondern durch gnadenhafte Annahme, so daß der vollkommen vergöttlichte Mensch der ewigen und unwandelbaren Wahrheit anhängt (Sermo 166,4). Wenn Augustinus in diesem Sinne von »deificatio« spricht, so bezeichnet er damit exklusiv die Frucht der Inkarnation (Enn. in Ps 49,2). Denn – wie v. a. im Zusammenhang der christolog. Kontroversen im 5. Jh. hervorgehoben wird – es ist nicht der Mensch, der Gott aufnimmt, sondern Gott nimmt gemäß der deifikator. Ordnung den Menschen auf (Bonaventura, 3. Sent. d. 7 dub. 2). Für Ps. →Dionysius Areopagita hat die »théosis« innerhalb des neuplaton. Kreislaufgedankens – in Entsprechung zum hierarch. Ausgang der Naturen – ihren Ort im Vollzug der Rückkehr zu Gott, ohne daß geschöpfl. und schöpfer. Natur in eins fallen. Unser Heil ist nur durch die V. möglich (De eccl. hier I, 3–4/De div. nom. VIII, 5). →Johannes (Scottus) Eriugena führt diese Gedanken in die abendländ. Tradition ein; er begreift die »deificatio« als die – allein dem Menschen vorbehaltene – bes. Rückkehr, in der einige Geschöpfe durch einen gnadenhaften Akt Gottes die allg. Rückkehr aller Geschöpfe übersteigen, und nach Maßgabe ihrer Tauglichkeit mit Gott vereinigt und ihm selbst angeglichen werden. Diese »théosis« oder »deificatio« muß daher als Theophanie, Gott-Erscheinung gedacht werden (Periphyseon I,9 und V, 38). Nicht als Einheit (unitas), wohl aber als Vereinigung (coniunctio) zwischen Mensch und Gott denkt →Bernhard v. Clairvaux die »deificatio«, die auf Erden nur in Augenblicken der Ekstase und erst im Jenseits als fortwährende »beseligende Schau« erfahren wird. Die V. geschieht auf der höchsten Stufe der Gottesliebe, wo alles, was empfunden wird, göttlich ist (De diligendo Deo 10, 27–29). Bernhard beschreibt die V. als »transformatio« und »conformatio«, als vollkommen Zusammenklang von menschl. und göttl. Willen – bei einer strikten Trennung der Substanzen und der Willen. Die Naturen bleiben strikt getrennt; die mit Gott vereinte Seele ist »ein Geist« (unus spiritus) mit Gott aufgrund des Zusammenstimmens beider Willen (Super Cantica 71, 6–10). – Heiligkeit und Gottförmigkeit (deiformitas) sind bei →Bonaventura Voraussetzung für einen Überstieg (transitus) vom Wissen zur Weisheit, wo das menschl. Erkennen in unmittelbarer Evidenz um die Regeln der göttl. Gesetze weiß (Coll. in Hex 19, 3 und 2, 9). Ein gottförmiger Habitus ist ferner die Bedingung dafür, daß die geistige Kreatur der ewigen Glückseligkeit teilhaftig werden kann. Durch den gottförmigen Einfluß (influentia deiformis) wird die »imago« unseres Geistes der Trinität konform gemacht, um sodann in der gottförmigen Vollendung (perfectio deiformis) unmittelbar auf Gott zurückgeführt und so in seiner Gottebenbildlichkeit wiederhergestellt zu werden (Brevil. V, 1). – →Albertus Magnus expliziert die vergöttlichende Gnade durch den Begriff des »medium«, das nicht zw. Gott und den Menschen steht, sondern zur Vereinigung (coniunctio) mit Gott emporhebt und so eine neue Weise des Seins begründet, ein »bene esse«, das unser Sein habituell umgestaltet (Summa theol. II tr. 16 qu. 98 m. 1+2). Das Gnadenmoment tritt so als ein »habitus infusus« auf (2 Sent. d. 26 a. 1+5). Auch →Thomas v. Aquin denkt die V. des Menschen als Teilhabe an der Gnade, durch die Gott eine Konformität der vergöttlichten Seele mit ihm bewirkt. Unmöglich jedoch kann ein Geschöpf die Gnade verursachen. Es ist allein Gott, der vergöttlicht (deificat), indem er die Gemeinschaft der göttl. Natur durch eine Teilhabe an seiner Ähnlichkeit mitteilt (S. th. I–II qu. 112 a. 1). – Demgegenüber denkt Meister →Eckhart die Gnade als ein notwendiges Geschehen, das »von nôt« jeder erfüllt, der sich Gott auf angemessene Weise zuwendet (Pr. 48, DW II). Die Einströmung göttl. Gnade in die Seele wird von Eckhart als »Gottesburt« gedacht – ein Leitmotiv v. a. in den Deutschen Werken. Gott jedoch wirkt in der Seele nur unter den Bedingungen der Gottförmigkeit. Sind die Bedingungen des Göttlichen in der Seele realisiert, so wirkt Gott in der Seele nicht anders als in sich selbst: Er wirkt in der Seele seinen Sohn, und gemäß diesem Wirken Gottes ist der Mensch sein Sohn, »filius Dei«. In diesem Durchbrechen in die Gottheit erkennt die abgeschiedene Seele alle Vollkommenheiten, wie sie in der Einheit des göttl. Wesens eingeschlossen sind, und indem die begnadete Seele so die Urbilder der Geschöpfe in Einheit in sich trägt, führt sie alle Kreaturen wieder zu Gott zurück (In Io n. 549, LW III).   A. Speer

Lit.: DSAM III, 1370–1445 – HWP III, 842–844 – É. JEAUNEAU, Ét. Érigéniennes, 1987 – A. SPEER, Triplex veritas..., Franziskan. Forsch. 32, 1987 – J. A. AERTSEN, Nature and Creature..., Stud. Texte Geistesgesch. MA 21, 1988 – A. DE LIBERA, Eckhart, Tauler, Suso et la divinisation de l'homme, 1996 – W. GORIS, Einheit als Prinzip und Ziel..., Stud. Texte Geistesgesch. MA 59, 1997.

Vergy, Burg, Herrschaft (→Seigneurie) und große Adelsfamilie im südl. →Burgund (dép. Côte d'Or, arr. Beaune). Ein 'castrum' bestand wohl schon seit dem 7. Jh.: Der 'comes' Warinus, Bruder des hl. →Leodegar, wurde hier während der Kämpfe zw. →Ebroin und der franko-burg. Aristokratie 673 hingerichtet. Die Mönche von St-Vivant, die auf der Flucht vor den →Normannen aus ihrem ersten Zufluchtsort, St-Vivant-en-Amous, vertrieben worden waren, wurden hier um 890 vom Gf.en →Manasses aufgenommen, der für sie ein Kl. im nördl. Bereich der Anhöhe, deren südl. Teil die Burg einnahm, errichten ließ. Reich dotiert und von →Wilhelm v. Volpiano 1015 reformiert, wurde es →Cluny unterstellt und zu einem der großen cluniazens. →Priorate.

Die Burg unterstand dem Gf.en Manasses und seinen Nachkommen, den Gf.en v. →Beaune. Sie ging über an Humbert (Hezelinus), Archidiakon v. →Autun und Bf. v. →Paris (1040–60), einen Sohn oder Bruder des Odo, Vizgf.en v. Beaune, illegitimen Sohn von Hzg. →Heinrich († 1002); er gründete in V. 1023 die Kollegiatkirche St-Denis. Ein Johannes 'de Varziaco', wohl ein Sohn von Odo, ist 1053 belegt, vielleicht Vater von Elisabeth, die 1080 Savaricus v. →Donzy, Gf.en v. →Chalon u. Herrn ('Sire') v. Châtel-Censoir, heiratete; sie beschenkte auch →Cîteaux, das eine Gründung der Vizgf.en v. Beaune war (die V. stifteten ferner die Abtei SOCist Lieu-Dieu). Ihr ältester Sohn, Simon, war Vater von Guy († 1204), der die Erbin der Gf.en v. Beaumont (→Atuyer) ehelichte. Sein Sohn Hugo trat in einen Konflikt mit Hzg. →Hugo III. v. Burgund ein, der V. belagerte (1183–85), was zum Eingreifen Kg. →Philipps II. Augustus v. Frankreich führte, der V. aus der Lehnsabhängigkeit vom Hzg. löste, diese Maßnahme aber später wieder rückgängig machte. Hzg. →Odo III. nahm den Kampf wieder auf und erzwang 1193 von Étienne, Herrn ('Sire') v. Mont-St-Jean, einem Nachkommen des Hervé, 2. Sohnes von Elisabeth, die Abtretung von Herrschaftsrechten, die dieser in V. besaß; Hzg. Odo veranlaßte Hugo zum lig. Lehnseid und verlieh ihm seinerseits das erbl. Seneschallat v. Burgund (1197). 1198/99 heiratete Odo die Tochter Hugos, Alix, die ihm als Dos die 'terre de V.' in die Ehe brachte; der Hzg. trat im Gegenzug an Hugo die Burg Mirebeau und seine Besitzungen jenseits der Tille ab. Die Herren v. V. nahmen somit im Grenzraum des Hzm.s zur Fgft. Burgund eine dominante Position ein, die infolge der Heirat Guillaumes I. († 1248) mit der Erbin der Gft. v. Fouvent noch gestärkt wurde. Das weiträumige Territorium der V., das Fontaine-Française, Autrey, Champlitte umfaßte, wurde zwar mehrfach durch Erbteilungen zerstückelt, andererseits aber infolge des Aussterbens von Familienzweigen in mehreren Etappen rekonstruiert.

Jean III. († 1418) und Jean IV. († 1460), dieser der Sohn eines bei →Nikopolis (1396) gefallenen Guillaume, fungierten als Gouverneure v. Burgund; Jean IV., ein Ritter des →Goldenen Vlieses, führte einen Privatkrieg gegen den Sire de Châteauvilain. Sein Bruder *Antoine*, gleichfalls Ritter des Goldenen Vlieses, war →Maréchal de France und Gf. v. Dammartin. Das Erbe fiel an einen Vetter, *Charles* († 1467), dann an einen entfernteren Verwandten, *Guillaume*, dem Kg. →Ludwig XI. 1477 V. zurückerstattete, um ihn aus der Anhängerschaft der Hzgn. →Maria v. Burgund zu lösen; die Parteinahme für Ehzg. →Maximilian führte jedoch zur neuerl. Aberkennung der Burg V. (1490). Auch in der Fgft. Burgund hatte die Familie, die in Heiratsverbindungen mit hochrangigen Dynastien eingebunden war und zahlreiche Prälaten, Bf.e und Äbte stellte, eine mächtige Position inne. Ihr Ruhm inspirierte eines der Hauptwerke der Frz. Lit. des MA, »La châtelaine de →Vergi«.

Die hzgl. →Kastellanei umfaßte Nuits (den berühmten Weinort Nuits-St-Georges), das Hzg. Odo III. zur →ville franche und zum Sitz des Marktes der Kastellanei erhob. Der Ort V. hatte Jahrmärkte; die große Straße zu den →Champagnemessen, von →Chalon-sur-Saône nach →Châtillon-sur-Seine, verlief unterhalb der Burg.

J. Richard

Lit.: A. du Chesne, Hist. généalogique de la maison de V., Paris 1625 – Ch. Theuriet, Hist. de V., 1895 – J. Marilier, Les donations d'Elisabeth de V., Annales de Bourgogne 16, 1944 – J. Richard, Les Chalon, les V. et la Puisaye, ebd. 18, 1946 – J. Marilier, Le monastère de St-Vivant de V. (Cahiers de V., 1, 1977).

Verhalten, -snormen. Von einem gesellschaftl. oder hist. V. spricht man in der Gesch.swiss., wenn Handlungs- und Bewegungs*abläufe* einer sozialen Gruppe über eine Zeit hinweg gleichartig bleiben. V.sweisen sind in Umgangsformen, Wirtschaft und Politik, – bei →Tanz, Gymnastik, Sport und Kampf, – sowie in →Gebärden und Gesten im Recht, Kult und →Zeremoniell zu beobachten. Diese unterliegen oft Regeln, die als eth. Normen formuliert werden.

Das reale V. läßt sich aus den Wohnformen, aus Insignien, Geräten, Waffen und Kleidung rekonstruieren. Gelegentl. wurde das V. einzelner sozialer Gruppen – oft unter pädagog. Aspekten – auch genauer beschrieben (→Adalbero v. Laon, →Andreas Capellanus, →Berthold v. Regensburg) oder in Gesetzen erwähnt (Friedrich II., Zunftordnungen, →Kleiderordnungen der Städte).

Die V.sweisen der Unterschichten, z.T. durch die →Bußbücher bezeugt, tradieren während des MA frühere Wirtschaftsformen und frühere Kulte: Frauen lernen, in Zeiten der Dürre Regen zu bringen. Die Kulte rechnen mit der Möglichkeit, daß Menschen sich in Tiere verwandeln, was auch in den archaischen Gesellschaften der Afrikaner oder Indianer angenommen wird (→Werwolf).

In den heidn. Kelten- und Germanenstämmen glichen sich noch in der Völkerwanderungszeit die Männer in Tracht (in der Form ihres Helmes), Kampfformen und Bewegungsweisen ihren Göttern und den mit ihnen verbundenen Tieren an – etwa an Stiere, Pferde oder Eber, deren Kampffreudigkeit und Beweglichkeit sie damit übernahmen. Die Kg.sfamilie setzte sich durch eigene V.sweisen von anderen Familien ab (bei den Merowingern: lange Haare; Verpflichtung, Felder zu umfahren). Die Frauen folgten in ihrem Verhalten Göttinnen oder Walküren, die die krieger. Aktivität der Männer zu steigern suchten. – Angleichungen an die die Pflanzen hervorbringende Erde und an den Sonnenwirbel hatten auch in der →Rechtssymbolik (Schenkungen im frk. Recht, Freilassung im langob. Recht) und im Tanz (germ. Krieger innerhalb des byz. Hofzeremoniells) Bedeutung.

Seit dem 8. Jh. traten neben diesen V.sweisen der äußeren Angleichung, die die Familien, Stämme oder andere soziale Gruppen miteinander verschmolzen, Bindungen der Treue auf; diese brachten neue Formen des Lehnswesens sowie der wechselseitigen Unterstützung (durch Geschenke, durch »Ermahnungen« in Briefen und Kapitularien, durch Gebete, oft in →Gebetsverbrüderungen). – In Briefen wandten sich früh die Angelsächsinnen an Männer mit der Bitte, ihnen zu raten oder Anweisungen zu geben. – Die persönl. Beziehung des Herrschers zu Gott wurde im Krönungszeremoniell dargestellt (→Ordo). – Die Reiterheere reagierten seit der Karolingerzeit in neuen Kampfformen unmittelbar auf Bewegungen des Gegners, die auch in Friedenszeiten geübt wurden (→Nithard).

Mit dem 11. Jh. setzte erneut ein V.swandel ein. Wer als Ritter, Kaufmann oder Handwerker tätig war, schloß sich jeweils in einem →Stand, einer →Gilde oder in einer →Zunft zusammen und forderte für diese Freiheiten und folgte deren V. Diese Stände ordneten sich über- und untereinander. Ks., Kg.e und Päpste regelten in einem Zeremoniell ihren Umgang mit den ihnen unterstellten Ständen und Personen. – Auch Männer und Frauen verstanden sich von ihrem jeweiligen, unterschiedl. Verhalten her. Gelegentl. wurde der Frau in der höf. Gesellschaft (→Kultur und Gesellschaft, höf.) aufgrund ihres V.s eine übergeordnete Position zugesprochen. Die Zeremonien, die zur Aufnahme ins Handwerk oder in die Ritterschaft führten, wurden ausgebaut. Für die →Ritter wurde das V. von Friedrich II. durch Gesetze festgelegt. Auch die Zünfte gaben sich Ordnungen, in denen V.sweisen genormt wurden. – In den Kampfübungen der →Turniere bemühten sich Ritter, sich in einer über sie hinausweisenden Körperhaltung auf ihrem Pferd »oben« zu halten. – Im neu aufkommenden Paartanz betonten die Tanzenden die in die Höhe drängenden Bewegungen der Arme und Schultern.

Im späten MA wurde das Zeremoniell, das die Standesvertreter einer Spitze zuordnete, weiter ausgestaltet (die Kard.e und der Papst, die Kfs.en und der Kg. in der →Goldenen Bulle). – Seit dem 13. Jh. wurde zudem zunehmend häufiger auf das unterschiedl. Verhalten der Völker geachtet (→Alexander v. Roes, →Alfons X. d. Weise, →Johannes de Plano Carpini, →Wilhelm v. Rubruk). Eine Differenzierung des V.s von religiösen Gruppen (Mönchsorden, Juden), Ständen und Handwerkern setzte sich durch. Die Rechtsformen und Umgangsformen – etwa bei den Rittern – wurden formalisiert. Das V. der Ritter wurde von anderen Ständen übernommen (→Meistersinger). – Manchmal trat ein Gegensatz zw. erstarrten V.sweisen und zweckmäßigem Handeln auf, so daß im Kampf die Ritterheere in Schwierigkeiten gerieten und neue Kampfformen unerwartet Erfolge brachten (→Katal. Kompanie). Das »traditionsgebundene« V. wurde dann oft »moral.« gerechtfertigt. Dies wiederum hatte zur Folge, daß einzelne Personen ein solches V. vortäuschten, um auf traditionsgebundene Kreise eine Wirkung auszuüben.

Die veränderte Deutung der V.sweisen bei Machiavelli und das zur selben Zeit bereits gewandelte V. lassen erkennen, daß V.sweisen mit einer spezif. Zeit- und Raumwahrnehmung verbunden sind. Diese wandelte sich im 15. Jh. An die Stelle der Raumwahrnehmung, die – seit dem 11. Jh. – in der Architektur (Burgen- und Kirchenbau) der Naturwissenschaft, der Musik, der Malerei und in den Körperbewegungen den höher gelegenen Orten eine andere Qualität zuwies als den unten gelegenen Orten, trat im 15. Jh. eine Raumwahrnehmung, die den Raum als ein homogenes, dreidimensionales Gebilde sehen ließ, was zur perspektiv. Darstellung in der Malerei, zur Astronomie des →Kopernikus, zur Renaissancearchitektur und zu einer neuen Kompositionsweise in der →Musik führte. Viele Menschen gaben seitdem die traditionelle Körperhaltung auf, die ihnen, soweit sie der Oberschicht angehörten, Möglichkeiten bot, in höhere Bereiche hineinzuragen, und bevorzugten statt dessen ein V., das ihnen erlaubte, diesen homogenen Raum, der allen zur Verfügung steht, zu beherrschen oder durch Bewegungen zu gliedern.

Seit dem 15. Jh. kam es im Kampf darauf an, den Gegner mit allen Mitteln, auch gebückt und von unten zustoßend, von seinem Platz zu verdrängen. Die Tänze orientierten sich zur selben Zeit im *Basse dance* an den Schritten der Füße, die den Raum in allen drei Dimensionen gliederten. Sprünge, bei denen der Tänzer sich bemühte, zu schweben, dienten ebenfalls dieser Gliederung des dreidimensionalen und homogenen Raumes. – Das neue von Burgund und Spanien sich ausbreitende Zeremoniell ordnete Personen im Raum zentral auf den Herrscher.

So sind gerade in verschiedenen sozialen Gruppen und in verschiedenen Epochen zur Zeit des MA parallele Wandlungen des V.s bei polit. und jurist. Handlungen und bei den Bewegungsweisen im Kampf und Tanz zu beobachten.   A. Nitschke

Lit.: J. Huizinga, Herfsttij der Middeleeuwen, 1919 [dt.: Herbst des MA, 1987^{12}] – A. Borst, Lebensform im MA, 1973 – J. Le Goff, Für ein anderes MA: Zeit, Arbeit und Kultur im Europa des 5.–15. Jh., 1984 – St. Kohl, Das engl. SpätMA: kulturelle Normen, Lebenspraxis, Texte, 1986 – A. J. Gurjewitsch, Ma. Volkskultur, 1987 – P. Brown, The Body and Society..., 1987 – A. Nitschke, Bewegungen im MA und Renaissance, Kämpfe, Spiele, Tänze, Zeremoniell und Umgangsformen, 1987 – Ders., Körper in Bewegung. Gesten, Tänze und Räume im Wandel der Gesch., 1989 – J. Le Goff, Kaufleute und Bankiers im MA, 1989 – Coronations: Medieval and Early Modern Monarchic Ritual, hg. J. M. Bak, 1990 – Gesch. des privaten Lebens, hg. Ph. Ariès – G. Duby, 1990 – Curialitas. Stud. zu Grundfragen der höf.-ritterl. Kultur, hg. J. Fleckenstein, 1990 – W. Rösener, Bauern im MA, 1991^4 – Ders., Agrarwirtschaft, Agrarverfassung und ländl. Ges. im MA, 1992 – Europ. Mentalitätsgesch., hg. P. Dinzelbacher, 1993 – A. Nitschke, Fremde Wirklichkeiten, I: Politik, Verfassung und Recht im MA, 1993; II: Dynamik der Natur und Bewegungen des Menschen, 1995 – R. Sprandel, Verfassung und Ges. im MA, 1994^5 – W. Paravicini, Die ritterl.-höf. Kultur des MA, 1994 – Gesch. der Jugend, I, hg. G. Levi – J.-Cl. Schmitt, 1995.

Verhansung, Strafmaßnahme, die den Ausschluß aus der Hanse, d. h. von der Nutzung der gemeinschaftl. Handelsrechte und -privilegien beinhaltet (als Q.begriff erstmals 1417 belegt). Sie konnte gegen einzelne Kaufleute oder gegen die gesamte Kaufmannschaft einer Hansestadt angewendet werden. Voraussetzung für die erfolgreiche Durchführung einer solchen Maßnahme war, daß die Hansestädte über eine festere Organisation verfügten, bestimmte Verfahrensregeln ausgebildet hatten und in der Lage waren, Sanktionen gemeinsam durchzusetzen. Doch haben die unterschiedl. Interessen der einzelnen Städtegruppen (→Hanse, IV; →Quartier, 2.) zur Folge gehabt, daß oft nur begrenzt reagiert und auf anderem Wege ein Ausgleich gesucht wurde. 1358 wurde auf einem Hansetag beschlossen: jede Stadt, welche die gegen Flandern verhängte Handelssperre (→Blockade) nicht einhält, »schal ewichliken ute der Dudeschen hense blyven unde des Dudeschen rechtes ewichliken entberen«. Daß damals förml. V.en stattgefunden haben, ist unwahrscheinlich. Gleichzeitig setzen die über mehrere Hansetage sich hinziehenden Bemühungen ein, die Teilhabe am Kaufmannsrecht nur Bürgern von Hansestädten zu gewähren und die Einhaltung der gemeinsamen Beschlüsse durch die städt. Ratsgremien wahren zu lassen, indem sie ihre Bürger bei Übertretungen zur Rechenschaft zogen. Als 1374 in →Braunschweig die überkommene Ratsherrschaft durch einen Aufruhr beseitigt wurde, wandten die Städte erstmals in einem solchen Fall die V. (→Boykott) an, die 1380 wiederaufgehoben wurde. 1417/18 wurde festgelegt, daß eine Stadt, deren Rat in seinen Rechten beeinträchtigt ist, aus der Hanse auszuschließen und der Verkehr mit ihren Bürgern abzubrechen sei. Im 15. Jh. ist die V. bei verschiedenen Anlässen angedroht, wenn auch nicht immer durchgeführt worden: bei Nichtbeachtung der gemeinsamen Beschlüsse, bei Nichterscheinen auf den Hansetagen und v. a. bei innerstädt. Konflikten, z. B. gegen Minden

1407, Bremen 1427, Goslar 1448, Münster 1454. Schwerwiegender war die V. der Stadt Köln 1471 (→Köln, A. II.4). Sie hatte sich der Schoßzahlung an das Brügger Kontor widersetzt und eigene Privilegien in England bestätigen lassen. 1476 wurde der Streit durch einen Kompromiß beigelegt. K. Wriedt

Lit.: W. STEIN, Die Hansestädte, HGBll 19, 1913, 277ff. – K. FRIEDLAND, Kaufleute und Städte als Glieder der Hanse, ebd. 76, 1958, 21–41 – W. EHBRECHT, Verhaltensformen der Hanse bei spätma. Bürgerkämpfen in Westfalen, WF 26, 1974, 46–59 – DERS., Hanse und spätma. Bürgerkämpfe in Niedersachsen und Westfalen, NdsJb 48, 1976, 77–105 – Die Hanse in Köln. Ausstellungskat. Köln 1988, 55ff.

Verheißung (mhd. *verheiszung*), im Sinne eines Versprechens, erst seit dem 15. Jh. belegt, als Übers. von lat. promissio speziell – v.a. nach Luther – verwandt, wo es sich um eine promissio Gottes handelt (vgl. gr. ἐπαγγελία). In diesem Sinne ist promissio einer der wichtigsten theol. Begriffe des MA. Eine V. kann unmittelbar durch Gott Vater erfolgen (z.B. an Abraham betreffs der Nachkommenschaft, Gen 12, 1–3; 22, 16–18; an Moses betreffs des 'Landes der V.', Ex 3, 14–17; 6, 2–8), durch Jesus (z.B. Mt 28, 20b) oder auf Veranlassung des Hl. Geistes durch Propheten (Röm 1, 2 zu Jes 11, 10, vgl. Abaelard, Comm. in ep. ad Romanos, ed. BUYTAERT, CCCM 11, 317, 181) oder auch durch die Kirchenväter (ebd. 41, 19). Im Unterschied zu einer Prophezeiung kündigt eine V. stets nur Gutes an. Inhaltl. lassen sich weltl. (temporales) und geistl. (spirituales) promissiones unterscheiden (Thomas v. Aquin zu Eph 6, 1 [Super epist. s. Pauli lectura, Ed. Turin II⁸, 1953, 801]): Das AT verheißt für die Befolgung des Gesetzes ird. Güter. Richtig verstanden, d.h. allegor. ausgelegt (→Schriftsinne), enthält es jedoch auch V.en des ewigen Lebens durch die Erlösertat Christi. Im AT verheißene ird. Güter weisen bei richtigem (typolog.) Verständnis über sich hinaus auf geistl. Güter hin, letztl. auf Inkarnation und Erlösung (Hugo v. St-Victor, De sacr. 2, 1, 1 [MPL 176, 371C]). V.en können auch zur Zeit der Kirche erfüllt werden: So hat man Jes 9, 9 z.Z. der Kreuzzüge auf die Eroberung Jerusalems bezogen (SMALLEY, XI), Jes 52, 1 wurde von →Nikolaus v. Lyra auf Frieden und Ansehen der Kirche unter Konstantin gedeutet (Postilla super totam Bibliam II, 1, 492 [Nachdr. 1971] zur Stelle).
R. Peppermüller

Lit.: →Schriftsinne – GRIMM, DWB 25, 534–560 – KITTEL II, 573–583 – Evangel. Wb. zum NT II², 1992, 34–40 – L. GOPPELT, Typos, 1939 [Nachdr. 1961] – F. BAUMGÄRTEL, Zur Frage des evangel. Verständnisses des AT, 1952 – H. LUBAC, Exégèse médiévale, 4 Bde, 1954–64 – G. A. BENRATH, Wyclifs Bibelkomm., 1966 – J. S. PREUS, From Shadow to Promise, 1969 – O. BAYER, Promissio. Eine Unters. zum Wortverständnis beim frühen Luther, 1970 – B. HAMM, Promissio, Pactum, Ordinatio: Freiheit und Selbstbindung in der scholast. Gnadenlehre, 1977 – B. SMALLEY, The Study of the Bible in the MA, 1983³ [Nachdr. 1984] – R. WONNEBERGER–H. P. HECHT, V. und Versprechen, 1986.

Verhüttung → Hüttenwesen

Verjährung. [1] *Römisches Recht und Kirchenrecht:* V. (praescriptio) bedeutet Eintritt von Rechtswirkungen durch Nichtausübung eines Rechts nach dem Ablauf einer bestimmten Frist. Sie führt einerseits zum Verlust von Rechten im Sinne ihrer Einklagbarkeit, andererseits zum Eigentumserwerb durch →Ersitzung.

Während im klass. röm. Recht wohl noch keine zeitl. Begrenzung für die Geltendmachung von Rechten bestand, brachte das prätor. Recht eine einjährige Frist für die Klagbarkeit von strafbewehrten Injurienklagen (annus utilis) und das Ks.recht Fristen von 10 und 20 Jahren hervor. 424 legte Theodosius II. eine allg. V.sfrist von 30 Jahren fest, von der die vierzigjährige Frist Konstantins für die Ersitzung von Grundstücken unberührt blieb (Cod. Theod. 4, 14, 1; 4, 11, 2). Das kanon. Recht kennt eine reguläre V. von 40 Jahren. Darüber hinaus nahm die Kirche für Klagen zum Schutze ihres Vermögens eine hundertjährige V.sfrist in Anspruch (X. 2, 26, 14), die auf eine Regelung Justinians (C. 1, 2, 23, 2) zurückgeht. Die kanonist. Lehre von der Gewohnheit sieht in einer »unvordenklichen V.« (immemorabilis praescriptio) die Voraussetzung für den Bestand einer consuetudo gegenüber gesetztem Recht.

[2] *Germanenrechte und Deutsches Recht:* Die röm. V.sregelungen fanden in die mehr oder weniger stark röm.-rechtl. beeinflußten Volksrechte der Burgunden, Langobarden und Westgoten Eingang: 15 bzw. 30 Jahre (lex Burgundionum 79); 5 Jahre (Ed. ROTH, 228); 30 und 50 Jahre (Lex Visigothorum 10, 2). Die reguläre röm. V. von 30 Jahren findet sich in einigen Kapitularien. Den ags. Rechten war die V. bis zur norm. Eroberung unbekannt. Im dt. Recht des MA stellt sich V. (mhd. *verjaeren*) vorwiegend als Versäumnis von →Jahr und Tag (so insbes. im sächs. Rechtsgebiet) dar. Der damit bezeichnete Zeitraum war dabei unterschiedl. (ein Jahr und sechs Wochen und drei Tage, 10 Jahre, 30 Jahre). Die V. ist eng verwandt mit der →Verschweigung, ohne mit ihr ident. zu sein.

[3] *Gemeines Recht:* Die unterschiedl. Fristen aus dem röm. Recht bestimmten die V. im Gemeinen Recht, das zudem die Lehre von der Ersitzung mit der von der V. verband. Auch das heim. Recht wurde dadurch zunehmend beeinflußt, so daß sich in den meisten Partikularrechten die dreißigjährige V.sfrist durchsetzte. H. Lück

Lit.: HRG V, 734–737 [Lit.] – O. REICH, Die Entwicklung der kanon. V.slehre von Gratian bis Johann Andrea, 1908 – H. G. WALTHER, Das gemessene Gedächtnis. Zur polit. argumentativen Handhabung der V. durch gelehrte Juristen des MA (Mensura, Zahl, Zahlensymbolik im MA [= Misc. Mediaevalia 16/1], 1983), 210f. – P. JÖRS u.a., Röm. Recht, 1987⁴ – J. PETERSOHN, Das Präskriptionsrecht der röm. Kirche und der Konstanzer Vertrag (Fschr. H. ZIMMERMANN, hg. K. HERBERS u.a., 1991), 307–315 – R. SCHMIDT-WIEGAND, Dt. Rechtsregeln und Rechtssprichwörter, 1996, 184f.

Veringen, Gf.en v. (Altshausen-V.), Adelsfamilie in Südwestdtl. 1004 erhielt Wolfrad v. Altshausen von Ks. Heinrich II. die Gft. V. im Eritgau. Aus der Enkelgeneration (15 Kinder) stammen der Mönch →Hermann v. Reichenau (27. H.) und Gf. Manegold. Nach wahrscheinl. Vorgründung in Altshausen stiftete Manegold 1096 ein Benediktinerkl. in Isny. Er wirkte ferner an den Gründungen der Kl. →St. Georgen und →Zwiefalten sowie 1077 bei der Wahl des Gegenkg.s →Rudolf v. Rheinfelden mit. Seit 1134 nannte sich das Geschlecht (Gf. Marquard) nach V. (Veringenstadt, Krs. Sigmaringen). Eine weitere Linie bildete sich in Treffen/Kärnten (Wolfrad v. Treffen, † nach 1181, Sohn: Ulrich II., Patriarch v. Aquileia, † 1182). Um 1170 teilten sich als neue Linie die (jüngeren) Gf.en v. →Nellenburg ab. Stadtgründungen: Isny 1171/1238, Riedlingen, Veringenstadt, Gammertingen, Hettingen (alle 2. Hälfte des 13. Jh.). Verlust der territorialen Machtstellung durch Abtretung der Gft. im Tiengau und Ergau (= Gft. Friedberg) 1282 und der Gft. V. 1291 an →Habsburg. Die Gf.en v. V. starben 1415, die Gf.en v. Nellenburg 1422 aus.
J. Kerkhoff

Lit.: S. LOCHER, Reg. zur Gesch. der Gf.en v. V., 1872 – J. KERKHOFF, Die Gf.en v. Altshausen-V., Hohenzoller. Jahreshefte 24, 1964 – H. JÄNICHEN, Zur Genealogie der älteren Gf.en v. V., Zs. für württ. Landesgesch. 27, 1968 – J. KERKHOFF, Zur Interpretation kirchl. Überlieferung für die Gesch. des ma. Adels, ebd. 30, 1971.

Veritas → Wahrheit

Verkauf → Kauf

Verkehr, -swege

I. Westlicher Bereich – II. Byzantinischer Bereich.

I. WESTLICHER BEREICH: Der Terminus 'V.' bezeichnet die Gesamtheit der Bewegungen von Personen und Sachen im Raume und verweist damit auf eine Manifestation der menschl. Kultur, deren jeweilige Formen und Ausprägung von dem Zivilisationsniveau und den Bedürfnissen der Gesellschaft abhängen. Der Wirtschaftsraum des Röm. Reiches reichte von Spanien bis Palästina und zum Schwarzen Meer, von Britannien bis an den Küstensaum Nordafrikas und umfaßte damit weite Räume, die miteinander über das Mittelmeer verbunden waren und durch tief in das Landesinnere reichende Ströme sowie durch ein weitverzweigtes Netz von Landstraßen (→Straße) erschlossen wurden. Mit dem Beginn der Völkerwanderung und der Gründung germ. Staaten auf röm. Boden wurden die einstigen, das Mittelmeer umspannenden Verbindungen lockerer, um durch das Vordringen des Islam nach Nordafrika, Spanien und in das Mittelmeer einen weiteren Rückgang zu erfahren, was Europa in seine kontinentalen Grenzen verweist, ohne daß die Verbindungen zum Orient jemals ganz abgebrochen wären. Durch den schon lange andauernden allg. wirtschaftl. Niedergang – verbunden mit der wachsenden Unsicherheit auf den Straßen und den neuen polit. Grenzen – kam auch innerhalb des Kontinents eine starke Schrumpfung des V.s in Gang, die die verbliebene Mobilität von Personen und Sachen meist auf engste Räume beschränkte, wobei es allerdings zw. den nordalpinen Gebieten und Italien Unterschiede gab.

N. der Alpen verlagerte sich zw. dem 6. und 7. Jh. der wirtschaftl. Schwerpunkt des Frk. Reiches vom SW, von der Küstenregion des Mittelmeeres, nach dem NO, an die Gestade der Nordsee zw. England und dem Mündungsgebiet von Rhein, Maas und Schelde, wo fries. Kaufleute als eine neue Gruppe von Fernhändlern in Erscheinung traten, die die Produkte des Rheingebietes oder die von Italien dorthin gelangten Waren nach England und in die skand. Länder exportierten bzw. die für Spanien und Byzanz bestimmten Sklaven und Rohstoffe nach dem S vermittelten. Die spätantiken civitates blieben, sofern sie fortbestanden, trotz ihres Niedergangs und trotz ihrer erhebl. Schrumpfung, weiterhin ein wirtschaftl. Bezugspunkt ihres Umlandes und bildeten, soweit sie schon vorher an wichtigen V.sknotenpunkten lagen – wie →London und →Marseille bzw. →Lyon und →Köln –, die Stationen eines spärl. →Fernhandels. Seit dem 7. Jh. kamen Marktgründungen (→Markt) erst vereinzelt und seit dem 9. Jh. in zunehmender Zahl hinzu, die den von den Städten nicht erfaßten agrar. Raum durchsetzten und dem anhebenden Aufschwung der Wirtschaft Plätze für den Kommerz bereitstellten, an denen in regelmäßigen Zeitabständen Agrarprodukte gegen Erzeugnisse des Handwerks und des Fernhandels getauscht wurden. Diese Gründungen, deren Zahl um 1100 für das Reichsgebiet n. der Alpen auf über 300 geschätzt wird (H. AMMANN), bildeten lokale V.szentren, die für ein Einzugsgebiet von 20 bis 30 km den Austausch von Produkten ermöglichten. Knotenpunkte von bescheidenerem Rang bildeten schließlich große klösterl. Grundherrschaften und Dörfer, die als Mittelpunkte für die Speicherung der Jahreserträge dienten und ländl. Zentren des Konsums darstellten. Seit dem 12. Jh. veränderte und verdichtete sich dieses Netz der V.szentren teils durch weitere Marktgründungen, teils durch den Aufstieg von ländl. Siedlungen oder Märkten zu →Städten, v.a. aber durch Stadtgründungen, so bes. in Flandern, den Niederlanden und in Deutschland, aber auch in Frankreich (→Bastide), in England und auf der Iber. Halbinsel. Die Städte wurden durch ihre höhere Einwohnerzahl und ihre gewerbl. Produkte zu Zentren des Konsums und des Austausches in einem weiteren Umfeld als die Märkte und traten auch untereinander in Verbindung. Hinzu kamen die Weiterentwicklung des im 8. und 9. Jh. von den Friesen dominierten nordwesteurop. Wirtschaftsraumes seit dem 11. Jh. zu einer Industrieregion der Tuchherstellung (→Textilien) und die Entstehung einer Handels- und Wirtschaftsregion seit dem ausgehenden 12. Jh., die, die Nord- und Ostsee umfassend, tief in das Landesinnere reichte und seit dem 13. Jh. von der →Hanse beherrscht wurde.

Auch s. der Alpen, in Italien, machten die Städte eine lange Phase der Schrumpfung durch, in der aber der wirtschaftl. und institutionelle Niedergang die n. der Alpen beobachteten Ausmaße nicht ganz erreichte, was einerseits einen bescheidenen Fernhandel am Leben hielt, andererseits aber die Ausgangsbasis für den späteren wirtschaftl. Aufschwung bildete. Die Verbindungen zu Byzanz und zu den ö. und s. Küsten des Mittelmeeres wurden zunächst von den Seestädten →Venedig (seit dem 9. Jh.) und →Amalfi (10.–11. Jh.), später von →Pisa und →Genua (seit dem 11. Jh.) unterhalten und weiter ausgebaut, wozu seit dem 1. Kreuzzug die Gründung von Kolonien entlang der außerit. Küsten des Mittelmeeres kam. An dem damit verbundenen Aufschwung des →Handels beteiligen sich seit dem 12. Jh. auch die Städte des Binnenlandes, die, durch starke Zuwanderung bedingt, die alten Mauerringe nicht nur wieder ausfüllten, sondern über diese weit hinauswuchsen. Damit entstand eine Städtelandschaft von Konsum-, Handels- und Fernhandelszentren, die die Dimensionen der Antike weit überflügelte und den N und die Mitte Italiens zu einer einzigen Wirtschafts- und V.sregion werden ließ.

Die Wirtschaftsregion des europ. NW, die seit dem 8. Jh. Handelsbeziehungen bis in den Ostseeraum unterhielt, war mit dem Wirtschaftsraum Italiens und des Mittelmeeres zum einen über die →Alpenpässe und den →Rhein und zum anderen über die großen Wasserstraßen →Rhône und →Maas verbunden. Mit dem Aufschwung der Tuchindustrie seit dem 11. Jh. gewannen regionale →Messen an Bedeutung, von denen seit dem 12. Jh. die →Champagnemessen zum Umschlagplatz des internat. Fernhandels des Hanseraumes und Mittelmeergebietes wurden. Die Nachfolge der Champagnemessen traten im W u.a. die Messen v. →Chalon-sur-Saône, →Genf und Lyon, in Mitteldeutschland die Messe v. →Leipzig an, deren Funktion als Handelsplätze nunmehr aber auch die großen Handelszentren wie Venedig, →Brügge, →Antwerpen oder →Nürnberg und viele andere erfüllten.

Der V. richtete sich nach den örtl. Gegebenheiten, wobei, soweit sich die Alternative Land- und Wasserweg anbot, Schwankungen anzunehmen sind. Die Zunahme der Landzölle (→Zoll) in der Merowingerzeit legt die Verlagerung von Teilen des V.s von den Landwegen auf die Wasserwege nahe (→Binnenschiffahrt). Im späten MA bewirkte aber die zunehmende Zahl der Zollstationen entlang der großen Wasserstraßen erneut die Favorisierung des Landweges, wobei die Waren auf →Saumtieren bzw. →Wagen befördert wurden (→Fuhrwesen). Andererseits geht die Erschließung des direkten Seeweges von Italien nach Flandern durch die Genuesen (seit 1277 bezeugt) auf Kosten des transalpinen V.s. Im Laufe des 14. Jh. wird durch die Katalanen der V. mit der Iber. Halbinsel und im 15. Jh. durch die Portugiesen mit der Westküste Afrikas intensiviert, bis schließlich am Ende des Jahrhunderts mit der Landung von Kolumbus in der Neuen Welt eine neue Epoche beginnt, in der sich die großen V.sströme Europas in den NW verlagern. Absolut gesehen, wuchs das Volumen des V.s seit dem frühen MA ständig, was auf die wesentl. höhere Bevölkerungszahl und die dichter gewordenen Städtelandschaften des Kontinents zurückzuführen ist. Neben den von wirtschaftl. Bedürfnissen motivierten V. treten spirituell motivierte Pilgerreisen (→Pilger) nach →Rom und →Jerusalem, seit dem 11. Jh. nach →Santiago de Compostela und seit dem 12. Jh. auch zu den zahlreichen regionalen Pilgerzentren. Eine Sonderform stellen die bewaffneten Wallfahrten ins Hl. Land (→Kreuzzüge) vom 11.–13. Jh. dar. Th. Szabó

Lit.: Hb. der europ. Wirtschafts- und Sozialgesch., II–III, 1980–86, passim – A. SCHAUBE, Handelsgesch. der roman. Völker des Mittelmeergebiets bis zum Ende der Kreuzzüge, 1906 – P. TOUBERT, Il sistema curtense... (Storia d'Italia. Annali 6. Economia naturale, economia monetaria. A cura di R. ROMANO–U. TUCCI, 1983), 3–43 – Unters.en zu Handel und V. der vor- und frühgeschichtl. Zeit in Mittel- und Nordeuropa, T. II: D. CLAUDE, Der Handel im w. Mittelmeer während des FrühMA (AAG phil.-hist. Kl. 3. F., 144, 1985); T. III: Der Handel des frühen MA, hg. K. DÜWEL, H. JANKUHN, H. SIEMS, D. TIMPE (ebd., 150, 1985); T. IV: Der Handel der Karolinger- und Wikingerzeit (ebd., 156); T. V: Der V., V.swege, V.smittel, Organisation, hg. H. JANKUHN, W. KIMMIG, E. EBEL (ebd., 180, 1989) – ST. LEBECQ, Les origines franques V^e–IXe s. (Nouvelle hist. de la France médiévale 1, 1990) – F. IRSIGLER, Jahrmärkte und Messesysteme im w. Reichsgebiet bis ca. 1250 (Europ. Messen..., hg. P. JOHANEK–H. STOOB [Städteforsch. A/39], 1996), 1–33.

II. BYZANTINISCHER BEREICH: Die administrativ-ökonom. und private Kommunikation zw. den einzelnen Reichsteilen, mit dem südl. Balkan, dem Ägäisraum und Kleinasien als Kernzonen, vollzog sich in Byzanz, das auch infrastrukturell dem röm. Imperium nachfolgte, ebenso zu Wasser wie zu Lande, wobei das terrestr. V.swesen überregional ab dem 6. Jh. deutl. zurücktrat. Allein schon die teure Instandhaltung führte zunächst dazu, daß der staatl. Postdienst (Cursus publicus; →Post, II) eingeschränkt wurde (Prokop, Hist. arcana, c. 30). Dann beeinträchtigten arab. Einfälle im Osten das Wegenetz (Übersicht unter →Straße, III) mit seinen regelmäßigen Raststationen, den Vorläufern der →Karawanserei. In Südosteuropa entzog die slav. und protobulg. Landnahme überhaupt weite Gebiete ksl. Kontrolle und verunsicherte den V. in den verbliebenen, oft inselartig zersplitterten Territorien (→Räuber, II). So sind die Via Egnatia (→Dyrrhachion – →Ohrid – →Thessalonike – →Konstantinopel) und die NW/SO-Diagonale Singidunum (→Belgrad) – Naissus (→Niš) – Serdica (→Sofia) – →Adrianopel (Edirne) auf Jahrhunderte nicht durchgängig passierbar. Die infolge der Pestwellen (→Pest, B; →Medizin, B) geschrumpfte, vielfach autark lebende Provinzbevölkerung hatte deshalb zudem geringeren Bedarf an Außenkontakten, die – nicht zuletzt wegen der Transportkosten bei Waren – primär per Schiff abgewickelt wurden.

Meeresströmungen und Windverhältnisse nutzend führte die Hauptschiffahrtsroute (→Seefahrt, B) von Konstantinopel in den Okzident an →Lemnos und →Euboia vorbei rund um die Peloponnes/→Morea (oder durch den Golf v. →Korinth) und wieder nördl. zur Straße von →Otranto und weiter küstennah bis in die obere →Adria (→Venedig) oder südwärts zur Straße von →Messina (→Sizilien). Ägypt.-syr. Ziele erreichte man entlang der West- und Südküste Kleinasiens und hierauf via →Zypern. Im Schwarzmeerraum (→Schwarzes Meer) sind die Verbindungen von Konstantinopel und der Pontusregion zur →Krim sowie der 'Warägerweg' von Neva und Düna über Lovat und →Dnepr zur Donaumündung und an den →Bosporus zu nennen, für das 14./15. Jh. verstärkt auch der zum Dnestr und nach →Lemberg in den poln.-dt. Bereich.

Wiewohl der seegestützte V. wetterabhängig ist (kaum Schiffahrt im Winter) und – abgesehen allenfalls von den Pilgerrouten (→Pilger, A, B) – kein geregelter Liniendienst existierte, vielmehr die Personenbeförderung zur Fracht hinzutrat, erhielten, wo möglich, das schnellere Schiff auch auf kürzeren Distanzen vor dem Reittier (Wagen und Karren begegnen nur mehr im Heerestroß und bei lokalen Marktlieferanten) und die Enge an Bord vor der übel beleumundeten Herberge (→Gasthaus) den Vorzug, wie es beispielsweise die Berichte von →Theodoros Studites (a. 797, ep. 3, ed. G. FATOUROS bzw. REB 48, 197–199) und →Thomas Magistros (a. 1310, ed. M. TREU, 1900; vgl. Symmeikta 10, 163–188), jeweils unterwegs von Konstantinopel bzw. Propontis nach Thessalonike, bzw. für zweiteres die »Miracula S. Georgii« (93–99 AUFHAUSER) und Matthaios v. Ephesos (14. Jh., Brief 64, ed. REINSCH) zeigen.

Abermals erschwerte ja unter den →Palaiologen die staatl.-territoriale Zersplitterung am Vorabend des osman. Flächenstaates den Überlandv., nachdem zuvor das byz. Wiedererstarken ab dem 10. Jh zwischenzeitl. die Landwege geöffnet hatte, welche etwa die Kreuzfahrer bis →Friedrich I. Barbarossa (1189/90) frequentierten. Die bei aller religiösen Motivation den →Kreuzzügen zugrundeliegende mentale Beweglichkeit, wie sie v. a. die weitverzweigte Handelsaktivität der it. Kaufleute in der →Levante kennzeichnete (→Mittelmeerhandel), kontrastiert auffällig mit der hauptsächl. aus der Krise des 7. Jh erwachsenen, byzantinischerseits lange gepflegten, mißtrauisch kontrollierten »splendid isolation« und einer Immobilität, die sich symbol. in den beiden Leitbildern der Gesellschaft manifestiert, dem zentral in der Hauptstadt residierenden, diese nur gezwungenermaßen auf größere Distanz verlassenden Ks. und dem Asketen, für den die gefahrvolle Mühsal des Reisens nur einen Meilenstein unterwegs zur künftigen Heiligkeit bedeutet. →Reisen, B. E. Kislinger

Lit.: Tabula Imperii Byz. I–IX, 1976–96 – J. KODER, Der Lebensraum der Byzantiner, 1984, 62–75 – R.-J. LILIE, Handel und Politik zw. dem byz. Reich und den it. Kommunen Venedig, Pisa und Genua in der Epoche der Komnenen und der Angeloi (1081–1204), 1984 – Ἡ ἐπικοινωνία στὸ Βυζάντιο, 1991 [v. a. Beitr. von: KODER; KISLINGER; GKAGKTZES, LEONTSINE, PANOPOULOU; KOUNTOURA-GALAKE] – D. H. FRENCH, A Road problem: Roman or Byzantine?, Istanbuler Mitt. 43, 1993, 445–454 – T. K. LOUNGHES, Παραδείγματα ἔργων ὁδοποιίας στὸ Βυζάντιο, Diptycha 6, 1994/95, 37–48 – E. KISLINGER, Reisen und V.swege im byz. Reich und dem Abendland vom neunten bis in die Mitte des elften Jh. (Byzanz und das Abendland im 10. und 11. Jh., 1997), 233–259 – G. MAKRIS, Stud. z. spätbyz. Schiffahrt, 1988.

Verkehrte Welt → Welt, Verkehrte

Verklärung Christi
I. Frühchristentum – II. Abendländisches MA – III. Byzanz.

1. FRÜHCHRISTENTUM: Die ntl. Erzählungen lokalisieren die V. im Beisein der Propheten Moses und Elias und der Apostel Petrus, Jakobus und Johannes auf einem unbestimmten (hohen) Berg (Mt 17, 1–9; Mk 9, 2–9; Lk 9, 28–36; vgl. 2 Petr 1. 16–18); den Berg als Schauplatz nennen erst Q. des 4. Jh. (Cyrill v. Jerusalem, catech. 12, 16; Hieron., ep. 108, 13). Die im Text erwähnte Stimme des Vaters charakterisiert das Ereignis als Theophanie. Aus der ö. und ö. beeinflußten Kunst des 6. Jh. sind neben Denkmälern der Kleinkunst drei monumentale Bilder

erhalten oder überliefert: die Apsismosaiken in S. Apollinare in Classe (→Ravenna) und in der Kl. kirche am →Sinai und das von →Mesarites beschriebene Bild in der Apostelkirche in Konstantinopel (Text: HEISENBERG 2, 32–37). Die singuläre allegor. Darstellungsweise in Classe (Christus als Gemmenkreuz mit kleiner Porträtbüste in Clipeus mit 99 Sternen, Apostel als →Lämmerallegorie, Prophetenbüsten, Titelh.) erlaubte, im Bild der V. verschiedene Bedeutungsebenen zu vereinigen (Passion, Erlösung, Herrlichkeit, Parusie). Eine den Gedanken der →Parusie (das Kreuz als »Zeichen des Menschensohnes«) überbetonende Deutung (DINKLER) wurde von DEICHMANN zurückgewiesen: Die Väterexegese zur V. verwendete meist den Text Lk 9, 28–36, nach dem Moses und Elias mit Christus über dessen Ausgang in Jerusalem sprachen, so daß die gedankl. Verbindung von V. und Passion gesichert ist. Am Sinai wurde die V. als ntl. Theophanie in der Apsis dargestellt, die an diesem Ort eigentl. lokalisierte Gesetzesübergabe an →Moses erscheint, da atl., auf der Apsisstirnwand. Die Darstellung ist, wie in der weiteren Motivgesch. üblich, vollfigurig; daher sind im Unterschied zum allegor. Bild in Classe dieser Darstellung die weiteren heilsgeschichtl. und dogmat. Bildinhalte zusätzl. beigegeben.
J. Engemann

Lit.: LCI IV, 416–421 – A. HEISENBERG, Grabeskirche und Apostelkirche, 1908 – E. DINKLER, Das Apsismosaik von S. Apollinare in Classe, 1964 – K. WEITZMANN, The Mosaic in St. Catherine's Monastery on Mount Sinai, Proceed. Amer. Philos. Soc. 110, 1966, 31–55 – F. W. DEICHMANN, Ravenna 1, 1969, 261–270; 2, 2, 1976, 247–267 – S. DUFRENNE, La manifestation divine dans l'iconographie byz. de la transfiguration [Nicée II, 787/1987, Actes 1986 (1987)], 185–206 – J. MIZIOŁEK, Transfiguratio Domini…, JWarburg 53, 1990, 42–60.

II. ABENDLÄNDISCHES MA: Die frühma. Ikonographie der V. knüpft unmittelbar an die Darstellung der frühchr.-byz. Kunst an. Es überwiegen die streng symmetr. gestalteten Darstellungstypen, in denen Christus, der leidensbereite Messias, in einer Lichtgloriole erhöht zw. Moses und Elias erscheint, im Vordergrund mit Petrus zw. Johannes und Jakobus am Boden liegend, noch vom Schlafe beschwert, doch wachgeworden; aus einer Wolke ragt die segnende Hand Gottvaters, um die Göttlichkeit Christi zu bezeugen. Die Gloriole, das leuchtende Antlitz des verklärten Messias, die Lichtstrahlen, die lichte Wolke und das helle Gewand sind symbol. Andeutungen der Vergeistigung der noch nicht endgültigen Manifestation der göttl. Natur Christi, z. B. in monumentaler Form in den röm. Basiliken SS. Nereo e Achilleo, Triumphbogenmosaik, 795/816; S. Prassede, Zeno-Kapelle; S. Maria in Domenica, 9. Jh.; Alt-Sankt Peter, im Auftrag des Papstes Formosus, 891/896 (nur als Nachbildung des 12. Jh. in S. Giovanni a Porta Latina erhalten); aber auch in christolog. Bilderzyklen der Altäre und liturg. Bücher, z. B. Relief des Goldaltares von S. Ambrogio, Mailand, 824/859; Elfenbeinrelief um 850, Victoria and Albert Mus., London, hier mit der seltenen Darstellung der drei Hütten (Lk 9, 33), die an die Gebräuche des Laubhüttenfestes erinnern; Elfenbeinrelief um 925, London, Brit. Mus. (Inv.-Nr. 56.6-23,14–15), mit Christus in einer Mandorla zw. Moses und Elias, Petrus betend an Christus gewandt; ähnl. die Min. des Evangeliars Ottos III., pag. 10, Reichenau, um 990, Aachen, Domschatz. – Die Hochromanik führt die Tradition der Frühzeit des MA fort, die in monumentaler Gestaltung, z. B. Fresko, Schwarzrheindorf, ehem. Damenstiftskirche St. Clemens, 1130/40; La Charité sur Loire, Abteikirche St-Croix, Tympanon, um 1150. In den hochroman. liturg. Hss. gewinnt die Darstellung der V. ihre reifste Ausprägung, z. B. Min. der Bibel von Floreffe, fol. 4r, London, Brit. Mus, Ms. Add. 17738: die Szene ist der Darstellung des Abendmahles vorangestellt, die Bibelzitate auf den Schriftrollen Gottvaters (Mk 17,5), Christi (Mk 17,7) und Petri (Mk 17,4) verdeutlichen die Zeitspanne der Verklärung; Min. des Evangeliars Heinrichs des Löwen, Wolfenbüttel, Hzg. August-Bibl., Cod. Guelf. 105 Noviss. 2° (zugleich München, Bayer. Staatsbibl., clm 30055), fol. 21r. Die got. Monumentalmalerei bleibt der frühchr.-byz. Tradition gleichermaßen treu, z. B. Tympanonfresko der Kathedrale v. Le Puy, um 1200; Fresko der kath. Pfarrkirche St. Maria Lyskirchen, Köln, 1230/60; Gurk, Dom Mariä Himmelfahrt, Fresko, um 1260/70; ähnlich in der Buchmalerei, z. B. Min. des Ingeborg-Psalters, fol. 20b; Ile-de-France, um 1195, Chantilly, Mus. Condé, Ms. 466 (9222); auch auf zwei repräsentativen spätgot. Meßgewändern: Kasel aus dem Meßornat des Ordens vom Goldenen Vlies, Brüssel, 1410/20, Seidenstickerei, Wien, Kunsthist. Mus. und sog. »Dalmatika Karls d. Gr.«, Rom, St. Peter, Sakristeischatz, 15. Jh. – Die überzeugende Darstellung des Körperlichen und Räumlichen auf der ebenen Fläche, die wichtigste Errungenschaft Giottos, ist auch bei seiner Darstellung der V. zu verdeutlichen, s. Tafelbild um 1300, Florenz, Accademia. Ganz in der Tradition Giottos steht auch Fra Angelicos Fresko, Florenz, Museo di S. Marco, um 1440, mit der Neuerung, daß der V. die fürbittenden/adorierenden Hl.n Katharina von Siena und Dominikus zugesellt sind, die die Nähe Gottes im Geiste miterleben. Giovanni Bellinis Frühwerk, um 1460, Venedig, Mus. Correr, wie auch sein Spätwerk um 1485, Neapel, Gall. Naz. di Capodimonte, veranschaulichen die entsymbolisierte, vollkommene Einheit von Mensch und Natur, Audition und Erlebnis, die bereits von der Neuzeit kündet.

Zur Typologie der V.: Die Hss. der Biblia pauperum, der Concordantia Caritatis und der Concordantia veteris et novi testamenti, 15. Jh., gesellen der Darstellung der V. folgende atl. Szenen zu: Gott zu Gast bei Abraham (Gen 18, 17); Moses warf sich vor der Herrlichkeit Gottes zu Boden (Ex 34, 8); Das strahlende Antlitz des Moses bei der Gesetzgebung (Ex 34, 29f.); Isaias sieht im Geiste die Herrlichkeit Jerusalems (Is 33, 20); Ezechiel schaut die Herrlichkeit Gottes (Ez 1,4ff.); Die drei Jünglinge im Feuerofen (Dan 3); Erscheinung der Herrlichkeit Gottes (Dan 7).
G. Jászai

Lit.: LCI IV, 416–421 – G. SCHILLER, Ikonogr. der chr. Kunst, I, 1966, 155–161 – G. WALTER, Ikonogr. der V. [Diss. Berlin 1970].

III. BYZANZ: Das älteste erhaltene Beispiel der V., im O Metamorphosis genannt, das Apsismosaik des Sinaikl. (zw. 548 und 565), ist gleichzeitig eines der Meisterwerke der iustinian. Kunst (die Gesichtszüge des kgl. Propheten David, in der kompositionellen Mittelachse des Mosaiks unten, sind nach denen Iustinians gebildet). Ohne jegliche Anspielung auf den Ort des Geschehens (Berg) durch eines der Bildelemente läßt es die drei Apostel wie die Propheten auf dem Bodenstreifen verweilen. Allein die entmaterialisierte Erscheinung Christi ist knapp über den darunter liegenden Petrus schwebend erhoben. Diese Darstellung einer Theophanie oder Epiphanie Gottes ist Vorbild noch vieler mittelbyz. Beispiele in Mosaik und Monumentalmalerei des 10. und 11. Jh. geworden (Çavuşin 964/965; Göreme Kap. 1, alte Tokalı kil., Kap. 6; Gülü dere, Ayvali kil.; und noch Nea Mone auf Chios, Mitte 11. Jh. im Gegensatz zu Wandmalereien in Hosios Lukas, 1. H. 11. Jh.), während die narrativ-historisierende Version sich in der Buchmalerei (Chludoff-Psalter 88, 9. Jh.; Petropol. 21, 10. Jh.) entwickelt, ab dem 11. Jh. aber schrittweise auch in die Monumentalmalerei eindringt. Von Bedeutung ist jeweils auch die Stellung der Szene innerhalb des Programms: Nicht selten ist sie auf der Westwand (Göreme, Kap. 1) oder im unmittelbaren Umkreis der Apsis (Tokalı alt und neu) dargestellt; teilweise wird auch Nähe zur Anastasis gesucht, so daß sie als fester Bestandteil der Gruppe von Theophanieszenen anzusehen ist. Auch eine Verbindung zur Parusie ist durch ihren Platz (Westwand) wie durch einzelne Darstellungselemente (Kreuzmedaillon im Scheitel des Sinaimosaiks) erkennbar. Strahlenkranz, Lichtgestalt Christi und entsprechende Führung des Lichtes und Farbgebung (Blau) werden bes. in den palaiolog. Kompositionen herausgestellt (wie beispielhaft beim Par. gr. 1242). In der Buchmalerei sind auch Nebenszenen wie Auf- und Abstieg zum Berg zu erkennen (Par. gr. 74, fol. 28, 74 und 112). M. Restle

Lit.: LCI IV, 416–419 [J. Myslivec] – G. Millet, Iconographie de l'évangile, 1960², 216–231 – G. Schiller, Lex. der Ikonographie, 1981–90, 155, 161 – D. Mouriki, The Mosaics of Nea Moni on Chios, 1985, 129.

Verknechtung. Die Bezeichnung – erst 1840 als polit. Schlagwort gebildet – wurde seit der 2. Hälfte des 19. Jh. v. a. durch J. Grimm zum rechtshist. Terminus. Mit dem Begriff der V. konkurriert in der mediävist. Forsch. derjenige der Versklavung. Die (rechts)hist. Diskussion ging bei diesen Begriffen von den frühma. Sozialverhältnissen aus. Während v. a. die Althistoriker und die frz.sprachige Mediävistik (z. B. Bloch, Bonnassie, Duby u. a.) von →Sklaven und damit von der Versklavung Freier bzw. Freigelassener ausgehen, spricht die dt. Mediävistik vom →Knecht oder von Unfreien (→Unfreiheit) und damit von V. Die ältere rechts- und verfassungsgeschichtl. Forsch. (Grimm, Brunner, Schröder-Künssberg u. a.) nahm an, daß sich die Lage der Unfreien im Frankenreich gegenüber den Sklaven des röm. Reiches gebessert habe und prägte deshalb den Terminus der V. Neuere Ergebnisse (Ehrhardt, Nehlsen, v. Olberg) haben dies bestätigt, haben aber auch gezeigt, daß sich gegenüber den Vorstellungen von Knechtschaft bzw. Unfreiheit, wie sie bei den Germanen herrschten, seit dem frühen MA rechtl. und soziale Verschlechterungen feststellen lassen. Die enge Berührung der germ. und röm. Kulturen hat zu Wechselbeziehungen geführt. Insgesamt ist zw. der Bezeichnungs- und der Sachebene zu unterscheiden. Die vorwiegend lat. Quellen des MA suggerieren mit der Bezeichnung servus und der Dichotomie liber-servus eine soziale und rechtl. Kontinuität von der Antike bis ins MA; die volkssprachigen Bezeichnungen im Zusammenhang der Unfreiheit zeigen dagegen vom frühen MA an eine starke Heterogenität des Stratums der Unfreien, sie zeigen ein großes Spektrum verschieden gestufter Abhängigkeiten. Sachl. läßt sich die V. aufgrund der Quellenlage nur umrißhaft charakterisieren: V. bedeutet Verlust der Freiheit im Sinne sozialer Statusminderung. Sie konnte als Folge von Krieg und Gefangennahme eintreten. Ein privatrechtl. Beispiel – Ausgleich für Spielschulden – findet sich schon bei Tacitus (Germ., 24). Spielschulden, die der Schuldner nicht aus seinem Vermögen begleichen konnte, erwähnt auch die frühma. Gesetzgebung der Bayern (Tit. 2, 1, MGH LNG III) als Grund für die V. Einige Leges barbarorum kennen die V. als Bestrafung für inzestuöse Beziehungen (Lex Baiuvariorum, Tit. 7, 3), als Folge der Heirat eines/einer Freien mit einem/einer Unfreien (vgl. z. B. Grimm, RA I, 451; Leges Langobardorum, MGH LNG IV, 92). Hier werden unterschiedl. Zeiträume und Bedingungen für die V. je nach Gesetzestext relevant: Die Lex Alamannorum (Tit. 18, Germanenrechte Bd. 2, 2, 12) läßt einer Freien, die einen Unfreien heiratet, z. B. drei Jahre lang die Möglichkeit, ihren Mann zu verlassen. Tut sie es nicht und leistet in dieser Zeit Dienst als Magd, wird sie unfrei. Der V. kann sie aber entgehen, wenn ihre Verwandten nach den verstrichenen drei Jahren ihre Freiheit bezeugen. Auch das Siedeln und Leben unter Unfreien ('Luft macht eigen') kann im MA zur V. führen. Ungeklärt ist, ob man im Zusammenhang von →Kommendation und →Vasallität ebenfalls von V. (Selbstv.) sprechen kann. G. v. Olberg-Haverkate

Lit.: DWB XII, 669 – HRG, 35. Lfg., 895–898 – Grimm, RA I, 443–457 – Brunner, DRG I, 369 – Schröder-Künssberg, 50, 236 – A. Ehrhardt, Rechtsvergleichende Stud. zum antiken Sklavenrecht, I, ZRGRomAbt 68, 1951, 74–130 – H. Nehlsen, Sklavenrecht zw. Antike und MA, I, 1972, bes. 52ff., 58ff., 164, 169ff. – M. Bloch, Slavery and Serfdom in the MA, 1975 – G. Duby, Les trois ordres ou l'imaginaire du féodalisme, 1978 – P. Bonnassie, Survie et extinction du régime esclavage dans l'Occident du haut MA, CCMéd 27, 1985, 307–343 – G. v. Olberg, Zum Freiheitsbegriff im Spiegel volkssprachiger Bezeichnungen in den frühma. Leges (Akten des 26. Dt. Rechtshistorikertages, 1987), 411–426, bes. 420ff. – Dies., Die Bezeichnungen für soziale Stände, Schichten und Gruppen in den Leges barbarorum, 1991, 43ff., 193ff.

Verkündigung an die Hirten → Kindheitsgeschichte Jesu

Verkündigung an Maria → Maria, hl.; →Kindheitsgeschichte Jesu

Verlag, Verleger (von Büchern). Der →Buchdruck machte das →Buch zur Massenware und veränderte seine Produktion entscheidend. Anfängl. lagen Planung, Finanzierung, Herstellung und Vertrieb allein in der Hand des Druckers, der deswegen als »Druckerverleger« bezeichnet wird. Das kapitalintensive Gewerbe stellte jedoch die Typographen, insbes. bei der Einrichtung einer Offizin und dem Druck umfangreicher Werke, vor große Probleme, die sie nur mit Hilfe finanzstarker Geldgeber lösen konnten. Diese nahmen häufig auch Einfluß auf Art und Umfang der Buchproduktion und taten sich mit kaufmänn. und wiss. interessierten Persönlichkeiten zu V.sgesellschaften zusammen. So schlossen am 26. April 1471 in Perugia je zwei Professoren und Kaufleute mit zwei dt. Druckern einen Vertrag über die Herstellung von Büchern. Die einheim. Gesellschafter übernahmen die Kosten für die Einrichtung der Werkstatt, für die Herstellung der Lettern und der Druckerschwärze, beschafften das Papier und kamen für Unterbringung und Verpflegung der Drucker und ihrer Mitarbeiter auf. Die Reingewinne sollten zw. den einheim. Geldgebern und den beiden Druckern geteilt werden. Die Ges. existierte bis ins Frühjahr 1476 und brachte 18 umfangreiche, meist jurist. Werke auf den Markt. Als Urheber dieser Bücher nannte sich der in Perugia lehrende Jurist Braccio dei →Baglioni, während die Namen der Drucker ungenannt blieben. Darin kommen die Rangunterschiede zw. den wiss. und kaufmänn. Verantwortlichen einerseits und den ausführenden Handwerkern andererseits zum Ausdruck. Drucke der Folgezeit nennen Drucker und Verleger, letztere sind an dem Zusatz »impensis« oder »sumptibus« erkennbar. In Venedig wurde 1475 die V.sgesellschaft Nicolaus →Jenson »et socii« gegr., die am 1. Juni 1480 durch die Aufnahme des Johannes de →Colonia erweitert wurde. Zu den Gesellschaftern gehörten auch zwei Frankfurter Kaufleute. In Dtl. gab es derartige V.sgesellschaften bei der Produktion aufwendiger Einzelwerke wie der Kölner Bilderbibeln (um 1478) und der Schedelschen Weltchronik (1493), deren Druck Anton →Koberger besorgte (→Schedel, Hartmann [1. S.]). Letzterer ließ aber auch

→Lohndrucker für sich arbeiten und beschränkte sich seit 1505 auf seinen V.; in Köln betätigte sich das Druckhaus →Quentel auch im V.sgeschäft. Andere ma. V.e wurden von auf den Buchhandel beschränkten Unternehmern gegr.: Johann Rynmann v. Oeringen (Augsburg) sowie Franz Birckmann und Gottfried Hittorp (Köln) u. a.

S. Corsten

Lit.: W. H. LANGE, Buchdruck, Buchv., Buchvertrieb (Buch und Papier, 1949), 55–74 – S. CORSTEN, Unters. zum Buch- und Bibl.swesen, 1988, 123–148, 168f.

Verlag, -ssystem. 'V.' ist in Europa seit dem 13. Jh. zu belegen und geht mit Bevölkerungswachstum, Siedlungsverdichtung, Urbanisierung, dem Aufschwung und der Differenzierung von Gewerbe und Fernhandel, v. a. mit einer gestiegenen Nachfrage nach standardisierten Massengütern einher. Er bezieht sich auf die dezentrale Fertigung oder Gewinnung von Erzeugnissen durch rechtl. mehr oder weniger selbständige Gewerbetreibende, die an handwerkl., kaufmänn. oder andere Auftraggeber (im SpätMA sogar Herrschaftsträger, Kommunen und Zünfte) gebunden sind. Diese sorgen teilweise oder ganz für die Finanzierung (Geld-V.) bzw. Ausstattung (Sach-V.) und übernehmen später das Produkt und den Absatz. Der V. erwuchs zum einen aus ma. Bargeldknappheit und dem Kreditbedarf kleinerer Gewerbetätiger; er ermöglichte auf Kosten wirtschaftl. Abhängigkeit deren berufl. (Weiter-)Existenz. Zum andern bot er den Reicheren in Handwerk und Handel die Chance zur wirtschaftl. Nutzung fremder Arbeitskraft, allg. zur Zusammenfassung, Koordinierung und Standardisierung kleinbetriebl. Fertigung auf Marktbedürfnisse hin. Die Ansatzpunkte für V.e waren vielfältig. Bedingungen der Versorgung, v. a. händler. Vermittlung (eventuell →Monopol) bei aus der Ferne kommenden Materialien (→Baumwolle), förderten den Sach-V. Eine wichtige Rolle spielten die Technologie und ihre Kosten, z. B. für neue Verfahren wie das Seigern (→Seigerhütten) im 15. Jh. oder für größere Anlagen (→Mühlen, Hämmer), ferner die Produktionsorganisation und Arbeitsteilung in Verbindung mit wirtschaftl.-sozialer Differenzierung und zünftig-berufl. Gliederung. So übernahmen rohstoffnahe, kompliziertere Tätigkeiten ausübende, bes. aber absatznahe Handwerker (z. B. Messerer, Büchsenmacher) Führungsrollen als Verleger anderer Berufsgruppen. Beim Absatz begünstigten fehlende Marktnähe und mangelnde Abkömmlichkeit der Produzenten die Einschaltung von Verlegern.

Die früheste und weiteste Verbreitung und den höchsten Entwicklungsstand erlangte der V. im Textil- und Metallsektor (→Textilien, →Metall). Im Wollgewerbe ist er, wenngleich die Verlegerrolle von Jehan →Boinebroke aus Douai etwas umstritten ist, in NW-Europa und auch in Oberitalien schon im 13., in vielen anderen Räumen im 14. oder 15. Jh. faßbar. Verleger waren nicht nur örtl. oder fremde Kaufleute (z. B. Marchands-Drapiers, Wollhändler, Gewandschneider) bzw. Gesellschaften. Vielmehr begünstigte die Zerlegung der Produktion die Einschaltung von Koordinatoren und Unternehmern aus dem →Handwerk (Drapiers), bes. aus der Weberei (→Weben). Mit der gewerbl. Verdichtung erfolgte eine Verlagerung von Teilen der Produktion ins Umland (bes. Spinnerei; →Spinnen), und es entstand eine verleger. gelenkte Tuchproduktion selbst an kleinen Plätzen. Bei der Herstellung von →Leinen, bei der der V. erst im 14. Jh. klar zu belegen ist und es oft (bes. in Westfalen) nur bei der Absatzbindung (sog. Kaufsystem) blieb, spielte der stadtübergreifende und ländl. V. ebenfalls eine wichtige Rolle; im ober- und mitteldt. Raum bildete sich die Sonderform des Zunftkaufs mit der Bindung ganzer Orte an entfernt sitzende Kaufleute heraus. Die in Mitteleuropa erst im 14. Jh. begründete Barchentweberei (→Barchent) wurde weitgehend durch Kaufleute-Verleger bestimmt, ebenso die Verarbeitung von →Seide, bei der jedoch in →Köln im 15. Jh. die Produktion von weibl. Handwerker-Verlegerinnen organisiert wurde (→Frauenzunft). In vielen Metallgewerben kam es im 14./15. Jh. zum (z. T. auch stadtübergreifenden) V., u. a. in der Schwerter- und Messerherstellung, der Plattnerei, der Produktion von Büchsen, Pfannen, Sensen, Scheren oder Nägeln, der Draht- und Nadelherstellung, der Kupfer- und Messingschlägerei, Bronze- und Zinngießerei, der Goldschlägerei (schon im 13. Jh. in Lucca) und vereinzelt sogar bei den Goldschmieden; in der Breckerfelder Stahl- und Altenaer Drahterzeugung (→Draht) begegnet im 15. Jh. ebenfalls der Zunftkauf. In Nürnberg erscheint der dt. Begriff des »Verlegens« erstmals im 1. Viertel des 14. Jh. im Zusammenhang mit den Schmieden. Bes. große und frühe Bedeutung hatte der V. im →Bergbau (klarer Beleg für Trient 1214) sowie im →Hütten- und Hammerwesen, wo bei großem techn., organisator. und finanziellem Aufwand und einer starken Zerlegung sich z. T. eine Hierarchie von Abhängigkeiten bildete, die von entfernt sitzenden Händlern bzw. Gesellschaften über Organisatoren vor Ort (Steiger, Hüttenmeister, Hammermeister) bis zu eventuell im Trucksystem bezahlten Arbeitern reichte. Daneben finden sich etliche, wenngleich z. T. nur rudimentäre Ansätze zum V. im spätma. Leder- und Pelzgewerbe, so bei den Gerbern (z. B. Marseille im 14. Jh.), Schuhmachern, Sattlern, Beutlern oder Kürschnern, in diversen Zweigen der Holzverarbeitung (u. a. Böttcherei in Hansestädten, Paternosterer in Wien im 15. Jh.) und in weiteren Bereichen wie der Papiermacherei (Ulman →Stromer 1390), dem Buchdruck, selbst in der Seilerei (Hanseraum 15. Jh.) oder der Nürnberger Kammacherei und Kompaßherstellung im 15. Jh. Auch in der Fischerei (Kredit für Norderfahrer durch Hansekaufleute im 15. Jh.), der Holzgewinnung und -flößerei, beim Anbau von Getreide, Gewerbepflanzen oder Wein sowie in der Viehzucht existierten verlagsähnl. Beziehungen, ebenso im Dienstleistungssektor (Transportwesen). Allg. kann V. als umfassendes und flexibles Instrument vorindustrieller (nicht nur frühkapitalist.) Wirtschaftsorganisation gelten, das mit der sog. »Rustikalisierung der Industrien« zunehmend auch auf dem Land und bei überregionaler wirtschaftl. Verflechtung sogar über größere Entfernungen hin angewandt wurde. Der V. stand dabei durchaus nicht im Widerspruch zur »gebundenen« Wirtschaft des MA. Die →Zünfte waren zwar zur Sicherung der »Nahrung« häufiger, aber nicht grundsätzl. gegen den V. eingestellt. Von herrschaftl. Seite wurde der V. wegen finanzieller, militär. und sonstiger Interessen öfter gefördert; mit dem Territorialisierungsprozeß und der Entwicklung zum frühmodernen Staat gingen verstärkte Tendenzen zur Reglementierung und herrschaftl. Erfassung der Wirtschaft und des V.s einher.

R. Holbach

Lit.: H. AUBIN, Formen und Verbreitung des V.swesens in der Altnürnberger Wirtschaft (Beitr. zur Wirtschaftsgesch. Nürnbergs, II, 1967), 620–668 – F. IRSIGLER, Frühe V.sbeziehungen in der gewerbl. Produktion des w. Hanseraumes (Zins–Profit–Urspgl. Akkumulation, hg. K. FRITZE u. a., 1981), 175–183 – R. HOLBACH, Formen des V.s im Hanseraum vom 13. bis zum 16. Jh., HGBll 103, 1985, 41–73 – L'impresa. Industria, commercio, banca secc. XIII–XVIII, ed. S. CAVACIOCCHI (Istituto »F. Datini« Prato, Atti 22, 1991) – W. v. STROMER, Der V. als strateg. System einer at gutem Geld armen Wirtschaft, VSWG 78, 1991, 153–171 – R. HOLBACH, Frühformen von V. und Großbetrieb in der gewerbl. Produktion, VSWG Beih. 110,

1994 – R. KIESSLING, Problematik und zeitgenöss. Kritik des V.ssystems (Augsburger Handelshäuser im Wandel des hist. Urteils, hg. J. BURKHARDT, 1996), 175–190.

Verleugnung Petri → Passion, C

Verlobung, Verlöbnis, ein der Eheschließung (→Ehe) vorangehender oder sie einleitender Akt. Im röm. Recht war die V. (sponsalia) ein gegenseitiges Versprechen künftiger Eheschließung, das jedoch rechtl. nicht erzwingbar war und einseitig gelöst werden konnte. Erst die in spätröm. Zeit übliche V.sgabe des Bräutigams (→arra) bewirkte eine gewisse Bindung. Löste der Bräutigam die V., so verlor er die arra, während die Braut im umgekehrten Falle sogar den doppelten (oder gar vierfachen) Wert zu ersetzen hatte. Ebenfalls spätröm. ist, daß der Brautvater oder -vormund der V. zustimmen muß.

An der Schwelle zum MA erscheint die V. (desponsatio) in den germ. →Leges als Vertrag zw. dem Vater oder Vormund der Braut und dem Bräutigam. Mehrfach wird allerdings bestimmt, daß das Mädchen widersprechen dürfe und nicht gegen seinen Willen verlobt werden solle. »Vertragsinhalt war die Verschaffung der eheherrl. Gewalt (→Munt) über die Frau. Der Bräutigam hatte als Gegenleistung den Muntschatz (→Wittum) zu entrichten« (C. SCHOTT; →Ehe, B. VI) – oder wenigstens ein Angeld (arra) hierauf, etwa in Gestalt von Münzen oder einem →Ring. Eine ohne V. geschlossene Ehe war unwirksam; der Vater konnte seine Tochter wieder herausfordern, und etwa schon geborene Kinder waren unehelich. Allerdings konnte dieser Mangel durch nachträgl. Leistung des Muntschatzes geheilt werden. Alles in allem läßt sich die V. hier als erstes Glied einer 'Kettenhandlung' verstehen, die mit den folgenden Schritten der Trauung (Übergabe), der Heimführung (Brautlauf) und des Beilagers insgesamt die Ehe begründete.

Dem jurist. Denkstil der hochma. Kanonistik entsprach es eher, den Eintritt der Ehewirkungen auf einen bestimmten Zeitpunkt zu fixieren. Die Schule v. Bologna fand diesen im körperl. Vollzug der Ehe, doch setzte sich die Schule v. Paris mit ihrer Ansicht durch, der (auch formlose) Konsens der Brautleute sei maßgebend (consensus facit nuptias, →Ehe, B. II). Dies begünstigte die Stellung der Braut, die zunehmend selbst als Vertragspartei auftrat, während dem Vater oder Vormund nur ein Zustimmungsrecht blieb. Im Kreise ihrer Familien, später vor dem Priester, gaben die Brautleute einander ihr Jawort und tauschten die Ringe. Neben diesem ehebegründenden Konsensualakt konnte der V. keine selbständige Bedeutung mehr zukommen. Auch die kanonist. Distinktion zw. den sponsalia de praesenti und de futuro half hier kaum weiter, denn auch die letzteren erzeugten bereits gewisse eherechtl. Wirkungen. Bei heiml. Einverständnissen konnte man den Ehewillen ohnehin allenfalls vermuten.

Erst die infolge der Reformation durchdringende Formbedürftigkeit der Eheschließung (durch den evang. Pfarrer bzw. vor dem kath. Priester) ließ der V. als vorangehender Einigung der Brautleute wieder Raum.

K. Kroeschell

Lit.: HRG V, 764–767 – E. FRIEDBERG, V. und Trauung, 1876 – R. SOHM, Trauung und V., 1876 – O. STOBBE, Hb. des dt. Privatrechts, IV, 1882, 8–18 – H. W. STRÄTZ, Der V.skuß und seine Folgen, rechtshist. besehen, 1979.

Vermandois, Gft. und Region in Nordfrankreich, im östl. Bereich der →Picardie.

I. Die Anfänge – II. Das Haus Vermandois – III. Die kapetingischen Grafen – IV. Der Besitzstreit zw. Kapetingern und dem Grafen von Flandern.

I. DIE ANFÄNGE: Der seit dem 9. Jh. belegte 'pagus Viromandensis' bildete ursprgl. den nördl. Teil der Diöz. →Noyon, die auf die galloröm. →Civitas der 'Viromandui' zurückgeht. Nach dem endgültigen Verfall des in der späten Kaiserzeit kurzzeitig wiederbelebten alten Civitas-Vorortes 'Vermand' wurde →St-Quentin zum religiösen und militär. Zentralort des Gebiets, doch verlegte der Bf. seinen Sitz nach Noyon (Vorort des kleinen 'pagus Noviomagensis' im S). Die Ausdehnung des V., das als →Pagus und späterer Komitat (Gft.) verfaßt war, dann aber zum bloßen Landschaftsnamen wurde, erfuhr im Laufe der Zeit erhebl. Schwankungen.

II. DAS HAUS VERMANDOIS: Der älteste bekannte Gf., →Heribert I., der von den →Karolingern abstammt, begründete die erste Haus V., das im 10. Jh. zu einer der mächtigsten Fs.endynastien des →Westfrk. Reiches wurde. Heribert vereinigte die Gf.enwürde ('honor') und das Laienabbatiat v. St-Quentin in seiner Hand. Im Laufe des 10. Jh. bauten sein Sohn →Heribert II. († 943) und sein Enkel Adalbert († 987 oder kurz danach) eine starke Machtposition auf und schufen eine kohärente Herrschaftsstruktur durch Einbindung der kleineren Zentren in den Verband ihres Fsm.s und Erweiterung des alten Komitatsbereichs. Dieses auch auf wirtschaftl. Dynamik (Integration der wohlbesiedelten, fruchtbaren Landschaft in den Handelsverkehr) abgestützte Vorgehen korrespondierte vergleichbaren Bestrebungen der nördl. Nachbarn und Konkurrenten, der Gf.en v. →Flandern.

Die Errichtung eines →Fürstentums vollzog sich unter drei Aspekten: 1. Konstituierung eines soliden Geflechts von 'milites'; 2. gezielte kirchenpolit. Maßnahmen der monast. Reform unter Gf. Adalbert (Benediktinerabteien: Homblières, St-Prix, St-Quentin-en-l'Île); 3. Territorialerweiterung, gerichtet auf die Beherrschung einer Reihe fester Plätze. Die territoriale Expansion berührte im N und NO →Cambrai und die Gft. →Ostrevant (die Chanson de geste »Raoul de Cambrai« sollte später das listenreiche Vorgehen der Gf.en v. V. feiern); im S kam sie nur bis zur Oise voran, drang dagegen im NW und SW von St-Quentin aus weiter vor: In den Jahren nach 920 entriß der Gf. v. V. dem Gf.en v. Flandern →Péronne, besetzte 932 Ham und gliederte zu einem unbekannten Zeitpunkt →Nesle und →Roye seinem Fsm. ein. Im S waren die Gf.en v. V. bestrebt, die Oise (deren oberen Lauf sie mit Ribemont indirekt kontrollierten) als feste Grenzscheide zu etablieren: 949 kam Chauny unter ihre Kontrolle (außerdem unterhalb von Noyon im 12. Jh. Lassigny sowie die wichtige Fähr- und Zollstelle Thourotte). Dieser Ausbau des Fs.engewalt ging einher mit einer engen Kontrolle über das Bm. Noyon.

Nach der wechselhaften Parteinahme Heriberts II. hielt sein Sohn Adalbert entschieden zur Partei des Karolingers →Ludwig IV., dessen Tochter Gerberga er ehelichte. Nachdem der Gf. v. V. die Machtübernahme von →Hugo Capet (987) bekämpft hatte, wurde das Haus V. von den frühen →Kapetingern des 11. Jh. in eine wenig einflußreiche Position abgedrängt: Nach der kurzen Fs.enherrschaft →Heriberts III. und Adalberts II. gelang es Kg. →Robert d. Fr., einen anderen Sohn Heriberts III., Otto, von der Erbfolge in den Gft.en →Meaux und →Troyes (1021) auszuschließen (→Blois, →Champagne). (Aus dem V. kam im übrigen der Kanzler des Kg.s, Balduin, bis 1067 im Amt.) Der Sohn von Otto († 1045), Heribert IV., konnte sich eine günstigere Position sichern. Durch Heirat mit einer Tochter des Gf.en Raoul v. Valois-Vexin († 1074) gewann er die Erbfolge in den Gft.en →Montdidier und →Valois, die er bis zu seinem Tode (1080) besaß. Die

Politik der Kapetinger erreichte jedoch schließlich ihr Ziel mit dem Ausschluß des aufständ. Sohnes von Heribert IV., Odos 'des Unsinnigen' (»l'Insensé«), vom väterl. Erbe, das seiner Schwester Adela, der Gemahlin Hugos († 1101), Bruders von Kg. →Philipp I. und Begründers der dem Kapetingerhause entstammenden zweiten Gf.endynastie v. V., übergeben wurde. Noch im gesamten 11. Jh. blieb das V. aber ein Hort des überkommenen kirchl. und geistigen Lebens karolingischer Prägung. Dem Kollegiatstift v. St-Quentin gehörten profilierte Persönlichkeiten wie →Dudo v. St-Quentin und Guido, der spätere Bf. v. Beauvais, an.

III. Die kapetingischen Grafen: Im 12. Jh. war das in einer Randposition verbliebene V. ein Spielball komplexer polit. Ambitionen. Unter den kapet. Gf.en ragte der Sohn von Hugo und Adela, Raoul d. Ä., hervor (Gf. seit 1117), der das Netz der gfl. →Kastellaneien enger knüpfte und so den Emanzipationsbestrebungen der adligen Herren Einhalt gebot. Die Herren v. Nesle, welche 1141 die Anwartschaft auf die Erbfolge der Gft. →Soissons erhielten, gewannen allerdings weitgehende Autonomie; dagegen mußten die Herren bzw. Kastellane v. Guise, Péronne, Roye und Ham die lehnrechtl. Kontrolle der kapet. Gf.en anerkennen. Um 1150 legte Gf. Raoul die Hand auf Ribemont, dessen Seigneur (zugleich Kastellan und Bannerherr v. St-Quentin: 'signifer sancti Quintini') weitgehende Unabhängigkeit und einen Gf.entitel in Ostrevant erreicht hatte. Ebenso konsolidierte Raoul seine Positionen an der Oise (Chauny, Thourotte, Lassigny). Als Vetter Kg. →Ludwigs VI. erhielt Raoul, nachdem die mächtige Familie →Garlande am Hofe in Ungnade gefallen war, das große Amt des →Seneschalls (faktisch seit 1128, offiziell seit Ende 1131), das er (mit kurzen Unterbrechungen: 1138 und 1139-40, bedingt durch Raouls Opposition gegen Kg. Ludwig VII.) lebenslang behielt. Als einer der einflußreichsten Herren am Hofe →Ludwigs VII. sah sich Raoul ztw. mit der Konkurrenz →Sugers, 1141/42 bis 1148 mit der Gegnerschaft Gf. →Tedbalds v. Champagne und des hl. →Bernhard v. Clairvaux konfrontiert (gegen das Bemühen Raouls um Wiederverheiratung mit Petronilla, der Schwester v. →Eleonore v. Aquitanien, der damaligen Gemahlin Ludwigs VII.).

IV. Der Besitzstreit zw. Kapetingern und dem Grafen von Flandern: Nach Raouls Tod († Ende 1151/Anfang 1152) stand die Gft. unter der Vormundschaftsverwaltung des Gf.en v. Soisson, Ives de Nesle. Damit begann der letzte Akt in der Gesch. der Gft. V., nach der nunmehr der Gf. v. Flandern die Hand ausstreckte. Raoul d. J., der gleichnamige Sohn Raouls d. Ä., wurde vermählt mit Margarete, der Schwester →Philipps v. Elsaß, Gf.en v. Flandern, der selbst 1156 die jüngere der Schwestern Raouls, Elisabeth (Isabella), ehelichte. Zwar wird der leprakranke Raoul d. J. noch 1167 als Gf. genannt, doch blieb er neben seinem mächtigen Schwager Philipp v. Elsaß, der sich 1164 seinerseits als 'Gf. v. V.' intitulieren ließ, eine blasse Figur. Nach dem Tode der Elisabeth (1182, kinderlos) erhob der Kg. v. Frankreich, →Philipp II. Augustus, jedoch eine Reihe von territorialen Rückgabeansprüchen, die er bis 1213 zäh verfolgte. 1182 wurde dem Gf.en v. Flandern der Besitz des V. und Valois zuerkannt, aber (offiziell) nur als 'Pfandschaft', was allen Versuchen des Gf.en v. Flandern, eine dynast. Vereinigung des V. mit seinen Stammländern herbeizuführen, den Boden entzog. Kg. Philipp II. führte den polit.-militär. Konflikt wirkungsvoll als 'defensor' der Schwester der verstorbenen Elisabeth, →Eleonore v. V., für die

er im Vertrag v. →Boves (1185) die Rückgabe der Lehen Chauny, Ressons und Lassigny erreichte; der Kg. legte die Hand auf Amiénois (→Amiens), Montdidier, Thourotte und Chauny und beließ Philipp v. Elsaß nur den Gf. entitel v. V. sowie die 'Gft.en' St-Quentin und Péronne (mit Ham und Roye), alle jedoch mit kgl. Rückkaufrecht. Nach dem Tode Philipps v. Elsaß (1191) beschränkte der Kg. die mögl. Forderungen Eleonores, die er mit dem Nießbrauch v. St-Quentin, Origny-Ste-Benoîte, Chauny, Ribemont und einer Rente auf Péronne abfand, wobei er sich sogar die Kontrolle der von der Gfn. zu spendenden Almosen vorbehielt. Als Eleonore im Juni 1213 verstarb (ihre vier Ehen waren kinderlos geblieben), erreichte der Kg. sein großes Ziel: die Eingliederung des V. in die →Krondomäne.

Zum bloßen 'pays' geworden, blieb die Erinnerung an die einstige Selbständigkeit des V. nur durch einige Ortsnamen und ein 'bailliage de V.' bewahrt. Es tritt seit 1234/35 stärker hervor (manchmal mit →Senlis vereinigt und einige Jahrzehnte auch das Valois einbeziehend) und erhielt unter Philipp dem Schönen feste territoriale Umrisse: Bis zu den Grenzen des Kgr.es reichend, schloß es das →Porcien sowie einen Teil der Gft.en →Rethel, →Reims und →Châlons ein; im N umfaßte es das Umland von Bapaume und Cambrai, einschließl. →Tournai (nicht aber des Tournaisis); damals unterstanden ihm etwa 20 Prévôtés. Im 14. und 15. erfolgte jedoch eine kontinuierl. Verkleinerung des Bailliage V., seit 1363 zugunsten des Bailliage v. Tournai, des Gouvernement v. Péronne–Roye–Montdidier, aber auch der Bailliages v. →Vitry-en-Perthois und Senlis.   O. Guyotjeannin

Q. und Lit.: L.-P. Colliette, Mém. pour servir à l'hist. ... de la province de V., 1771-72 – H. Waquet, Le bailliage de V. aux XIIIᵉ et XIVᵉ s., 1919 (BEHE, sc. phil. et hist., 213) – P. Feuchère, Une tentative manquée de concentration territoriale entre Somme et Seine: la principauté d'Amiens-Valois au XIᵉ s., M-A 60, 1954, 1-37 – K. F. Werner, Unters. zur Frühzeit des frz. Fsm.s (9.-10. Jh.), V: Zur Gesch. des Hauses V., WaG 20, 1960, 87-119 – R. Fossier, La terre et les hommes en Picardie, 1969 – M. Bur, La formation du comté de Champagne (v. 950-v. 1150) (Mém. des Annales de l'Est, 5, 1977) – O. Guyotjeannin, Noyonnais et V. aux Xᵉ et XIᵉ s., BEC 139, 1981, 143-189 – L. Duval-Arnould, Les aumônes d'Aliénor, dernière comtesse de V. et Dame de Valois, RevMab 60, 1981-84, 395-463 – J.-L. Collart, Le déplacement du chef-lieu des Viromandui au Bas-Empire de St-Quentin à Vermand, Revue archéol. de Picardie, 1984, n° 3-4, 245-258 – L. Duval-Arnould, Les dernières années du comté lépreux Raoul de V. (v. 1147-67), et la dévolution de ses provinces à Philippe d'Alsace, BEC 142, 1984, 81-92 – R. Fossier, Le V. au Xᵉ s. (Media in Francia [Fschr. K. F. Werner, 1989]), 177-186 – W. M. Newman, T. Evergates, G. Constable, The Cartulary and Charters of N. D. of Homblières (Medieval Academy Books, 97, 1990).

Verme, Jacopo dal, Kondottiere, * um 1350 in Verona, aus einer alten städt. Familie, Eltern: Luchino, Iacopa Malvicini. V. wurde ein hervorragender Kriegsmann, scheint aber nicht bei Alberico da →Barbiano in die Lehre gegangen zu sein. Seit 1369 als Söldnerführer im Dienst der Visconti, nahm er an der Eroberung des Montferrat teil (1372), bekämpfte die rebell. Guelfen des Tidonetales (1373) und führte in Avignon erfolgreiche Friedensverhandlungen zw. den →Visconti und Gregor XI. Mindestens seit 1378 ein treuer Verbündeter Gian Galeazzos, bekämpfte er die Pläne Bernabò Viscontis in bezug auf Verona und wurde mit der Rocca di Olcese (bei Pavia) investiert. Als Ratgeber und Generalkapitän des Gf.en v. Pavia eroberte er 1379 →Asti. 1385 nahm er im Auftrag Gian Galeazzos dessen Onkel Bernabò gefangen. In der Folge besetzte er →Parma und →Reggio Emilia. Am Feldzug der Visconti gegen Verona beteiligte er sich jedoch nicht. Nach seiner Eroberung Paduas (1388) wurde er mit dem ven. Palast der da →Carrara belohnt und in das Buch des ven. Adels eingetragen. 1391 besiegte er in →Alessandria das gegen Mailand ziehende Heer des Hzg.s Jean d'→Armagnac. In der Toskana wurde er bei Tizzane jedoch von John →Hawkwood, der in florent. Sold stand, geschlagen. 1397 besiegte er zusammen mit Alberico da Barbiano Mantua und zwang Francesco →Gonzaga zum Friedensschluß mit Mailand. 1401 besiegte er zusammen mit Facino →Cane die Truppen Kg. →Ruprechts vor Mailand, 1402 bei Casalecchio die Liga gegen die Visconti und eroberte Bologna. Nach Gian Galeazzos Tod dessen Testamentsvollstrecker und Mitglied des Regentschaftsrates, wurde V. von Giovanni →Visconti als Generalkapitän bestätigt und unterdrückte die in Lodi, Cremona und Brescia ausgebrochenen Aufstände (1402). 1402 verhandelte er in Venedig über die Rückeroberung von →Verona, ein Unternehmen, bei dem er infolge des wachsenden Mißtrauens der Serenissima gegen ihn nur eine sekundäre Rolle spielte. 1406 kehrte er auf Einladung des Signore v. Mailand dorthin zurück, um die von Facino Cane angeführte ghibellin. Faktion zu bekämpfen. V.s Erfolg bei Binasco (1407) erregte den Argwohn des Hzg.s. Enttäuscht vom Mißtrauen der Visconti, siedelte V. nach Venedig über, wo er mitten in den Vorbereitungen zu einem neuen Kreuzzug starb. Von seinen fünf Söhnen aus den Ehen mit Cia degli Ubaldini und Francesca Brancaleoni war Luigi der Haupterbe seines Vermögens und seiner militär. Fähigkeiten. F. M. Vaglienti

Q. und Lit.: P. LITTA, Famiglie celebri it., X, 1819, tav. II–DBI XXXII, 262–267 – G. SOLDI RONDININI, La dominazione viscontea a Verona (1387–1404) [Verona e il suo territorio, IV/1, 1978], 88–98 [Lit.] – G. M. VARANINI, Il distretto veronese nel Quattrocento, 1980, 65–68.

Vermessung, -stechnik
I. Landvermessung – II. Architektur.

I. LANDVERMESSUNG: Die Technik der Landv. (gr. γεωμετρία, lat. nur agrimensor, 'Feldmesser', belegt) ist ein Erbe der Antike, dessen Bewahrung in den Nachfolgestaaten des Imperium Romanum von der Höhe ihrer Kultur und den Bedürfnissen ihrer Wirtschaft und Gesellschaft abhing. Während in Byzanz, wo sich die Besteuerung des Landes nach der Größe und der Ertragskraft des bearbeiteten Bodens richtete, die Landvermesser auch in der staatl. Fiskalverwaltung eine wichtige Rolle spielten, scheint sich ihre Aufgabe im Westen auf die rechtl.-ökonom. Sphäre beschränkt zu haben. Einerseits fielen ihnen die Bestimmung der Größe von Parzellen sowie das Ziehen der →Grenzen und deren Versteinung zu, andererseits gehörten die Schlichtung von Grenzstreitigkeiten sowie die Teilung von Besitz und Erbschaften zu ihren Aufgaben. Die verschiedenen Elemente ihrer Tätigkeit sind dabei bes. für die Frühzeit unterschiedl. gut belegt.

In Byzanz zeugen von der Tätigkeit der Landvermesser die Kontinuität der Fiskalverwaltung vom 7. bis zum 11. Jh. und das – v.a. in jurist. Sammelhss. überlieferte – Schrifttum über die Feldmeßkunst, das in Form von Beispielslg.en zur Lösung von V.sproblemen anleitet.

Im W belegen ihre Tätigkeit Briefe →Cassiodors aus den Jahren 507/511 (Var. III, 52) bzw. Papst Gregors d. Gr. aus dem Jahre 597 (Reg. VII, 36), in denen geraten wird, Besitzstreitigkeiten durch einen agrimensor schlichten zu lassen. Die Mitwirkung von Landvermessern muß auch bei der Versteinung der Diözesangrenzen zw. Piacenza und Parma (626–636) und der Grenzen des Landbesitzes angenommen werden, den das Kl. →Bobbio i. J. 623 im Umkreis von vier Meilen geschenkt bekam (Cod. dipl. Bobbio Nr. 3). Ob die Werke der röm. Feldmesser – deren früheste Hss. aus Bobbio (5./6. Jh.), zwei weitere aus dem span.-südfrz. Raum (6. bzw. 6./7. Jh.) und wieder andere vom Niederrhein (8./9. Jh.) bzw. aus Tours (9. Jh.) stammen – aus literar. oder prakt. Interessen kopiert wurden, läßt sich nicht entscheiden. Das Polyptychon des Pariser Kl. St-Germain-des-Prés (frühes 9. Jh.; →Paris, C. I, 2) nennt jedenfalls öfter die Länge und Breite von Parzellen, und in Italien werden bei Grundstückstransaktionen häufig die Maße der Liegenschaften angegeben (Lucca 8. Jh., Pisa, Bobbio 10. Jh.).

Indireke Hinweise auf V.en liefern die kartograph. Evidenz von Markt- bzw. Stadtgründungen, die die Absteckung eines Marktplatzes (→Platz) erkennen läßt (Trier um 958, Köln vor 948, Straßburg um 974, Breslau 1241/42), oder Nachrichten, die die Maße der angelegten Plätze beziffern (Logne/Belgien 1138, Brescia 1173) oder auch von Parzellierungen berichten (Freiburg i. Br. 1120, Hildesheim 1196). Direkte Hinweise auf Landv.en liegen in Anleitungen zur Feldmessung vor, die das Amt des μετρητής (vor 1200) erwähnen, oder in Urkk. und sonstigen Q., welche divisores (Pisa 1162), estimatores (Piacenza 1212), mensuratores (Maubuisson/Frankreich 1238), terminatores (S. Gimignano 1255), also V.sbeamte nennen, die – sofern ihre Tätigkeit beschrieben wird – einerseits für die Versteinung von Grundstücksgrenzen und die Schlichtung von Grenzstreitigkeiten, andererseits aber für die Aufteilung von Liegenschaften und Erbschaften zuständig sind. In der kommunalen Welt Italiens trifft man in den meisten städt. und ländl. Gemeinden auf divisores, terminatores etc., wobei die Statuten deren Kompetenzen unterschiedl. umschreiben. In den Städten findet man sie auch mit der Festlegung der Baufluchten und der Versteinung des öffentl. Grundes und Bodens, d. h. der Straßen und Plätze (Treviso 1211, Siena 1218, 1249), betraut. Bes. einprägsam ist das Beispiel von Bologna, wo i. J. 1296 im Zuge einer V.saktion die Position von 460 Grenzsteinen protokolliert wurde. Im kommunalen Herrschaftsbereich hat man die Landstraßen – zwecks der Verteilung der Reparaturlasten auf die Landgemeinden – vermessen und versteint (Padua 1236, Reggio 1242, Parma 1261). Ob die →Itinerare, die die Entfernungen zw. den Etappen seit dem 13. Jh. zunehmend in Meilen beziffern und dabei vielfach sehr genaue Angaben machen, von solchen Messungen profitiert haben oder ob sie sich auf Schrittmessungen stützten, läßt sich nicht ausmachen. Entfernungsangaben wurde auf jeden Fall bes. Beachtung geschenkt, wie die um 1360 entstandene sog. »Gough Map« zeigt, die das Straßennetz von England und die Entfernung zw. den Städten verzeichnet.

Die bei den Messungen verwandten Instrumente waren u. a. Meßseil bzw. Meßschnur (σχοινίον, corda) und Meßrute (ὀργυία, κάλαμος, pertica, canna). Im 16. Jh. werden in Nürnberg auch mechan. Schrittzähler genannt. Astronom. V.en und Entfernungsmessungen dürften bei der Herstellung der →Portulane eine Rolle gespielt haben, die für die Seefahrt den Küstenverlauf des Mittelmeers und Schwarzen Meers verhältnismäßig genau wiedergeben (→Karte, Kartographie). Th. Szabó

Lit.: J. HEERS, Espaces publics, espaces privés dans la ville. Le liber terminorum de Bologne (1294) (Cultures et civilisations médiévales, III, 1984) – F. PANERO, Comuni e borghi franchi nel Piemonte medievale, 1988, 57–60 – Géométries du fisc byz., éd. J. LEFORT u.a., 1991 – TH. SZABÓ, Comuni e politica stradale in Toscana e in Italia nel Medioevo, 1992, 85f., 140f., 244f., 251–253 – DERS., Wirtschaftl. Aktivitäten und baul. Erscheinung der ma. Stadt (Spazio urbano e organizzazione economica nell'Europa medievale, ed. A. GROHMANN, 1994), 219–223 – L. TONEATTO, Codices artis mensoriae, 3 Bde, 1994-95.

II. ARCHITEKTUR: Zur ma. Bau-V. sind nur wenige schriftl. Hinweise und wenige bildl. Darstellungen überliefert; unter der Zahl spekulativer Rekonstruktionen des V.svorganges kommen nur wenige Untersuchungen mit dem Vorschlag einfacher Verfahren der Realität nahe, denn geometr. Kenntnisse waren im MA sehr bescheiden. Die V. stand ganz in der Tradition der röm. Feldmesser-Geometrie, die sich ins MA hinein durch Abschriften eines um 450 entstandenen Archetyps in den Schreibstuben der Kl. ununterbrochen überliefert hat, z.B. von Epaphroditus und Vitruvius Rufus im »Corpus agrimensorum« in der Wolfenbütteler Sammelhs., den »Gromatici veteres« (6./7. Jh.) oder der »Geometria incerti auctoris« (10. Jh.), die Gerbert, dem späteren Papst Silvester II., zugeschrieben wird sowie die davon abhängige Prüfeninger Sigiboto-Hs. »Practica geometriae« von 1160/68. Nach →Vitruv, »Decem libri de architectura«, die seit dem 8. Jh. abgeschrieben wurden, bietet »die Geometrie der Architektur mehrere Hilfen: und zwar vermittelt sie zuerst aus dem Gradlinigen den Gebrauch des Zirkels (circinus), wodurch sie ganz bes. das Bestimmen von Gebäuden auf den Grundflächen und das Ausrichten rechter Winkel (norma), waagerechter Flächen (libratii) und gerader Linien (linea) erleichtert«. Die Grenzlinien auf dem Gelände zum Ausheben der Fundamente werden durch Schnüre (linea, funiculus) und eingeschlagene Pflöcke (paxilli) festgelegt und mit Sand, durch Einkratzen o. ä. gekennzeichnet. Die V. wird von dem Feldmesser (doctus geometricalis operis magister; Lambert v. Andre um 1200) mit der Meßrute (pertica), dem Meßrohr (calamus, harundo), dem Meßstab (virga), der Richtschnur (linea), die auch als Knotenschnur für große Längen benutzt wird, dem Winkelmaß (norma), dem Bodenzirkel (circinus) und dem Lot (perpendiculum) durchgeführt. Die Bezeichnungen und deren Anwendungen sind bestimmt durch die Visionen des Ezechiel (Darstellung in dem Deckengemälde der Unterkapelle der Burgkapelle Schwarzrheindorf bei Bonn 1151) und durch die Etymologiae Buch XIX des Isidor v. Sevilla. Für die V. wurden die orts- und zeitübl. Fußmaße verwendet (u.a. 29,6 oder 33,3 cm). Noch in Lorenz Lachers Unterweisungen von 1516 wird die Chor-V. mit Schnur und Pflöcken beschrieben: »schlag die Pfel nach einer schnuer«. Die Höhenmessung mittels eines rechtwinklig-gleichschenkligen Dreiecks bringt →Villard de Honnecourt in seinem Musterbuch um 1220/30 in der Tradition des Epaphroditus Rufus. G. Binding

Lit.: K. HECHT, Maß und Zahl in der got. Baukunst, I-III, Abh. der Braunschweig. Wiss. Ges. 21, 1969, 215-326; 22, 1970, 167-263; 23, 1971, 25-236 – H. R. HAHNLOSER, Villard de Honnecourt, 1972² – J. H. HARVEY, The Mediaeval Architect, 1972 – G. BINDING, Geometricis et aritmeticis instrumentis. Zur ma. Bauv., Jb. der Rhein. Denkmalpflege 30/31, 1985, 9-24 – DERS., Baubetrieb im MA, 1993, 339-354 – P. v. NAREDI-RAINER, Architektur und Harmonie. Zahl, Maß und Proportion in der abendländ. Architektur, 1995⁵ – →Geometrie.

Vermittler. Das europ. MA praktizierte wie viele andere Kulturen auf den verschiedensten Ebenen Formen gütlicher Konfliktbeilegung. Sie standen neben gerichtl. und gewaltsamer Austragung von Konflikten und beleuchten die Friedensfähigkeit der ma. Gesellschaft in sehr charakterist. Weise. Welche Form im Einzelfall zur Anwendung kam, hing von verschiedensten Faktoren ab und darf als Indikator für die Ausformung staatl. Strukturen innerhalb der ma. Gesellschaft gelten. In jedem Fall wäre es anachronistisch, eine Präponderanz staatl. Institutionen oder Aktivitäten zu unterstellen. V. spielten im Rahmen gütlicher Einigung vielmehr lange Zeit eine zentrale Rolle. Diese temporäre Aufgabe und Funktion übernahmen in den unterschiedlichsten Konflikten Personen, die auf Grund von Rang, Gelehrsamkeit oder Frömmigkeit über Autorität verfügten. Nicht selten auch hatten sie Kontakte, etwa verwandtschaftl. Art, zu beiden Konfliktparteien. V. wirkten bei Streitigkeiten um Grundstücke, Nutzungsrechte oder Eigentum ebenso wie in Konflikten um Ehre oder Rang, oder auch in 'außenpolit.' Konflikten zw. ma. Staaten. 'Regierungshandeln' bedeutete für ma. Herrschaftsträger vom Ks. über weltl. und kirchl. Amtsträger bis zum Rat der Stadt nicht selten Vermittlungstätigkeit.

Das in Q. formelhaft als »reconciliavit«, »sociavit« oder »pacificavit« angesprochene Handeln eines Amtsträgers meint den Vorgang der Streitbeilegung durch Vermittlung. Man bestellte die Parteien und brachte sie zu einem Ausgleich. Dies geschah schon in frühen Konfliktsituationen und verhinderte so die Eskalation des Streits. Häufig ist in den Q. bezeugt, daß V. einem Heere vorauszogen und durch ihre Tätigkeit eine gütl. Einigung noch vor dem ersten Waffengang erreicht wurde. Ähnliches hört man auch bei der Belagerung von Burgen und Städten, die in aller Regel von emsiger Tätigkeit der V. begleitet wird. Erfolgreich vermitteln sie zumeist die Übergabe der Burg gegen freien Abzug der Besatzung. Häufiger ist auch bezeugt, daß eine Partei Anhänger oder Vertraute der anderen Partei um Vermittlung bat, oder daß Bf.e sich dem Heer eines Fehdeführenden nur deshalb anschlossen, um als V. fungieren zu können. Schriftl. Bündnisverträge nennen seit dem 12. Jh. sehr häufig bereits die Namen von Vasallen der Partner, die im Fall von Dissens schlichten und vermitteln sollen.

Die Tätigkeit solcher V. zielt weniger auf die Feststellung von Recht und Unrecht als auf eine 'compositio', die durch angemessene Satisfaktionsleistungen ermöglicht wird. Wiederherstellung von Ehre und die Wahrung des Gesichts sind Prinzipien, denen das Wirken der V. verpflichtet ist. Verhandelt wird in aller Regel getrennt mit den Parteien; der V. garantiert die Einhaltung der in Aussicht genommenen Schritte zur Konfliktbeilegung. Er übt auch Druck auf die Parteien aus, indem er die Aufgabe seiner Bemühungen und den Übertritt zur Gegenseite androht. Ein solcher Übertritt gilt auch für den Fall, daß getroffene Vereinbarungen nicht eingehalten oder der Konflikt erneut eröffnet wird. Diese und ähnliche Prinzipien und Regeln sichern die Verbindlichkeit der getroffenen Vereinbarungen. Ein vielfach praktiziertes Modell einer gütl. Konfliktbeendigung, das v. a. von den frk.-dt. Kg.en und Ks.n bezeugt ist, sieht etwa einen öffentl. Unterwerfungsakt ('deditio') des Kontrahenten als Satisfaktionsleistung vor, dem dann von 'clementia' und 'misericordia' geleitetes Verhalten des Kg.s folgt, was milde Strafen und Aussicht auf Wiedererlangung der früheren Stellung bedeutet. Die Inszenierung entsprechender Akte war zuvor von den V.n mit den Parteien abgemacht und wurde von ihnen z.T. eidl. garantiert. Die Tatsache dieser Absprachen blieb jedoch ebenso wie die gesamte inhaltl. Tätigkeit der V. der Vertraulichkeit verpflichtet.

Die Vertraulichkeit, in der sich das Wirken der V. abspielte, be- bzw. verhindert leider auch eine exakte Beschreibung ihrer Rechte, Pflichten und Befugnisse. Unstrittig ist, daß die Normen und Gewohnheiten, nach denen sie agierten, nicht schriftl. fixiert waren. Es wäre jedoch gewiß verfehlt, aus dieser Tatsache auf eine geringere Verbindlichkeit dieser Normen zu schließen. Schwierig ist andererseits, das 'Institut' des V.s von benachbarten Funktionen zu trennen. So sind manchmal die Übergänge von →Boten und →Gesandten ('internuntii'), über die die Konfliktparteien verhandeln, zu den V.n fließend. Im Unterschied zu ersteren sind V. jedoch nicht an Weisungen oder Aufträge einer Partei gebunden. Benachbart ist gewiß auch die in vielfältigen Zusammenhängen bezeugte 'intercessio' oder Intervention, das Sich-Verwenden für einen anderen, das inhaltl. auf eine Vermittlung hinauslaufen kann. Den V.n von der Art ihrer Tätigkeit gewiß verwandt sind auch die Schiedsrichter in der sich im 13. Jh. ausformenden Schiedsgerichtsbarkeit (→Schiedsgericht). Ob V. jedoch ihre Tätigkeit wie die Schiedsrichter mit einem förml. Spruch abschlossen oder eher wie die Fürsprecher einen dringenden Rat oder Vorschlag einbrachten, ist in Einzelfällen zumeist nicht klar zu erkennen. Überdies dürften die Grenzen zw. Spruch und Rat auch fließend sein. Grundsätzlich ist zu betonen, daß Arbeitsfelder und -techniken moderner international wie national arbeitender Schlichter und V. dem ma. Institut des V.s durchaus noch ähnlich sind. So vielfältig wie die benachbarten Erscheinungen sind auch die Bereiche, in denen V. im MA beobachtet werden können. In allen sozialen Schichten wie in allen Regionen des ma. Europa – und darüber hinaus – sind sie tätig und wirksam und namentl. im Verlauf der frk.-dt. Gesch. hatte sich selbst der Kg. Entscheidungen von V.n zu fügen, wenn er Konfliktpartei war. Im Prozeß der Ausformung staatl. Strukturen ist interessant zu beobachten, wie Gerichte anstelle von V.n an Dominanz gewannen und welche Widerstände sich gegen diese Entwicklung richteten; etwa die Weigerung Hochadliger, vor solchen Gerichten zu erscheinen, die zu sog. Kontumazialurteilen (→Kontumaz) führte. Der Unterschied zw. Richter und V. ist denn auch nicht zuletzt dahingehend eklatant: Auf die Bestellung des Richters hatte man keinen Einfluß. Das Prinzip »pactus legem vincit et amor iudicium«, das dem gütl. Ausgleich (→Minne) den Vorrang gibt, ist jedenfalls dem MA wesensgemäßer als der Strafanspruch des modernen Staates mit seinem zugrundeliegenden Anspruch auf den Primat aller Verbandsbildung. Zum handelsgeschichtl. Bereich→Makler. G. Althoff

Lit.: H. Krause, Die gesch. Entwicklung des Schiedsgerichtswesens in Dtl., 1930 – K. S. Bader, Arbiter arbitrator seu amicabilis compositor. Zur Verbreitung einer kanonist. Formel in Gebieten n. der Alpen, ZRGKanAbt 77, 1960, 239–276 – F. L. Cheyette, Suum cuique tribuere, French Hist. Stud. 6, 3, 1970, 287–299 – S. D. White, »Pactum...legem vincit et amor iudicium«: the Settlement of Disputes by Compromise in Eleventh-century Western France, AJLH 22, 1978, 281–308 – S. Roberts, Order and Dispute. An Introduction to Legal Anthropology, 1979 [dt.: Ordnung und Konflikt, 1981] – S. Weinberger, Cours judiciaires, justice et responsabilité sociale dans la Provence médiévale, IXe–XIIe s., RH 267, 1982, 273–288 – E. James, Beati pacifici: Bishops and the Law in Sixth-Century Gaul (Disputes and Settlements. Law and Human Relations in the West, hg. J. Bossy, 1983), 25–46 – The Settlement of Disputes in Early Medieval Europe, hg. W. Davies–P. Fouracre, 1986 – P. J. Geary, Vivre en conflit dans une France sans état: Typologie of mécanisme de règlement des conflits (1050–1200), Annales E. S. C. 41, 1986, 1107–1133 – W. I. Miller, Bloodtaking and Peacemaking. Feud, Law and Society in Saga Iceland, 1990 – G. Althoff, Konfliktverhalten und Rechtsbewußtsein. Die Welfen in der Mitte des 12. Jh., FMASt 26, 1992, 331–352 – Ders., Compositio. Wiederherstellung verletzter Ehre im Rahmen gütl. Konfliktbeendigung (Verletzte Ehre. Ehrkonflikte in Gesellschaften des MA und der Frühen NZ. Norm und Struktur, hg. K. Schreiner–G. Schwerhoff, 1995), 63–76 – Ders., Das Privileg der deditio. Formen gütlicher Konfliktbeendigung in der ma. Adelsgesellschaft (Nobilitas [Fschr. K. F. Werner, hg. O. G. Oexle–W. Paravicini, 1997]) [im Dr.] – H. Kamp, V. in Konflikten des hohen MA (La Giustizia nell'Alto Medioevo II, Sett. cent. it., 44), 1997 [in Vorber.].

Vermögen, -sbildung. Das mhd. Wort *vermüge* bedeutete noch nicht die in Geld schätzbaren Güter einer Person, sondern Kraft, Fähigkeit, Machtvollkommenheit. Diese Bedeutungen werden auch heute noch mit V. verbunden. Das Folgende beschränkt sich auf V. im wirtschaftl. Sinn. Dabei ist zu berücksichtigen, daß die Güter einer Person im MA lange Zeit nicht in Geld geschätzt wurden oder gar Geldform hatten. Letzteres setzt die Ausdehnung und Intensivierung der Geldwirtschaft im HochMA voraus. Ansätze zu einer Geldbemessung von Sachgütern gehen allerdings in das FrühMA zurück, wo Bußen und Herrschaftsabgaben z. B. wahlweise natural oder geldl. geleistet werden konnten. In gesetzl. Erbschaftsregelungen, Testamenten, Eheverträgen u. ä. findet man Gliederungen des V.s in Immobilien, Mobilien (= Liegenschaft, Fahrnis [→Fahrhabe]) und Forderungen. Weiterhin wird zw. ererbtem und hinzuerworbenem V. unterschieden. Eine dritte Unterscheidung ergab sich dadurch, daß einzelne über bestimmte Teile des V.s frei verfügen konnten und andere Teile durch Erb-, Familien- oder Eherecht einer Mitverfügung durch Dritte vorbehalten waren.

Das eigtl. Feld der geldl. Einschätzung der Güter war die hoch- und spätma. →Stadt. Aber auch außerhalb der Stadt griff die Monetarisierung von Herrschaftsrechten, Lehensbeziehungen, ja sogar von Anrechten auf das Seelenheil um sich. Bei Lösegeldberechnungen wurden die verschiedenen, meist herrschaftl. bedingten Einnahmetitel eines Ritters zu seinem Jahreseinkommen zusammengefaßt und zugrunde gelegt. Beim Handel mit Immobilien durch Adlige und Bürger wurde der Preis nach den auf dem Lande liegenden Abgabenrechten, der Feudalrente, bemessen. Diese wurden nach dem Zinsfuß der Zeit oder der Gegend kapitalisiert. Ganze Ämter (Amtmannbezirke) und Städte wurden entsprechend den aus ihnen regelmäßig fließenden Einnahmen verpfändet. Allerdings konnte der Geldwert größerer Herrschaftskomplexe durch ihre strateg. Lage oder durch die polit. Beziehungen zw. Pfandnehmer und Pfandgeber erhebl. verändert werden.

Wenn es richtig ist, daß sich die Lösegeldforderungen an der Jahreseinnahme eines Fs.en oder Ritters orientierten (Keen, 158), geben sie einen Hinweis auf die V.sstruktur auch der Adelswelt des SpätMA. Der frz. Kg. mußte 1360 umgerechnet 3 Mio. fl. an England, elf Jahre später der schwed. Kg. 100000 fl. an Albrecht v. Mecklenburg zahlen. Die Mgf.en v. Baden und die Gf.en v. Württemberg wurden nach der Schlacht v. Seckenheim 1462 je auf 100000 fl. taxiert. Inzwischen war allerdings der Zinssatz gegenüber dem 14. Jh. halbiert. Zur V.sberechnung müssen die 100000 fl. also nicht mehr mit 10, sondern mit 20 multipliziert werden.

Wie realist. die Anwendung der V.sberechnung auf die Ständegesellschaft ist, zeigt sich 1495 in Dtl., als man die Richtlinien für die Einforderung des →Gemeinen Pfennigs aufstellte. Alle Welt wurde in die beiden Gruppen eines Güterbesitzes von über 500 fl. und über 1000 fl. eingeordnet und hatte dafür 0,5 und 1 fl. zu zahlen. Von der daneben geforderten Kopfsteuer abgesehen, entkamen die unteren Schichten ebenso wie die reichen Kaufleute und die Fs.en prakt. der Steuer. Für die Fs.en hatte man eine freiwillige Mehrleistung vorgesehen. Dabei wurde als Maßstab für Kfs.en und Gleichrangige an 200 fl. und für die übrigen Fs.en an 100 fl. gedacht, was also V.svorstellungen von 200000 fl. und 100000 fl. entsprach.

Aus der spätma. Stadt sind wir durch zahlreiche Steuerlisten und andere Q. über die V.sstruktur (→Sozialstruktur) unterrichtet. Diese Listen zeigen Gemeinsamkeiten zw. Land und Stadt. Auch in der Stadt war das V. mit seiner Rendite und nicht das Einkommen aus Handelsumsätzen und Lohnzahlungen Steuerbemessungsgrundlage, worin sich ein grundsätzl. Unterschied der spätma. zur modernen Gesellschaft widerspiegelt. Eine vielzitierte Liste der großen V. Nürnbergs hat um 1500 Christof Schenck »des reichtumbs der seinigen so seins gedenckens in Nurberg« gemacht. Darin werden 100 Personen, die jede ein V. von über 1000 fl., die zwei größten mit 100000 fl. besaßen, genannt. Letztere erreichten also in dieser Hinsicht den Rang von Fs.en, sogar Kfs.en, und gehörten sicherl. zu den größten V.strägern der Zeit. Für Francesco →Datini in Prato werden z. B. 70000 fl. genannt. Erst im 16. Jh. erreichte z. B. ein Anton →Fugger ein ganz neues Niveau, indem seine Inventur von 1527 ein »Hauptgut« von über 1600000 fl. auswies.

Wenn man von der V.sbildung spricht, ist hier sicherl. der Erwerb von Herrschaften und Grundeigentum im Rahmen verfassungsrechtl., insbes. feudalrechtl. Vorgänge (Erbschaft, Mitgift, Eroberung u. a.) auszuklammern, auch wenn daraus geldl. schätzbare und nutzbare V. hervorgingen. Zum Streit darüber, ob eine »ursprgl. Akkumulation« durch Agrarrenten, unternehmer. Getreideerzeugung oder Handels- und Gewerbeumsätze erfolgte, vgl. →Frühkapitalismus. Man kann verschiedene Formen der Kapitalanlage seit dem HochMA gleichzeitig benutzt finden. Insbes. hat die Kreditvergabe an Fs.en und die Partizipation bürgerl. Kreditgeber an herrschaftl. Einnahmen eine Rolle gespielt.

Der V.sbildung durch Handelsgewinne standen obrigkeitl. Preisfestsetzungen, zünftler. Egalitätsbestrebungen, das kirchenmoral. Prinzip des gerechten Preises und die Idee der Nahrung entgegen (→Preis). Trotzdem strebten die ma. Händler kräftig nach Gewinnen. Die Handelsgewinne schwankten auch aus polit. und militär. Gründen stark. Für den Lübecker Pelzhandel wurden z. B. 19% errechnet (M. P. LESNIKOV). Gleichzeitig hören wir, daß Kaufleute Waren auf Kredit verhandelten und wegen nicht beglichener Schulden in das Schuldgefängnis kamen. Auch Anleihen an Fs.en konnten zu Verlusten, Zusammenbrüchen von Gesellschaften und kaufmänn. Existenzen führen (→Bardi, →Peruzzi). Man muß mit einem großen Wechsel unter den bürgerl. V. rechnen. Am sichersten waren die Stadt- und Landrenteneinnahmen. Die ersteren waren von den Anlagemöglichkeiten begrenzt. Die Brüder Castorp in Lübeck (→Castorp, Hinrich) hatten 1490 ein Rentenv. von umgerechnet 20000 fl., eine Spitzenstellung. Die Landrenten boten größere Möglichkeiten und führten sowohl in Dtl. (Beispiel Nürnberg) als auch in Italien (Beispiel Venedig) zusammen mit der Wirksamkeit anderer Faktoren zur Umorientierung bürgerl. Kreise in Richtung auf eine grundherrl. und landadlige Existenz.   R. Sprandel

Lit.: R. EHRENBERG, Das Zeitalter der Fugger. Geldkapital und Creditverkehr im 16. Jh., 1922³ – H. REINCKE, Hamburg. V. 1350-1530. Ein Versuch (DERS., Forsch.en und Skizzen zur Gesch. Hamburgs, 1951), 201-220 – M. P. LESNIKOV, Lübeck als Handelsplatz für Osteuropawaren (SPROEMBERG-Fschr., 1961), 273-292 – M. H. KEEN, The Laws of the War in the Late MA, 1965 – H. HALLER v. HALLERSTEIN, Größe und Q. des V.s von hundert Nürnberger Bürgern um 1500 (Beitr. zur Wirtschaftsgesch. Nürnbergs, I, 1967), 117-176 – Öffentl. Finanzen und privates Kapital im späten MA und in der ersten Hälfte des 19. Jh., hg. H. KELLENBENZ, 1971 – R. SPRANDEL, Das ma. Zahlungssystem nach hans.-nord. Q. des 13.-15. Jh., 1975 – P. SCHMID, Der Gemeine Pfennig von 1495, 1989.

Vermögen, kirchliches, einer kirchl. jurist. Person zugehöriges V., die Gesamtheit der geldwerten Rechte der Kirche und ihrer jurist. Personen. Diese geldwerten Rechte können dingl. Rechte (Gebrauchs- und Nutzungsrechte an Gebäuden und Grundstücken [z. B. Wohnungsrechte, Holz-, Weide-, Fischereiberechtigung]) und Forderungsrechte (an eine Person auf eine Leistung [z. B. Abgaben, Baulast, Hand- und Spanndienste, Reichnisse]) sein. Entscheidend ist, daß eine jurist. Person der Kirche ein Recht an einer Sache hat, nicht aber, daß die Sache ihr zu eigen gehört. Bereits in vorkonstantin. Zeit waren die Christengemeinden rechts- und erwerbsfähig, als (geduldete) Korporationen. In den östl. Kirchengemeinden mit ihrem korporativen Gemeindev. waren schon frühzeitig auch Ansätze zur Bildung von Sonderv. vorhanden, die schließlich zur Ausgestaltung eines echten Stiftungsrechtes führten. Der Charakter der →Stiftung begleitet neben Korporation und Anstalt (für die ecclesia ab dem 3. Jh. bei Clemens v. Alexandrien) bis heute das Wesen der kirchl. jurist. Person. Die von Anfang an vorhandene Liebestätigkeit führte zur Bildung bes. arcae (Kasten, Geldkiste, Kasse) für karitative Zwecke. Konstantin begünstigte die Kirche als erbberechtigte Korporation, das ältere röm. Recht kannte die Anstalt noch nicht. Nach Konstantin schied sich das der Liebestätigkeit gewidmete V. vom übrigen Gemeindev. So gab es mehrere Träger kirchl. V.s, die ecclesia und daneben die Stiftungen (Entwicklung im 5. Jh. abgeschlossen). In dieser Zeit erscheint das Kirchengut schon als Anstaltsgut, auch im weltl. Recht. Es entstand so auch die Teilung des kirchl. V.s in reines Kultv. (Gottesdienst) und frommen Zwecken (Pflege der Armen) gewidmetes V. (Justinian). Haupteinnahmequellen waren die freiwilligen Gaben der Gläubigen, weitere Einnahmequellen waren Schenkungen bewegl. und unbewegl. V.swerte sowie Einkünfte aus eigenem Besitz und Erbschaften. Die Kirche war grundsätzl. auch den Staatslasten unterworfen (→Immunität). Ähnl. galt nach den germ. Volksrechten. In dieser Zeit bildete das kirchl. V. der Diöz. noch eine relativ einheitl. V.smasse, die zentral vom Bf. oder Diakon (auch Presbyter) verwaltet und zu je einem Viertel für Bf., Klerus, Kult und Caritas verwendet wurde. Dieses einheitl. Bm.sv. zerfiel in der Folge weiter. Ursachen waren einerseits das →Eigenkirchenwesen und andererseits das Vordringen des Lehenswesens (Benefizialrecht) im Bereich der Kirche. Die frk.-karol. Gesetzgebung versuchte, das V. der Kirche zu erhalten und insbes. den Unterhalt des Geistlichen (peculium, Hufe) zu garantieren. Im Wege der Übernahme des Lehensrechtes entstand das →Benefizium. Das Eigenkirchenwesen ging im hohen MA allmähl. im →Patronatsrecht und in der →Inkorporation auf. Im Bereich der Diözesanebene erfolgte die Aufgliederung in Kapitelsgut, bfl. Tafelgut (bfl. Stuhl) und Kathedralstiftungsgut. Auch das Kapitelsgut wurde in Pfründen aufgeteilt, Benefizium und Pfründe auf diese Weise vermengt. Die Pfründe (Benefizium) diente dem Unterhalt des einzelnen Kanonikers. Das Pfarrv. verselbständigte sich ebenfalls. Aus der alten ecclesia, die dem Pfarrer zum Fruchtgenuß zustand, entwickelten sich zwei jurist. Personen: die neue ecclesia (Kirchenstiftungsgut, →fabrica ecclesiae; verwaltet von eigenen Personen [Zechpröpste, Laien]) und das dem Unterhalt des Pfarrers dienende Pfründenv. Daneben entstanden kleinere Benefizien (Meßbenefizien) und weitere Stiftungen, insbes. auch zur Armen- und Krankenpflege (Hospitalstiftungen, Armen- und Leprosenhäuser). Eine große Rolle spielten in dieser Zeit die Schenkungen an die Kirche bzw. an deren jurist. Personen. Zahlreiche Testamente und Legate zugunsten der Kirche wurden errichtet. Dem ansteigenden Besitz der Kirche versuchten die Städte und Landesfs.en mittels →Amortisationsgesetzen zu begegnen. Der Erwerb durch die →Tote Hand wurde begrenzt. Weitere Q. des kirchl. V.s waren in dieser Periode die Einnahmen aus →Stolgebühren, also durch die Verwaltung (Feier) von

Sakramenten, und der →Zehnt, der allerdings z. T. an die weltl. Macht und an die Grundherren verloren ging. Seit dem 13. Jh. wurden zahlreiche gesamtkirchl. Abgaben (päpstl. Fiskalismus) erhoben, z. B. Papstzehnten, →Servitien, →Annaten, Abgaben aufgrund des päpstl. →Spolien- und Regalienrechts (Interkalarfrüchte), Exspektanzengebühren, →Peterspfennig, →Taxen und zahlreiche Gebühren für Verfahren (Sporteln) an der röm Kurie. In der Diöz. bezog der Bf. seine Einnahmen aus dem bfl. Tafelgut (mensa episcopalis) sowie aus Zehnten, Synodalien (Sendabgaben), Prokurationen, Annalien (Annaten) und dem Spolienrecht. Privatrechtl. und hoheitsrechtl. Elemente waren dabei vermischt. Das galt auch für die Nieder- und Pfarrkirchen. Hier sind Pflichtleistungen (iustitia, servitia, exactiones) zu nennen, wie der Zehnt in verschiedener Form, die Stolgebühren, die Meßstipendien und die kirchl. Baulast (X. III. 48. 1). Trotz der Vielfalt der Ausprägungen blieb die Hervorhebung dreier Zwecke des kirchl. V.s erhalten: Caritas, Kult, Unterhalt des Klerus. R. Puza

Lit.: DDC II, 836–841 – LThK² VI, 279–283 – PLÖCHL I, 101ff., 255ff., 270ff., 426; II, 401ff. – FEINE, 131ff., 376ff., 741ff. – M. PISTOCCHI, De bonis Ecclesiae temporalibus, 1932 – S. SCHRÖCKER, Die Kirchenpflegschaft, 1934 – DERS., Die Verwaltung des Ortskirchenv.s nach kirchl. und staatl. Recht, 1935 – H. LIEHRMANN, Hb. des Stiftungsrechts, I, 1963, insbes. 24–168 – H. PREE, Hb. des V.srechts der kath. Kirche, 1993.

Vermögenssteuer → Bede, II; →Steuerwesen

Vermudo

1. V. I., *Kg. v.* →*Asturien* 788/789–791, Sohn von Fruela, dem Bruder von →Alfons I. V., der zuvor den Beinamen 'diaconus' trug, wurde als Kg. ausgerufen, weil die Adligen in ihm einen für sie bequemen Regenten vermuteten. Während seiner Regierungszeit erfolgte 791 ein muslim. Angriff auf das Kgr. Asturien, bei dem V. unterlag. Er verzichtete auf den Thron zugunsten v. →Alfons II. und war dann dessen Berater. J. M. Alonso Núñez

Q.: J. GIL FERNÁNDEZ, J. L. MORALEJO, J. I. RUÍZ DE LA PEÑA, Crónicas asturianas, 1985 – *Lit.:* C. SÁNCHEZ ALBORNOZ, Orígenes de la nación española. Estudios críticos sobre la Hist. del Reino de Asturias, 3 Bde, 1972–75 – Hist. de España, hg. R. MENÉNDEZ PIDAL, VI, 1982; VII, 1980 – P. GARCÍA TORAÑO, Hist. de El Reino de Asturias, 1986 – L. BARRAU DIHIGO, Hist. política del reino asturiano, 1989 [span. Übers. m. Vorw. v. J. FERNÁNDEZ CONDE].

2. V. II., *Kg. v.* →*León* 981–999, * 956, † 999 in El Bierzo, □ Celanova; Beiname 'El Gotoso' (der Gichtbrüchige); Sohn von →Ordoño III. Er führte 981 einen Aufstand gegen →Ramiro III. 982 heiratete er →Velasquita Ramírez, die er 988 verstieß. Der vom leones. Adel mit Mißtrauen behandelte V. fand Unterstützung beim Adel →Galiciens und wurde 982 in →Santiago de Compostela gekrönt. 985 verbündete sich V. mit dem Gf.en v. →Kastilien; in demselben Jahr wurde Ramiro III. vertrieben und starb. V. suchte zur besseren Kontrolle der widerstrebenden leones. Adels die militär. Hilfe des übermächtigen →Córdoba, leistete Tribute und mußte muslim. Garnisonen hinnehmen (990–995). Bald aber verschlechterten sich die Beziehungen: →al-Manṣūr zerstörte León und griff 997 Santiago de Compostela an. 991 heiratete V. im Streben nach einer Verbesserung seiner Beziehungen zu Kastilien →Elvira García. J. M. Alonso Núñez

Q.: →Hist. Silense; →Sampirus; →Hist. Compostellana – *Lit.:* J. M. RUÍZ ASENCIO, Arch. Leoneses 23, 1969, 215–241 – Hist. de España, hg. R. MENÉNDEZ PIDAL, VI, 1982; VII, 1980 – L. VONES, Gesch. der Iber. Halbinsel im MA, 1993, 45f. – V. A. ÁLVAREZ PALENZUELA (El Reino de León... VII, 1995), 149–329.

3. V. III., *Kg. v.* →*León* und →*Asturien* 1028–37, † 4. Sept. 1037; Sohn von →Alfons V. und letzter Repräsentant der Dynastie →Alfons' III. v. Asturien-León. Bei der Thronbesteigung erst elfjährig, stand V. unter Vormundschaft seiner Tante Urraca und heiratete Jimena, die Schwester des ebenfalls jugendl. Gf.en →García Sánchez v. →Kastilien, der wegen des Übergewichts seines mächtigen Vormundes →Sancho III. v. Navarra das Bündnis mit León suchte. Nach der Ermordung Garcías (13. Mai 1029), der sich seinerseits um die Hand von V.s Schwester Sancha beworben hatte, erhielt jedoch der zweitgeborene Sohn von Sancho III., →Ferdinand (I.), im Namen der Mutter, →Mayor (Mumadonna) v. Kastilien, den kast. Gf.entitel. 1034 trat der mit etwa 16 Jahren großjährig gewordene V. in seine vollen Herrschaftsrechte ein. Die Situation wurde weiterhin bestimmt vom Hegemoniestreben Sanchos III. und seiner Söhne, dem León unter V. militär. und polit. entgegenzutreten suchte (u. a. Wiederaufnahme des leones. Ks.titels durch V.). Im Zuge des Strebens Ferdinands I. und des kast. Adels nach voller Autonomie gegenüber León kam es wegen des umstrittenen Gebiets zw. Cea und Pisuerga rasch zum militär. Konflikt; V. unterlag und starb 1037 in der Schlacht v. Tamarón (bei Burgos). Da er kinderlos verstorben war, konnte Ferdinand im Namen seiner Gattin Sancha, der Schwester von V., die Erbfolge im Kgr. León antreten. Die Stadt León leistete aber noch Widerstand bis 1038. J. M. Alonso Núñez

Q.: →Hist. Silense; →Hist. Compostellana – Anales Toledanos (H. FLÓREZ, España Sagrada, XXIII, 313, 384) – L. NÚÑEZ CONTRERAS, Coll. dipl. de V. III. Hist. Inst. Doc. 4, 1977, 381–514 – *Lit.:* A. SÁNCHEZ CANDEIRA, En torno a cinco documentos inéditos de V., CHE 11, 1949, 153–165 – Hist. de España, hg. R. MENÉNDEZ PIDAL, VI, 1982; VII, 1980 – L. VONES, Gesch. der Iber. Halbinsel im MA, 1993, bes. 50–52.

Vernani, Guido OP (Guido da Rimini), * um 1280 bei Rimini, † höchstwahrscheinl. 1344 im Dominikanerkonvent in Rimini. Trat zu einem unbekannten Zeitpunkt in den Dominikanerorden ein. 1297 studierte er in Bologna Theologie. Ein Studienaufenthalt in Paris ist wahrscheinl., aber nicht gesichert. 1312 Lektor und Berater des Inquisitors in Bologna, lebte er seit 1324 wieder im Dominikanerkonvent in Rimini. Unter seinen zahlreichen Werken sind hervorzuheben: »De potestate summi pontificis« (1327), sein Kommentar zur Bulle →»Unam sanctam« Bonifatius' VIII. – Schriften, in denen er für die potestas directa des Papstes auch im weltl. Bereich eintritt –, sowie die Widerlegung von →Dantes »Monarchia«, bei der der philos.-theolog. Ansatz, mit dem er in eine dialekt. Debatte mit seinem Gegner eintreten will, von Interesse ist. Diese zw. 1329 und 1334 verfaßte Schrift »De refutatione Monarchiae« ist dem damaligen Kanzler der Kommune Bologna gewidmet. Ebenfalls für Laien, die →Malatesta v. Rimini, ist die noch unedierte »Summa de virtutibus«, eine Art →Fürstenspiegel, bestimmt. Das gleiche Interesse für eine polit. Erziehung des Laienstands zeigt sich in seinen »Sententiae«, Kompendien der Ethik und Politik des Aristoteles, in denen er die scholast. Form des Kommentars verläßt, um ein breiteres Publikum zu erreichen, und die bis zum Ende des 14. Jh. gelesen und abgeschrieben wurden. G. Barone

Ed. und Lit.: LThK² IV, 1270 – TH. KAEPPELI, Scriptores OP medii aevi II, 1975, 76–78 – EncDant V, 1976, 967f. – C. DOLCINI, Crisi di poteri e politologia in crisi, 1988, 224–227, 439–444 – J. DUNBABIN, G. V. of Rimini's Commentary of Aristotle's Politics, Traditio 44, 1988, 373–388 – O. LANGHOLM, Economics in the Medieval Schools, 1992, passim.

Verneuil, Schlacht v. (24. Aug. 1424). Bei V.-sur-Avre (Normandie, dép. Eure, arr. Évreux) suchte eine große Streitmacht →Karls VII. v. Frankreich, die sowohl Lombarden als auch mehrere tausend Schotten umfaßte und von dem schott. Hochadligen Jean Stuart (→Stewart), Gf. v. Buchan und Connétable de France, befehligt wurde, das Vordringen der Truppen des Hzg.s →Johann v. Bedford, Statthalter Kg. →Heinrichs VI. in Frankreich, aufzuhalten. Nach anfänglich starkem Übergewicht der 'Franzosen' gelang es jedoch den Engländern, ihre Kräfte erneut zu vereinigen und den Großteil der Schotten zu vernichten (beide Seiten hatten gelobt, keine Gefangenen zu machen). Ein engl. Siegesbulletin spricht von 7262 getöteten Gegnern. Hatte diese blutige Schlacht auch keine größeren strateg. Konsequenzen, so brachte sie der englisch beherrschten →Normandie doch einige (fragile) Friedensjahre, die ihr einen gewissen Wohlstand sicherten.

Ph. Contamine

Lit.: M. A. SIMPSON, The Campaign of V., EHR 49, 1934.

Vernon, Burg und Herrschaft in der Haute-Normandie (dép. Eure). Das 'castrum' v. V. (lat. Verno) nahm eine strateg. wichtige Lage an der Eingangspforte des Hzm.s →Normandie ein. Am linken Ufer der →Seine gelegen, nahe der Epte, des Grenzflusses zur frz. →Krondomäne (→Vexin), kontrollierte der Brückenort V. den großen Fluß- und Landweg von →Paris nach →Rouen. Die Burg war ein Kettenglied in der Verteidigungslinie, durch welche die Hzg.e ihre Hauptstadt Rouen gegen die nach Westen vordringenden →Kapetinger schützten. V. stand (nach schlecht erhellten Anfängen) seit ca. 942 als Wittum nicht mehr unter unmittelbarer hzgl. Kontrolle, die aber um 1012 wiederhergestellt wurde. →Robert v. Torigny erwähnt die Existenz eines Vicecomes v. V., Osmond de Centvilles (belegt in lokalem Rahmen um 1012). Dieser wird mit dem Vicecomes Osmond, Zeugen einer hzgl. Urk. von 1025, identifiziert und soll ein angeheirateter Neffe Hzg. →Richards II. gewesen sein. Der Vicecomes Osmond nahm vielleicht bereits die Aufgabe der Burgwacht wahr, doch liegt die erste Erwähnung eines 'castrum' später, erst knapp vor 1047 (bei →Wilhelm v. Poitiers). Hzg. →Wilhelm übertrug die Befestigung seinem Verwandten Guido v. Burgund, konfiszierte sie aber nach dessen Revolte (1047).

Das Adelsgeschlecht V. tritt seit ca. 1029–35 auf und ist im späten 11. und im 12. Jh. deutl. belegt. Seine Einsetzung in →Seigneurie und Burg ist eindeutig für die 2. Hälfte des 11. Jh. belegt, kann aber auch für die frühere Zeit angenommen werden, sofern sich eine klare genealog. Beziehung zu Osmond de Centvilles feststellen läßt. Die V. waren ein Zweig des in der Basse-Normandie und England mächtigen Hauses Reviers. 1172 war der Seigneur v. V. einer der großen hzgl. Lehensträger und hielt neben V. auch Besitzungen in →Cotentin (Néhou) und Bessin (Reviers). Zur Burgwacht von V. hatte er 16 Ritter eingesetzt. Der Ort V., der städt. Entwicklung erfuhr, erlitt seit 1087 eine Reihe von Belagerungen. →Heinrich I. ließ hier eine 'turris' errichten. 1152–53 wurde die Burg von →Ludwig VII. v. Frankreich eingenommen, 1154 aber zurückerstattet. →Heinrich II. Plantagenêt verstärkte die Burg. →Philipp II. Augustus v. Frankreich nahm sie 1191 ein und nötigte 1196 Richard v. V., ihm die Seigneurie im Zuge eines Tausches abzutreten. Nachdem der Krieg in diesem Bereich 1198 nochmals aufgeflammt war, wurde zu →Le Goulet, etwas stromabwärts von V., der Friede zw. Kapetingern und Plantagenêt geschlossen (22. Mai 1200). Das mit einem →Donjon bewehrte V. behielt nach der anglonorm. Niederlage von 1204 seine Bedeutung (ztw. als Wittum), die sich im →Hundertjährigen Krieg noch verstärkte.

A. Renoux

Lit.: L. MUSSET, Les plus anciennes chartes du prieuré de Bourgueil, Bull. Soc. Antiquaires de Normandie, 1957–58 – J. BALDWIN, The Government of Philip Augustus. Foundations of French Royal Power in the MA, 1986 – K. S. B. KEATS-ROHAN, Aspects of Robert of Torigny's Genealogies Revisited (Nottingham Medieval Stud. 37, 1993).

Vernon-Manuskript (Oxford, Bodleian Library, MS Eng. poet. a. 1), umfassendste erhaltene Slg. von me. Prosa und Versen. Die in einem Kl. vermutl. im nördl. Worcestershire oder Warwickshire zw. 1380 und 1400 geschriebene Hs. (ursprgl. ca. 420 Blätter, erhalten 350) enthält ein breites, vom Gedankengut der →Lollarden unbeeinflußtes Kompendium religiöser Schriften des 13. und 14. Jh. Von den Hauptwerken sind zu nennen: →»South English Legendary«, →»Northern Homily Cycle«, »Speculum Vitae«, →»Prick(e) of Conscience«, A-Text von »Piers Plowman« (→Langland, William), die didakt. →Romanzen »Robert of Sicily« und »The King of Tars« sowie erbaul. Werke von Richard →Rolle und Walter →Hilton. Zwei nur fragmentar. überlieferte Texte (»La Estoire del Evangelie«; »Miracles of Our Lady«) sind mit Miniaturen illustriert. Das V. M., das in enger Verbindung mit dem zeitgenöss. Simeon MS zu sehen ist, wurde vielleicht für eine weibl. religiöse Gemeinschaft angefertigt.

T. Graham

Lit.: A. I. DOYLE, The V. M., Faks., 1987 – Stud. in the V. M., hg. D. PEARSALL, 1990.

Vernunft → Ratio

Vernunftkeime (gr. λόγοι σπερματικοί, lat. rationes seminales). Die Konzeption der V. findet sich erstmals in der Stoa. Der λόγος durchwaltet die Welt als einen kosm. Organismus, ähnl. wie der Same (σπέρμα) des Mannes (entsprechend der antiken Zeugungsbiologie) sich als Keimkraft der passiven Materie (ὑγρόν) vermischt und dem menschl. Organismus als Gesetz immanent bleibt (Diogenes Laertius 7, 136; SVF 1, 102). In der Allgegenwart der V. gründet die Ordnung der Natur (SVF 1, 32, 17). Diese Konzeption wird von Philon in den Genesisbericht integriert (De opif. mundi, 43), von Plotin auf die Begriffe (λόγοι) der Seele angewendet (Enn. 4, 3, 10ff.), von Proklos in Rückbezug auf die Ideen Platons und der Pythagoreer kommentiert (Comm. Plat. Parm. II, 128e; 107ff.; V, 135c; 336. Ed. MORROW–DILLON) und auf die λόγοι ἔνυλοι des Aristoteles bezogen (De an. 403 a 25). Über Augustinus geht das Lehrstück in das MA ein.

Nach der Schöpfungslehre Augustins hat Gott im Anfang »alles zugleich« geschaffen (De Gen. ad litt. 6, 11, 18). In den Kreaturen liegen »invisibiliter, potentialiter et causaliter« daher die Keimkräfte (V.) all dessen, was sich später in den Arten entfalten wird (6, 6, 10). Die Lehre wurde im MA bei Roger Bacon, Albertus Magnus, Bonaventura, Johannes Duns Scotus und Ockham auf die Probleme der inchoatio formae in der passiven Materie und die Effektivität der Zweitursachen angewendet. Dagegen reduziert Thomas v. Aquin die V. auf die Entwicklungen innerhalb einer Art (S. th. I, 115, 2), läßt sie aber für die epistem. Prinzipien (quasi semina ... cognitorum) gelten (De ver. 11, 1 ad 5; S. th. I/II, 81, 5). In der NZ kehrt der Gedanke der V. in den Kontroversen der Evolutionslehre wieder (Th. H. Huxley).

K. Hedwig

Lit.: HWP V, 484–489 – RE XXV, 1055ff. – A. DARMER, Les notions de raison séminale et de puissance obédientielle chez s. Augustin et s. Th. d'Aquin, 1935.

Verona, Stadt und Bm. in Oberitalien (Veneto).
[1] *Stadt und Bm.*: Das röm. Municipium hatte wegen seiner geogr. Lage in der Spätantike strateg. Bedeutung, wie der Wiederaufbau der Mauern unter Ks. Gallienus

3. Jh.) zeigt. Im 5. Jh. waren Stadt und Territorium den Einfällen der Hunnen und Westgoten ausgesetzt. 498 wurde →Odoaker bei V. von den Ostgoten unter →Theoderich besiegt. Im Ostgotenreich behielt die Stadt eine beachtl. Bedeutung. Theoderichs Name (»Dietrich von Bern«) blieb in der mhd. Lit. mit V. verbunden. Nach der langob. Landnahme wurde V. Sitz eines Dukats. Sowohl im Stadtzentrum als auch im Territorium (wo kleinere Verwaltungsbezirke, »fines« und »sculdasciae« [→Centenarius, →Schultheiß], begründet wurden) ist intensive langob. Siedlungstätigkeit festzustellen. In karol. Zeit war V. – wo eine beachtl. frk. Zuwanderung erfolgte – häufig Residenz von Kg. →Pippin (6. P.) und ist seit 802 im gesamten 9. Jh. (es sind mindestens 5 Gf.en bezeugt) als Sitz eines Comitats belegt. Die Stadt spielte eine bes. wichtige Rolle unter der Herrschaft →Berengars v. Friaul, der häufig während der Kämpfe mit →Guido und →Lambert v. Spoleto (898), mit Kg. Ludwig III. v. Burgund, den er 905 besiegte, und mit Rudolf II. v. Burgund in V. residierte. Im 10. Jh. erscheinen als Gf.en v. V. die Stammväter der Familien, die im 11. und 12. Jh. die Gf.enwürde monopolisierten (San Bonifacio, da Palazzo). Dank der zahlreichen Konzessionen der Ottonen – auf Dauer bestätigt von Heinrich II., Heinrich III., Heinrich IV. – konsolidierte sich die polit. Macht der kirchl. Institutionen (Bm., Domkapitel, Benediktinerklöster) als Inhaber zahlreicher Curtes und Kastelle. Die Begründung der Marca Veronensis durch Otto I. (952) mit Hauptsitz V. bestätigte die strateg. und polit. bedeutsame Rolle der Stadt für die Kontrolle der Verkehrswege Brenner und Etsch und des Gebiets am Gardasee. Auch im 11. Jh. hielten sich die Ks. häufig in V. und in seinem Territorium auf. Im Streit um die Kirchenreform nahmen die Bf.e v. V. (die oft dt. Herkunft waren) fast immer eine kaiserfreundl. Haltung ein (→Verona, Mark).

Die wirtschaftl. Entwicklung und die soziale Dynamik der Stadt (mit dem Aufstieg der »mercatores«, die danach strebten, sich dem Milites-Adel anzugleichen, der mit dem Bf. und den großen Kl. verbunden war) begünstigten die Festigung der kommunalen Institutionen (erste Nennung von Consules 1136). Das Konsulat wurde Ende des 12. Jh. vom Podestariat abgelöst. Ihre geogr. Lage gab der Kommune Verona während der Konflikte zw. Friedrich I. Barbarossa und den oberit. Städten eine Schlüsselstellung. Die Stadt beteiligte sich fast ständig an den antiksl. Ligen der Jahre 1155–75 und wird im Frieden v. →Venedig (1177) und in →Konstanz (1183) genannt.

An der Wende vom 12. zum 13. Jh. betrieb die Kommune V. eine intensive Expansionspolitik im Territorium, die bereits Mitte des 12. Jh. durch Kriege mit den Nachbarstädten (→Ferrara, →Padua, →Mantua) begonnen hatte: V. erwarb die Kontrolle über Gebiete, die zum Reich gehörten (Gft. Garda), und über die Kastelle des Bm.s und des Domkapitels. Gleichzeitig verschärften sich jedoch die Kämpfe zw. den Parteien (pars Comitum und pars Monticulorum), die mit den Partes und Familien der anderen Städte der Mark verbunden waren (→Este, Da →Romano). In V. hatte die Partei der Monticuli unter der Führung →Ezzelinos III. da Romano der Oberhand; dieser verbündete sich 1232 mit Ks. →Friedrich II. und verwandelte seine Autorität in der Stadt allmähl. in eine persönl. und tyrann. Herrschaft (1239–59). Nach Ezzelinos III. Tod (1259) übernahm die polit. Organisation des in Korporationen zusammengefaßten Populus (commune populi) unter der Leitung des potestas populi Mastino I. →Della Scala die polit. Kontrolle über die Stadt, behielt dabei die kaiserfreundl. Orientierung bei (1268 unterstützte V. den Staufer →Konradin) und vertrieb die pars Comitum aus der Stadt. Nach dem Tode Mastinos I. (1277) verwandelte sich die fakt. Vorherrschaft der Familie →Della Scala in eine Signorie de iure, die Alberto I., dem Bruder Mastinos I., übertragen wurde (1277–1301). Die Dynastie der Scaliger beherrschte die Stadt bis 1387. Unter Cangrande I. (1309–29), Vikar Ks. Heinrichs VII. und sein starker Verbündeter, und unter Mastino II. (1329–51), der zw. 1322 und 1329 eine ausgedehnte Herrschaft in Venetien, Emilia und Toskana schuf, erreichte V. große Macht und Bedeutung. Nach der Niederlage durch die Republiken →Venedig und →Florenz (Krieg 1336–39) wurde V. 1387 von dem Signore v. Mailand, Giangaleazzo →Visconti, 1404 von dem Signore v. Padua, Francesco Novello, erobert. Seit 1405 unterstand V. der Republik Venedig.

[2] *Diözesanorganisation*: Das Territorium der Diöz. V., ein Teil der Kirchenprov. →Aquileia, war seit dem frühen MA nicht mit dem comitatus der Stadt identisch. Es umfaßte das Südufer des Gardasees (das zum Contado von Brescia gehörte) und einen Teil des rechten Etschufers im Gebiet von Trient. Der östl. Teil des Veroneser Comitatus war hingegen Teil der Diöz. Vicenza. Entsprechend der polit. Bedeutung V.s im 9. und 10. Jh. standen häufig sehr einflußreiche Bf.e an der Spitze der Diözese, die zur Entourage der Kg.e und Ks. gehörten (z. B. Adelhard, ehemals Kanzler Berengars I., →Rather). Infolge der andauernd ks.freundl. Haltung der Veroneser Bf.e gewannen die Bestrebungen der Kirchenreform nur geringe Durchschlagskraft. Die im 12. Jh. bereits geschwächte Autorität der Bf.e schwand im 13. Jh. unter der Herrschaft Ezzelinos III. da Romano und der Scaliger völlig dahin, die eine sehr genaue und häufig gewaltsame Kontrolle über die kirchl. Einrichtungen ausübten. Die Stadt hatte deshalb sehr schlechte Beziehungen zur päpstl. Kurie und unterlag lange dem Interdikt. Seit dem 15. Jh. designierte die Republik Venedig die Bf.e v. V.

[3] *Klöster*: Die in langob. bzw. frk. Zeit gegründeten beiden Benediktinerkl. in der Vorstadt, S. Maria in Organo und San Zeno, festigten ihre wirtschaftl. und polit. Macht im 9. und 10. Jh. dank beachtl. ksl. Schenkungen. V. a. San Zeno, dem hl. Bf. und Stadtpatron geweiht, gewann große wirtschaftl. und polit. Bedeutung. Es besaß beachtl. Grundbesitz v. a. im Territorium von V. (Dutzende von Curtes und Kastellen), aber auch im Gebiet von Treviso und Bologna. Zw. dem 10. Jh. und 1245 (letzter Aufenthalt Ks. Friedrichs II.) residierten die Ks. und die öffentl. Würdenträger während ihrer Italienzüge häufig in San Zeno. In den ersten Jahrzehnten des 13. Jh. verfiel das Kl. jedoch einem raschen Niedergang. Von geringer Bedeutung waren die Männerkl. SS. Nazaro e Celso (seit dem 10. Jh.) und S. Giorgio in Braida (seit dem 11. Jh.).

[4] *Wirtschaft*: V. war das ganze MA hindurch eine wichtige Handelsstadt infolge seiner Kontrolle der Verkehrswege (Etsch, die Verbindung zum Po, Alpenpässe). Die Veroneser Klause im Norden der Stadt ist bereits in den →Honorantie Civitatis Papie genannt. Die Landwirtschaft wurde durch umfangreiche Meliorationsmaßnahmen der Kommune V. (Ende des 12. Jh.) gefördert. Seit dem 11. Jh. entwickelte sich in der Stadt ein bedeutendes Textilgewerbe, das bis zum 15. Jh. lebenskräftig blieb. Seit etwa 1175 bestand die polit. und soziale Organisation der Kaufleute (Domus mercatorum), die das Wirtschaftsleben der Stadt (Markt und Handel) und die wirtschaftl. Außenkontakte (Handelsverträge) kontrollierte.

[5] *Bevölkerungswachstum*: Über V.s Einwohnerzahl lassen sich vor 1254 keine Angaben machen: Zu dieser Zeit lassen sich 30000 bis 35000 Einw. berechnen. Nach der

demograph. Krise des 14. Jh. (→Pest) zählte die Stadt etwa 15000 Einw. am Anfang und etwa 40000 Einw. am Ende des 15. Jh.

[6] *Kulturelles Leben:* Die hohe kulturelle Bedeutung V.s im Früh- und HochMA ist v. a. mit dem Skriptorium des Domkapitels und seiner Bibliothek verbunden, einer der bedeutendsten frühma. Hss.sammlungen in Italien (seit dem 6. Jh.). 825 richtete Ks. Lothar I. in V. eine Domschule ein, die auch von den Klerikern der Nachbarstädte besucht werden sollte. Trotz dieser großen Tradition kam es in den folgenden Jahrhunderten nicht zur Organisation eines Studium generale: Das von Benedikt XI. 1339 verliehene Privileg wurde nicht in die Tat umgesetzt, auch die Versuche des 15. Jh., es zu verwirklichen, schlugen fehl (infolge der Opposition der Univ. →Padua und der ven. Verwaltung), ebenso die Gründung durch Ks. Maximilian 1514 während seiner Herrschaft über die Stadt (1509–17).

G. M. Varanini

Lit.: C. Cipolla, Compendio della storia politica di V., 1976 – V. e il suo territorio, voll. I–IV, 1960–92.

Verona, Mark (später Mark Treviso), 952 von Otto I. kurz nach seiner Krönung zum Kg. v. Italien geschaffen, und seinem Bruder Hzg. Heinrich v. Bayern unterstellt. Das Territorium dieses neuen Verwaltungsbezirks umfaßte alle Komitate der Region Venetien (Verona, Vicenza, Padua, Treviso, Feltre, Belluno, Cèneda) sowie die Komitate Friaul und Trient, die aus dem Regnum Italiae herausgelöst wurden. Nach der Begründung des Hzm.s →Kärnten (durch Abtrennung vom Hzm. Bayern 976) wurde die M. diesem angegliedert. Es handelte sich dabei um eine Personalunion, durch die der Hzg. gleichzeitig auch Mgf. des neuen Verwaltungsbezirks wurde, der in den Urkk. Marca Veronensis (in der Chronik, die die Gründung von 952 erwähnt, Marca Veronensis et Aquileiensis genannt wird, nach dem Namen der wichtigsten Stadt, die der Sitz der Jurisdiktionstätigkeit des Hzg.s war. Im 10./11. Jh. sind verschiedene Hzg.e-Mgf.en belegt; 1012 unterstellte Heinrich II. das Hzm. Kärnten→Adalbero v. Eppenstein, der jedoch 1035 von Konrad II. abgesetzt wurde. Im Laufe des 11. Jh. hatten der Bf. v. Trient (1027) und der Patriarch v. Aquileia (1077) die Jurisdiktion der Komitate Trient und Friaul inne; das Territorium der Mark entsprach dem Areal der heutigen Region Venetien, mit Ausnahme von Venedig und dem Südteil zw. Etsch und Po an der Grenze zur byz. »Romania«.

Das Wirken der Hzg.e v. Kärnten und Mgf.en der M. (die im 12. Jh. von einigen Veroneser Landgemeinden das →fodrum forderten) wird durch zahlreiche Placita bezeugt, bei denen sie den Vorsitz führten: mindestens 4 in der 1. Hälfte, eine größere Zahl in der 2. Hälfte des 11. Jh. (unter Heinrich IV.). Noch 1123 – wenige Jahre, bevor sich in den venet. Städten die Kommunen konstituierten – nehmen an einem Placitum des Mgf.en beim Kl. S. Zeno in Verona die Gf.en v. Verona, Padua und Treviso, die Capitanei und Judices teil. 1136 übertrug Lothar III. die M. an Heinrich X. d. Stolzen, Hzg. v. Bayern und Sachsen; unter Konrad II. und Friedrich I. Barbarossa begegnet Hermann v. Baden als Mgf. v. Verona. Kurz nach dem Frieden v. Konstanz (1183) gewährte Friedrich I. Barbarossa Mgf. Obizzo d'→Este das Recht, in den Gft.en Verona und Padua und den Diöz.en Cèneda, Feltre und Belluno in Appellationsprozessen zu urteilen (Heinrich VI. und Philipp v. Schwaben bestätigten es später Azzo VI.). Entsprechend einer in anderen Reichsteilen üblichen Praxis ernannte Friedrich II. 1213 den Bf. v. Trient, →Friedrich v. Wangen, zum Vikar für die Lombardei, Toskana, »Romania« und die M. Der Machtzuwachs der Stadtkommunen führte jedoch zum Zerfall der territorialen Einheit der M.en; die urkundl. Bezugnahme auf Verona – das im 12. Jh. häufig mit den anderen Städten der M. im Kampf lag – wurde seltener. Seit 1204 begegnet in den Privaturkk. die Bezeichnung »Marchia Tarvisina«. Diesen Namen verwendete 1239 auch Friedrich II., als er beim Versuch, seine Macht in Norditalien zu festigen, Thebald »francigena« zum Vikar für die Marchia Tarvisina ernannte: sie umfaßte die Städte und Territorien Verona, Vicenza, Padua, Treviso, Cèneda, Feltre, Belluno und außerdem Trient, Mantua und Brescia (bis zum Oglio in der Lombardei); die Residenz lag im östl. Teil der M., in Padua.

Nach dem Tode Friedrichs II. (1250) und dem Ende der Herrschaft Ezzelinos III. da Romano (1259) verlor die M. Treviso in institutioneller Hinsicht jede Bedeutung. Der Mgf.entitel wurde jedoch bis zur 2. Hälfte des 13. Jh. von den →Este weitergeführt. Die Bezeichnung »Mark Treviso« erhielt nunmehr rein geogr. Charakter, sie wurde gelegentl. in den öffentl. und häufig in den Privaturkk. oder lit. Q. verwendet (z. B. im Epitaph Cangrandes I. →Della Scala: »totam Marchiam subegit«). Auch der geogr. Begriff wurde allmähl. eingeschränkt. Im Laufe des 14. Jh. erschienen die – nur nominellen – Titel »marchio Marchiae Trivixane« oder »marchio Tarvisii« in den Urkk., die Leopold III. v. Österreich (1381–84), Signore v. Treviso, betreffen. Nachdem Venedig das Territorium der M. erobert hatte (zuerst Treviso, seit 1404–05 auch Vicenza, Verona und Padua) – was jedoch das Reich nicht anerkannte –, wurde der Titel von Ks. Siegmund Peter v. Portugal verliehen (1418); noch 1445 begab sich ein Gesandter Venedigs nach Lissabon, um mit ihm wegen des Verzichts auf seine Rechte zu verhandeln.

G. M. Varanini

Lit.: C. Fräss-Ehrfeld, Gesch. Kärntens, I: Das MA, 1984, 106f., 114, 135f. – A. Castagnetti, La Marca veronese-trevigiana, 1986 – Ders., Il Veneto nell'alto Medioevo, 1990 – Ders., Le città della Marca Veronese, 1991, 15–48 – S. Bortolami, Frontiere politiche e frontiere religiose nell'Italia comunale (Frontière et peuplement dans le monde méditerranéen au MA, hg. J. M. Poisson, 1992), 217–220.

Veroneser Bund (Lega della Marca Veronese, Veronensis Societas), im Frühjahr 1164 auf Betreiben Venedigs von Padua und Vicenza gegründet, denen sich kurz darauf Verona anschloß, nach der sie genannt wurde, vielleicht um zu betonen, daß eine traditionell ks.treue Stadt (bis 1163) sich von ihrer Orientierung auf das Reich distanziert hatte. Anfang 1164 gewann in Verona die antiksl. Partei die Vormacht, setzte aus vorwiegend wirtschaftl. Gründen dem Rektorat des von Friedrich I. Barbarossa ernannten adligen Veronesers Alberto Tenca ein Ende und trat dem von Padua und Vicenza gegründeten antistauf. Städtebund bei. Friedrich versuchte als Gegenmaßnahme, mit Vertretern des Adels zu paktieren, die jedoch in polit. Isolation gerieten und hingerichtet wurden. Nach Niederschlagung dieser Verschwörung sicherte sich die Kommune die Kontrolle über Rivoli und die Etsch-Klause. Nach dem Scheitern eines diplomat. Annäherungsversuches an Verona schlug Friedrich mit dem Heer bei Vaccaldo sein Lager auf; die Truppen der Kommunen und die schwankende Treue seiner Verbündeten zwangen ihn jedoch zum Rückzug. Als Friedrich 1166 wieder nach Italien zog, sperrte Verona die Klause und zwang ihn, über die unwegsamen Pässe des Camonica-Tales zu ziehen. Nach Gründung der ersten →Lombardischen Liga (1167) beteiligte sich Verona mit den anderen Städten der Mark (Venedig, Vicenza, Padua, Treviso und Ferrara) am Wiederaufbau von Mailand. Am 1. Dez. des gleichen Jahres

Prof. Dr. Ljubomir Maksimović
Filozofski fakultet, Beograd: *Geschichte Südosteuropas*

Prof. Dr. Helmut Meinhardt
Zentrum für Philosophie und Grundlagen der Wissenschaft, Universität Gießen: *Philosophie und Theologie des Mittelalters*

Prof. Dr. Volker Mertens
Germanisches Seminar, Freie Universität Berlin: *Deutsche Literatur*

Prof. Dr. Peter Moraw
Historisches Institut – Landesgeschichte, Universität Gießen: *Deutsche Geschichte im Spätmittelalter*

Prof. Dr. Hubert Mordek
Historisches Seminar, Universität Freiburg i. Br.: *Kanonisches Recht; Kirchengeschichte und Kirchenverfassung*

Prof. Dr. Dr. Hans-Georg v. Mutius
Seminar für Semitistik, Universität München: *Geschichte des Judentums*

Prof. Dr. Erwin Neuenschwander
Institut für Mathematik, Universität Zürich: *Geschichte der Mathematik, Astronomie und Mechanik*

Mrs. Stella Mary Newton, London: *Kostümkunde*

Prof. Dr. Dr. h.c. Konrad Onasch, Halle/Saale: *Russische Kunst*

Prof. Dr. Paul Ourliac
Institut d'Études Politiques, Université des sciences sociales, Toulouse: *Romanisches Recht*

Prof. Dr. Edith Pásztor
Istituto di Storia Medioevale, Università di Roma: *Häresien*

Prof. Dr. Alexander Patschovsky
Fachgruppe Geschichte, Universität Konstanz: *Häresien*

Dr. Joachim M. Plotzek
Erzbischöfliches Diözesan-Museum, Köln: *Buch-, Wand- und Glasmalerei, Mosaikkunst*

Prof. Dr. Günter Prinzing
Historisches Seminar, Abt. Byzantinistik, Universität Mainz: *Byzantinische Geschichte und Kultur*

Prof. Dr. Adolf Reinle, Zürich: *Skulptur*

Prof. Dr. Marcell St. Restle, München: *Byzantinische Kunstgeschichte*

Prof. Dr. Michael Richter
Fachgruppe Geschichte, Universität Konstanz: *Keltologie*

Prof. Dr. Jonathan Riley-Smith
Royal Holloway College, London University: *Geschichte der Kreuzzüge*

Prof. Dr. Burkhard Roberg
Historisches Seminar, Universität Bonn: *Kirchengeschichte und Kirchenverfassung*

Prof. Dr. Werner Rösener
Historisches Institut, Abt. Mittelalter, Universität Gießen: *Agrar- und Siedlungsgeschichte*

Prof. Dr. Luciano Rossi
Romanisches Seminar, Universität Zürich: *Romanische Literaturen und Sprachen (Teilbereich)*

Prof. Dr. Walter Rüegg, Veytaux: *Humanismus; Universitäten, Schulwesen*

Prof. Dr. Hans Sauer
Institut für Anglistik/Amerikanistik, Technische Universität Dresden: *Altenglische Literatur; Mittelenglische Literatur*

Prof. Dr. med. et phil. Heinrich Schipperges, Heidelberg: *Geschichte der Medizin*

Prof. Dr. Peter Schreiner
Institut für Altertumskunde. Abt. Byzantinistik, Universität Köln: *Historische Grundwissenschaften in Byzanz, Südost- und Osteuropa*

Prof. Dr. Ursula Schulze
Germanisches Seminar, Freie Universität Berlin: *Deutsche Literatur*

PD Dr. Dr. Sigrid Schwenk
Forstwissenschaftlicher Fachbereich, Universität Göttingen: *Jagdwesen*

Prof. Dr. Klaus von See
Institut für Skandinavistik, Universität Frankfurt: *Skandinavische Literatur; Politische und Rechtsgeschichte Skandinaviens* (unter Mitarbeit von Dr. Harald Ehrhardt)

Prof. Dr. Josef Semmler
Abt. Mittelalter, Universität Düsseldorf: *Mönchtum*

Prof. Dr. Rolf Sprandel
Institut für Geschichte, Universität Würzburg: *Handel, Gewerbe, Verkehr, Bergbau, Bankwesen*

Prof. Dr. Heinz Stoob †
Institut für vergleichende Städtegeschichte, Münster: *Städtewesen*

Prof. Robin L. Storey, M. A., Carlisle: *Englische Geschichte im Spätmittelalter*

Prof. Dr. František Svejkovský
Dept. of Slavic Languages and Literatures, University of Chicago: *Slavische Literaturen*

Prof. Dr. Giovanni Tabacco, Torino: *Geschichte Italiens im Spätmittelalter*

Prof. Dr. Andreas Tietze, Wien: *Geschichte der Osmanen*

Prof. Dr. Adriaan Verhulst
Faculteit van de Letteren en Wijsbegeerte, Rijksuniversiteit Gent: *Agrar- und Siedlungsgeschichte; Geschichte der Niederlande*

Prof. Dr. Giulio Vismara, Milano: *Italienische Rechtsgeschichte*

Dr. Ludwig Vones
Historisches Seminar, Universität Köln: *Geschichte der Iberischen Halbinsel*

Prof. Dr. Peter Weimar
Rechtswissenschaftliches Seminar, Universität Zürich: *Römisches und gemeines Recht*

Prof. Dr. Karl Ferdinand Werner, Paris/Rottach-Egern: *Geschichte Deutschlands und Frankreichs im Hochmittelalter*

Prof. Dr. Hartmut Zapp
Kanonistisches Seminar, Universität Freiburg i. Br.: *Kanonisches Recht*

Prof. Dr. Klaus Zernack
Geschichtswissenschaften Freie Universität Berlin: *Geschichte Ostmitteleuropas im Spätmittelalter*

MITTEILUNG AN DIE BEZIEHER DER LIEFERUNGSAUSGABE

Das LEXIKON DES MITTELALTERS wird acht Bände mit je 1128 Seiten und einen Ergänzungsband umfassen. Je 10 Lieferungen zu je 7 Druckbogen (= 112 Seiten) und eine Titelei ergeben einen Band. Der Verlag behält sich vor, auch Lieferungen mit einem größeren Umfang und entsprechend höherem Bezugspreis zu disponieren. Zusammen mit der letzten Lieferung eines Bandes kann auf Wunsch eine Einbanddecke bezogen werden. Die Titelei erscheint mit der letzten Lieferung eines Bandes.

Die vorliegende Lieferung ist die 7. Lieferung des achten Bandes. Sie umfaßt 7 Druckbogen = 112 Seiten. Der Subskriptionspreis für die Fortsetzungsbezieher beträgt DM 50,– / SFr. 50,– / ÖS 365,–, der Einzelbezugspreis DM 60,– / SFr. 60,– / ÖS 438,–. Dieser Preis ist auf der Grundlage der Effektivkosten des Jahres 1993 berechnet.

REDAKTION MÜNCHEN

Dr. Mag. phil. Gloria Avella-Widhalm
Dr. Liselotte Lutz
Roswitha Mattejiet, M. A.
Ulrich Mattejiet, M. A.

ARBEITSSTELLE LEXIKON DES MITTELALTERS AM HISTORISCHEN SEMINAR DER UNIVERSITÄT ZÜRICH

Dr. Charlotte Bretscher-Gisiger
Dr. Thomas Meier

ANSCHRIFTEN

für München:

LexMA Verlag, Hackenstraße 5, D-80331 München
Telefon (089) 236803-0, Telefax (089) 264499

für Zürich:

Arbeitsstelle LexMA, Münstergasse 9, CH-8001 Zürich
Telefon (01) 2623773, Telefax (01) 2624792

© 1997 LexMA Verlag GmbH, München.
Alle Rechte, einschließlich derjenigen des auszugsweisen Abdrucks,
der fotomechanischen und elektronischen Wiedergabe, vorbehalten.
Satz und Druck: Laupp & Göbel, Nehren b. Tübingen
Printed in Germany. ISBN 3-89659-877-5